作者简介

范　翔　毕业于长安大学,工学硕士。现任陕西省交通规划设计研究院有限公司市政分院副总工程师,道路与铁道工程高级工程师。从事高速公路、市政道路及枢纽立交节点的总体设计工作多年。在陕西秦巴山区、黄土沟壑区复杂地形选线、定线方面积累了丰富的经验;在城市大型枢纽立交选型、设计方面业绩突出。

杨芸波　陕西省交通规划设计研究院有限公司高级工程师,专业方向为公路与城市道路。主持完成陕西省内黄延高速、子靖高速、榆神高速、青兰高速、十天高速,省外广西梧柳高速、河百高速等的路线交叉工作。其中,榆神高速项目获陕西省第十六次优秀工程设计三等奖;陇县至汉中高速公路陕甘界至宝鸡段项目获陕西省第十七次优秀工程设计三等奖、2014 年度公路交通优秀设计项目评选二等奖。

谭逢刚 四川成都人,硕士,高级工程师,毕业于西南交通大学桥梁与隧道工程专业,从事公路和桥梁工程设计、施工管理工作13年。参加了巴达高速通江河特大桥、西昌市邛海湿地恢复工程五期(道路桥梁)、宜宾市南溪区凤凰大道至实践基地连接道路工程、西昌市古城及河东片区旧城改造"五路一桥"等项目的勘察、设计、建设和管理工作。积累了丰富的新建、改建公路工程设计和管理经验,有多年的工程管理经验。拥有一级建造师、一级造价工程师、注册咨询工程师等执业资格证书。

苟　洁 硕士,武汉交通职业学院副教授,专业方向为交通土建工程。主讲专业课程公路勘测设计、公路勘测设计技能训练、桥梁上部结构施工等。公开发表本专业论文8篇,其中核心论文2篇,获得1项实用新型专利。

道路设计与技术应用

DAOLU SHEJI YU JISHU YINGYONG

范　翔　杨芸波　谭逢刚　苟　洁 主编

华中科技大学出版社
http://press.hust.edu.cn
中国·武汉

图书在版编目(CIP)数据

道路设计与技术应用/范翔等主编. —武汉:华中科技大学出版社,2023.12
ISBN 978-7-5772-0010-1

Ⅰ. ①道… Ⅱ. ①范… Ⅲ. ①道路工程-设计-研究 Ⅳ. ①U412

中国国家版本馆 CIP 数据核字(2023)第 207943 号

道路设计与技术应用 范 翔 杨芸波

Daolu Sheji yu Jishu Yingyong 谭逢刚 芶 洁 主编

策划编辑:周永华
责任编辑:叶向荣
封面设计:杨小勤
责任监印:朱 玢
出版发行:华中科技大学出版社(中国·武汉) 电话:(027)81321913
武汉市东湖新技术开发区华工科技园 邮编:430223
录 排:华中科技大学惠友文印中心
印 刷:武汉科源印刷设计有限公司
开 本:850mm×1065mm 1/16
印 张:22.5 插页:1
字 数:605 千字
版 次:2023 年 12 月第 1 版第 1 次印刷
定 价:98.00 元

编 委 会

主　编　范　翔　陕西省交通规划设计研究院有限公司

　　　　杨芸波　陕西省交通规划设计研究院有限公司

　　　　谭逢刚　成都中雅图工程技术咨询有限公司

　　　　苟　洁　武汉交通职业学院

编　委　周泽昶　广西交通设计集团有限公司

　　　　杜正佳　成都中雅图工程技术咨询有限公司

　　　　杨佳娜　云南省交通规划设计研究院股份有限公司

前　　言

　　"道路设计"是土木工程(道路桥梁方向)、道路桥梁与渡河工程、交通工程等专业的核心课程。道路设计项目相对复杂,工程量大,具有较强的系统性和专业性,并涉及诸多方面的问题,标准化的道路细节设计是保证道路良好运行的前提,在促进交通安全等方面发挥着重要的作用。

　　随着我国国民经济的平稳快速发展,社会对交通运输的需求越来越大,作为交通运输的重要组成部分——公路的运输量逐年增加,所占的运量比例也逐年增加。人们对公路运输的快速、安全、舒适提出了更高的要求,同时高水准的城市建设、现代化的城市形象也对城市道路的规划、设计提出了前所未有的高要求。

　　基于我国公路基础设施建设的快速发展、城市化进程的加快,以人为本、安全第一、环境友好、生态保护等规划发展新理念的践行,道路设计技术的迅猛发展,公路、城市道路相关设计标准、规范的不断更新,本书精练了道路设计的传统知识点,同时反映了道路设计的新理念、新技术、新方法,并以实际工程案例为抓手,进行内容的编撰。

　　本书共有八章,包括道路与道路设计、道路几何设计、路基设计、路面设计、桥梁设计、隧道设计、BIM技术在道路设计中的应用、遥感技术在道路设计中的应用等内容。

　　本书在编写过程中参考了相关的权威教材以及我国公路、城市道路的现行标准、规范,在此谨向参考文献的作者表示衷心的感谢。

　　由于时间仓促,编者水平有限,书中难免存在疏漏,敬请读者批评指正,以期改善。

目　　录

第 1 章　道路与道路设计 ……………………………………………………… (1)

　　1.1　道路的分类与基本组成 ……………………………………………… (2)

　　1.2　道路的分级与技术标准 ……………………………………………… (4)

　　1.3　道路设计的基本内容 ………………………………………………… (10)

　　1.4　道路设计的依据 ……………………………………………………… (14)

　　1.5　我国道路设计的现状与发展 ………………………………………… (26)

第 2 章　道路几何设计 ………………………………………………………… (33)

　　2.1　道路平面设计 ………………………………………………………… (34)

　　2.2　道路纵断面设计 ……………………………………………………… (46)

　　2.3　道路横断面设计 ……………………………………………………… (63)

　　2.4　道路交叉设计 ………………………………………………………… (91)

　　2.5　道路选线与定线 ……………………………………………………… (104)

　　2.6　咸阳—淳化—旬邑高速公路几何设计案例 ………………………… (122)

第 3 章　路基设计 ……………………………………………………………… (135)

　　3.1　一般路基设计 ………………………………………………………… (136)

　　3.2　路基防护与加固设计 ………………………………………………… (141)

　　3.3　挡土墙设计 …………………………………………………………… (151)

　　3.4　路基排水设计 ………………………………………………………… (166)

　　3.5　黄陵至延安高速公路扩能工程路基设计案例 ……………………… (173)

第 4 章　路面设计 ……………………………………………………………… (187)

　　4.1　路面基层设计 ………………………………………………………… (188)

　　4.2　沥青路面设计 ………………………………………………………… (204)

　　4.3　水泥混凝土路面设计 ………………………………………………… (215)

　　4.4　路面排水设计 ………………………………………………………… (224)

　　4.5　陕西省高速公路西咸北环线路面设计案例 ………………………… (230)

第 5 章　桥梁设计 ……………………………………………………………… (241)

　　5.1　基础设计 ……………………………………………………………… (242)

　　5.2　墩台设计 ……………………………………………………………… (266)

　　5.3　梁桥设计 ……………………………………………………………… (280)

　　5.4　拱桥设计 ……………………………………………………………… (298)

　　5.5　斜拉桥设计 …………………………………………………………… (302)

5.6 悬索桥设计 ……………………………………………………………… （307）

第6章 隧道设计 …………………………………………………………… （311）

6.1 隧道工程勘测设计 ……………………………………………………… （312）

6.2 隧道线形设计与断面设计 ……………………………………………… （320）

6.3 隧道防、排水设计 ……………………………………………………… （325）

第7章 BIM 技术在道路设计中的应用 …………………………………… （331）

7.1 BIM 的概念和特点 ……………………………………………………… （332）

7.2 BIM 技术在道路设计中的应用特点与应用价值 ……………………… （333）

7.3 BIM 技术实践应用案例 ………………………………………………… （339）

第8章 遥感技术在道路设计中的应用 …………………………………… （343）

8.1 遥感技术的概念和特点 ………………………………………………… （344）

8.2 遥感技术在道路设计中的应用价值 …………………………………… （344）

8.3 遥感技术实践应用案例 ………………………………………………… （346）

参考文献 …………………………………………………………………… （349）

后记 ………………………………………………………………………… （352）

第 1 章　道路与道路设计

1.1 道路的分类与基本组成

1.1.1 道路的分类

道路是供各种车辆(无轨)和行人等通行的工程设施,按其使用特点分为公路、城市道路、厂矿道路、林区道路及乡村道路等。

(1)公路。

公路是指连接城市、乡村和工矿基地等,主要供汽车行驶,具备一定技术和设施的道路。公路按其重要性和使用性质可划分为国家干线公路(简称国道)、省级干线公路(简称省道)、县级公路(简称县道)以及专用公路等。

国道,是指在国家干线网中,具有全国性的政治、经济和国防意义,由国家统一规划,并经确定为国家级干线的公路。

省道,是指在省公路网中,具有全省性的政治、经济和国防意义,并经确定为省级干线的公路,由省负责建设、养护、改造。

县道,是具有全县性的政治、经济意义,并经确定为县级的公路。

专用公路,由工矿、农林等部门投资修建,主要供该部门使用的公路。

在城市、厂矿、林区、港口等内部的道路,都不属于公路范畴,但穿过小城镇的路段仍属公路。

(2)城市道路。

城市道路是指在城市范围内,供车辆及行人通行的,具备一定技术条件和设施的道路。城市道路是城市组织生产、安排生活、搞活经济、物质流通所必需的交通设施,也是城市市政设施的重要组成部分。

(3)厂矿道路。

厂矿道路是指主要为工厂、矿山运输车辆通行的道路,通常分为厂内道路、厂外道路和露天矿山道路。厂外道路为厂矿企业与国家公路、城市道路、车站、港口相衔接的道路或是连接厂矿企业分散的车间、居住区之间的道路。厂矿道路按 1987 年国家计委颁布的由原交通部修订的《厂矿道路设计规范》(GBJ 22—1987)规定设计。

(4)林区道路。

林区道路是指修建在林区的主要供各种林业运输工具通行的道路。由于林区道路的位置、交通性质及功能不同,林区道路的技术要求也不同,具体按《林区公路工程技术标准》(LYJ 5104—1998)执行。

(5)乡村道路。

乡村道路是指修建在乡村、农场,主要供行人及各种农业运输工具通行的道路,由县统一规划。由于乡村道路主要为农业生产服务,一般不列入国家公路等级标准。

各类道路由于其位置、交通性质及功能均不相同,在设计时其依据、标准及具体要求也不相同,要特别注意。

1.1.2　道路的基本组成

1. 公路的基本组成

公路是布置在大地表面供各种车辆行驶的一种线性带状结构物。在进行公路设计前,要先了解公路的线形组成与结构组成。

(1)线形组成。

公路受到自然条件的制约,在平面上有转折、纵面上有起伏。在转折点和起伏变化点处,为满足车辆行驶的顺适、安全和行驶速度的要求,公路就需要进行线形组合设计。

公路路线是公路的中线,是平面有曲线、纵面有起伏的立体空间线形。公路的平面线形由直线和曲线(圆曲线、缓和曲线)组成,纵面线形由坡道线和竖曲线组成。

表达公路立体空间线形的图形有平面图、纵断面图及横断面图。

(2)结构组成。

公路是交通运输的建筑结构物,它不仅承受荷载的作用,而且受自然条件的影响,其结构组成主要包括:路基路面工程,排水工程(桥涵、渗水路堤、过水路面等),防护工程(挡土墙、护坡、护栏等),特殊构造物,以及交通服务设施。

①路基。路基是路面的基础,设计时必须保证其稳定、坚实并符合规定的尺寸,以承受汽车和自然因素的作用。路基断面形状一般有路堤、路堑、半填半挖等形式。

②路面。路面是用各种坚硬材料铺筑于路基顶面的单层或多层供汽车直接行驶的结构层。通常路面由基层及面层两部分组成。如沪嘉高速公路某段路面结构厚为 69 cm,面层由 5 cm 中粒式沥青混凝土(防滑面)、6 cm 粗粒式沥青混凝土组成;基层由 8 cm 贯入式碎石、35 cm 粉煤灰三渣、15 cm 砾石砂组成。

路面按其使用品质、材料组成和结构强度有高级、次高级、中级、低级之分;按其力学性质可分为柔性路面和刚性路面两大类。路面常用材料有沥青、水泥、碎(砾)石、砂、黏土等。

③排水构造物。排水构造物主要为桥涵和涵洞。山区及宽浅水流处有时修筑渗水路堤及过水路面。

④桥涵。桥涵为跨越水流供汽车行驶的构造物。

⑤渗水路堤。渗水路堤是用石块堆砌成的路堤,以通过流量不大的季节性水流。

⑥过水路面。过水路面是容许周期性水流从路表面通过的行车部分。

⑦防护工程。防护工程是为保证路基稳定或行车安全所修筑的工程设施,如挡土墙、护坡、护栏等。

⑧特殊构造物。例如隧道,是穿越山岭时为改善线形、缩短路线长度所修筑的山峒。半山桥(峒)是山区路基悬出一半所修筑的桥梁或所开挖的部分路宽的山峒。悬出路台,是在悬崖峭壁上所修筑的悬臂式构造物。

⑨交通服务设施,包括如下。

a.照明设施:如灯柱、弯道反光镜等。

b.交通标志:使驾驶员知道前面路段的情况和特点的标志,有下列四类。

警告标志：指明前面有行车障碍物或行车危险，促使驾驶员集中注意力。

禁令标志：指明各种必须遵守的交通限制，如车速限制、不准停车等。

指示标志：指示驾驶员行驶的方向、里程等。

指路标志：表示行政区划分界、地名、预告出入口等。

c. 服务设施：如加油站、汽车站、养路站、食宿站等。

d. 植树绿化与美化工程：美化公路环境的必要组成部分，为道路使用者提供一个安全、舒适的行车环境。环境绿化有利于净化空气，使人们心情舒畅，且可提高行车的安全性。

2. 城市道路的组成

城市道路的组成部分包括供城市中各类车辆行驶用的机动车道、非机动车道和人行道、绿化带；沿街沟、进水口、地下管道、窨井、雨水管、排污管、构筑物；沿街地面设施，如照明灯柱、电杆、给水栓等；地下各种管线，如电缆、煤气管；交通安全设施；交叉口、停车场、公共汽车站台等。

1.2 道路的分级与技术标准

1.2.1 公路的分级与技术标准

1. 公路等级的划分

公路按中华人民共和国交通运输部颁布的《公路工程技术标准》（JTG B01—2014），根据公路使用功能、任务和适应的交通量，考虑汽车行驶质量、控制出入、车道数与车道内是否专供汽车行驶等方面，分为高速公路、一级公路、二级公路、三级公路、四级公路五个等级。

（1）高速公路为专供汽车分方向、分车道行驶，全部控制出入的多车道公路。高速公路的年平均日设计交通量宜在15000辆小客车以上。高速公路单向最少设置两个车道，对允许进入的车辆进行限制，设置中央分隔带分隔对向交通，采取立交接入等措施全部控制出入，排除纵横向干扰，为通行效率最高的公路。

（2）一级公路为供汽车分方向、分车道行驶，可根据需要控制出入的多车道公路。一级公路的年平均日设计交通量宜在15000辆小客车以上。一级公路单向至少设置两个车道，根据功能需要采取不同程度的控制出入措施。具备干线功能的一级公路，为保证其快速、大容量、安全的服务能力，通常采用部分控制出入的措施，只对所选定的相交公路或其他道路提供平面出入连接，而在同其他公路、城市道路、铁路、管线、渠道等相交处设置立体交叉，并设置隔离措施以防止行人、低速车辆、非机动车以及牲畜等进入；而当一级公路用作集散公路时，纵横向干扰都较大，通常采取接入管理措施，合理控制公路和周围土地接口的位置、数量、形式，提高安全保障和服务水平。

（3）二级公路为供汽车行驶的双车道公路。二级公路的年平均日设计交通量宜为5000～15000辆小客车。当慢行车辆交通量较大，街道化程度严重时，可采取加宽硬路肩的方式增设慢行车道，减少纵、横向干扰，保证行车安全。

（4）三级公路为供汽车、非汽车交通混合行驶的双车道公路。三级公路的年平均日设计交通量宜为 2000～6000 辆小客车。

（5）四级公路为供汽车、非汽车交通混合行驶的双车道或单车道公路。双车道四级公路年平均日设计交通量宜在 2000 辆小客车以下；单车道四级公路年平均日设计交通量宜在 400 辆小客车以下。

三、四级公路为供汽车、非汽车交通混合行驶的双车道公路（四级公路在交通量较小时采用单车道），允许拖拉机等慢行车辆和非机动车使用行车道，其混合交通特征明显，抑制干扰能力最弱。

2. 公路等级的选用

首先要明确所设计的公路在交通运输系统中的功能。所谓公路功能是公路在路网中为车辆出行提供畅通直达、汇集疏散和出入通达的交通服务能力。主要干线公路和次要干线公路具有畅通直达的功能，主要集散公路和次要集散公路具有汇集疏散的功能，支线公路具有出入通达的功能。

公路等级的选定应遵循的原则为：公路技术等级选用应根据路网规划、公路功能，并结合交通量论证确定；主要干线公路应选用高速公路；次要干线公路应选用二级及二级以上公路；主要集散公路宜选用一、二级公路；次要集散公路宜选用二、三级公路；支线公路宜选用三、四级公路。

选用技术等级时，应首先根据公路网规划、地区特点、公路的交通特性等因素确定公路功能，然后做好可行性研究，掌握该公路各路段的远期、近期交通量，根据功能结合交通量论证选用公路等级。

（1）公路功能类别。

公路按照交通功能分为干线公路、集散公路和支线公路三类。干线公路细分为主要干线公路和次要干线公路，集散公路细分为主要集散公路与次要集散公路。

①主要干线公路。

主要干线公路连接 20 万人口以上的大中城市、交通枢纽、重要对外口岸和军事战略要地，提供省际间及大中城市间长距离、大容量、高速度的交通服务。

②次要干线公路。

次要干线公路连接 10 万人口以上的城市和区域性经济中心，提供区域内或省域内中长距离、较高容量和较高速度的交通服务。

③主要集散公路。

主要集散公路连接 5 万人口以上的县（市）、主要工农业生产基地、重要经济开发区、旅游名胜区和商品集散地，提供中等距离、中等容量及中等速度的交通服务。主要集散公路与干线公路衔接，使所有的县（市）都在干线公路的合适距离之内。

④次要集散公路。

次要集散公路连接 1 万人口以上的县（市）、大的乡镇和其他交通发生地，提供较短距离、较小容量、较低速度的交通服务；衔接干线公路、主要集散公路与支线公路，疏散干线公路交通，汇集支线公路交通。

⑤支线公路。

支线公路以服务功能为主，直接与用路者的出行源点相衔接；衔接集散公路，为地区出行提供接入与通达服务。

（2）确定公路功能类别的步骤。

①依照行政属性、用地性质、交通需求等实施区域划分,并将区域抽象为节点。

②确定节点重要度。节点重要度是定量描述区域内节点间相对重要程度的指标,主要以总人口、工业总产值、人均收入等指标作为定量分析各节点重要度的指标。节点的层次结构见表1.1。当一条公路的主要控制点为 A 层节点时,该公路为主要干线公路;当主要控制点为 B 层节点时,该公路应为次要干线公路;当主要控制点为 C 层节点时,该公路应为主要集散公路;当主要控制点为 D 层节点时,该公路为次要集散公路;当主要控制点为 E 层节点时,该公路应为支线公路。

表1.1 节点的层次结构

节点层次	中心节点	主要节点
A	北京	各省会、自治区首府、直辖市、特区
B	省会或自治区首府	各地市政府所在地
C	地市政府所在地	各县(市)政府所在地
D	县(市)政府所在地	各乡(镇)政府所在地
E	乡(镇)政府所在地	各行政村

③当同一区域内存在主要控制点相近的两条或两条以上公路时,应通过路网服务指数确定其功能类别。路网服务指数为公路的车公里比率与里程比率之比。路网服务指数越大,则公路功能类别越高。其计算方法为:规划区域内有 n 条公路,则第 $i(i=1,\cdots,n)$ 条公路的车公里比率 R_{VMT_i}、里程比率 R_{K_i} 及路网服务指数 R_i 按下列公式计算。

车公里比率,计算见式(1.1):

$$R_{\mathrm{VMT}_i} = \frac{\mathrm{VKT}_i}{\sum \mathrm{VKT}_i} \times 100\%$$
(1.1)

里程比率,计算见式(1.2):

$$R_{K_i} = \frac{K_i}{\sum K_i} \times 100\%$$
(1.2)

路网服务指数,计算见式(1.3):

$$R_i = \frac{R_{\mathrm{VMT}_i}}{R_{K_i}}$$
(1.3)

式(1.1)~式(1.3)中:VKT_i——路网中第 i 条公路的车公里(pcu·km),即该公路上通过的车辆数与平均行驶距离的乘积;

$\sum \mathrm{VKT}_i$——规划区域内路网中所有公路的车公里之和(pcu·km);

K_i——第 i 条公路的里程(km);

$\sum K_i$——规划区域内路网中所有公路的总里程(km)。

公路功能分类指标包括区域层次、路网连续性、交通流特性和公路自身特性等定性和定量指标。不同地区经济发展水平与地形、地貌差异直接影响到分类指标的选取。各地区可根据规划区的实际情况自行确定。推荐的公路功能分类指标见表1.2。

表 1.2　公路功能分类指标

分类指标	功能分类				
	主要干线公路	次要干线公路	主要集散公路	次要集散公路	支线公路
适应地域与路网连续性	人口 20 万以上的大中城市	人口 10 万以上重要市县	人口 5 万以上的县城或连接干线公路	连接干线公路与支线公路	直接对应于交通发生源
路网服务指数	≥15	10～15	5～10	1～5	<1
期望速度	80 km/h 以上	60 km/h 以上	40 km/h 以上	30 km/h 以上	不要求
出入控制	全部控制出入	部分控制出入或接入管理	接入管理	视需要控制横向干扰	不控制

3. 公路技术标准

公路技术标准是根据一定数量的车辆,在道路上以一定的计算行车速度行驶时,对路线和各项工程的技术要求,把这些要求列成指标,并以标准规定下来。它是根据理论和总结公路设计、修建的经验而拟订的,反映了我国公路建设的技术方针,因此在设计公路时都应遵守。各级公路的主要技术指标汇总如表 1.3 所示。

近年来,随着我国社会、经济和公路事业的快速发展,全国各地在公路建设方面积累了丰富的经验,形成了许多新的成果,明确了公路功能作为确定技术等级和主要技术指标的主要依据。在公路建设时,首先要根据项目的地区特点、交通特性、路网结构,分析拟建项目在路网中的地位和作用,明确公路功能及类别;然后以功能为主,结合交通量、地形条件选用技术等级;再以技术等级为主,结合地形条件选用设计速度,并由设计速度控制路线平纵设计;最后,根据公路功能、等级、设计速度,结合交通量、地形条件、通行能力等因素综合考虑选用车道数、横断面各组成部分的尺寸、各类构造物的技术指标或参数、各类设施的配置水平等。这对路网结构的形成有着重大的意义。

公路技术标准涵盖了 3 大类标准,即"线形标准""载重标准""净空标准"。对路线来说关键是线形标准。我国幅员辽阔,各地地理位置和自然条件各不相同,故对《公路工程技术标准》(JTG B01—2014)的掌握、应用,应视具体情况,在满足基本要求的前提下,结合实际灵活应用。使用《公路工程技术标准》(JTG B01—2014)时必须防止两种倾向:一是不考虑路线的作用和运输发展的要求,采用低标准以压缩工程费用;二是盲目轻率,贪大求全,采用高标准,既增加了投资,又多占用了土地。

公路技术标准的正确掌握取决于两个阶段:一是在可行性研究阶段,公路技术等级的选定要正确合理,一定要征询各方面的意见,深入实际进行踏勘调查、收集分析论证相关资料,结合目前和远景的使用要求,慎重地进行选择,如果确定不当,标准偏高或偏低,不仅直接影响公路建成后的使用效果,也直接影响工期和造价;二是设计阶段,在项目实施过程中,要实事求是地正确应用标准。实践证明,在布线时应在方案上多下功夫,力求选择路线短、工程量最小的最优方案,确保工程技术与经济合理,从而避免以降低标准来减少投资的错误途径。

不同等级的公路适用于不同的行车速度、交通量和载重量,这就为车辆的行驶提供了不同的条件,

表 1.3　各级公路的主要技术指标汇总

公路等级	高速公路			一级（干线功能）公路		一级（集散功能）公路		二级公路		三级公路		四级公路	
设计速度/(km/h)	120	100	80	100	80	80	60	80	60	40	30	30	20
车道数	8	6	4	4	4	4	4	2	2	2	2	2	2或1
行车道宽度/m	2×15.0	2×11.25	2×7.5	2×7.5	2×7.5	2×7.5	2×7.0	9.0	7.0	7.0	6.5	6.50	6.00或3.00
路肩宽度/m　硬路肩一般值	3.00(2.50)	3.00(2.50)	3.00(2.50)	3.00(2.50)	3.00(2.50)	1.50	0.75	1.50	0.75	—	—	—	—
路肩宽度/m　硬路肩最小值	1.50	1.50	1.50	1.50	1.50	0.75	0.25	0.75	0.25	—	—	—	—
路肩宽度/m　土路肩一般值	0.75	0.75	0.75	0.75	0.75	0.75	0.75	0.75	0.75	0.75	0.50	0.50	0.25（双车道）0.50（单车道）
路肩宽度/m　土路肩最小值	0.75	0.75	0.75	0.75	0.75	0.50	0.50	0.50	0.50	0.75	0.50	0.50	0.25（双车道）0.50（单车道）
圆曲线最小半径/m	570（设超高10%）	360（设超高10%）	220（设超高10%）	360（设超高10%）	220（设超高10%）	220（设超高10%）	115（设超高10%）	220（设超高10%）	115（设超高10%）	60（设超高8%）	30（设超高8%）	30（设超高8%）	15（设超高8%）
停车视距/m	210	160	110	160	110	110	75	110	75	40	30	30	20
最大纵坡/(%)	3	4	5	4	5	5	6	5	6	7	8	8	9
汽车荷载等级	公路-I级									公路-II级			

注：表1.3仅为简单汇总，所列各项指标应按有关条文规定选用。

而不同的行驶条件是由技术指标及其相互配合决定的。因此,为了满足公路的运营使用要求,应当合理地规定各级公路各项指标的极限值,而在实际中选用极限值也一定要慎重。

4. 公路建设中对环境保护的规定

公路建设必须贯彻国家环境保护的政策,并符合以下规定。

(1) 公路环境保护应贯彻"以防为主,以治为辅,综合治理"的原则。

(2) 公路建设根据自然条件进行绿化,美化路容,保护环境。

(3) 高速公路、一级公路和有特殊要求的公路建设项目应进行环境影响评价。

(4) 生态环境脆弱的地区或因工程施工造成环境近期难以恢复的地带,应做环境保护设计。

5. 公路建设用地

公路建设应贯彻切实保护耕地、节约用地的原则。在确定公路用地范围时应符合以下三方面的规定。

(1) 公路的用地范围为公路路堤两侧排水沟外边缘以外或路堑坡顶截水沟边缘以外不小于 1 m 范围内的土地。在有条件的地段,高速公路、一级公路不小于 3 m,二级公路不小于 2 m。

(2) 在风沙、雪害等特殊地质地带,设防护设施时应根据实际需要确定用地范围。

(3) 桥梁、隧道、互通式立体交叉、分离式立体交叉、平面交叉、交通安全设施、管理设施、绿化以及料场、苗圃等用地,根据实际需要确定用地范围。

1.2.2 城市道路的分级与技术标准

根据城市道路在城市道路网中的地位、交通功能以及对建筑物服务功能的不同,我国《城市道路工程设计规范(2016 年版)》(CJJ 37—2012)将城市道路分为快速路、主干路、次干路和支路四个等级。

(1) 快速路。

快速路是为城市中大量、长距离、快速交通服务的重要道路。快速路应设中央分隔、全部控制出入、控制出入口间距及形式,实现交通连续通行,单向设置应不少于两条车道,并应设有配套的交通安全与管理设施,有自行车通行时,加设两侧带辅道。快速路两侧不应设置吸引大量车流、人流的公共建筑物的出入口。与高速公路、快速路、主干路相交采取立体交叉,与交通量较小的次干路相交可采用平面交叉,在过路行人集中地方设置人行天桥或地下通道。

(2) 主干路。

主干路应连接城市各主要分区,应以交通功能为主。主干路两侧不宜设置吸引大量车流、人流的公共建筑物的出入口。主干路是城市道路网的骨架。自行车交通量大时,宜采用机动车与非机动车分隔形式,如三幅或四幅路。

(3) 次干路。

次干路应与主干路结合组成干路网,应以集散交通的功能为主,兼有服务功能。次干路与主干路结合组成城市道路网。

(4) 支路。

支路宜与次干路和居住区、工业区、交通设施等内部道路相连接,满足局部地区交通需求,以服务功能为主。对向车道设置分隔带,进出口应采用全控制或部分控制。

各级道路的设计速度应符合表1.4的规定。

表 1.4　各级道路的设计速度

道路等级	快速路			主干路			次干路			支路		
设计速度/ (km/h)	100	80	60	60	50	40	50	40	30	40	30	20

1.3　道路设计的基本内容

1.3.1　线形设计

线形设计是确定道路线形空间位置和各部分几何尺寸的工作。在道路线形设计中,线形是指道路中线在空间的几何形状和尺寸。道路中线是一条三维空间曲线,由直线和曲线组成。道路线形设计是从平面线形、纵断面线形和横断面线形三个方面来研究的。

(1) 道路平面。

道路中线在水平面上的投影为道路平面。

(2) 道路纵断面。

沿道路中线竖直剖切,再行展开即是道路纵断面。

(3) 道路横断面。

道路中线上任意一点的法向切面是道路在该点的横断面。

线形设计主要是对道路几何尺寸和外形形状的控制。体现安全、经济、舒适、美观、环保要求的道路是通过理论和实践相结合的合理设计来实现的。理论上需要探讨车辆、驾驶员、乘客与道路之间的关系,这些关系包括:取定尺寸——设计车辆;取定速度——设计速度;车的多少——交通量;路的容量——通行能力;自由程度——服务水平;行车轨迹——道路线形;视觉连续——行车视距;行车条件——行驶理论。

1.3.2　结构设计

结构设计主要是根据道路使用条件和使用环境的要求,采用合理的结构层次和建筑材料,设计具有安全、稳定、耐久特征的"长寿命"构造物。结构设计需要探讨道路结构、道路材料在自然环境、车辆荷载、地质与水文条件下的物理、力学状态,使用性能发展规律、损坏模式和设计指标等。道路的结构组成包括路基、路面、桥涵、隧道、交叉工程、排水系统、防护工程等。

由于篇幅的限制,下面重点介绍结构设计中的路基和路面设计。路基和路面是供车辆行驶的主要道路工程结构物,共同承担着车辆荷载的作用,它们的质量直接影响到道路的使用品质。为了满足行车对道路提出的通畅、安全、舒适、经济等方面的要求,路基和路面的强度、稳定性和耐久性等就必须达到一定标准。

1. 路基

路基是按照道路平面位置和纵坡要求在原地面上开挖或堆填而成的具有一定断面形状的带状土质

或石质构造物,它是道路这一线形建筑物的主体,又是路面的基础,承担由路面传来的行车荷载及各种自然因素的作用。

（1）路基横断面形式。

由于地形的变化和填挖高度的不同,路基横断面也各不相同,典型的横断面形式有路堤、路堑、半填半挖等。路堤是高于原地面的填方路基,路堑是低于原地面的挖方路基,半填半挖既有填方也有挖方。

（2）路基的基本要求。

路基是道路的基础结构,既要保证车辆行驶的通畅和安全,又要具备支持路面承受行车荷载的能力,因此路基必须满足以下基本要求。

①足够的强度和刚度。道路上的行车荷载通过路面传递给路基,对路基产生一定的压力,同时路基和路面自重也给予地基和路基一定压力。这些压力都可使路基产生一定的变形,导致路基破坏,影响路面的使用品质。因此,路基应有足够的强度和刚度,以保证在外力作用下,不致产生超过允许范围的变形。

②足够的整体稳定性。路基是直接在地面上填筑或挖除一部分地面建成的。路基的修建改变了原地面的自然平衡状态。在工程地质不良的地区修建的路基加剧了原地面的不平衡状态,可能引起路堑边坡坍塌和路堤下滑。为使路基具有抵抗自然因素侵蚀的能力,必须因地制宜地采取一定技术措施,保证路基整体结构的稳定性。

③足够的水温稳定性。路基在地面水和地下水的作用下,其强度将显著降低。特别是在季节性冰冻地区,土在冻结过程中水分发生迁移和积聚,引起水温状况的变化,路基发生周期性的冻融循环,其强度急剧下降。因此,应保证路基在最不利的水温状况下,仍具有足够的强度,即要求路基具有足够的水温稳定性。

2. 路面

路面是由各种不同的材料,按一定厚度与宽度分层铺筑在路基顶面上的结构物,以供车辆直接在其表面上行驶。

（1）路面的结构组成。

路面结构是用各种材料分层铺筑而成的,主要由面层、基层和垫层等组成。

①面层。面层是直接承受自然影响和行车荷载作用的层次。因此,它应具有足够的抵抗车辆垂直、水平及冲击作用的能力和良好的水温稳定性,应耐磨不透水,表面具有良好的抗滑性和平整度。

面层由两层或三层组成,分别称为上面层和下面层,或上面层、中面层和下面层。

修筑面层用的材料主要有水泥混凝土、沥青混凝土、混凝土块料以及级配碎石或砾石等。高等级公路一般采用沥青混凝土或水泥混凝土作为面层材料。

②基层。基层是位于面层之下,主要承受由面层传来的车轮荷载的垂直压力,并把它向下扩散分布的层次。设置基层可减小面层的厚度,所以基层应具有足够的抗压强度和扩散荷载的能力。车轮荷载水平力作用沿深度递减很快,对基层影响很小。虽然车轮不直接与基层接触,但基层应有平整的表面,以保证面层厚度均匀。基层与面层应结合良好,以提高路面结构整体强度,避免面层沿基层滑移推挤。基层不能阻止地下水和地表水侵入,当面层透水时,也不能阻止雨水侵入,所以基层应具有足够的水稳定性。

修筑基层用的材料主要有:碎(砾)石,天然砂砾,用石灰、水泥或沥青处治的土,用石灰、水泥或沥青处治的碎(砾)石,各种工业废渣(煤渣、矿渣、石灰渣等)与土、砂、石所组成的混合料,以及水泥混凝土等。

基层有时分两层铺筑,即上基层和底基层。修筑底基层所用材料的质量要求可较上基层低些。

③垫层。垫层是设置在基层与路基之间的层次,主要用来调节和改善路面结构的水温状况,减轻土基不均匀冻胀,隔断地下毛细水上升,排蓄基层或土基中多余的水分,阻止路基土挤入基层中,以保证路面结构的稳定性;它还能扩散由基层传来的车轮荷载垂直作用力,以减小土基的应力和变形。

修筑垫层所用的材料强度不一定要高,但水温稳定性、隔热性和吸水性要好,常用材料有两种类型:一种由松散颗粒材料组成,如用砂、砾石、炉渣、片石以及锥形块石等修筑的透水性垫层;另一种由整体性材料组成,如用石灰土、炉渣石灰土等修筑的稳定性垫层。

(2)路面的分类及特点。

道路路面可分为沥青路面、水泥混凝土路面和砌块路面三大类。

①沥青路面。沥青路面是指铺筑沥青面层的路面。沥青路面在车辆荷载作用下所产生的弯沉变形较大,路面结构本身抗拉强度低,车辆荷载通过各结构层向下传递到土基,使土基受到较大的单位压力,因而土基的强度、刚度和稳定性对路面结构整体强度和刚度有较大影响。沥青路面包括沥青混凝土路面、沥青贯入式路面和沥青表面处治等。沥青路面表面平整无接缝、柔性好、噪声小,具有良好的行车舒适性、耐磨性等,但受到沥青材料温敏性的限制,沥青面层结构的强度受温度变化影响较大。

②水泥混凝土路面。水泥混凝土路面是指铺筑水泥混凝土面层的路面。水泥混凝土的强度,特别是抗弯拉强度,比其他类型路面要高得多;它的弹性模量也较其他类型路面大得多,故呈现较大的刚性。水泥混凝土路面在车辆荷载作用下的垂直变形极小,荷载通过混凝土板体的扩散分布作用传递到地基上的单位压力要比沥青路面小得多。水泥混凝土路面包括普通混凝土路面、钢筋混凝土路面、连续配筋混凝土路面、钢纤维混凝土路面。水泥混凝土路面刚度大,扩散荷载能力强,稳定性好,抗压、抗折性能好。其缺点是:接缝较多,噪声大,行车舒适性不佳;抗滑、表面耐磨性能的保持难度大。

③砌块路面。砌块路面是指用一定形状的石料或人工预制砌块铺筑面层的路面。砌块路面适用于支路、广场、停车场、人行道与步行街。砌块路面材料类型包括:天然石材,水泥混凝土预制砌块,地面砖,装饰用建筑砖和其他砌块材料,如木砌块、橡胶砌块以及其他特殊用途的砌块等。用于城市道路路面铺装的砌块路面多为天然石材路面和水泥混凝土预制块路面。

(3)路面的基本要求。

车辆直接行驶于路面表面,路面的作用是能够承担车辆的载重而不被破坏,并能保证车辆有一定的行驶速度,全天候安全通车。对路面基本要求如下。

①足够的强度、刚度和稳定性。路面应有足够的强度和刚度,以承受车辆荷载的作用,而不产生路面破坏的形变和磨损;并有足够的稳定性,在不利的自然因素(水、温度等)作用下,其变化幅度不大。

②耐久性。路面要承受因车辆荷载和气候因素的重复作用而逐渐出现疲劳破坏和塑性变形累积,以及因老化衰变而出现的路面破坏,导致养护工作量增大、路面寿命缩短。所以,路面必须经久耐用,具有较高的抗疲劳、抗老化及抗变形累积的能力。

③表面平整度。路面表面应平整,以减小车轮对路面的冲击力,保证行车的平稳、舒适并达到要求

的速度,避免行车颠簸和振动、速度下降、运输成本提高以及路面破坏加剧。

④表面抗滑性。路面表面要有一定的粗糙度,以免车轮与路面间的摩擦系数过小,而在气候条件不利(雨、雪天)时产生车轮打滑,迫使车速降低、燃料消耗增加,甚至在车辆转弯或制动时发生滑溜等交通安全事故。

⑤低噪声和低扬尘性。车辆发动机的轰鸣、排气、轮胎与路面摩擦及喇叭声等形成的噪声,使人感到厌烦,影响沿线居民的生活。所以路面应尽可能平整、无缝,以减小噪声,并且在车辆通行时扬尘较少。扬尘会给行车视距、车辆零件、乘客舒适以及环境卫生带来不良影响,也不利于沿线农作物的生长。

(4)路面类型选择及设计使用年限。

路面类型应根据道路功能、技术等级、交通量、环境保护以及工程造价等因素进行综合论证后选用;路面结构形式应根据当地气候条件、交通荷载、当地材料,结合路面结构耐久性、资源循环利用等因素进行全寿命周期经济分析后合理确定。道路路面结构设计使用年限应不小于表1.5的规定。

表 1.5　道路路面结构设计使用年限 　　　　　　　　　　　　　　　　　　　　　(单位:年)

道路技术等级	高速公路	一级公路	二级公路	三级公路	四级公路
沥青混凝土路面	15	15	12	10	8
水泥混凝土路面	30		20	15	10

1.3.3　交通工程设施设计

道路除线形组成和结构组成外,为了保证行车安全舒适,增进路容美观,还需设置各种交通设施,主要有以下3种。

(1)交通安全设施。

交通安全设施是指为保证行车和行人安全、充分发挥道路的作用而设置的设施,如信号灯、交通标志、标线、护栏、防护网、隔离栅、照明设施、视线诱导设施、防眩设施、防雪栅、积雪标杆等。交通安全设施应根据公路功能、交通组成、公路环境、运营条件等设置,以满足交通安全管理与服务的需求。

(2)交通管理设施。

交通管理设施是指为道路营运全线管理、养护服务而设置的设施,主要包括监控、收费、通信、供配电、照明和管理养护等方面的设施。

(3)交通服务设施。

交通服务设施是为车辆和乘客提供各种服务的设施,如服务区、加油站、维修站、停车场、客运汽车停靠站等。服务设施是道路交通运输的基本组成部分,也是体现道路交通文化的窗口,应根据路网规划、道路服务水平和交通量有重点、分层次地设计。

1.4 道路设计的依据

1.4.1 技术依据

各类道路在设计和施工时的依据及具体要求各不相同,使用的规范、标准、规程也不一样。一般而言,公路设计、施工、监理要采用国家交通运输部出台和颁发的相应规范、标准、规程及其拓展延伸的国家规范、标准和规程;城市道路则采用住房和城乡建设部出台和颁发的相应规范、标准、规程及其拓展延伸的国家规范、标准和规程;林区道路则是采用国家林业和草原局出台和颁发的相应规范、标准和规程及其拓展延伸的国家规范、标准和规程。

道路设计主要应遵守以下技术规定和要求。

(1)《公路工程技术标准》(JTG B01—2014)。

《公路工程技术标准》(JTG B01—2014)是基于汽车的行驶性能和对道路的要求、驾驶者的判断、乘客的感觉、荷载数量和环境等方面的要求,再根据理论并总结公路科研、设计、施工、养护的经验而制定的。《公路工程技术标准》(JTG B01—2014)是法定的技术要求,反映了我国公路建设的技术方针,是指导我国公路工程建设、设计、施工、监理的依据之一。《公路工程技术标准》(JTG B01—2014)是我国公路建设长期实践经验的总结,随着公路工程建造技术的进步和科学技术的发展,其内容也在不断更新和完善。

《公路工程技术标准》(JTG B01—2014)主要包含 10 个章节、2 个附录。第 1~3 章为总则、术语和基本规定,主要介绍使用范围、公路等级选用、设计车辆、设计速度、公路用地和建筑界限、抗震设防、环境保护、技术评价、财务评价、经济评价、安全评估和社会评价等内容。第 4 章为路线,主要内容包括路线设计基本要求和路幅以内各组成部分的功能要求,如行车道宽度、爬坡车道和变速车道、中间带、路肩、紧急停车带、超车道、错车道、辅道等;其次是路线平面和纵断面线形设计的技术指标和技术要求,包括视距、直线、平曲线半径、平曲线超高、平曲线加宽、缓和曲线、回头曲线、纵坡及其坡度和坡长、平均纵坡、合成纵坡、高原纵坡、最大纵坡、最小纵坡、竖曲线及其半径、平竖曲线组合等内容。第 5 章为路基路面,内容包括基本要求、路基设计洪水频率、路基高度、路基压实度、路基防护、路面设计要求、标准轴载、路面类型选用、路面结构设计使用年限、路面排水与防水等内容。第 6 章为桥涵,包括桥涵设计的基本要求、桥涵分类、桥涵跨径、桥涵设计洪水频率、桥面净空和渡口码头等。第 7 章为汽车及人群荷载,包括汽车荷载、汽车荷载等级、车道荷载计算图示、车辆荷载布置、横向分布系数、桥涵设计车道数和人群荷载标准值等。第 8 章为隧道,包括隧道设计的基本要求,隧道净空、隧道分类、隧道防水、隧道照明、隧道通风以及隧道附属设施等。第 9 章为路线交叉,包括公路与公路、铁路、乡村道路、管线交叉设计要求。第 10 章为交通工程及沿线设施,包括交通安全设施、交通管理设施、防护设施、公路绿化和环境保护等。

(2)《公路路线设计规范》(JTG D20—2017)。

《公路路线设计规范》(JTG D20—2017)是为了指导设计者正确运用《公路工程技术标准》(JTG B01—2014),合理确定公路等级、建设规模、主要技术指标而制定的。它以《公路工程技术标准》(JTG B01—2014)所规定的路线几何方面的基本规定和主要技术指标为依据,随着《公路工程技术标准》(JTG

B01—2014)的更新而不断修订和完善。设计者应掌握制定标准的理论基础,结合项目的特点,创造性地运用《公路路线设计规范》(JTG D20—2017)。

(3)《公路路基设计规范》(JTG D30—2015)。

《公路路基设计规范》(JTG D30—2015)是为统一公路路基设计技术标准,使公路路基达到安全可靠、经济合理的要求而制定的规范,包括一般路基、路基排水、路基防护与支挡、路基拓宽改建、特殊路基等内容,适用于各等级新建和改建公路的路基设计。

(4)《公路水泥混凝土路面设计规范》(JTG D40—2011)。

《公路水泥混凝土路面设计规范》(JTG D40—2011)是为适应交通运输发展和公路建设需要,提高水泥混凝土路面的技术水平、使用品质和设计质量,保证工程安全可靠、经济合理而制定的规范,包括结构组合设计、接缝设计、混凝土面层配筋设计、材料组成与参数要求、加铺层结构设计等内容,各等级新建和改建公路的水泥混凝土路面设计均应遵守该规范。

(5)《公路沥青路面设计规范》(JTG D50—2017)。

《公路沥青路面设计规范》(JTG D50—2017)是为了指导设计者在进行公路新建和改建工程的沥青路面设计时,如何选取合理的结构组合、修筑材料、改建方案等而制定的规范,它细致地规定了交通荷载、路面参数、结构验算、试验方法等内容,适用于各等级公路新建和改建工程的沥青路面设计。

(6)《城市道路工程设计规范(2016 年版)》(CJJ 37—2012)。

《城市道路工程设计规范(2016 年版)》(CJJ 37—2012)是根据我国城市道路建设和发展的需要,规范城市道路工程设计,统一城市道路工程设计主要技术指标,指导城市道路专用标准的编制而制定的规范。城市范围内新建和改建各级城市道路设计均应执行该规范。

(7)《公路项目安全性评价规范》(JTG B05—2015)。

《公路项目安全性评价规范》(JTG B05—2015)是为了指导公路项目的工程可行性研究阶段、初步设计阶段、施工图设计阶段的安全性评价工作而制定的规范,也适用于项目的交工阶段和后评价。其目的是完善公路设施,改善交通安全环境,提高公路建设项目的安全性。三级及其以上等级公路项目的安全性评价执行该规范。

另外,还有交通运输部颁布的路基、路面、桥涵、交通工程及沿线设施等方面的技术规范和要求,也是在道路设计中应该了解、掌握并遵守的。

1.4.2　自然环境条件

1. 影响道路结构的自然环境因素

(1)地理条件。

道路沿线的地形、地貌和海拔高度不仅影响路线的选定,也影响路基与路面的设计。平原、丘陵、山岭各区地势不同,路基的水温情况也不同。平原区地势平坦,排水困难,地表易积水,地下水位相应较高,因而路基需要保持一定的最小填土高度,路面结构层应选择水稳定性良好的材料,并采取一定的结构排水设施;丘陵区和山岭区,地势起伏较大,路基、路面排水设计至关重要,否则会导致稳定性下降,影响路基、路面的耐久性。

(2)地质条件。

沿线的地质条件,如岩石的种类、成因、节理、风化程度和裂隙情况,岩石走向、倾向、倾角、层理和岩层厚度,有无夹层或遇水软化的夹层以及有无断层或其他不良地质现象(岩溶、冰川、泥石流、地震等),都对道路结构的稳定性有一定的影响。

(3)气候条件。

气候条件,如气温、降水、湿度、冰冻深度、日照、蒸发量、风向、风力等,都会影响道路沿线地面水和地下水的状况,并且影响到路基、路面的水温情况。在一年之中,气候有季节性的变化,因此道路结构的水温情况也随之变化。气候还受地形的影响,例如山顶与山脚、山南坡与山北坡的气候有很大的差别。这些因素都会影响道路结构的稳定性。

(4)水文和水文地质条件。

水文条件包括公路沿线地表水的排泄,河流洪水位、常水位,有无地表积水和积水时间的长短、河岸的淤积情况等;水文地质条件包括地下水位,地下水移动的规律,有无层间水、裂隙水、泉水等。这些地面水及地下水都会影响路基、路面的稳定性,如果处理不当,常会引起各种病害。

(5)土的类别。

土是建筑路基和路面的基本材料,不同的土质具有不同的工程性质,直接影响路基和路面的强度与稳定性。不同的土质含有不同粒径的土颗粒。砂粒成分多的土,强度构成以内摩擦力为主,强度高,受水的影响小,但施工时不易压实;较细的砂,在渗流情况下,容易流动,形成流砂。黏粒成分多的土,强度形成以黏聚力为主,其强度随密实程度的不同,变化较大,并随湿度的增大而降低。粉土类的土,毛细现象强烈,路基、路面的强度和承载力随着毛细水上升和湿度增大而下降,在负温度坡差作用下,水分通过毛细作用移动并积聚,使局部上层湿度大幅增加,路基冻胀,最后导致路基翻浆、路面结构层断裂等各种破坏。

2. 温度和湿度对道路结构的影响

道路结构直接暴露在大气之中,经受着自然环境因素的影响。温度和湿度是对路基、路面结构有重要影响的自然环境因素。路基、路面结构的温度和湿度状况随周围环境的变化而变化。

路基和路面材料的强度与刚度随路面结构内部温度和湿度的变化而改变,有时会有大幅度的增减。比如,沥青混凝土的动态模量会随温度升高而降低,路基回弹模量会随湿度上升而急剧下降。

路基土和路面材料的体积随路基、路面结构内温度和湿度的升降而发生胀缩。由于温度和湿度是随环境而变化的,而且沿着结构的深度呈不均匀分布,因此在不同时期的不同深度处,膨胀和收缩的变化也是不相同的。当这种不均匀的胀缩因某种原因受到约束而不能实现时,路基和路面结构内便会产生附加应力,即温度应力和湿度应力。

路基土和路面材料的几何性质和物理性质随温度与湿度产生的变化,将使路基和路面结构设计更加复杂。如不能充分估计这种因自然环境因素变化产生的后果,则路基和路面结构在车辆荷载和自然因素共同作用之下,将提前出现损坏,缩短路面的使用年限。因此,在分析和设计路基、路面结构时,除了应充分考虑车辆荷载可能引起的各种损伤,还应考虑自然因素的影响。

(1)温度。

大气的温度在一年四季和一昼夜之间发生着周期性的变化。受大气直接影响的路面温度也相应地在一年内和一日内发生着周期性的变化。在夏季晴天条件下,道路表面温度变化与气温变化大致是同步的,但是由于部分太阳辐射热被路面所吸收,道路表面的温度较气温高,尤其是沥青路面,吸热量大,温度增加的幅度大于水泥混凝土路面。面层结构内不同深度处的温度同样随气温的变化呈周期性变化,改变的幅度随深度的增加而减小,其峰值的出现也随深度的增加而越来越滞后。

根据路面结构内温度随深度的分布状况可知,顶面与底面之间的温差,在一天内经历了由负(顶温低于底温)到正(顶温高于底温),再由正到负的循环变化。如果以单位深度内的平均温度差作为温度梯度,则可以看出,水泥混凝土面层温度梯度的变化与气温的变化大致是同步的,具有周期性特点。

除了日变化,面层不同深度处的温度还随气温的变化而经历着年变化。根据沥青面层不同深度处的月平均气温变化的情况,可知平均气温最高和最低的 7 月和 1 月,面层的平均气温也相应为最高值和最低值。

影响道路结构内温度状况的因素很多,可分为外部因素和内部因素两类。外部因素主要是气象条件,如太阳辐射、气温、风速、降水量和蒸发量等,其中太阳辐射和气温是决定路面温度状况的两项最重要的因素;内部因素则为路面各结构层材料的热物理特性参数,如热传导率、热容量和对辐射热的吸收能力等。

道路结构内的温度状况,可通过在外部和内部影响因素之间建立联系的方法来预估。这种方法有两类,即统计方法和理论方法。

统计方法就是在道路结构的不同深处埋设测温元件,连续观测年循环内不同时刻的温度变化,同时收集当地的气象资料,包括对应的气温和辐射热等;然后,对记录的路面温度和气象因素进行逐步回归分析,选择符合显著性检验要求的因素,分别建立不同深度处各种路面温度指标的回归方程式,如式(1.4)所示。

$$T_{\max} = a + bT_{a \cdot \max} + cQ \tag{1.4}$$

式中:$T_{\max}$——道路某一深度处的最高温度(℃);

$T_{a \cdot \max}$——相应的最高气温(℃);

Q——相应的太阳日辐射热(J/m^2);

a,b,c——回归常数。

由于统计方法不可能包含所有的复杂因素,所以计算的精确度有地区局限性,其结果可以在条件相似的地区参考使用。

理论方法是应用热传导理论方程,推演出各项气象数据和路面材料热物理特性参数组成的温度预估方程,通常,由于参数确定的难度大和理论假设的理想化,预估的结果与实测结果有一定的差距。

(2)湿度。

大气湿度的变化以及降水、地面积水和地下水浸入路基、路面结构,是自然环境影响的另一个重要方面,它除了影响路基土湿度的变化,使路基产生各种不稳定状态,对路面结构层也有许多不利的影响。

路基、路面结构的强度、刚度及稳定性,在很大程度上取决于路基的湿度变化。例如在北方季节性冰冻地区,冰冻开始时路基水分向冻结线积聚形成冻胀,春暖融冻期形成翻浆的现象较普遍。而在南方非冰冻区,当雨季来临时,未能及时排除的地面积水和离地面很近的地下水将使路基土浸润而软化。

保持路基干燥的主要方法是设置良好的地面排水设施和路面结构排水设施,经常养护,保持畅通。地下水对路基湿度的影响随地下水位的高低与土的性质而异,通常认为受地下水影响的高度:黏土为 6 m,砂质黏土或粉土约为 3 m,砂土为 0.9 m。在这个深度范围内,路基湿度受地下水位控制,其影响程度随土质而异;在这个范围以上部分,路基湿度主要受大气降水、蒸发以及地面排水控制。对于干旱地区,路基的湿度主要受空气相对湿度的控制,受降水的影响很小,相当于当地覆盖土相同深度处的湿度。

面层的透水性对路基、路面的湿度有很大影响,若采用不透水的面层结构,将减少降水和蒸发的影响。在道路完工两三年内,路面结构与路基上部中心附近的湿度逐渐趋向稳定。对于透水的面层结构,若不做专门处理,则路面结构和上层路基的湿度状况将受到降水和蒸发的影响而产生季节性的变化。

路肩以下路基湿度的季节性变化,对路面结构及其下的路基也有影响。通常在路面边缘以内 1m 左右,湿度开始增大,直至路面边缘与路肩下的湿度相当;路肩如果经过处理,防止雨水渗入,则路面下的土基湿度将趋向于稳定,与路基中心湿度相当。

3. 公路的自然区划

我国地域辽阔,又是一个多山国家,从北到南分处于寒带、温带和热带,从青藏高原到东部沿海高程相差 4000m 以上,因此自然因素变化极为复杂。不同地区自然条件的差异同道路建设有密切关系,路基、路面与地势地貌、地质、水文、水热及土质等不同区划特征紧密相关,因此各地区有不同的设计注意点。为了区分各地自然区域的筑路特性,经过长期研究,原交通部制定了《公路自然区划标准》(JTJ 003—1986)。该区划是根据以下三个原则制定的。

①道路工程特征相似的原则。即在同一区划内,在同样的自然因素下筑路具有相似性。例如,北方不利季节主要是春季融冻时期,有翻浆病害;南方不利季节在雨季,有冲刷、水毁等病害。

②地表气候区划差异性原则。地表气候是地带性差异与非地带性差异的综合结果。通常,地表气候随着当地纬度而变,如北方寒冷,南方温暖,这称为地带性差异。除此之外,地表气候还与高程的变化有关,即沿垂直方向的变化,如青藏高原,由于海拔高,与纬度相同的其他地区相比,气候更加寒冷,则称为非地带性差异。

③自然气候因素既有综合又有主导作用的原则。自然气候的变化是各种因素综合作用的结果,但其中又有某种因素起着主导作用。例如,道路冻害是水和热综合作用的结果,但是在南方,只有水面而没有寒冷气候的影响,不会有冻害,说明温度起主导作用;西北干旱区与东北潮湿区,同样都有负温度区(指 0 ℃以下地区),但前者冻害轻于后者,说明水起主导作用。

(1)一级区划的主要指标。

根据我国地理、地貌、气候等因素,以均温等值线和三阶梯的两条等高线作为一级区划的标志。

①全年均温−2 ℃等值线。在一般情况下,地面大气温度达到−2 ℃时,地面以上开始冻结。因此,该线大体上是区分多年冻土和季节冻土的界线。

②1 月份均温 0 ℃等值线。该线是区分季节冻土和全年不冻土的界线。

③我国地势的三级阶梯的两条等高线。1000 m 等高线:走向北偏东,自大兴安岭、南下太行山、伏牛山、武当山、雪峰山、九万山、大明山至友谊关而达国境。3000 m 等高线:走向自西向东,后折向南,西起帕米尔,沿昆仑山、阿尔金山、祁连山,南下西倾山、岷山、邛崃山、夹金山、锦屏山、云岭而达国境。

由于三级阶梯的存在,地形的高度和阻隔使区域气候具有不同的特色,也成为划分一级区划的主要标志。

"公路自然区划"分三级,一级区划是首先将全国划分为多年冻土、季节冻土和全年不冻土三大地带,然后根据水热平衡和地理位置,划分为冻土、温润、干湿过渡、湿热、潮暖、干旱和高寒 7 个大区:Ⅰ.北部多年冻土区;Ⅱ.东部温润季冻区;Ⅲ.黄土高原干湿过渡区;Ⅳ.东南湿热区;Ⅴ.西南潮暖区;Ⅵ.西北干旱区;Ⅶ.青藏高寒区。

我国七个一级自然区的路面结构设计注重的特点各有不同,因篇幅关系,在此不做详细叙述。

(2)二级区划的主要指标。

二级区划仍以气候和地形为主导因素,但具体标志与一级区划有显著差别。二级区划是在一级区划内再以潮湿系数 K 为依据,分为过湿、中湿、润湿、润干、中干和过干 6 个等级。潮湿系数 K 为年降水量 R 与年蒸发量 Z 之比,即式(1.5):

$$K = \frac{R}{Z} \tag{1.5}$$

潮湿系数 K 值按全年的大小分为 6 个等级:

①过湿区:$K > 2.00$;

②中湿区:$1.50 < K \leqslant 2.00$;

③润湿区:$1.00 < K \leqslant 1.50$;

④润干区:$0.50 < K \leqslant 1.00$;

⑤中干区:$0.25 < K \leqslant 0.50$;

⑥过干区:$K \leqslant 0.25$。

除 6 个潮湿等级外,结合各区地理、气候特征等因素,在全国 7 个一级自然区划内又划分 33 个二级区和 19 个副区(亚区),共有 52 个二级自然区。它们的区界与名称因篇幅关系,在此不做详细叙述。

(3)三级区划的主要指标。

三级区划是二级区划的进一步划分。三级区划的方法有两种:一种是按照地貌、水温和土质类型将二级区进一步划分为若干类型区;另一种是以水热、地理和地貌等为标志将二级区进一步划分为若干更低等级的区域。各地可根据当地的具体情况选用。

1.4.3 交通条件

道路是供车辆行驶的,因此道路设计要适应车辆通行的需要,能够长期保证车辆安全、快速、平稳地通行。车辆荷载又是造成路基、路面结构损伤的主要成因。因此,为了保证道路能够达到预定的功能,具有良好的结构性能,应调查和掌握交通条件,包括交通量及其增长率、方向系数、车道系数、车辆类型组成,不同车辆轴型的布置、车辆轴重的大小与特性,以及车辆静态荷载与动态荷载特性等。

1. 设计车辆

按照《汽车、挂车及汽车列车的术语和定义 第 1 部分:类型》(GB/T 3730.1—2022),道路上通行的汽车车辆可分为乘用车和商用车。乘用车(不超过 9 座)分为普通乘用车、活顶乘用车、高级乘用车、小型乘用车、敞篷车、仓背乘用车、旅行车、多用途乘用车、短头乘用车、越野乘用车和专用乘用车共 11 类。商用车分为客车、货车和半挂牵引车共 3 类,其中客车细分为小型客车、城市客车、长途客车、旅游客车、铰接客车、无轨电车、越野客车和专用客车;货车细分为普通货车、多用途货车、全挂牵引车、越野货车、专用作业车和专用货车。因此,行驶在道路上的车辆类型多种多样。如果设计中每种车型都考虑,将会是很困难的事情,只有归类取代表车辆分析才能使道路设计工作简化,为此引入设计车辆的概念。

道路采用的设计车辆是设计中采用的代表性车辆,这些车辆能够代表路上所有车辆的几何尺寸和对道路的影响,其外廓尺寸、载质量和动力性能是确定公路几何参数的主要依据。我国道路设计所采用的设计车辆外廓尺寸规定如表1.6所示。

表1.6　设计车辆外廓尺寸

车辆类型	总长/m	总宽/m	总高/m	前悬/m	轴距/m	后悬/m
小客车	6.0	1.8	2.0	0.8	3.8	1.4
载重汽车	12.0	2.5	4.0	1.5	6.5	4.0
大型客车	13.7	2.55	4.0	2.6	6.5+1.5	3.1
铰接列车	18.1	2.55	4.0	1.5	3.2+11.1	2.3
铰接客车	18.0	2.5	4.0	1.7	5.8+6.7	3.8

　　道路设计时应根据道路功能、交通组成、车型比例,确定设计车辆。对于不同功能和等级的道路项目,设计车型选用应有所差异和侧重,不是所有设计车型均适用于各技术等级的道路项目。如干线公路应满足5种设计车型的通行要求;与干线公路直接衔接的集散公路则应当兼顾干线公路设计车型的通行需要;而支线公路应以满足小客车和载重汽车的通行要求为主。

2. 设计速度

　　道路设计中的车速是一项重要的指标。设计速度是确定道路几何设计指标并使其相互协调的基本要素。一经选定,道路的所有相关要素如平曲线半径、视距、超高、纵坡、竖曲线半径等指标均与其配合以获得均衡设计,所以在设计中取定车速是很重要的。

　　设计速度是当气候条件良好、交通密度小、车辆行驶只受道路本身条件的影响时,具有中等驾驶技术的驾驶人员能安全顺适地驾驶车辆的速度。设计速度可以理解为在理想的道路交通条件下,道路的设计要素起控制作用路段的最大安全速度。

　　设计速度的选用应根据道路的功能与技术等级,结合地形、工程经济、预期的运行速度和沿线土地利用性质等因素综合论证确定,并应符合表1.7的规定。

表1.7　道路的设计速度

道路技术等级	高速公路			一级公路			二级公路			三级公路			四级公路
设计速度/(km/h)	120	100	80	100	80	60	80	60	40	40	30	30	20

3. 交通量

　　道路设计中,不但要考虑车辆尺寸、行驶速度,还要考虑车的流量大小。车的流量也称为交通量,它是指单位时间内通过道路某断面的车辆数目(双向)。交通量的具体数值由交通调查和交通预测确定。

　　(1)年平均日交通量。

　　为了获得设计使用年限内的总交通量,通常首先需要确定设计道路的初始年平均日交通量,即通车第一年的年平均日交通量,按式(1.6)进行计算:

$$\mathrm{AADT} = \frac{1}{365}\sum_{i=1}^{365} Q_i \tag{1.6}$$

　　式中:AADT——初始年平均日交通量;

　　Q_i——一年内的每日实际交通量。

公路初期交通量和其他参数可参照可行性研究报告等有关交通量预测资料,结合当地交通观测站的观测和统计资料,或通过实地设立站点进行观测和统计。

2 轴 4 轮及以下的客、货运车辆,由于轴重很轻,对道路的损坏作用很轻微,因而可忽略其对道路结构设计的影响。在我国现行的路面设计规范中,一般是将获取的初始年平均日交通量(双向)及其车辆类型组成数据,剔除 2 轴 4 轮及以下的客、货运车辆交通量,得到 2 轴 6 轮及以上车辆(包括大型客车、货车)的交通量,作为设计用双向初期年平均日交通量(AADTT)。双向初期年平均日交通量乘以方向系数(DDF)和车道系数(LDF),即为设计车道的年平均日货车交通量。计算见式(1.7):

$$Q_1 = AADTT \times DDF \times LDF \tag{1.7}$$

式中:Q_1——设计车道的年平均日货车交通量;

AADTT——2 轴 6 轮及以上车辆的双向初期年平均日交通量;

DDF——方向系数;

LDF——车道系数。

(2)方向系数。

方向系数为车辆在相对行驶的两个方向上的分布比例,根据不同方向上实测交通量数据确定,无实测数据时可在 0.5~0.6 范围内选取。

(3)车道系数。

车道系数为设计车道上 2 轴 6 轮及以上车辆数量占该方向上大型客车和货车交通量的比例。

车道系数可按下列三个水平确定,改建设计应采用水平一,新建路面设计可采用水平二或水平三。

①水平一:根据现场交通量观测资料统计设计方向不同车道上车辆的数量,确定车道系数。

②水平二:采用当地的经验值。

③水平三:如实际调查确有困难,车道系数可依据设计公路的车道数,采用表 1.8 的推荐值。交通受非机动车和行人影响严重时取低限,反之取高限。

表 1.8　不同单向车道的车道系数

道路等级	单向 1 车道	单向 2 车道	单向 3 车道	单向 4 车道及以上
高速公路	—	0.70~0.85	0.45~0.60	0.40~0.50
其他等级公路	1.00	0.50~0.75	0.50~0.75	

(4)交通量年平均增长率。

道路通行的年平均日交通量是逐年增大的。要确定道路设计使用年限内的总交通量,还需要预估设计使用年限内交通量的发展。通常,可根据最近若干年内连续观测的交通量资料,通过整理得出交通量的变化规律,然后利用它外延得到所需年份的平均日交通量。

现有的交通量预估公式,一般认为交通量逐年递增且大致符合几何级增长规律,即在设计使用年限内,以固定的增长率 γ 逐年增加,t 年后的年平均日交通量计算见式(1.8):

$$Q_t = Q_1 (1+\gamma)^{t-1} \tag{1.8}$$

由于这种计算方法受初始年和 t 年后的年平均日交通量 Q_1 和 Q_t 的偶然性影响较大,即没有计入各中间年交通量的影响,以所得增长率来计算累计交通量误差较大。有时可通过数值解法获得 t 年内的

平均增长率,即式(1.9):

$$\sum_{i=1}^{t} Q_i = Q_1 \frac{(1+\gamma)^t}{\gamma} \tag{1.9}$$

在道路结构设计中,需要通过调查研究、分析论证来确定交通量年平均增长率 γ。γ 值的变化幅度很大,不同地区、不同经济条件、不同时间 γ 值都不一样。通常在发达国家、大城市附近,由于经济基础已具有相当规模,交通量的基数较大,所以增长率 γ 较小。对于发展中国家、新开发的经济区,一般 γ 值较大,若干年之后又逐步下降,趋向稳定。确定交通量年平均增长率 γ 后,设计使用年限内设计车道累计交通量 Q 可按式(1.10)或式(1.11)预估:

$$Q = \frac{365 Q_1 \left[(1+\gamma)^t - 1 \right]}{\gamma} \tag{1.10}$$

$$Q = \frac{365 Q_t \left[(1+\gamma)^t - 1 \right]}{\gamma (1+\gamma)^{t-1}} \tag{1.11}$$

式(1.10)、式(1.11)中:Q——道路设计年限内设计车道的累计交通量;

Q_1——设计初始年的年平均日交通量;

Q_t——设计末年的年平均日交通量;

γ——道路设计使用年限内交通量年平均增长率;

t——道路设计使用年限或设计基准期。

4. 车辆对道路的作用

(1) 静态作用。

汽车对道路的作用力可分为停驻状态和行驶状态两种状态下的作用力。当汽车处于停驻状态时,对路面的作用力为静态压力,主要是由轮胎传给路面的垂直压力,它的大小受下述因素的影响:

①汽车轮胎的内压力 p_i;

②轮胎的刚度和轮胎与路面接触的形状;

③车辆荷载的大小。

货车轮胎的标准内压力 p_i 一般为 0.4~0.7 MPa。通常轮胎与路面接触面上的压力 p 略小于内压力 p_i,为 $(0.8~0.9)p_i$,车轮在行驶过程中,内压力会因轮胎充气温度升高而增加。因此,滚动的车轮,其接触压力也有所增加,为 $(0.9~1.1)p_i$。

轮胎的刚度随轮胎的新旧程度而有所不同,接触面的形状和轮胎的花纹也会影响接触压力的分布。一般情况下,接触面上的压力分布不均匀。不过在路面设计中,通常会忽略上述因素的影响,而直接取内压力作为接触压力,并假定压力在接触面上均匀分布。

轮胎与路面的接触面形状的轮廓近似于椭圆形,在工程设计中以圆形接触面积来表示。将车轮荷载简化成当量的圆形均布荷载,并采用轮胎接触压力 p,接触面当量圆半径 δ 可按式(1.12)确定:

$$\delta = \sqrt{\frac{P}{\pi p}} \tag{1.12}$$

式中:P——作用在车轮上的荷载(kN);

p——轮胎接触压力(kPa)。

对于双轮组车轴,若每一侧的双轮用一个圆表示,称为单圆荷载;如用两个圆表示,则称为双圆荷

载。单圆荷载的当量圆直径 D 和双圆荷载的当量圆直径 d,分别按式(1.13)和式(1.14)计算:

$$D = \sqrt{\frac{8P}{\pi p}} = \sqrt{2}d \tag{1.13}$$

$$d = \sqrt{\frac{4P}{\pi p}} \tag{1.14}$$

我国路面设计规范中规定的标准轴载 BZZ-100 的 $P=25$ kN,$p=700$ kPa,用式(1.13)和式(1.14)计算,可分别得到相应的当量圆直径为:$D \approx 0.302$ m,$d \approx 0.213$ m。

（2）动态作用。

当汽车处于行驶状态时,除给路面施加垂直压力之外,还给路面施加水平力。此外,由于汽车以较快的速度通过,这些动力作用还有瞬时性。

汽车在道路上匀速行驶,车轮受到路面提供的滚动摩阻力,路面也相应受到车轮施加于它的一个向后的水平力;汽车在上坡行驶或在加速行驶过程中,为了克服重力与惯性力,需要给路面施加向后的水平力;相应地,在下坡行驶或者在减速行驶过程中,为了克服重力与惯性力,需要给路面施加向前的水平力;汽车在弯道上行驶,为了克服离心力,保持车身稳定不产生侧滑,需要给路面施加侧向水平力。特别是在汽车启动和制动过程中,施加于路面的水平力相当大。

车轮施加于路面的各种水平力值 Q 与车轮的垂直压力 P 以及路面与车轮之间的附着系数 φ 有关,其最大值 Q_{max} 不会超过 P 与 φ 的乘积,即式(1.15):

$$Q_{max} \leqslant P\varphi \tag{1.15}$$

若以 q 和 p 分别表示单位接触面上的水平力和垂直接触压力,则最大水平力 q_{max} 应满足式(1.16):

$$q_{max} \leqslant p\varphi \tag{1.16}$$

表 1.9 所列的路面附着系数 φ 为实地测量的资料。由表 1.9 可见,φ 与路面类型和路面状况以及车速有关;相同的路面结构类型,干燥状态的 φ 值比潮湿状态高;路面结构类型与干燥状态相同的情况下,车速越高,φ 值越小。

表 1.9 路面附着系数

路面状况	路面类型	车速		
		12 km/h	32 km/h	64 km/h
干燥	沥青混凝土	0.70～1.00	—	0.50～0.65
	水泥混凝土	0.70～0.85	—	0.60～0.80
潮湿	沥青混凝土	0.40～0.65	—	0.10～0.50
	水泥混凝土	0.60～0.70	—	0.35～0.55

路面表面必须保持足够的附着系数,这是保证正常行车的重要条件。但是从路面结构本身来看,附着系数直接关系结构层承受的水平荷载。在水平荷载的作用下,结构层产生复杂的应力状态,特别是面层结构,直接承受水平荷载作用。若面层抗剪强度不足,将会出现推挤、拥包、波浪、车辙等破坏现象。

汽车在道路上行驶,由于车身自身的振动和路面的不平整,其车轮实际上是以一定的频率和振幅在路面上跳动,作用在路面上的车辆荷载时而大于静态荷载,时而小于静态荷载。车辆荷载大小主要随行车速度、路面的平整度和车辆的振动特性三个因素而变化。

动态荷载的最大峰值与静态荷载之比称为冲击系数。在较平整的路面上,行车速度不超过50 km/h时,冲击系数不超过1.30。若车速增加或路面平整度不佳,则冲击系数还要增大。在设计路面时,有时以静态荷载与冲击系数的乘积作为设计荷载。

行驶的汽车对路面施加的荷载有瞬时性,车轮通过路面上任一点,该点承受荷载的时间是很短的,一般为0.01~0.10 s。在路面以下一定深度处,应力作用的持续时间略长,但仍十分短暂。由于路面结构中应力传递是通过相邻的颗粒来完成的,若应力出现的时间很短,则来不及传递分布,其变形特性便不能像静态荷载那样呈现得比较完全。因此,动态荷载作用下路面结构的响应分析较为复杂,至今仍有大量的问题有待进一步研究。

(3) 车辆荷载对路面的重复作用。

车辆荷载对路面的多次重复作用也是一项重要的动态影响。在交通流量大的道路上,道路结构每天将承受数万次车辆荷载的作用,在路面的整个使用期限内承受的作用次数更为可观。路面承受一次车辆荷载作用和承受多次重复作用的效果并不一样。对于弹性材料,在重复荷载作用下,呈现出材料的疲劳性质,也就是材料的强度将随荷载重复次数的增加而降低;对于弹塑性或黏弹性材料,如土基和柔性路面,在重复荷载作用下,永久变形将逐渐增大,称为变形的累积。所以对于路面设计,不仅要重视静态荷载与动态荷载的量值,道路通行的各类车辆荷载的作用次数也是重要的因素。

道路上通行的车辆不仅具有不同的类型和轴重,而且通行的交通量也是变化的。因此,交通量与交通荷载组成均是随机变量,随着时间、地点以及年限不同而变化。路面结构设计中,为了准确衡量交通量,使交通量具有可比性,并准确考虑和计算车辆荷载对路面的综合累积损伤作用,必须分车型和轴型调查,确定各车型和轴型间的关系,并通过适当的方式将不同车型和轴型换算成标准车型与轴型。

5. 车辆轴型与轴载谱

无论是客车还是货车,车身的全部重量都通过车轴上的轮胎传给路面。因此,对于路面结构设计而言,更加重视汽车的轴载。由于轴载的大小直接关系到路面结构的响应,为了统一设计标准和便于交通管理,各个国家对于轴载的最大限值均有明确的规定。

整车形式的客车、货车车轴分前轴和后轴。绝大部分车辆的前轴为两个单轮组成的单轴,轴载约为汽车总重量的三分之一。汽车的后轴有单轴、双轴和三轴三种,大部分货车后轴由双轮组组成,只有少量轻型货车后轴由单轮组组成。每一根后轴的轴载大约为前轴轴载的两倍。目前,在我国道路上行驶的货车后轴轴载,一般为60~130 kN。

为了满足各个国家对汽车轴限的规定,货车趋向于增加轴组分散总重,因此出现了多轴的货车。有些运输专用设备的平板拖车,采用多轴多轮,以减轻对路面的作用。路面设计中车辆轴型按轮组和轴组类型分为7类,如表1.10所示。

表1.10　轴型分类

轴型编号	轴型说明
1	单轴(每侧单轮胎)
2	单轴(每侧双轮胎)

轴型编号	轴型说明
3	双联轴(每侧单轮胎)
4	双联轴(每侧各一单轮胎、双轮胎)
5	双联轴(每侧双轮胎)
6	三联轴(每侧单轮胎)
7	三联轴(每侧双轮胎)

根据不同的轴型组合,可将车辆分为 11 个类型。1 类车型为对路面破坏较小的小轿车或载质量较轻的小货车,道路结构设计时不予考虑;2 类车为大客车,对路面有一定的破坏作用,需在道路结构设计中考虑;除 1 类、2 类以外的其他车型都为对道路有显著作用的货车,比如 2 轴 6 轮整体式货车、双前轴整体式货车、双前轴半挂式货车、全挂货车等。

不同车型具有不同的轴组与轴重,而不同轴组和轴重给道路结构带来的损伤程度是不同的。对于道路结构设计,除了设计使用年限内的累计交通量,另一个重要的交通因素便是各级轴载作用次数与总作用次数之比,即轴载组成或轴载谱。由交通调查得到不同车型的组成分布,进而获取每种车型每日通行的轴载数,乘以相应的轴载谱百分率,即可推算出所有车辆各级轴载的作用次数。

6. 标准轴载与轴载换算

(1)标准轴载。

在进行道路结构设计时,需要获取不同车辆类型的混合交通量,确定其轴型和轴载组成。为了量化考虑交通量以及不同车辆类型对路面结构的综合累积损伤作用,一般选用一种轴载作为路面结构设计的标准轴载,其他各种轴载按照一定的原则换算为标准轴载,从而将交通量转换为结构设计用的当量设计轴载累计作用次数。标准轴载即为路面结构设计采用的计算轴载。

标准轴载一般要求对路面的影响较大,同时又能反映本国道路运输运营车辆的总体轴载水平。我国根据道路运输运营车辆的实际水平,规定公路与城市道路在进行沥青混凝土路面和水泥混凝土路面结构设计时,采用轴重为 100 kN 的单轴-双轮组轴载作为设计轴载,简称为 BZZ-100,其计算图示如图 1.1 所示,计算参数如下:设计轴载为 100 kN;轮胎接地压强为 0.70 MPa;单轮接地当量圆直径为 213.0 mm;两轮中心距为 319.5 mm。

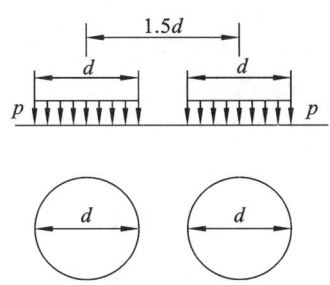

图 1.1　标准轴载图示

注:d—单轮传压面当量圆直径(cm);p—轮胎接地压强(MPa)。

轴载的大小直接关系到道路结构的设计承载力与结构强度,标准轴载问题涉及运输经济性和道路结构经济性两个方面。国外目前有货车重型化、载客汽车小型化的趋势,导致道路运输承受的轴载增加,道路的损坏问题日趋严重。在我国,由于社会主义市场经济的逐步建立,道路货运的经济性为货运部门主要考虑的因素,重轴载车辆的比例越来越大。道路结构的早期破坏与超出规定的重轴载车辆有很大的关系。因此,必须加强管理,尽可能限制超出规定的重轴载车辆的运行。

车辆超载和超限是两个不同的概念。超载运输是指车辆所装载的货物(或人员)超过车辆额定的载货质量(或人员数)。超限运输是指在道路上行驶的车辆、工程机械,其总质量、轴载质量、外形尺寸三者之一超过法定的限值标准。其中总质量和轴载质量超限是直接关系道路结构破坏的因素。超载但不超限的车辆对道路的使用寿命有一定的影响,超载且超限的车辆对道路的使用寿命有很大的影响,有的甚至超过道路结构的极限承载力,使道路出现结构性破坏。对于超载条件下道路结构的设计问题,道路设计技术人员应十分重视。

(2)轴载换算。

不同轴载在同一道路结构上重复作用不同次数后,可使结构层永久变形量或疲劳破坏达到相同极限状态。因此,在一定轴载范围内,不同轴载对道路的作用效果可以互相换算。在进行换算时,应该遵循两项原则:第一,同一种路面结构在不同轴载作用下于使用末期达到相同的损伤程度(破坏状态);第二,对某一种交通组成,不论以哪种标准轴载进行换算,所设计的路面厚度相同。我国现行沥青混凝土路面设计方法中采用沥青混合料层疲劳寿命、无机结合料稳定层疲劳寿命、沥青混合料永久变形和路基永久变形为主要设计标准。因此,轴载换算时采用了沥青混合料层层底拉应变、无机结合料稳定层层底拉应力、沥青混合料永久变形量和路基顶面竖向压应变为指标的轴载换算方法。我国现行水泥混凝土路面设计方法中则采用水泥混凝土面板底面的弯拉应力为指标进行轴载换算。

1.5 我国道路设计的现状与发展

1.5.1 道路设计的现状

1. 道路设计存在的问题

当前,我国道路设计中存在以下主要问题。

(1)道路的功能较为不足。

从当前阶段的道路发展来看,大多数的道路在功能上都不够完善,因此在实际应用的过程中并不能将道路的实际作用充分发挥出来。在道路设计工作开展的过程中,采用的都是单一的设计模式,在设计之前,并没有对整个施工区域内的交通流量进行详细的分析,导致道路横断面的外在形式与实际使用功能之间并不相符。对于道路设计工作来说,最重要的就是保证道路的功能满足使用需求。在设计的过程中要针对道路的作用和实际情况进行全面的分析,从而对道路网中的交通组织、特征、基本性能以及服务对象和用地特点等进行系统的设计。

(2)分隔带使用功能设置不合理。

当前阶段,大多数道路在中央位置处的隔离带都非常狭小,导致四幅路段面在道路两侧设置一些附属设施时,常常会出现空间不够的问题,给机动车以及行人的通行都带来了巨大的安全风险。除此之外,这种设计形式还给车辆调头带来了巨大的不便,容易导致交通拥堵问题。在这种分隔带的设置形式下,非隔离带的宽度在 2m 左右,因此很难在这么狭小的空间内设置港湾式的停靠站,公共汽车在停靠的过程中会给邻近车道的正常通行带来一定的影响。当非机动车占用了机动车的行驶区域,不仅会给非机动车的安全运行带来影响,还会给整个道路交通运输的通畅性带来巨大的影响。

(3) 道路路网结构不合理。

在过去道路设计工作开展的过程中,大多数设计人员的设计眼光不长远,没有考虑到城市未来的建设和发展,在设计的过程中忽视了道路的整体网络结构,导致设计出来的道路无法与城市内的道路交通网络相匹配,时间久了就会使整个道路交通处于混乱的局面。在过去很长一段时间里,一些道路的设计与建设,对道路主干道以及立交面的建设比较关注,对道路设计以及支路建设并没有给予重视,导致机动车与非机动车同时出现在主干道上,给整个道路交通网络带来了巨大的交通压力,引发了许许多多的交通安全事故。

(4) 设计耐久性差。

对于道路桥梁,无论是车辆超载还是地震、暴雨,都将会影响桥梁的耐久性,特别是一些自身跨度较大的桥梁,如果拉索耐久性不强,将会直接影响道路桥梁的正常使用。如果频繁更新拉索,将会增加成本投入。道路桥梁工程施工多集中于结构连接点的设计,对于施工材料却很少关注,对桥梁受力情况也很少进行严格计算,导致道路桥梁局部受力过大的情况经常发生。

2. 道路设计改进对策

(1) 科学、合理地选择设计参数。

所谓道路设计参数,指的就是道路施工过程中所执行的技术标准,主要包含道路等级、设计速度以及路基宽度三方面内容,三者在整个道路设计的过程中既是相互独立的,又是相互联系的。道路设计参数中的道路等级主要是根据道路在整个区域交通网络中发挥出来的作用确定的。道路等级的确定,是三个设计参数中最复杂的工作,不仅需要依靠技术因素,还需要结合社会、文化、环境以及经济发展的具体情况来综合考虑。路基宽度需要结合车道数量来确定,路基的总宽度就是车道宽度加上路缘带宽度、中央分隔带宽度以及硬路肩的宽度。道路的设计速度则是由施工区域地形结构的复杂程度来确定的,设计速度的大小会对后期道路的交通容量带来一定的影响。

(2) 提高路堤边坡设计水平。

对于一些水文地质以及地形地貌情况都非常复杂的区域来说,在道路施工开展的过程中,其高边坡坍塌事故的发生概率非常高,尤其是降水量较大或者洪涝灾害较为严重时,道路路基会长时间浸泡在水中,或者是受到雨水的冲刷作用,导致道路的边坡区域出现较大的缺口,不仅对道路路面结构的完整性造成破坏,还会给道路路面的使用寿命带来巨大的影响。因此需要给予道路边坡设计足够的重视,在设计工作开展之前,需要对道路路基路面的相关情况进行全面的调查,并且在施工现场对边坡平台进行合理的设置,进而使水流对路基的冲击力大大降低、水流速度减缓,从而使道路路面结构的稳定性得到可靠的保障。除此之外,还需要采取措施对路堤边坡设计进行进一步的优化,要结合实际情况,对边坡的填料进行合理的选择,使道路的排水能力得到提升。

(3) 学习先进的路面设计理念,采取科学设计方法。

要想提高道路设计工作的质量,需要加强对以下两方面内容的研究力度。①对先进的设计方法和理念进行学习。发达国家在道路设计上的理念以及相关的技术都比较成熟,因此在实际的道路设计工作开展过程中,可以对一些成功的、先进的经验进行学习,并结合自身情况进行适当的创新,从而能够实现道路设计的全面发展。②为了推动道路设计工作的顺利开展,需要制定科学的设计标准。如为了提高路面的耐久性和延长使用寿命,要保证沥青混合材料能够与路面之间完美地融合;为了将路面厚度控制在合理范围内,需要从面层与基层两个方面来综合考量。

(4)提高道路结构的完整性。

为了使道路的性能和使用寿命得到大幅提升,需要给予道路的维修养护工作足够的重视,对于道路结构来说,不管是在横向荷载还是在竖向荷载的作用下,都会出现一定程度的变形,会给整个道路结构的完整性带来一定的影响。此时,为了使道路结构的完整性得到保证,需要采取完善的养护管理措施,对初期的变形情况进行维护与控制,防止过度变形给整个道路结构的完整性带来实质性的损失,从而埋下巨大的安全隐患。

(5)加强材料设计。

提升道路工程建设质量,需要充分考虑环境因素,合理选择施工材料。比如,当明确道路桥梁本身的承载量后,需要充分考量各个区域的实际建设情况,由此展开混凝土结构设计,并在工程施工开始前进行混凝土配合比调试,促使混凝土结构性能达到最佳。在选择施工材料之前,需要到达施工现场进行现场调研,尽可能选择性价比高的施工材料,从而全面提高道路桥梁本身的稳定性。设计人员在进行边坡设计时,需要预先计算边坡角度,合理选择建材,切实提高结构可靠性。与此同时,在现代社会的快速发展下,除了传统的建材,越来越多的新型建材开始应用于工程施工,在道路设计时,也可以适当引入一些新型材料,以此减少项目成本投入。

(6)多利用信息化新技术。

精准、有效的道路设计,有助于国家社会经济的进步以及贸易水平的提高。随着信息化时代的到来,计算机和其他一些先进的智能设备也逐渐应用到设计工作中,以智能化新技术来进行道路设计工作,可以使道路的设计工作更加精确、道路设计后的形象更加直观,也可以更加有效地控制道路施工的成本,由此可见,将信息化新技术应用到道路的设计中是具有很大意义的。

1.5.2　道路设计的发展

1. 大数据时代道路设计的机遇

(1)高分辨率遥感测图技术。

近年来,我国卫星测绘技术不断提高,具体体现如下。

①研制出首个国产集群分布式大型遥感处理软件 ImageInfo,终结了我国遥感领域重大工程长期依赖国外软件的历史。

②首创了超轻型低空遥感测图系统,通过中国民用航空局适航程序审定,解决了高分辨率遥感数据机动快速获取的难题,填补我国低空遥感系统装备的空白。

③攻克了国产卫星高精度定位、高精度几何校正、超分辨率重建、变化信息高精度自动检测 4 项遥感测图关键技术,加强了国产卫星数据在测绘、国土等行业的应用。

④创立了遥感处理任务并行分解与多级处理方法,实现了集群计算环境下高性能遥感数据并行处理,处理能力和输入输出效率大大提高。

⑤拥有了具有自主知识产权的全数字摄像测量系统,具有自动生成核线影像、自动建立数字地形模

型、人机交互数字测图等功能；能够实现遥感图像快速自动生成三维影像的功能，应用北斗先进技术对三维地图数据进行导航和交互式操作，其中的军事价值和行业应用价值不可估量。

⑥制定了低空数码航空摄影、土地利用动态遥感监测、全国土地调查等 10 项行业技术规范与标准，促进了相关信息资源的系统化建设、交流、协调与集成，优化了信息资源的开发与利用，保护了信息安全和知识产权，规范了信息服务和市场秩序，促进了我国测绘行业的科技进步，推动了遥感测图的产业化发展。

随着"高分一号"等高空间分辨率遥感卫星的研制和成功发射，高分辨率遥感技术为测图制图提供全面而又高效的数据，高空间、高时间分辨率遥感测图得到了广泛应用，逐步实现了控制测图、单机测图到无控自动测图、多星协同无缝测图的跨越，测图精度从 1∶250000 发展到了 1∶5000 甚至更高。

高分辨率的遥感测图技术为我国道路设计工作提供了宝贵的信息资源，这些信息具有快速、有效、丰富、数据量大、时效性强等特点，能满足从宏观到微观、从定性到定量、大比例尺专题图制作的需求，如国内的 PixelGrid 系统全面实现对多种高分辨率卫星影像和航空影像（包括低空飞行器航空影像）的摄影测量处理，可以完成遥感影像从空中三角测量到各种国家标准比例尺的 DLG、DEM/DSM、DOM 等测绘产品的生产任务。

（2）海量数据存储技术。

道路设计数据量庞大，且分散在不同的省市（或乡镇）、不同的设计院（所）或不同的部门（或机构），而各省之间、各部门之间又缺乏信息的开放与互通，造成了数据资源的条块割据、信息封闭、标准分散以及碎片化等现象。

据不完全统计，约 80％的勘察设计数据都是非结构化或半结构化的。除少量由传统数据库累积的结构化数据之外，还包括各类互联网、云存储、手机及传感器等应用所产生的图片、音频、视频、图像与地理位置信息等半结构化和非结构化数据，这对数据处理能力提出了更高的要求。

传统的网络存储系统采用集中的存储服务器存放所有数据，存储服务器成为系统性能的瓶颈，也是可靠性和安全性的焦点，不能满足大规模存储应用的需要。分布式网络存储系统采用可扩展的系统结构，利用多台存储服务器分担存储负荷，利用位置服务器定位存储信息，它不但提高了系统的可靠性、可用性和存取效率，还易于扩展。

为了解决传统数据库技术和系统难以快速处理大规模数据，或者难以快速处理较多非结构化或半结构化数据的难题，可在道路设计日常信息管理系统中采用分布式网络存储技术。

分布式网络存储技术是通过网络使用企业中的每台机器上的磁盘空间，并不是将数据存储在某个或多个特定的节点上，并将这些分散的存储资源构成一个虚拟的存储设备，使数据分散地存储在公路管理部门的各个角落。

分布式存储技术和系统能够提供可扩展的大数据存储能力，提高了数据的存取效率。如中国科学院中国遥感卫星地面站开发的并行文件系统（parallel remote sensing image processing file system，PIPFS），实现了对 TB 级大小的单个文件的遥感图像处理的支持，解决了 Cluster 系统中的遥感数据的并行存储和表达、遥感图像处理并行计算等问题，为图形图像的快速处理带来了便利，也为我国道路设计工作提供了强有力的技术支撑。

（3）Hadoop MapReduce 技术。

海量的道路设计数据蕴含着丰富的价值，如何科学、有效而又直观地利用这些数据成为一个重要的问题。

将不同渠道采集到的勘察设计信息,在一定准则下使其自动分析、综合,从大量的数据中通过算法搜索隐藏于其中的信息,有助于我们更加真实地了解道路建设区域现状。通过对动态、静态的海量勘察设计数据的挖掘分析,可以发现更多有价值的交通信息,以完成道路设计所需的评估和决策任务。

现有的绝大多数串行化机器学习和数据挖掘算法,难以在可接受的时间内有效完成对海量道路设计数据的处理,而大数据时代的并行计算模型和框架实现了海量数据的快速处理,在一定程度上能够满足当前的交通应用需求。目前,最主流的大数据并行计算和框架是 Hadoop MapReduce 技术。MapReduce 是 Hadoop 的核心,能够处理大型及超大型数据集(TB 级别的数据)并生成相关的执行的编程模型。

但在大多数场景下,由于数据量巨大,大数据处理通常很难达到实时或低延迟响应。为了解决这个问题,近年来,相关专家和学者提出了内存计算的概念和方法,尽可能利用大内存完成大数据的计算处理,以实现尽可能高的实时或低延迟响应。目前,Spark 已成为一个具有很大发展前景的新的大数据计算系统和平台,正受到工业界和学术界的广泛关注,有望成为与 Hadoop 并存的一种新的计算系统和平台,其在交通中的应用也将指日可待。

(4) GIS 空间数据管理技术。

道路设计过程涉及大量的信息,不仅仅包括交通出行需求数据、道路基础设施数据、交通运行数据、路网服务水平、政策管理等,而且涉及铁路、水运等交通属性信息,以及自然环境、社会、经济、历史、人文等社会属性信息。

这些数据信息类型繁多,每一类信息中又包含多种参数数据,如交通运行数据中既包括交通流的流量、密度、速度、高峰小时系数、车道不均匀系数、各车型比例等参数,又包括变换车道、信号灯时、突发交通事件、城市公交、出租车和客运车辆卫星定位数据等相关数据。道路设计所需的数据不仅多样化,而且体积巨大,随着时间和空间的变化而不断动态变化,时刻产生着大量的数据信息,组成了交织的信息网,形成 TB 级、PB 级甚至是 YB 级的趋势,呈现着多源、动态、多时相、多尺度等特征。

GIS 具有强大的图形、图像及属性数据处理能力,能够管理并描述地表及其附着物的空间信息与属性信息,能够对地理信息及其相关信息提供采集、处理、管理、制图等功能。

①GIS 空间数据处理和管理为勘察设计信息管理提供了技术支持。

GIS 具有同时管理空间数据和相应属性数据的能力,支持多种图形及图像数据格式,完全能够较好地满足道路工程勘察设计的各种资料、各种信息的管理需求。

GIS 采用统一的数据结构,实现信息共享;GIS 空间分析可以实现构造物建模、路线走向等三维空间分布展示,使勘察资料更加形象、直观;借助编程,利用 GIS 可以制作地质剖面图、土石方对比图等,给用户提供辅助决策的功能。

②现有工程勘察数据易与 GIS 数据融合关联。

工程勘察信息大多直接与地质资料相关,包括岩层、构造、水文、岩土体的物理力学性质等相关资料,可以通过关系数据库管理这些信息,GIS 可以直接建立与关系数据库的关联关系。

③GIS 为道路设计智能化提供了基础平台。

目前,已有不少地质勘察单位开始采用 GIS 技术建立地质勘察信息系统,较多的道路设计单位也相继开展了基于 GIS 的数字道路平台、道路三维建模技术等方面的研究,并取得了丰富的成果和一系列技术突破,不仅实现了 GIS、海量数据库、三维道路模型实时关联,还实现了道路路线和部分构造物的三维可视化设计、分析与评价,大幅度提高了工程勘察设计的质量和效率,达到了从设计成果(阶段)到施工建设管理过程中信息传递和管理应用的良好效果。

随着国内外 GIS 在工程勘察设计中的应用越来越广泛,其理论和技术将更加成熟,GIS 在道路设计方面的应用将会更加深入和广泛。

2. 大数据时代道路设计的挑战

道路设计数据具有类型多样、来源广、数据量大、管理部门不唯一、处理环节多级及时效性高等特点,这就给大数据在道路设计行业中的应用带来了严峻的挑战。

(1) 数据的管理与清洗。

数据是设计的关键,数据信息的真伪直接影响到设计方案的实用性和科学性是否可靠,因此,要对勘察设计信息数据附上时空标志,去伪存真,尽可能收集异源的数据,甚至是异构的数据,必要时还可与历史数据对照,多角度验证数据的全面性和可信性。

把分散的实时数据信息收集起来,统一集成管理,随着数据量的不断增长,历史数据越来越多,一旦超出系统性能容量处理的范围,将直接影响数据管理的效率和系统的稳定性。

因此,要达到低成本、低能耗、高可靠性目标,需要在存储时按照一定规则,对各类不同的数据进行分类,通过过滤和去重,加入便于日后检索的标签,减少存储量;同时,还需要对历史数据进行清洗或采用多种存储设备保存,降低系统的负荷,提升数据质量及其服务水平。

(2) 数据处理与可视化。

道路设计过程中,所需要的数据涉及上百个参数,这些参数的复杂性不仅仅体现在数据样本本身,更体现在多源、异构、多空间和多实体之间的交互动态性,因此,难以用传统的方法描述与度量,数据或参数处理时的复杂度很大。

为了使结果更直观,以便于洞察,在实际工作中,常常需要将高维图像等多媒体数据实施降维后度量与处理,利用上下文关联进行语义分析,从大量动态、可能是模棱两可的数据中综合信息,并导出可理解、可使用的信息内容。

然而,尽管计算机智能化有了很大进步,但还只能针对小规模、有结构或类结构的数据进行分析,谈不上深层次的数据挖掘,现有的数据挖掘算法在道路设计中难以通用,迫切需要针对道路设计的行业特点和详细需求,开发实用的数据挖掘算法。

(3) 数据的安全与隐私。

数据的安全与隐私问题不仅仅是道路设计面临的尖锐问题,也是大数据时代最典型的问题。

为了解决数据的安全与隐私问题,学术界和各个应用行业纷纷提出了各自的解决办法,如 Lindell 等学者提出了保护隐私的数据挖掘(privacy preserving data mining)概念,Roy 等学者提出了一种将集中信息流控制和差分隐私保护技术融入云计算的数据生成与计算阶段的隐私保护系统 Airavat。

然而,一般的数据隐私保护技术大多基于静态数据保护,而道路设计数据具有明显的时间变化和空间变化特征,且需要多部门共享,这就给其安全和隐私带来了新的挑战,即如何在保护多方利益的前提下,解决数据共享与隐私保护的问题,这既涉及技术层面的问题,也涉及法律层面甚至是国家安全层面的问题,值得在以后的应用中不断深入地研究。

(4) 数据的接口与标准化。

由于我国现行道路设计方式多样,信息模式复杂,造成数据种类繁多,且缺乏统一的标准。因此,在存储、传输、处理和融合过程中,必须对数据格式进行必要的转换,而数据的转换可能引起数据的异常或丢失,其实用性将大大降低。

　　为了提高采集数据的传输效率和使用效率,有必要研究并推广道路设计行业数据处理平台的统一数据接口和格式,建立统一的信息系统,最大化地发挥海量道路设计信息的价值和功效。

第 2 章　道路几何设计

2.1 道路平面设计

2.1.1 概述

1. 路线

道路是一条三维空间的带状实体。它是由路基、路面、桥梁、隧道和沿线设施所组成的线形构造物。一般说来,道路中线的空间位置为路线。路线在水平面上的投影称作路线的平面。沿中线竖直剖切再行展开则是路线的纵断面,中线上任一点法向切面是道路在该点的横断面。路线的平面、纵断面和各点的横断面是道路的几何组成。路线设计是指确定路线空间位置和各部分几何尺寸。设计一条道路,对平、纵、横三个方面,既要分别进行,又要综合考虑。

路线中线的平面位置,是考虑社会经济、自然条件和技术标准等因素,经过平、纵、横综合设计,反复修正才能确定,沿中线的桩志进行高程测量和横断面测量,取得地面线和地质、水文及其他必要资料后再设计纵断面和横断面。

2. 汽车行驶轨迹与道路平面线形

现代道路的主要服务对象是汽车,所以研究汽车行驶规律是道路设计的基本课题。在路线的平面设计过程中,主要考察汽车的行驶轨迹。只有当平面线形与这个轨迹相符或相接近时,才能保证行车的顺畅与安全,特别是在高速行驶的情况下,对汽车的行驶轨迹的研究尤为重要。

大量的观测研究表明,汽车行驶轨迹有以下几何特性:

(1) 轨迹是连续和圆滑的,即轨迹上任意一点不出现转折和错位;

(2) 轨迹的曲率是连续的,即轨迹上任意一点不出现两个曲率值;

(3) 轨迹的曲率变化率是连续的,即轨迹上任意一点不出现两个曲率变化率的值。

路线平面的形状称为平面线形。通过对汽车行驶轨迹的研究,能了解道路平面线形的几何构成。理想的道路平面线形应与汽车的重心轮迹线完全重合。若道路的平面线形由直线和圆曲线构成,则仅符合汽车行驶轨迹特性的第(1)条,满足了车辆的直行和转弯要求,但在直线和圆曲线相切处出现曲率不连续(直线上曲率为0,圆曲线上曲率为$1/R$,R为半径),与汽车行驶轨迹之间有较大偏离。随着汽车交通量的增加和行驶速度的提高,道路在直线和圆曲线之间引入了一条曲率逐渐变化的"缓和曲线",使整条线形符合汽车行驶轨迹特性的第(1)条和第(2)条,保持了线形的曲率连续,但在直线、圆曲线及缓和曲线的连接点处曲率的变化率不连续。

道路的平面线形,当受地形、地物等障碍的影响而发生转折时,在转折处就需要设置曲线或组合的曲线。曲线一般为圆曲线,为保证行车的舒顺与安全,在直线、圆曲线间或不同半径的两圆曲线之间要插入缓和曲线。因此,直线、圆曲线和缓和曲线是平面线形的主要组成要素,称之为平面线形三要素。

3. 路线平面设计的内容

道路平面线形设计,是根据汽车行驶的力学性质和行驶轨迹要求,合理地确定平面线形三要素的几何参数,保持线形的连续性和均衡性,并注意使线形与地形、地物、环境和景观相协调。由于线形要素的确定是以设计速度为依据的,因此,对车速较高的道路,线形设计还应该考虑汽车行驶美学及驾驶员视觉和心理上的要求。本节将重点讨论根据设计速度确定直线、圆曲线及缓和曲线的方法,结合自然条件的具体路线设计将在下面的"2.5 道路选线与定线"中论述。

2.1.2　直线

1. 直线的特点

直线是平面线形的基本要素之一,具有能以最短的距离连接两控制点和线形易于选定的特点。

直线适用于地形平坦、视线目标无障碍处。在平原区,直线作为主要线形要素较为适宜。直线有测设简单、前进方向明确、路线短捷等优点,直线路段能提供较好的超车条件,对双车道公路有必要在适当距离处设置一定长度的直线。

直线缺乏变化,在地形变化的复杂地段不易与地形相适应,位于山岭重丘区公路时,直线路段施工往往会存在工程量增大、工程费用高、破坏自然环境等弊端;在高速公路、一级公路行车速度快的情况下,直线更易使驾驶者感到单调、疲乏,难以准确目测车间间距,增加夜间行车车灯炫目的危险,还会导致出现超高速行驶状态。因而在设计直线线形和确定直线长度时,必须慎重考虑后选用。

城市道路交叉口多、地下管线多,应首先考虑以直线为主的线形,尤其是长大桥梁、隧道等构造物路段,路线转折点尽量设在交叉口。为了保证车辆行驶安全与舒适,线形转折时要合理地设置平曲线。

2. 直线的最大长度和最小长度

在道路平面线形设计时,一般应根据沿线地形、地物条件,驾驶员的视觉、心理感受以及保证行车安全等因素,合理布设直线路段,对直线的最大长度与最小长度应有所限制。

(1) 直线的最大长度。

合理的直线长度应根据驾驶员的心理反应和视觉效果确定。各国普遍从经验出发,根据调查结果规定直线的最大长度。

有些国家对长直线的运用有条件地加以限制。像日本和意大利这样的多山国家,高速公路平面以曲线为主。如日本和德国,一般规定直线的最大长度(以 m 计)不超过 $20V$(V 为设计速度,以 km/h 计),俄罗斯规定为 8.0 km,美国规定为 4.83 km(3 英里),而法国认为长直线宜采用半径 5000 m 以上的圆曲线代替。

我国地域辽阔,地形差异较大,对直线长度很难做出统一规定,加之在混合交通的道路上,超车、会车、错车以及避让非机动车和行人的情况多,驾驶员的感觉与国外不尽相同。目前我国在《公路工程技术标准》(JTG B01—2014)中,未作明确规定,而在《公路路线设计规范》(JTG D20—2017)中仅规定"直线的长度不宜过长",给设计人员留下空间去做分析、判断,以使设计更加符合实际。

一般设计者可根据地形、地物、自然景观以及经验等决定直线的最大长度,既不追求长直线,也不强设平曲线。经过不同路段调查,按 100 km/h 的车速行驶时,驾驶员和乘客的心理反应和感受有如下结果。

①位于城市附近的道路,作为城市干道部分,因路旁高大建筑和城市景观,无论路基高低均被纳入视线范围,驾驶员和乘客无"直线过长,希望驶出"的不良反应。

②位于乡间平原区的公路,随季节和地区不同,驾驶员有不同反应。北方的冬季,绿色枯萎,景色单调,太长的直线使人情绪受到影响。夏季有所改善,但驾驶员加速行驶,希望尽快驶出直线的心理普遍存在。

③位于戈壁、草原的公路,直线长度可达数十千米,驾驶员极易疲劳,车速超过设计速度很多。但在

这种特殊的地形条件下,除了直线别无选择,人为设置弯道,不但不能改善其单调,反而增加路线长度。

因此,直线的最大长度,在城镇及其附近或其他景色有变化的地点大于 20V 是可以接受的,在景色单调的地点最好控制在 20V 以内;而在特殊的地理条件下应特殊处理,若做某种限制是不现实的。

但必须强调,无论是高速路还是低速路,在任何情况下都要避免追求长直线的错误倾向。

(2) 直线的最小长度。

考虑到线形的连续和行驶的方便,相邻两曲线之间应有一定的直线长度。这个直线长度是指前一曲线的终点到后一曲线起点之间的长度。

①同向曲线间直线的最小长度。

同向曲线是指两个转向相同的圆曲线中间用直线或缓和曲线或径相连接而成的平面线形。这种线形当直线较短时,容易产生把直线与两端的曲线看成反向曲线的错觉;当直线过短时甚至会把两个曲线看成一个曲线,破坏了线形的连续性,形成所谓的"断背曲线",易造成驾驶操作失误,应尽量避免。《公路路线设计规范》(JTG D20—2017)规定:当设计速度不小于 60 km/h 时,同向圆曲线间的直线最小长度(以 m 计)以不小于设计速度(以 km/h 计)的 6 倍为宜。

这种要求在车速较高的道路(V≥60 km/h)上宜尽可能保证,而对于低速道路(V≤40 km/h)可参考执行。在受条件限制时,无论是高速道路还是低速道路,都宜在同向曲线间插入大半径曲线或将两曲线作为复曲线、卵形曲线或 C 形曲线。

②反向曲线间直线的最小长度。

反向曲线是指两个转向相反的圆曲线之间以直线或缓和曲线径相连接而成的平面线形。因两弯道转弯方向相反,考虑超高和加宽过渡的需要以及驾驶员操作的方便,其间直线的最小长度应予以限制。《公路路线设计规范》(JTG D20—2017)规定:当设计速度不小于 60 km/h 时,反向圆曲线间直线最小长度(以 m 计)以不小于设计速度(以 km/h 计)的 2 倍为宜;当曲线两端设有缓和曲线时,也可以直接相连,构成 S 形曲线。

3. 直线的运用

平面线形采用直线时应注意线形与地形的关系,并应符合上述直线的最大长度和最小长度的要求;在运用直线线形并决定其长度时,原则是宜直则直、宜曲则曲。

在下述路段上可采用直线:

(1) 路段完全不受地形、地物限制的平坦地区或山间的宽阔河谷地带;

(2) 城镇及其近郊道路,或以直线为主体进行规划的区域;

(3) 长大桥梁、隧道等构造物路段;

(4) 路线交叉点及其附近;

(5) 双车道公路提供超车的路段。

必须采用长直线时,相应纵坡不应过大;若两侧地形过于空旷,宜采取植树或设置一定建筑物等措施;定线时应将能引起兴趣的自然风景或建筑物纳入驾驶员的视线范围。在长直线尽头设置的平曲线,除曲线半径、超高、视距等符合规定外,还必须采取设置标志、增大路面抗滑能力等安全保障措施,以确保行车安全。

2.1.3 圆曲线

各级公路和城市道路不论转角大小均应设置平曲线,而圆曲线是平曲线中的主要组成部分。路线平面线形中常用的单曲线、复曲线、双交点或多交点曲线、虚交点曲线、回头曲线等中一般均包含了圆曲线。圆曲线具有易与地形相适应、可循性好、线形美观、易于测设等优点,使用十分方便。

1. 圆曲线半径影响因素

由汽车横向稳定性的分析可知,圆曲线半径的计算见式(2.1):

$$R = \frac{V^2}{127(\mu \pm i_h)} \tag{2.1}$$

式中:R——圆曲线半径(m);

V——行驶速度(km/h);

μ——横向力系数;

i_h——超高值。

在指定车速 V 下,最小圆曲线半径 R_{min} 取决于容许的最大横向力系数 μ_{max} 和该圆曲线的最大超高值 $i_{h(max)}$。对这些因素讨论如下:

(1)最大横向力系数 μ_{max}。

横向力的存在对行车产生种种不利影响,μ 越大越不利,表现在以下几个方面。

①危及行车安全。

汽车能在圆曲线上行驶的基本前提是轮胎不在路面上滑移,要求横向力系数 μ 低于轮胎与路面之间所能提供的横向摩阻系数 φ_h,即式(2.2):

$$\mu \leqslant \varphi_h \tag{2.2}$$

φ_h 的大小影响着汽车的稳定程度、乘客的舒适感、燃料和轮胎的消耗及其他方面,取值大小与车速、路面及轮胎等有关。一般在干燥路面上为 0.4~0.8;在潮湿的沥青路面上汽车高速行驶时,降低到 0.25~0.40;路面结冰和积雪时,降到 0.2 以下;在光滑的冰面上可降到 0.06(不加防滑链)。

②增加驾驶操纵的困难。

在横向力的作用下,弹性的轮胎会产生横向变形,使轮胎的中间平面与轮胎前进方向形成一个横向偏移角。它的存在增加了汽车在方向操纵上的困难,车速越快,这种操作的困难性就越大。经验表明,当横向偏移角超过 5°时,驾驶员就不易保持驾驶方向的稳定,对行车安全不利。

③增加燃料消耗和轮胎磨损。

μ 的存在使轮胎和路面之间的摩阻力增加,导致车辆的燃油消耗和轮胎磨损增加,表 2.1 为实测损耗值。

表 2.1　实测损耗值

横向力系数 μ	燃料消耗/(%)	轮胎磨损/(%)
0	100	100
0.05	105	160
0.10	110	220

横向力系数 μ	燃料消耗/(%)	轮胎磨损/(%)
0.15	115	300
0.20	120	390

μ 值过大,汽车不能连续稳定行驶,有时还需要减速。在圆曲线半径小的曲线上驾驶员要尽量大回转,易离开行车道而发生事故。当 μ 超过一定数值时,驾驶员要采用增加汽车稳定性的措施,增加了驾驶员在圆曲线道路上行驶的紧张感。对乘客,μ 值增大会使其感到不舒适,据试验,乘客随 μ 值变化的心理反应如下:

当 $\mu < 0.10$ 时,不感到有曲线存在,很平稳;

当 $\mu = 0.15$ 时,稍感到有曲线存在,尚平稳;

当 $\mu = 0.20$ 时,已感到有曲线存在,稍感到不稳定;

当 $\mu = 0.35$ 时,感到有曲线存在,不稳定;

当 $\mu \geqslant 0.40$ 时,非常不稳定,有倾覆的危险感。

综上所述,μ 的采用值关系到行车的安全、经济与舒适。为计算最小圆曲线半径,应考虑各方面因素采用一个合适的 μ 值。一般 μ_{max} 可取为 $0.10 \sim 0.16$,车速高时取低值,车速低时取高值。

(2) 最大超高值 $i_{h(max)}$。

在车速较高的情况下为了平衡离心力要用较大的超高,但道路上行驶车辆的速度差异较大,特别是在混合交通的道路上,不仅要照顾快车,也要考虑慢车的安全。对于慢车,乃至因故暂停在弯道上的车辆,其离心力接近于0。如超高值过大,超出轮胎与路面间的横向摩阻系数,车辆有沿路面最大合成坡度下滑的危险,必须满足式(2.3):

$$i_{h(max)} \leqslant \varphi_w \qquad (2.3)$$

式中:φ_w——一年中气候恶劣季节路面的横向摩阻系数。

制定最高超高值 $i_{h(max)}$,除考虑道路所在地区的气候条件外,还必须给驾驶员和乘客以心理上的安全感。对重山区、城市附近、道路交叉口以及有相当数量非机动车行驶的道路,最大超高值应比一般道路小些。

我国《公路工程技术标准》(JTG B01—2014)对各级公路的最大超高规定:一般地区的高速公路、一级公路为8%或10%;二、三、四级公路为8%;积雪冰冻地区的各级公路均为6%。对于二、三、四级公路接近城镇且混合交通量大的路段,车速受到限制时和城市道路:当设计速度为80 km/h时,最大超高取6%;当设计速度为60 km/h、50 km/h时,最大超高取4%;当设计速度为40 km/h、30 km/h、20 km/h时,最大超高取2%。

2. 圆曲线最小半径的计算

汽车在圆曲线上行驶时保持稳定的必要条件是汽车所受横向力被轮胎与路面之间的摩阻力抵消,若横向力大于摩阻力,则汽车出现横向滑移。因此,在设计时应控制横向力系数 μ 不超过摩阻系数 φ_h。

横向力系数 μ 实际是受摩阻系数 φ_h 约束的,即在不发生横向滑移前提下,μ 值不会超过 φ_h 值。因此,用 φ_h 代替 μ 值来计算圆曲线的最小半径更加符合实际情况。《公路工程技术标准》(JTG B01—2014)采用摩阻系数 φ_h 作为计算圆曲线最小半径的指标,即式(2.4):

$$R = \frac{V^2}{127(\varphi_h + i_h)} \tag{2.4}$$

式中:R——圆曲线半径(m);

V——设计速度(km/h);

φ_h——路面与轮胎之间的横向摩阻系数;

i_h——超高坡度值。

圆曲线最小半径包括极限最小半径、一般最小半径、不设超高的最小半径。我国《公路工程技术标准》(JTG B01—2014)根据不同的 φ_h 值,对不同等级的公路规定了极限最小半径、一般最小半径和不设超高的最小半径,见表2.2。城市道路圆曲线的最小半径见表2.3。

表 2.2　各级公路圆曲线最小半径

设计速度/(km/h)		120	100	80	60	40	30	20
极限最小半径/m		650	400	250	125	60	30	15
一般最小半径/m		1000	700	400	200	100	65	30
不设超高的 最小半径/m	路拱≤2%	5500	4000	2500	1500	600	350	150
	路拱>2%	7500	5250	3350	1900	800	450	200

表 2.3　城市道路圆曲线最小半径

设计速度/(km/h)	80	60	50	40	30	20
设超高的最小半径/m	250	150	100	70	40	20
设超高的推荐最小半径/m	400	300	200	150	85	40
不设超高的最小半径/m	1000	600	400	300	150	70

(1)极限最小半径。

极限最小半径是指为保证车辆按设计速度安全行驶所规定的圆曲线半径最小值。《公路工程技术标准》(JTG B01—2014)中的极限最小半径是在规定的设计速度时,按 $i_h = 8\%$、$\varphi_h = 0.1 \sim 0.16$,用式(2.4)计算取整得到的。当地形困难或条件受限时方可采用,道路曲线半径为极限最小半径时,设置最大超高。

(2)一般最小半径。

一般最小半径是指各级公路对按设计速度行驶的车辆能保证其安全性和舒适性时推荐采用的最小圆曲线半径,它介于极限最小半径与不设超高的最小半径之间,其超高值随半径增大而按比例减小。《公路工程技术标准》(JTG B01—2014)中的一般最小半径值是按 $i_h = 6\% \sim 8\%$、$\varphi_h = 0.05 \sim 0.06$ 计算取整得到的。

一般最小半径是在通常情况下推荐采用的最小半径。一是考虑汽车在这种圆曲线上以设计速度或以接近设计速度行驶时,旅客有充分的舒适感;二是考虑在地形比较复杂的情况下不会过多增加工程量。

(3)不设超高的最小半径。

所谓不设超高的最小半径是指道路曲线半径放大、离心力较小时汽车沿双向路拱(不设超高)外侧行驶的路面摩擦力足以保证汽车行驶安全稳定所采用的最小半径。平曲线半径大于一定数值时,若把横向力系数控制到最小值,以保证行驶的稳定性,可以不考虑设置曲线超高,允许设置等于直线段路拱的反超高。从舒适和安全的角度考虑,φ_h 值应尽可能小,以使乘客在圆曲线上有大致相同的感觉。《公路工程技术标准》(JTG B01—2014)中不设超高的最小半径是分别取 $\varphi_h = 0.035$、$i_h = -0.025$,按式(2.4)计算取整得到的。

3. 圆曲线的特点及运用

(1)圆曲线的特点。

各级道路不论转角大小均应设置圆曲线。一般认为,圆曲线作为平面线形要素之一,具有以下主要特点:

①圆曲线上任意一点的曲率半径 $R =$ 常数,曲率 $1/R =$ 常数,故测设和计算简单;

②圆曲线上任意一点都在不断地改变方向,比直线更能适应地形的变化,由不同半径的多个圆曲线组合而成的复曲线,对地形、地物和环境有更强的适应能力;

③汽车在圆曲线上行驶要受到离心力的作用,对行车的安全性和舒适性等产生不利影响,圆曲线半径越小,行驶速度越高,行车越危险;

④汽车在圆曲线上转弯时各轮轨迹半径不同,比在直线上行驶多占用路面宽度;

⑤汽车在小半径的圆曲线内侧行驶时,视距条件较差,视线会受到路堑边坡或其他障碍物的阻挡,易发生行车事故。

(2)圆曲线设计要点。

道路平面设计时,应根据沿线地形、地物等条件,尽量选用较大半径,以保证行车安全舒适。在选定半径时既要技术合理,又要经济适用;既不盲目采用高标准(大半径)而过分增加工程量,也不只考虑眼前通行要求而采用低标准。

①在适宜地形的情况下宜选用较大的圆曲线半径。

②圆曲线半径确定要点。

圆曲线能较好地适应地形变化,并可获得圆滑的线形,使用范围较广且灵活。在确定半径时,应注意以下几点:

a.一般情况下宜采用极限最小半径的 4~8 倍或超高值为 2%~4% 的圆曲线半径;

b.地形条件限制时,可采用大于或接近圆曲线一般最小半径;

c.地形条件特别困难时,方可采用圆曲线极限最小半径;

d.应同前后线形要素相协调,使之构成连续、均衡的曲线线形;

e.应同纵断面线形相结合,避免小半径曲线与陡坡相重叠;

f.每个弯道半径值的确定,应按技术标准根据实地的地形、地物、地质、人工构造物及其他条件的要求,按合理的曲线位置,用外距、切线长、曲线长、曲线上任一点线位、合成纵坡等控制条件反算并结合标准综合确定。

③圆曲线是平面线形的三大要素之一,运用时应注意与前后直线、回旋线相配合,参数的选用应符合相关标准及规范的要求。

2.1.4 缓和曲线

缓和曲线是道路平曲线线形要素之一,它是设置在直线与圆曲线间或半径相差较大、转向相同的两条圆曲线间的一种曲率连续变化的曲线。《公路工程技术标准》(JTG B01—2014)规定,除四级公路可不设缓和曲线外,其余各级公路都应设置缓和曲线。在高速公路上,有时缓和曲线所占比例超过了直线和圆曲线,成为平面线形主要组成部分。在城市道路上,缓和曲线也被广泛使用。以下主要介绍缓和曲线的作用与性质、形式、最小长度及参数等。

1. 缓和曲线的作用与性质

当汽车从直线进入圆曲线时,驾驶员应逐渐改变前轮的转向角,使其适应相应半径的圆曲线。前轮的逐渐转向是在进入圆曲线前的一段路线内完成的。在直线上半径无穷大,在进入圆曲线时,半径为 R,从直线过渡到圆曲线,汽车的行驶曲率半径是不断变化的,这一变化路段即为缓和曲线。

(1) 缓和曲线的作用。

缓和曲线具有以下三个作用:

①离心加速度逐渐变化,不致产生侧向冲击;

②缓和超高,作为超高变化的过渡段,使行车更加平稳;

③通过曲率的逐渐变化,适应汽车转向操作的行驶轨迹及路线的顺畅,以构成美观及视觉协调的最佳线形。

(2) 缓和曲线的性质。

为研究汽车由直线进入圆曲线的行驶轨迹,假定汽车是等速行驶的,驾驶员匀速转动转向盘。当转向盘转动角度为 θ(rad)时,前轮相应转动角度为 φ(rad),它们之间的关系见式(2.5)和式(2.6):

$$\varphi = k\theta \tag{2.5}$$

式中:k——小于 1 的系数。

$$\theta = \omega t \tag{2.6}$$

式中:ω——转向盘转动的角速度(rad/s);

t——行驶时间(s)。

汽车前轮的转向角计算为式(2.7):

$$\varphi = k\omega t \tag{2.7}$$

设汽车前后轮轴距为 d,前轮转动 φ 后,汽车行驶轨迹的曲率半径为 r(m),由图 2.1 可知式(2.8):

$$r = \frac{d}{\tan\varphi} \tag{2.8}$$

因 φ 很小,可近似地认为有式(2.9):

$$r \approx \frac{d}{\varphi} = \frac{d}{k\omega t} \tag{2.9}$$

汽车以 v(m/s)等速行驶,经时间 t(s)后,其行驶距离(弧长)为式(2.10):

$$l = vt \tag{2.10}$$

由式(2.9)得式(2.11):

$$t = \frac{d}{k\omega r} \tag{2.11}$$

代入式(2.10)得式(2.12):

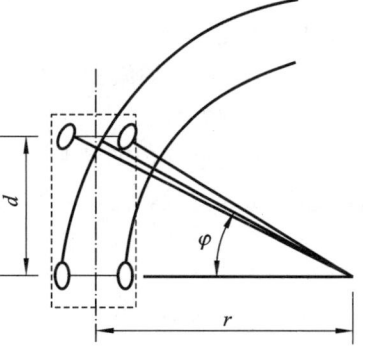

图 2.1　汽车的转弯行驶

$$l \approx v\frac{d}{k\omega r} \tag{2.12}$$

式中：v、d、k、ω 均为常数，令 $\dfrac{vd}{k\omega} = C$，则有式(2.13)或式(2.14)：

$$l = \frac{C}{r} \tag{2.13}$$

$$rl = C \tag{2.14}$$

式(2.13)、式(2.14)中：l——汽车自直线终点开始转弯，经 t 时间后行驶的弧长(m)；

r——汽车行驶 t 时间后在 l 处的曲率半径(m)；

C——常数。

式(2.13)或式(2.14)表明了驾驶员以不变角速度转动转向盘等速行驶的轨迹，即汽车匀速由直线驶入圆曲线或圆曲线驶入直线，其行驶轨迹的弧长与曲率半径之乘积为常数。

2. 缓和曲线的形式

(1) 回旋线作为缓和曲线。

①回旋线的基本公式。

一般，缓和曲线多采用回旋线方程，其行驶轨迹方程见式(2.15)：

$$rl = A^2 \tag{2.15}$$

式中：r——回旋线上某点的曲率半径(m)；

l——回旋线上某点到原点的曲线长(m)；

A——回旋线参数。

回旋线参数 A 表征回旋线曲率变化的缓急程度，在回旋线内 r 是随 l 的变化而变化的。在回旋线起点曲率为零，曲率半径为无穷，但在回旋线终点处，$l=L_s$，$r=R$，则 $RL_s=A^2$，即有式(2.16)：

$$A = \sqrt{RL_s} \tag{2.16}$$

式中：R——回旋线所连接的圆曲线半径(m)；

L_s——回旋线作为缓和曲线的长度(m)。

②回旋线的相似性。

回旋线的曲率是连续变化的，而且其曲率的变化与曲线长度的变化成线性关系。回旋线的形状只有一种，只要改变参数 A 就能得到不同大小的回旋线，A 相当于回旋线的放大系数。$A=1$ 时的回旋线称为单位回旋线。

(2) 其他形式的缓和曲线。

①三次抛物线。

按行驶轨迹导出的缓和曲线一般方程[式(2.14)]中的弧长 l，用 l 在横轴上的投影 x 代替，则得到三次抛物线的方程，即式(2.17)：

$$r = \frac{C}{x} \tag{2.17}$$

如果仅取回旋线坐标方程中的第一项，可得三次抛物线上各点的直角坐标方程，见式(2.18)或式(2.19)：

$$x = l \tag{2.18}$$

$$y = \frac{x^3}{6C} \tag{2.19}$$

式中：$C = RL_s$。

三次抛物线的曲率半径与回旋线一样，也是随长度由无穷大逐渐减小的。但当缓和曲线角 β 超过 $24°$ 后，曲率半径又开始增加，所以三次抛物线用作缓和曲线的条件为 $\beta \leqslant 24°$。

②双纽线。

将式（2.14）中的弧长 l 用曲线的弦长 a 代替，则得双纽线方程，见式（2.20）：

$$r = \frac{C}{a} \tag{2.20}$$

双纽线的极角为 $45°$ 时，曲率半径最小，此后半径增大至原点，全程转角达到 $270°$。因此，当曲线转角较大、半径较小时，如在回头曲线或立体交叉的匝道上可采用双纽线设置整个曲线，代替两段回旋线和一段主曲线。

双纽线见图 2.2，回旋线、三次抛物线和双纽线在极角较小（$5° \sim 6°$）时，几乎没有差别。随着回旋线极角的增加，三次抛物线的长度比双纽线的长度增加得快些，而双纽线的长度又比回旋线的长度增加得快些。回旋线的曲率半径减少得最快，而三次抛物线则减少得最慢。为保证汽车平顺行驶，三种曲线都可作为缓和曲线。

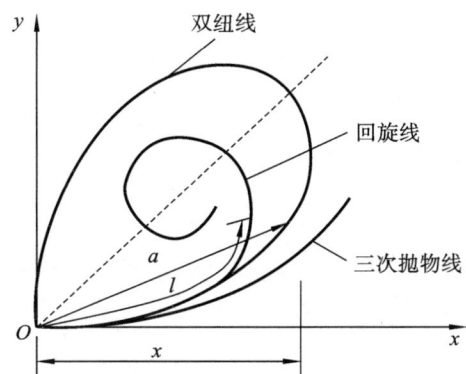

图 2.2　回旋线、三次抛物线和双纽线

此外，也有使用 n 次（$n \geqslant 3$）抛物线、正弦形曲线、麦克康奈尔曲线作为缓和曲线的。但世界各国使用回旋线的居多，我国标准推荐的缓和曲线也是回旋线。

应说明的是，近年由于公路测量中广泛地使用光电测距仪、全站仪和袖珍型计算机，无论用多么复杂的数学公式作为缓和曲线的方程，都可以方便、迅速地计算出中桩坐标并将其精确地敷设在地面上。

3. 缓和曲线的最小长度及参数

（1）缓和曲线的最小长度。

缓和曲线必须有足够的长度，以避免离心加速度增长过快和驾驶员转动方向盘过急，应使行车安全、舒适、线形圆滑顺适。缓和曲线的最小长度一般应满足以下几个方面的要求。

①离心加速度变化率不宜过大。

汽车在缓和曲线上行驶，由离心力产生的离心加速度 $a = V^2/r$，在 t(s) 时间内汽车从缓和曲线的起点到达缓和曲线终点,曲率半径 r 由 ∞ 均匀地变化到 R,离心加速度由零均匀地增加到 V^2/R,离心加速度的变化率见式(2.21):

$$a_s = \frac{a}{t} = \frac{V^2}{Rt} \tag{2.21}$$

假定汽车作等速行驶,则 $t = L_s/V$,此时有式(2.22):

$$a_s = \frac{V^3}{RL_s} \tag{2.22}$$

则有式(2.23):

$$L_s = \frac{V^3}{Ra_s} \tag{2.23}$$

式中:离心加速度变化率 a_s 采用值各国不尽相同。一般高速公路,英国采用 0.3 m/s³,美国采用 0.6 m/s³,我国一般控制在 $(0.5 \sim 0.6)$ m/s³ 范围内。若以 V(km/s)表示设计速度,则最小缓和曲线长度 $L_{s(min)}$ 的计算公式为式(2.24):

$$L_{s(min)} = 0.0214 \frac{V^3}{Ra_s} \tag{2.24}$$

②控制超高附加纵坡不过陡。

在缓和曲线上设置超高过渡段时,若过渡段太短则会因路面急剧地由双坡变为单坡而形成一种扭曲的面,对行车和路容均不利。

在超高过渡段上,路面外侧逐渐抬高,从而形成一个"附加坡度"。当圆曲线上的超高值一定时,该附加坡度取决于过渡段长度。附加坡度(也称超高渐变率)太大和太小都不利,太大会使行车左右摇摆影响行车安全,太小对排水不利。根据超高渐变率,导出计算过渡段最小长度的公式,即式(2.25):

$$L_{s(min)} = \frac{B'\Delta i}{p} \tag{2.25}$$

式中:B'——旋转轴至行车道(设路缘带时为路缘带)外侧边缘的宽度(m);

Δi——超高坡度(超高值)与路拱坡度代数差(%);

p——超高渐变率(%)。

③控制行车时间不过短。

缓和曲线不管其参数如何,都不可使车辆在缓和曲线上的行驶时间过短,过短会使驾驶员操作不便,甚至造成驾驶操作的紧张和忙乱。一般认为汽车在缓和曲线上的行驶时间至少应有 3s,于是有式(2.26):

$$L_{s(min)} = \frac{V}{1.2} \tag{2.26}$$

④符合视觉条件的要求。

相关计算表明,为了使线形舒顺协调,缓和曲线最小长度应满足式(2.27):

$$L_{s(min)} = \frac{R}{9} \sim R \tag{2.27}$$

根据影响缓和曲线长度的各项因素,《公路工程技术标准》(JTG B01—2014)按汽车在缓和段行驶 3s,离心加速度变化率控制在 $0.5 \sim 0.6$ m/s³,根据相应等级公路的设计速度,即可计算出缓和曲线最小长度。各级公路缓和曲线最小长度如表 2.4 所示。《城市道路工程设计规范(2016 年版)》(CJJ 37—

2012)规定了城市道路缓和曲线最小长度,如表 2.5 所示。

表 2.4　各级公路缓和曲线最小长度

设计速度/(km/h)		120	100	80	60	40	30	20
缓和曲线最小长度/m	一般值	130	120	100	80	50	40	25
	最小值	100	85	70	60	40	30	20

表 2.5　城市道路缓和曲线最小长度

设计速度/(km/h)	80	60	50	40	30	20
缓和曲线最小长度/m	70	50	45	35	25	20

(2) 回旋线参数 A 值。

回旋线参数 A 值决定了回旋线曲率变化的缓急程度。A 的最小值应根据汽车在缓和曲线上缓和行驶的要求、行驶时间要求以及允许的超高渐变率要求等决定。我国《公路路线设计规范》(JTG D20—2017)规定了缓和曲线最小长度,由公式 $RL_s = A^2$ 可知,也确定了最小参数 A 值。因此,在进行平面线形设计时,可选定缓和曲线长度,也可选定回旋线参数 A 值。

回旋线参数应与圆曲线半径相协调,研究认为:回旋线参数 A 与连接的圆曲线半径之间,只要保持 $R/3 \leqslant A \leqslant R$,便可获得视觉上协调、舒顺的线形。当 R 接近 100 m 时,宜取 $A = R$;若 R 小于 100 m,则选择 $A \geqslant R$;当 R 较大或接近 3000 m 时,可选择 $A = R/3$;当 R 大于 3000 m 时,取 $A < R/3$。

(3) 不设缓和曲线的圆曲线半径。

当圆曲线半径相当大时,从几何线形来看,不论加入缓和曲线与否,线形与形状都没有多大区别,故可不设缓和曲线。所以《公路路线设计规范》(JTG D20—2017)规定,在下列情况下可不设缓和曲线。

①在直线与圆曲线间,当圆曲线半径大于或等于"不设超高的最小半径"时。

②半径不同的同向圆曲线间,当小圆半径大于或等于"不设超高的最小半径"时。

③小圆半径大于表 2.6 中所列复曲线中小圆临界曲线半径,且符合下列条件之一时:

表 2.6　复曲线中小圆临界曲线半径

设计速度/(km/h)	120	100	80	60	40	30
临界面线半径/m	2100	1500	900	500	250	130

a. 小圆曲线按规定设置相当于最小缓和曲线长度的回旋线时,其大圆与小圆的内移值之差不超过 0.10 m;

b. 设计速度 $\geqslant$ 80 km/h 时,大圆半径 R_1 与小圆半径 R_2 之比小于 1.5;

c. 设计速度 < 80 km/h 时,大圆半径 R_1 与小圆半径 R_2 之比小于 2。

《城市道路工程设计规范(2016 年版)》(CJJ 37—2012)规定的不设缓和曲线的最小圆曲线半径如表 2.7 所示。

表 2.7　城市道路不设缓和曲线的最小圆曲线半径

设计速度/(km/h)	80	60	50	40
不设缓和曲线的最小圆曲线半径/m	2000	1000	700	500

2.2　道路纵断面设计

2.2.1　概述

道路纵断面线形指道路中线在垂直水平面方向上的投影,它反映道路竖向走向、高程和纵坡的大小,即道路起伏情况。道路纵断面设计,是结合城市规划要求,地形、地质情况,以及路面排水、工程管线埋设等因素综合考虑,所确定的一组由直线和曲线组成的线形设计。

道路纵断面设计的主要内容是根据道路性质、等级、行车技术要求和当地气候、地形、水文、地质条件、排水要求以及城市竖向设计要求、现状地物、土方平衡等,合理地确定连接有关竖向控制点(或特征点)的平顺起伏线形。它具体包括:确定沿线纵坡大小及坡段长度以及变坡点的位置;选定满足行车技术要求的竖曲线;计算各桩点的施工高度,以及确定桥涵构筑物的标高等。

纵断面图上有两条主要线形:一条是地面线,它是根据中线上各桩点的高程而点绘的一条不规则的折线,反映了原地面沿中线的起伏变化情况;另一条是设计线,它是设计者经过技术、经济以及美学等多方面比较后设计出的一条具有规则形状的几何线,反映了道路设计路线的起伏变化情况。纵断面设计线由直坡线和竖曲线组成。

直坡线(即均匀坡度线)有上坡和下坡,其大小用纵坡和坡长表示。

不同纵坡转折处称为变坡点,为平顺过渡应设置竖曲线,按纵坡转折形式的不同,竖曲线分为凹曲线和凸曲线,其大小用半径和水平长度表示。

路线纵断面图上的设计高程,即路基设计高程,一般情况有如下规定。

(1)新建公路的路基设计高程。

高速公路和一级公路采用中央分隔带的外侧边缘高程;二、三、四级公路采用路基边缘高程;在设置超高、加宽地段应采用设超高、加宽前该处的边缘高程。

(2)改建公路的路基设计高程。

一般按新建公路的规定设计,也可视具体情况采用行车道中线处的高程。

(3)城市道路设计高程。

一般城市道路可视具体情况采用中央分隔带边缘、中线或行车道外侧边缘作为设计高程。

纵断面设计的主要任务是根据汽车的动力特性、道路等级、地形、地物、水文地质,综合考虑路基稳定、排水及工程经济等,研究纵坡大小、坡段长短及竖曲线半径等。

2.2.2　纵坡及坡长设计

道路纵坡是指路线纵断面上同一坡段两点间的高差与其水平距离之比,用百分率表示。坡长是纵断面相邻变坡点桩号之差,即水平距离。对一定纵坡长度的限制称为坡长限制,包括最大坡长限制和最小坡长限制。道路纵坡的大小关系到交通条件、排水状况与工程经济等,因此,需要对各种影响因素进行分析。

1. 最大纵坡

最大纵坡是根据道路等级、自然条件、行车要求及临街建筑等因素所限定的路线纵坡最大值,是道路纵断面设计的重要控制指标。在地形起伏较大地区,最大纵坡直接影响路线长短、使用质量、运输成本及造价。

(1) 最大纵坡的影响因素。

确定最大纵坡时,不仅要考虑行车技术要求、工程经济等因素,同时还必须根据道路类型、交通性质、当地自然环境以及临街建筑规划布置等要求,来拟定相应的技术标准。

①一般公路考虑各种机动车辆的动力要求。

对汽车动力因数分析可知,当车辆驶上较大纵坡时,必然要降低车速,从而导致车流密度的增加,因此,为了保证一定的设计行车速度,道路纵坡就不能过大。

若坡度过陡,下坡行驶的车辆容易溜坡,且下坡时因冲力过大而易出事故。一般来说,在纵坡大于8%的路段,车辆在下坡时刹车次数增加,使制动器发热导致刹车失效,容易酿成车祸,因此,在一般情况下,机动车道的最大纵坡不超过8%。

②城市道路考虑非机动车行驶要求。

适合自行车骑行的道路纵坡宜为2.5%以下,适合平板三轮车骑行的纵坡宜为2%以下。一般平原城市道路的纵坡应尽可能控制在2.5%以下,城市机动车道的最大纵坡宜控制在5%以下。

同时,当纵坡较大时,对坡长也应有所控制。因为,当纵坡大于2%时,自行车上坡速度会降低,如纵坡是3%,则上坡速度会降到7～8 km/h。从一个人的做功特点来分析,骑车上坡所消耗的功率和持续时间有关。根据自行车实际爬坡情况,可以找出一条比较省力的功率-时间曲线,再根据骑车爬坡速度换算成一条坡度与坡长的关系曲线,可供设计自行车道纵断面时参考之用。

在设计纵坡时,还应考虑自行车下坡的冲坡情况,一般在3%左右的长坡道上溜行,车速可达18～20 km/h,这时可在路面上铺设振动带,使骑车人自觉降低车速;若坡度大于4%,车速太快,容易发生危险,坡长应有适当控制,即只宜用短陡坡,并且宜在坡道末端加一段小于1%的缓坡段,以缓和车速。同理,对于爬陡坡或长坡的人,也需要隔一段有一个缓坡段,使体力得到调解,心理因素获得改善。

因此,为了充分发挥机动车的爬坡能力,又照顾到非机动车的安全通畅行驶,有时候可将机动车与非机动车交通分开,并分别采用各自容许的较大纵坡。

③考虑自然条件的影响。

我国幅员辽阔,各地自然气候、地理环境差异较大。一般来说,道路所在地区的地形起伏、海拔高度、气温、雨量、湿度等,都在不同程度上影响机动车辆的行驶状况和爬坡能力。例如,在气候寒冷、路面上易产生季节性冰冻积雪的北部地区,或气候湿热多雨的东南、南方地区,若路面泥泞,车轮与路表面间的摩擦系数较正常情况要小,从而使汽车的牵引力得不到充分发挥,故需要在清扫路面、保持清洁的同时,适当降低最大容许纵坡的取值。

对于高原城市,车辆的有效牵引力常因空气稀薄而减小,从而相应降低了汽车的爬坡能力,因此,从道路设计角度考虑,一般将最大容许纵坡折减1%～3%。《公路工程技术标准》(JTG B01—2014)中规定的纵坡折减值见表2.8。同时,由于北方冬天风大、多雪、易结冰,为保证安全,多数人不骑车而改乘公交,由此会对公交服务产生较大影响。在道路设计中,也应对此有所考虑。

表 2.8　高原地区公路纵坡折减值

海拔高度/m	3000～4000	4000～5000	5000 以上
最大纵坡折减值/(%)	1	2	3

④考虑沿街建筑物的布置与地下管道敷设要求。

纵坡过大,不仅将增加地下管道埋设的难度,如需要增设跌水井,或增加不必要的管道的埋置深度,而且还会给临街建筑及街坊内部的建筑布置带来不便,并影响街景美观。因此,选择纵坡最大值,应在路网规划布局的基础上,结合城市规划、管线综合状况慎重考虑。

(2)最大纵坡要求。

综合以上因素,设计中最大纵坡容许值可参考表 2.9 和表 2.10,结合实际情况确定。山城道路应控制平均纵坡。越岭路段的相对高差为 200～500 m 时,平均纵坡宜采用 4.5%;相对高差大于 500 m 时,宜采用 4%,任意连续 3000 m 长度范围内的平均纵坡宜不大于 4.5%。因受地形条件的限制和工程经济方面的考虑,各类道路的设计最大纵坡有可能在部分路段超出建议值,此时,需要采取相应措施,如加设交通标志、降低设计车速等以保证行车安全。

表 2.9　各级公路大纵坡限制值

计算行车速度/(km/h)	120	100	80	60	40	30	20
最大纵坡/(%)	3	4	5	6	7	8	9

表 2.10　城市道路机动车道最大纵坡限制值

计算行车速度/(km/h)	80	60	50	40	30	20
最大纵坡限制值/(%)	6	7	7	8	9	9
最大纵坡推荐值/(%)	4	5	5.5	6	7	8

注:海拔高度在 3000～4000 m 的高原地区城市道路最大纵坡推荐值按列表数值折减 1%,积雪寒冷地区最大纵坡推荐值不超过 6%。

(3)理想最大纵坡和不限长度最大纵坡。

理想最大纵坡是指设计车型在油门全开的情况下,持续以希望速度等速行驶所能克服的纵坡。希望速度对小客车而言为设计速度,对载重车而言为汽车最大行驶速度。

不限长度最大纵坡是指设计车型在油门全开的情况下,持续以容许速度匀速行驶所能克服的纵坡。容许速度一般为设计速度的 1/2～2/3,高速路取低限值,低速路取高限值。

理想最大纵坡虽好,但常因地形等条件制约,不可能总争取到。有必要允许车速由希望速度降到容许速度,以获得较大纵坡,在不限长度最大纵坡上,汽车将以容许速度匀速行驶。

当汽车在纵坡小于或等于不限长度最大纵坡的坡道上行驶时,只要初速度大于容许速度,汽车至多减速到容许速度;当纵坡大于不限长度最大纵坡时,为防止汽车行驶速度低于容许速度,应对其坡长加以限制。

2. 最小纵坡

道路最小纵坡是指能适应路面上雨水排除,不造成雨水排泄管道淤塞所必需的最小纵向坡度。为保证道路地面水与地下排水管道内的水能通畅快速地排除,道路纵坡也不宜过小,一般希望道路最小纵坡应大于或等于 0.5%,困难时可大于或等于 0.3%,遇特殊困难,纵坡小于 0.3% 时,应设置锯齿形街沟或采取其他排水措施。

纵坡应根据当地雨季降雨量大小、路面类型以及排水管道直径大小而定,一般取 0.3%~0.5%。不同类型路面的最小纵坡限制值见表 2.11。

表 2.11 不同类型路面最小纵坡限制值

路面类型	高级路面	料石路面	块石路面	砂石路面
最小纵坡/(%)	0.3	0.4	0.5	0.5

3. 坡长限制

道路纵坡一定时,应该对陡坡路段的坡长进行适当限制,其中包括最大坡长限制和最小坡长限制。坡长过短时,汽车往往可借行驶中原有动能的辅助,不变排挡而升坡;坡道过长,则往往需要换挡降速行驶来爬坡,结果会增加燃料消耗和机件磨损,并影响正常交通。

(1) 最大坡长限制。

最大坡长限制是指控制汽车在坡道上行驶,当车速下降到最低容许速度时所行驶的距离。最低容许速度 v_2 对应纵坡为不限长度的最大纵坡 i_2,凡大于 i_2 的纵坡,其长度都应加以限制。

纵坡越陡,坡长越长,对行车影响也越大。主要表现在:行驶速度显著下降,甚至要换低排挡克服坡度阻力;易使水箱"开锅",导致汽车爬坡无力,甚至熄火;下坡行驶制动次数频繁,易使制动器发热失效,甚至造成车祸;影响交通安全、通行能力和服务水平。因此,对纵坡长度必须加以限制。我国在制定各级公路纵坡长度的限制标准时,进行了大量的调查和试验研究工作,同时也参考了国内外大量资料。

纵坡的坡长限制可参见表 2.12 和表 2.13。

表 2.12 各级公路纵坡坡长限制值

设计车速/(km/h)	坡长限制/m							
	纵坡/(%)							
	3	4	5	6	7	8	9	10
120	900	700	—	—	—	—	—	—
100	1000	800	600	—	—	—	—	—
80	1100	900	700	500	—	—	—	—
60	1200	1000	800	600	400	—	—	—
40	—	1100	900	700	500	300	—	—
30	—	1100	900	700	500	300	200	—
20	—	1200	1000	800	600	400	300	200

表 2.13　城市道路纵坡坡长限制值

计算行车速度/(km/h)	80			60			50			40		
纵坡/(%)	5	5.5	6	6	6.5	7	6	6.5	7	6.5	7	8
坡长限制/m	600	500	400	400	350	300	350	300	250	300	250	200

非机动车车行道纵坡度宜小于 2.5%。大于或等于 2.5% 时,应按表 2.14 规定限制坡长。

表 2.14　城市道路非机动车道纵坡坡长限制值　　　　　　　　　　（单位:m）

车种	坡长限制/m		
	坡度/(%)		
	3.5	3.0	2.5
自行车	150	200	300
三轮车、板车	—	100	150

（2）缓和坡段。

在纵断面设计中,当纵坡的长度达到限制坡长时,按规定设置的较小纵坡路段称为缓和坡段。其作用是:恢复在较大纵坡上降低的速度;减少下坡制动次数,保证行车安全;确保道路通行质量。在缓和坡段上,汽车加速行驶,缓和坡段的长度应满足该加速过程的需要。

缓和坡段的具体位置应结合纵向地形起伏情况,尽量减少填挖方工程数量,同时应考虑路线的平面线形要素。缓和坡段宜设在平面的直线或较大半径的平曲线上,以充分发挥缓和坡段的作用,提高整条道路的使用质量。在必须设置缓和坡段而地形又困难的地段,可将缓和坡段设于半径比较小的平曲线上,但应适当增加缓和坡段的长度,以使缓和坡段端部的竖曲线位于小半径平曲线之外。这种要求对提高行驶质量、保证行车安全是必要的。

（3）最小坡长限制。

坡长不宜过长,但也不宜过短。根据汽车行驶平顺性要求,过短的坡段使边坡点增多,路线起伏频繁,汽车行驶在连续起伏路段产生的增重与减重变化频繁,导致乘客感觉不舒适,车速越高表现越明显;缓坡太短时,上坡不能保证加速行驶要求,下坡不能减速制动;从路容美观、相邻竖曲线的设置和断面视距等方面考虑,也要求坡长应有一定最短长度。因此最小坡长对行车、道路视距及临街建筑布置均不利,一般其最小长度应不小于相邻两竖曲线切线长度之和。当车速为 20～50 km/h 时,坡长宜不小于 140 m。纵坡最小坡长见表 2.15 和表 2.16。

表 2.15　各级公路纵坡最小坡长

设计速度/(km/h)		120	100	80	60	40	30	20
最小坡长/m	一般值	400	350	250	200	160	130	80
	最小值	300	250	200	150	120	100	60

表 2.16　城市道路纵坡最小坡长

计算行车速度/(km/h)	80	60	50	40	30	20
最小坡长/m	290	170	140	110	85	60

4. 竖曲线

（1）竖曲线的作用。

纵断面的设计坡度线，是由许多折线组成的，车辆在这些折线处行驶时，会产生冲击颠簸。当遇到凸形转折的长坡段时，易使驾驶人员视线受阻；当遇到凹形转折时，由于行车方向突然改变，不仅会使乘客感到不舒服，而且由于离心力的作用，会引起车辆底盘下的弹簧超载。因此，为了使路线平滑柔顺，行车平稳、安全和舒适，必须在路线竖向变坡点处设置平滑的竖曲线，将相邻直线坡段衔接起来。

竖曲线是指在道路纵坡的边坡处设置的竖向曲线。竖曲线的线形可采用圆曲线或抛物线，在使用范围内二者差别不大，但在设计和计算上，抛物线比圆曲线方便，一般采用二次抛物线作为竖曲线。

竖曲线因坡段转折处是凸形或凹形的不同而分为凸形竖曲线和凹形竖曲线两种，见图 2.3。图 2.3 中 ω 为转坡角，其大小等于两相交坡段线的倾斜角之差。一般情况下，由于纵坡不大，倾斜角较小，α_1、α_2、α_3 等的值与其正切函数值接近，因而道路纵断面上的转坡角可近似以两相邻坡段的纵坡代数差来表示。即 $\omega = i_1 - i_2$，式中，i_1 和 i_2 分别为两相邻直线坡段的设计纵坡（以小数计）；升坡为正，降坡为负。ω 值为正，变坡点在曲线上方；ω 值为负，变坡点在曲线下方。

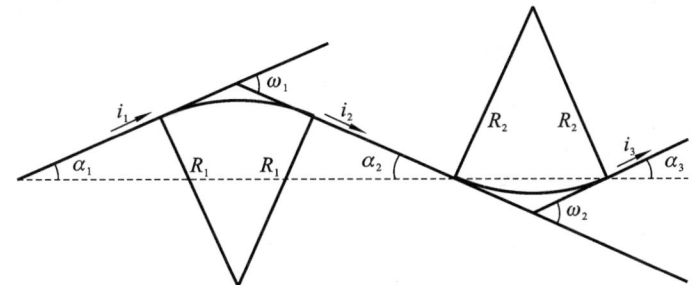

图 2.3　纵断面各变坡点的布置示意

注：i_1、i_2、i_3—两相邻纵坡的坡度；R_1、R_2—竖曲线半径；ω_1、ω_2—转坡角，即两相邻坡的倾角差；

α_1、α_2、α_3—纵坡的倾斜角。

凸形竖曲线设置的目的在于缓和纵坡转折线，保证汽车的行驶视距。当变坡角较大时，不设竖曲线就可能影响视距。凹形竖曲线主要为缓和行车时的颠簸与振动而设置。各级道路纵坡变更处应设置竖曲线，以保证行车安全与线形的平顺。

（2）竖曲线基本要素。

竖曲线有圆弧线形和抛物线形两种。目前，我国多采用圆弧线形，简称圆形竖曲线。其基本组成要素包括竖曲线长度 L、切线长度 T 和外距 E，如图 2.4 所示，设 R 为竖曲线半径，ω 为两纵坡地段的变坡角。

在图 2.4 坐标系下，二次抛物线一般方程为式（2.28）：

$$y = \frac{1}{2k}x^2 + ix \tag{2.28}$$

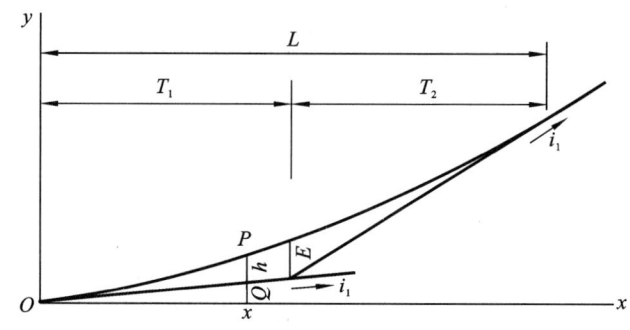

图 2.4　圆形竖曲线基本要素

注：P—竖曲线上任意一点；Q—切线上任意一点；

i_1—两相邻纵坡的坡度；h—竖曲线上任意一点的竖距；E—竖曲线外距。

式中：k——抛物线顶点处的曲率半径；

i——竖曲线顶(底)点处切线的坡度。

竖曲线上任意一点 P，其切线的斜率(纵坡)i_p计算见式(2.29)：

$$i_p = \frac{dy}{dx} = \frac{x}{k} + i \tag{2.29}$$

式中：dy——一般函数无穷小量；

dx——自变量无穷小量。

抛物线上任意一点的曲率半径 R 的计算见式(2.30)：

$$R = \left[1 + \left(\frac{dy}{dx}\right)^2\right]^{3/2} / \frac{d^2 y}{dx^2} \tag{2.30}$$

式中：$\frac{dy}{dx} = i$，$\frac{d^2 y}{dx^2} = \frac{1}{k}$。将其代入得式(2.31)：

$$R = k\,(1 + i^2)^{3/2} \tag{2.31}$$

因 i 介于 i_1 和 i_2 之间，且 i_1、i_2 均很小，故 i^2 可略去不计，则 $R \approx k$。

当 $x = 0$ 时，$i = i_1$，则有式(2.32)：

$$y = \frac{x^2}{2R} + i_1 x \tag{2.32}$$

当 $x = L$ 时，$i = \frac{L}{k} + i_1 = i_2$，则有式(2.33)：

$$k = \frac{L}{i_2 - i_1} = \frac{L}{\omega} \tag{2.33}$$

即有式(2.34)式(2.35)：

$$R = \frac{L}{\omega} \tag{2.34}$$

$$L = R\omega \tag{2.35}$$

因 $T = T_1 \approx T_2$，则有式(2.36)：

$$T = \frac{L}{2} = \frac{R\omega}{2} \tag{2.36}$$

竖曲线上任意一点的竖距 h，因 $h = PQ = y_P - y_Q = \dfrac{x^2}{2R} + i_1 x - i_1 x$，则有式（2.37）：

$$h = \frac{x^2}{2R} \tag{2.37}$$

式中：x——竖曲线上任意点与竖曲线始点或终点的水平距离；

　　　y——竖曲线上任意点到切线的纵距，即竖曲线上任意点与坡线的高差。

竖曲线外距 E 计算见式（2.38）或式（2.39）：

$$E = \frac{T^2}{2R} \tag{2.38}$$

$$E = \frac{R\omega^2}{8} = \frac{L\omega}{8} = \frac{T\omega}{4} \tag{2.39}$$

5. 竖曲线半径的计算与确定

在进行竖曲线设计时，关键在于半径的选择。一般而言，应根据道路交通要求、地形条件，力求选用较大的半径，至于凸形、凹形竖曲线容许最小半径值，则分别按视距要求及行车不产生过分颠簸来控制。

（1）凸形竖曲线半径。

①凸形竖曲线极限最小半径确定考虑因素。

a. 缓和冲击。

汽车行驶在竖曲线上时，会产生径向离心力，使汽车在凸形竖曲线上的重量减小，所以确定竖曲线半径时，对离心力要加以控制。

b. 经行时间不宜过短。

当竖曲线两端直线坡段的坡度差很小时，即使竖曲线半径较大，竖曲线长度也有可能较短，此时汽车在竖曲线段倏忽而过，冲击增大，乘客不适；从视觉上考虑也会感到线形突然转折。因此，汽车在凸形竖曲线上行驶的时间不能太短，通常控制汽车在凸形竖曲线上行驶的时间不得小于 3s。

c. 满足视距的要求。

汽车行驶在凸形竖曲线上，如果竖曲线半径太小，会阻挡司机的视线。为了行车安全，对凸形竖曲线的最小半径和最小长度应加以限制。

②凸形竖曲线半径计算。

凸形竖曲线半径 $R_凸$ 的确定，是以在凸形转坡点，前进的车辆能看清对面的来车、前方的车尾或地面障碍物为原则，按以下两种情况分析。

a. 竖曲线长 L 大于行车容许最小安全视距 S 的情况，即 $L > S$，见图 2.5（a）。

从图 2.5（a）中可知式（2.40）和式（2.41）：

$$S = S_1 + S_2 \tag{2.40}$$

$$(R + d_1)^2 = S_1^2 + R^2 = (2R + d_1)d_1 + R^2 \tag{2.41}$$

式中：R——竖曲线半径（m）。

式（2.41）中 d_1 与 $2R$ 相比很小，故可略去 d_1，从而近似地得式（2.42）：

$$S_1 = \sqrt{2Rd_1} \tag{2.42}$$

同理可得式（2.43）：

$$S_2 = \sqrt{2Rd_2} \tag{2.43}$$

将 S_1 与 S_2 的数值代入式(2.40)中,移项整理得式(2.44)或式(2.45):

$$S = S_1 + S_2 = \sqrt{2R}\left(\sqrt{d_1} + \sqrt{d_2}\right) \tag{2.44}$$

$$R_{凸} = \frac{S^2}{2\left(\sqrt{d_1} + \sqrt{d_2}\right)^2} \tag{2.45}$$

运用式(2.44)和式(2.45)的条件是 $L>S$,显然代数差 ω 必定要大于 β。若近似地令 S 等于 $R\beta$,则 $\omega>S/R$。将其代入式(2.44)和式(2.45),即可得出 $L>S$ 时的计算条件为式(2.46):

$$\omega > \frac{2\left(\sqrt{d_1} + \sqrt{d_2}\right)^2}{S} \tag{2.46}$$

若 S 为会车视距 $S_{会}$,$d_1 = d_2$,则式(2.45)和式(2.46)可分别改写为式(2.47)和式(2.48):

$$R_{凸} = \frac{S_{会}^2}{8d_1} \tag{2.47}$$

$$\omega > \frac{8d_1}{S_{会}} \tag{2.48}$$

若 S 为停车视距 $S_{停}$,d_2 为零,则式(2.47)与式(2.48)可分别改写为式(2.49)和式(2.50):

$$R_{凸} = \frac{S_{停}^2}{2d_1} \tag{2.49}$$

$$\omega > \frac{2d_1}{S_{停}} \tag{2.50}$$

b. 竖曲线长 L 小于行车容许最小安全视距 S 的情况,即 $L<S$,见图 2.5(b)。

从图 2.5(b)中可知,ω 值很小,可以近似地认为切线的总长($CP_1 + P_1P_2 + P_2D$)等于竖曲线长度 L。故 $P_1P_2 = \frac{L}{2} = \frac{R\omega}{2}$,因此有式(2.51):

$$S = AP_1 + P_1P_2 + P_1B = \frac{d_1}{\alpha} + \frac{R\omega}{2} + \frac{d_2}{\omega - \alpha} \tag{2.51}$$

从前面计算可知式(2.52):

$$\frac{d_1}{\alpha} + \frac{d_2}{\omega - \alpha} = r_{min} = \frac{\left(\sqrt{d_1} + \sqrt{d_2}\right)^2}{\omega} \tag{2.52}$$

将式(2.52)代入式(2.51)可得式(2.53):

$$S = \frac{R\omega}{2} + \frac{\left(\sqrt{d_1} + \sqrt{d_2}\right)^2}{\omega} \tag{2.53}$$

故有式(2.54):

$$R_{凸} = \frac{2}{\omega}\left[S - \frac{\left(\sqrt{d_1} + \sqrt{d_2}\right)^2}{\omega}\right] \tag{2.54}$$

若 S 为会车视距 $S_{会}$,$d_1 = d_2$,则式(2.54)变为式(2.55):

$$R_{凸} = \frac{2}{\omega}\left[S_{会} - \frac{4d_1}{\omega}\right] \tag{2.55}$$

若 S 为停车视距 $S_{停}$,d_2 为零,则式(2.54)变为式(2.56):

$$R_{凸} = \frac{2}{\omega}\left[S_{停} - \frac{d_1}{\omega}\right] \tag{2.56}$$

式中:以图 2.5 展示公式变量含义。

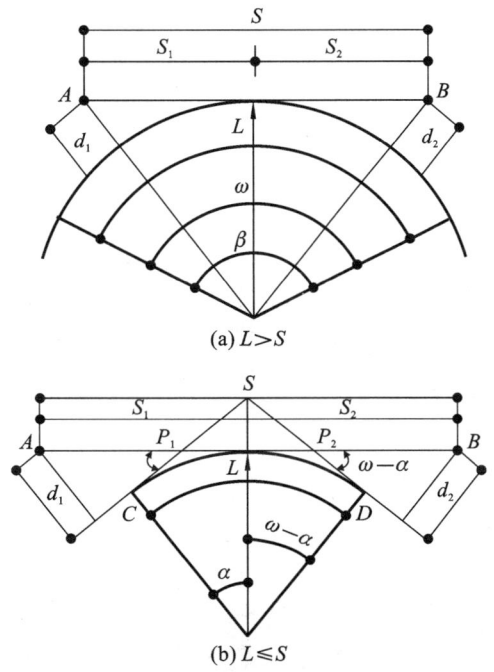

图 2.5　竖曲线半径计算

注:L—竖曲线长度(m);S、S_1、S_2—行车视距(m);α、β、ω—变坡角(°);

A、B—最小安全视距左右两端的点;d_1—A 点处障碍物或司机视线的高度(m);

d_2—B 点处障碍物或司机视线的高度(m);C、D—竖曲线切点;

P_1、P_2—竖曲线两条切线相交的点。

通常,可以利用查表法来求得凸形竖曲线半径。从图 2.6 中,只要已知计算行车速度和两相邻纵坡段的坡度差,即可直接查得满足安全行车视距的凸形竖曲线要求半径。

需要指出的是,当车辆通过城市桥梁时,由于其上下行分车道,标志清晰,且一般不允许超车,故此处 S 可采用停车视距 $S_{停}$;在双向车辆混用车道时,S 应采用 $S_{会}$。

(2) 凹形竖曲线半径。

当车辆沿凹形竖曲线行驶时,为了不致产生过大颠簸,从而使汽车支架弹簧超载过多,一般应对离心力及离心加速度加以限制。通常认为,为保证行车条件适应乘客舒适的要求,离心加速度 a 的值宜不超过 $0.7\ \text{m/s}^2$。根据运动学原理,离心加速度 $a = \dfrac{v^2}{R}$(R 为竖曲线半径,以 m 计),凹形竖曲线半径 $R_{凹}$ 的计算见式(2.57):

$$R_{凹} = \frac{v^2}{a} = \frac{V^2}{3.6^2 a} = \frac{V^2}{13a} \tag{2.57}$$

设 a 为 $0.5\ \text{m/s}^2$ 并代入式(2.57),竖曲线最小半径 $R_{\min}$ 的计算见式(2.58):

$$R_{\min} = \frac{V^2}{13 \times 0.5} = \frac{V^2}{6.5} \tag{2.58}$$

式中:v 与 V 均为计算行车速度,单位分别以 m/s、km/h 计。

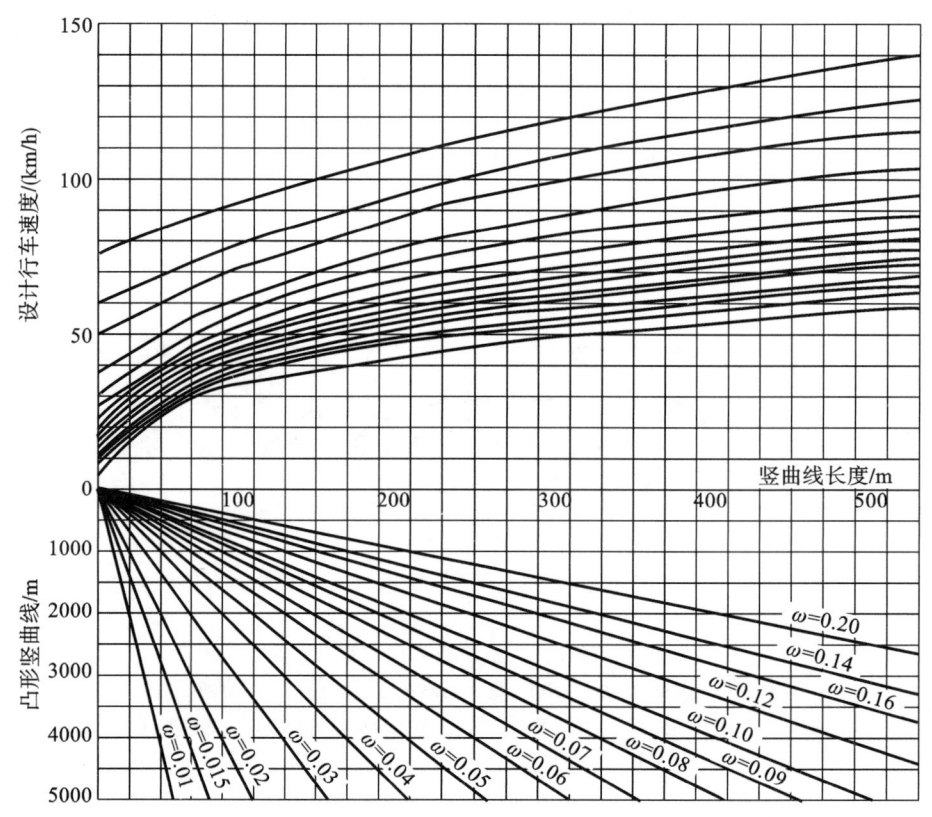

图 2.6 计算行车速度、坡度值代数差与凸形竖曲线长度、半径间的关系

当车辆通过下穿道路或铁路的通道时,凹形竖曲线半径的设置除了应考虑上述要求,还需保证桥下视距要求。若上下行分车道,S 为停车视距 $S_{停}$;若双向车辆混用车道,S 应采用 $S_{会}$。

一般竖曲线半径应按 100 的整数倍取设计值。不同车速竖曲线最小半径如表 2.17 所示。竖曲线半径一般应尽量采用大于竖曲线一般最小半径的数值,其值约为极限最小半径的 1.5 倍;当有特殊困难时,应大于或等于极限最小半径值。

表 2.17 不同车速竖曲线最小半径

计算行车速度/(km/h)		80	60	50	45	40	35	30	25	20	15
凸形竖曲线	极限最小半径/m	3000	1200	900	500	400	300	250	150	100	60
	一般最小半径/m	4500	1800	1350	750	600	450	400	250	150	90

计算行车速度/(km/h)		80	60	50	45	40	35	30	25	20	15
凹形竖曲线	极限最小半径/m	1800	1000	700	550	450	350	250	170	100	60
	一般最小半径/m	2700	1500	1050	850	700	550	400	250	150	90

注:非机动车道,凸、凹形竖曲线最小半径为 500 m。

（3）竖曲线最小长度。

为满足汽车司机操作的需要,竖曲线最小长度按计算行车速度行驶 3s 的距离计算,见式(2.59)：

$$L = 3 \times \frac{V}{3.6} \tag{2.59}$$

式中:符号意义同前。

实际工作中,竖曲线的长度一般至少为 20 m。

（4）竖曲线的连接。

竖曲线之间连接时,可以在其间保留一段直坡段,也可以不留直坡段而直接将竖曲线连接成同向或反向复曲线形式,只要不使两竖曲线相交或搭接即可。若两相邻的竖曲线相距很近,中间直坡段太短,应将两者合并成复曲线形式。在一般情况下,则应力求两竖曲线之间留一段直坡段 L,坡长建议以不小于汽车行驶 3s 的距离为宜,计算见式(2.60)：

$$L \geqslant \frac{V}{3.6} \times 3 = 0.83V \tag{2.60}$$

式中:符号意义同前。

2.2.3　爬坡车道

爬坡车道是指设置在高速公路或其他高等级公路的上坡路段,供慢速上坡车辆行驶的附加车道。

一般通过精选路线,最理想的路线纵断面应按不设爬坡车道设计,但会造成路线迂回或路基高填深挖而增大工程费用。在某些情况下,采用稍大的纵坡而增设爬坡车道具有经济而安全的效果。

1. 设置爬坡车道的条件

在公路纵坡较大路段上,载重车爬坡时需克服较大的坡度阻力,使输出功率与车重比值降低,车速下降,大型车与小型车的速度差变大,超车频率增加,对行车安全不利。速度差较大的车辆混合行驶,必然减小快车的行驶自由度,导致通行能力降低。为消除上述不利影响,宜在陡坡路段增设爬坡车道,将载重车从正线车流中分离出去,以提高小客车行驶的自由度,确保行车安全,提高路段的通行能力。

四车道高速公路、一级公路及双车道二级公路连续上坡路段,应对载重车上坡行驶速度的降低值、通行能力及技术经济指标进行验算,符合下列情况之一者,可在上坡方向行车道右侧设置爬坡车道。

（1）沿上坡方向载重车的行驶速度降低到表 2.18 最低容许速度以下时,可设置爬坡车道。

表 2.18　上坡方向最低容许速度

设计速度/(km/h)	120	100	80	60	40
最低容许速度/(km/h)	60	55	50	40	25

（2）上坡路段的设计通行能力小于设计小时交通量时，应设置爬坡车道。

（3）经设置爬坡车道与改善主线纵坡不设爬坡车道技术经济比较论证，设置爬坡车道的效益费用比、行车安全性较优时，可设爬坡车道。

爬坡车道设计通行能力的计算方法与正线通行能力计算方法相同。

对隧道、大桥、高架构造物及深挖路段，当因设置爬坡车道使工程费用增加很大时，可以缩短或不设爬坡车道。

对山岭区高速公路，因地形复杂，纵坡设计控制因素较多，设计速度一般在 80 km/h 以下，是否设置爬坡车道，必须在上述基本条件下，从公路建设的目的、服务水平、工程建设投资规模等方面综合分析比较后确定。

2. 爬坡车道的设计

（1）爬坡车道概述。

爬坡车道设于上坡方向正线行车道右侧，宽度一般为 3.5m，包括设于其左侧路缘带的宽度 0.5m。爬坡车道的平曲线需要加宽时，应按一个车道规定值设计。

高速公路爬坡车道可占用原有的硬路肩宽度，爬坡车道的外侧可只设土路肩。

一级公路、二级公路的爬坡车道紧靠行车道外侧设置，原硬路肩部分移至爬坡车道的外侧，供混合车辆行驶。

窄路肩不能提供停车使用，对高速公路、一级公路爬坡车道长度大于 500m 时，其右侧应按规定设置紧急停车带。

（2）横坡度。

因爬坡车道的行驶速度比正线低，为行车安全，正线超高坡度与爬坡车道的超高坡度之间对应关系见表 2.19。

表 2.19　爬坡车道的超高坡度

正线的超高坡度/（%）	10	9	8	7	6	5	4	3	2
爬坡车道的超高坡度/（%）	5	4	4	4	4	4	4	3	2

超高的旋转轴为爬坡车道内侧边缘线。

若爬坡车道位于直线路段，其横坡度的大小同正线路拱坡度，采用直线式横坡，坡向向外。另外，爬坡车道右侧路肩的横坡度大小和坡向参照正线与右侧路肩之间关系确定。

（3）平面布置与长度。

爬坡车道的平面布置总长度由分流渐变段长度、爬坡车道长度和合流渐变段长度组成。

爬坡车道的起点应设于陡坡路段上载重车运行速度降低到表 2.18 中"最低容许速度"处。爬坡车道的终点应设于载重车爬经陡坡路段后恢复至"最低容许速度"处，或陡坡路段后延伸附加长度的端部，陡坡路段后延伸的附加长度见表 2.20。

表 2.20　陡坡路段后延伸的附加长度

附加路段的纵坡/(%)	下坡	平坡	上坡			
			0.5	1.0	1.5	2.0
附加长度/m	100	150	200	250	300	350

相邻两爬坡车道相距较近时,宜将爬坡车道直接相连,成为一个连续的爬坡车道。

分流渐变段长度用以使正线车辆驶离正线进入爬坡车道,合流渐变段长度用以使车辆驶离爬坡车道进入正线(见表 2.21)。

表 2.21　渐变段长度

公路等级	分流渐变段长度/m	合流渐变段长度/m
高速公路、一级公路	100	150~200
二级公路	50	90

爬坡车道起、终点的具体位置除按上述方法确定外,还应考虑与线形的关系,通常应设在通视条件良好、容易辨认并与正线连接顺适的地点。

2.2.4　合成坡度

当汽车行驶在弯道与陡坡相重叠的路段上时,行车条件十分不利。从道路线形分析来看,在小半径弯道上行车,因弯道内侧行车轨迹半径较道路中心线的半径小,故弯道内侧车行道的圆弧长度较道路中线处短,因而车行道内侧的纵坡就相应大于道路中线处的设计纵坡,这一特点在弯道处半径越小越明显。

综上分析可知,为了保证汽车在小半径弯道路段上安全而不降速行驶,必须使该处道路设计纵坡比直线段上所容许的最大纵坡有所减小,使得道路弯道超高的坡度与道路纵向坡度所组成的矢量和,即合成坡度在规定范围内。

设计时应尽可能避免陡坡与急弯组合。

对于合成坡度的计算公式见式(2.61):

$$i_合 = \sqrt{i_超^2 + i_纵^2} \qquad (2.61)$$

式中:$i_合$——合成坡度(%);

$\quad i_超$——超高横坡度(%);

$\quad i_纵$——弯道上的纵坡(%)。

合成纵坡的方向一般是斜向路基边缘,某些情况下,会给行车带来危险。冬季路面有积雪、结冰的地区,车辆横移性增大;自然横坡陡峻的傍山路段,斜滑后果严重;非汽车交通比率高的路段,斜移将对非机动车造成较大危害。在具体设计时,应多方面考虑,对由斜移形成斜滑易造成严重后果的路段,以采用较小合成坡度 8% 为宜。

合成坡度还关系到路面排水问题,合成纵坡过小则排水不畅,路面积水易使汽车滑移,前方车辆溅水造成的水幕影响通视,使行车中易发生事故。为此,应保证路面有 0.3%~0.5% 的合成坡度。合成坡度较小时,必须在排水设计上多加考虑。

已知横坡和纵坡的路段,其合成坡度是否符合规定,可以用合成坡度计算公式来检查。但是,为简化起见,可以应用"合成坡度临界线图"(见图 2.7),在图中查出与横坡和纵坡相对应的点,该点如在竖横坐标轴与临界线之间或在临界线上,设计就可以采用。

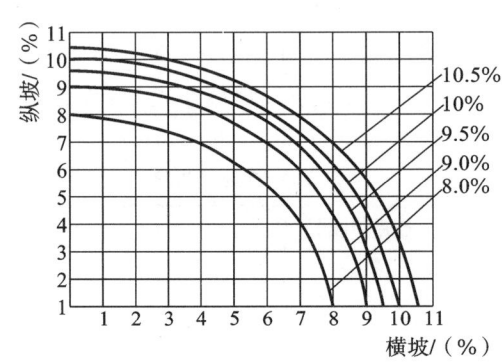

图 2.7 合成坡度临界线图

2.2.5 纵断面设计方法

纵坡是通过公路定线和室内设计两个阶段来实现的。在定线阶段,选线人员在现场或纸上定线时结合平面线形、地形等对公路纵坡进行全面的考虑,并在室内根据选线时的记录,以及桥涵、地质等方面对路线的要求,综合考虑工程技术与经济的因素,最后定出路线的纵坡。

1. 准备工作

纵坡设计(俗称拉坡)前首先应搜集和研究地形、地质、水文、筑路材料的各项记录、图表等野外资料,熟悉领会设计意图和各项具体要求。然后,在纵断面图上点绘出里程、桩号、地面高程和地面线、直线与平曲线,并将桥梁、涵洞、隧道、交叉、地质、土质等与纵坡设计有关的资料在纵断面图上标明,以供拉坡时参考。

2. 纵坡设计

(1)标注控制点的位置。

控制点是指影响纵坡设计的高程控制点。如路线的起终点、垭口、桥涵、地质不良地段、最小填坡高度、最大挖深、沿河线的洪水位、隧道进出口、路线交叉点以及受其他因素限制路线必须通过的高程控制点等,都应作为控制坡度的依据。

对山岭公路,除上述控制点外,还应根据路基平衡关系控制路中心填挖值的标高点,称为经济点。其含义是指如果纵坡设计线刚好通过经济点,则在相应横断面上填方和挖方基本平衡,最为经济。经济点的位置是用"路基断面透明模板"在横断面图上得到的。路基断面透明模板可用透明胶片或透明描图纸制作,在其上按比例绘制路基宽度和各种不同边坡坡度线。使用时将透明模板扣在横断面上,中心线与路基中心线重合,上下移动透明模板,使填挖方面积大致相等,此时透明模板上路基顶面至地面线之间的高差即为经济填挖值,将这些值点绘到纵断面相应的桩号上即为经济点。

控制点和经济点在纵断面上的标记,通常可用不同的符号表示,如经济点用"○";必须通过的控制点用"×";路线只能上不能下的控制点用"↑";只能下不能上的控制点用"↓";表示挡土墙时用"△"等。

(2)试坡。

在已经标出控制点与经济点的纵断面图上,以控制点为依据,尽量照顾经济点为原则,根据定线意图,结合地面起伏情况,在控制点与经济点之间进行插点穿线,试定纵坡。在试定纵坡时,每定一个变坡点,均需全面考虑前后几个变坡点的情况,要前后照顾,定出变坡点的位置。一般来说,如果试定的纵坡线既能符合技术标准,又能满足控制点要求,而且土石方工程量又较小,则这样的设计纵坡是最理想的,关键是要抓住主要矛盾,反复比较,通盘考虑。

(3)调整纵坡。

试定纵坡之后,首先将所定的坡度与定线时所考虑的坡度进行比较,两者应基本相符。若有较大差异,应全面分析,找出原因,决定取舍。然后检查纵坡、坡长、合成坡度等是否符合《公路工程技术标准》(JTG B01—2014)规定,平、纵面组合是否合理,若有问题应进行调整。

调整纵坡的方法一般有抬高、降低、延长、缩短坡线和加大、减小纵坡等。调整时应以少脱离控制点、尽量减少填挖量、与自然条件协调为原则,使调整后的纵坡与试定纵坡基本相符,以避免因纵坡调整产生填挖不合理等现象。

(4)与横断面进行核对。

根据已调整的纵坡线,选择有控制意义的重点横断面,如高填深挖、挡土墙、重要桥涵等横断面,在纵断面上直接估读出填挖高度,对照相应的横断面图进行认真的核对和检查。若出现填挖工程量过大、填方坡脚落空以及挡土墙工程量过大等情况,应再次调整纵坡线,直到满足要求为止。

(5)确定纵坡。

纵坡线经调整核对无误后,即可确定纵坡。方法是从起点开始,根据纵坡和坡长分别计算出各变坡点的设计标高。公路的起终点设计标高是根据接线的需要事先确定的。变坡点设计标高确定后,公路纵坡设计线也随之确定。

3. 注意事项

(1)在回头曲线地段设计纵坡时,应先确定回头曲线上的纵坡,然后从两端接坡,以满足回头曲线的特殊纵坡要求。

(2)大、中桥上,一般不宜设竖曲线。桥头两端的竖曲线,其起终点应设在桥头 10m 以外。

(3)小桥涵可设在斜坡地段和竖曲线上。但对等级较高的公路,为使公路纵坡具有一定的平顺性,应尽量避免小桥涵处出现急变的"驼峰式"纵坡。

2.2.6 城市道路纵断面设计要求及排水设计

1. 纵断面设计原则

城市道路纵断面设计原则有以下几点:

(1)纵坡设计必须符合《公路工程技术标准》(JTG B01—2014)中有关纵坡的各项规定,如各级公路的最大纵坡,按排水要求的最小纵坡等;

(2)为保证汽车以一定的车速安全顺利地通过,纵坡应具有一定的平顺性;

(3)对沿线的自然条件,应做通盘研究,依据不同的具体情况分别处理,使公路畅通和稳定;

（4）按路线起伏综合考虑农田水利方面的特殊要求；

（5）在水文条件不良或地下水位很高的路段,应考虑适当的路基高度；

（6）在保证路基的强度和稳定的前提下,争取填挖平衡,节省土石方及其他工程量,降低工程造价；

（7）考虑到公路改建时,尽量利用原有路面作为新路面的基层或面层的下层；

（8）纵坡设计应与平面设计密切配合。

城市道路纵断面设计除参照公路纵断面设计的原则外,尚须注意下列各点：

（1）为使道路两侧街坊地面水的顺利排除,一般应使路缘石顶面标高低于两侧建筑物的地面标高；

（2）要为城市各种地下管线的埋设提供有利条件,并保证人防工程与各类管线有必要的最小覆土厚度；

（3）对一些具有影响的立面控制点,必须结合道路平面控制点综合分析研究；

（4）应与相交的道路、广场等出入口有平顺的衔接；

（5）对非机动车行驶较多的道路,应充分考虑非机动车的爬坡能力和下坡时的安全性；

（6）研究附近地区的竖向设计,以协调城市地区的立面布置和填挖土石方的调配。

2. 锯齿形街沟设计

街沟纵坡（或平石纵坡）由升坡到降坡再到升坡,如此连续交替进行,街沟的纵坡如同锯齿形状的,称为锯齿形街沟。

所谓街沟指露出路面部分的侧石与路面边缘或平石,可作为城市道路排水的三角形沟。

当道路纵坡很小时,积留的雨、雪水很难沿街沟的纵向排除,尤其是在暴雨或多雨季节,路面成片积水,既影响路基路面的稳定,又妨碍交通。

当道路纵坡小于0.3%时,为利于路面雨水的排除,将在一定宽度内改变位于街沟附近的路面横坡,提高街沟的纵坡,使其大于0.5%,从而形成锯齿形边沟。

锯齿形街沟设置的方法是保持侧石顶面线与路中心线平行（即两者纵坡相等）的条件下,交替地改变侧石顶面线与平石（或路面边缘）之间的高度,即交替地改变侧石外露于路面的高度。在最低处设置雨水进水口,使进水口处的路面横坡大于正常横坡,而在两相邻进水口之间的分水点处的路面横坡小于正常横坡。这样雨水由分水点流向两旁低处进水口,街沟纵坡（即平石纵坡或路面边缘纵坡）升降交替,呈锯齿形。

锯齿形街沟设计中,首先要确定好街沟纵坡转折点间的距离,以便布置雨水口。锯齿形街沟雨水口布置计算图见图2.8。图中h_1、h_2分别为雨水口、分水处的侧石高度；L为雨水井的间距；$i_{中}$为道路中线纵坡；i_1及i_2为锯齿形街沟设计纵坡。从图2.8中可知分水点距两边的雨水口距离分别为x及$(L-x)$。

标准侧石高$h=15$ cm,使h在$12\sim20$ cm变化,常取$i_1=i_2$,此时有式（2.62）和式（2.63）：

$$L = \frac{(h_1 - h_2)2i_1}{i_1^2 - i_{中}^2} \tag{2.62}$$

$$x = \frac{L(i_1 - i_{中})}{2i_1} \tag{2.63}$$

横坡变动宽度b视道路的宽度而定,一般以1 m宽为宜。

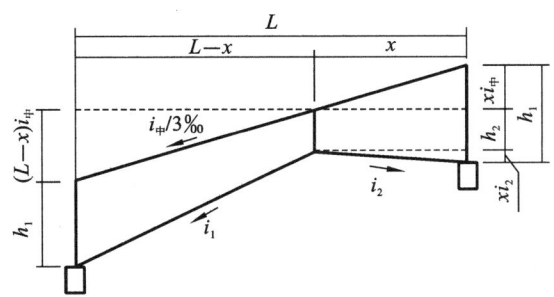

图 2.8　锯齿形街沟雨水口布置计算图

2.3　道路横断面设计

2.3.1　概述

1. 公路横断面组成

（1）一般组成。

①行车道。它是公路上各种车辆行驶部分的总称，包括快车行车道和慢车行车道。

②路肩。它位于行车道外缘至路基边缘，是具有一定宽度的带状结构部分。

③中间带。它是高速公路与一级公路用于分隔对向车辆的带状构造物，由中央分隔带和两条左侧路缘带组成。

④边坡。它是为了保证路基的稳定，设在路基两侧的具有一定坡度的坡面。

⑤边沟。它是为了汇集和排除路面、路肩及边坡流水，在挖方或低填方路基两侧设置的纵向排水沟。

（2）特殊组成。

①爬坡车道。它是在高速公路、一级公路及二级公路的连续上坡路段设置的，专供慢车爬坡使用的车道。

②加（减）速车道。它是供车辆驶入（离）高速车流之前（后）加（减）速用的车道。

③错车道。它是当四级公路采用 4.5m 的单车道路基时，在适当的可通视距离内设置的供车辆交错避让用的一段加宽车道。

④紧急停车带。它是在高速公路和一级公路上设置的供临时发生故障或因其他原因需紧急停车的车辆使用的临时停车地带。

⑤避险车道。它是设置在连续长、陡下坡路段避免车辆在行驶中速度失控而造成事故的路段，是在特殊路段设置的安全车道。

⑥护坡道。它是当路堤较高时，为保证路基边坡稳定，在取土坑与坡脚间，沿原地面纵向保留的有一定高度的平台。

⑦碎落台。它是在路堑边坡坡脚与边沟外侧边缘之间或边坡上，为防止石头等碎落物落入边沟而设置的具有一定宽度的纵向平台。

⑧截水沟。它是在地面线较陡的挖方路段,为拦截山坡流向路基的水,在路堑坡顶外设置的水沟。

公路的特殊组成仅在公路特殊路段才设置。

2. 城市道路横断面的组成、类型和适用条件

(1)城市道路横断面的组成。

①车行道。它是指在城市道路上供各种车辆行驶的路面。供汽车、无轨电车、摩托车等机动车行驶的部分称为机动车道;供自行车、三轮车、板车、电动车等非机动车行驶的部分称为非机动车道。车行道按车道行车方向上的不同位置,可分为内侧车道、中间车道和外侧车道;按车道的不同性质可分为变速车道、爬坡车道、停车道、错车道、会车道、专用车道等。

②人行道。它是指在城市道路上用路缘石或护栏及其他类似的设施加以分隔的专门供人行走的部分。

③绿化带。它是指在道路用地范围内提供绿化的条形地带。

④分隔带(又称分车带)。它是指沿道路纵向设置的分隔车行道的带状设施。位于路中线位置的称为中央分隔带,位于路中线两侧的称为外侧分隔带。

⑤其他组成部分。除以上组成部分外,还有路缘石、街沟、路拱等。路缘石指设置在路边的界石,简称缘石,包括平缘石和立缘石。街沟指设在路面边缘处,由立缘石与平缘石或铺装路面形成的侧沟。路拱指路面横断面的两端与中间形成的具有一定坡度的拱起形状。

(2)类型和适用条件。

①单幅路。它适用于机动车交通量不大且非机动车较少的次干路、支路或用地不足和拆迁困难的旧城改建的城市道路。

②双幅路。它主要用于各向至少具有两条机动车道且非机动车较少的道路。

③三幅路。它用于机动车交通量大且非机动车多的城市道路。

④四幅路。它适用于机动车车速较高、各向两条机动车道以上且非机动车多的快速路与主干路。

3. 公路路基宽度

公路路基宽度为车道宽度与路肩宽度之和。当设有中间带、紧急停车带、爬坡车道、加(减)速车道、错车道时,还应包括这些部分的宽度。

公路横断面的组成和各部分的尺寸要根据设计交通量、交通组成、设计速度、地形条件等因素确定。在保证必要的通行能力和交通安全与畅通的前提下,尽量做到用地省、投资少,使道路发挥其最大的经济效益与社会效益。

(1)各级公路横断面宽度的组成。

根据各级公路的性质和功能的不同,其宽度组成如下。

①高速公路、一级公路的路基横断面分为整体式和分离式两类。整体式横断面包括车道、中间带(中央分隔带及左侧路缘带)、路肩(硬路肩和土路肩)、紧急停车带、爬坡车道、加(减)速车道等组成部分。分离式横断面是一种将上、下行车道放在不同的平面上,中间带随地形变宽的横断面形式。

②二级公路的路基横断面包括行车道、路肩、爬坡车道等组成部分。二级公路位于中、小城市城乡接合部,混合交通量大的连接路段,实行快、慢车道分开行驶时,可根据当地的经验设置右侧硬路肩。

③三级公路、四级公路的路基横断面包括行车道、路肩以及错车道等组成部分。

我国公路规范中有关路基宽度的规定如下。

①整体式路基宽度。

各级公路整体式路基宽度见表 2.22。

表 2.22　各级公路整体式路基宽度

公路等级		高速公路							
设计速度/(km/h)		120			100			80	
车道数		8	6	4	8	6	4	6	4
路基宽度/m	一般值	42.00	34.50	28.00	41.00	33.50	26.00	32.00	24.50
	最小值	40.00	—	25.00	38.50	—	23.50	—	21.50

公路等级		一级公路				
设计速度/(km/h)		100		80		60
车道数		6	4	6	4	4
路基宽度/m	一般值	33.50	26.00	32.00	24.50	23.00
	最小值	—	23.50	—	21.50	20.00

公路等级		二级公路		三级公路		四级公路	
设计速度/(km/h)		80	60	40	30	20	
车道数		2	2	2	2	2 或 1	
路基宽度/m	一般值	12.00	10.00	8.50	7.50	6.50 双车道	4.50 单车道
	最小值	10.00	8.50	—	—	—	

注:"一般值"为正常情况下的采用值;"最小值"为条件受限制时可采用的值。

②分离式路基宽度。

高速公路、一级公路分离式路基宽度规定见表 2.23。

表 2.23　高速公路、一级公路分离式路基宽度

公路等级		高速公路							
设计速度/(km/h)		120			100			80	
车道数		8	6	4	8	6	4	6	4
路基宽度/m	一般值	22.00	17.00	13.75	21.75	26.75	16.00	16.00	12.50
	最小值	—	—	13.25	—	—	—	—	11.25

公路等级		一级公路				
设计速度/(km/h)		100		80		60
车道数		6	4	6	4	4
路基宽度/m	一般值	16.75	13.00	16.00	12.25	11.25
	最小值	—	12.25	—	11.25	10.25

注:①八车道的内侧车道宽度如采用 3.50 m,相应路基宽度可减 0.25 m。②"一般值"为正常情况下的采用值;"最小值"为条件受限制时可采用的值。

（2）公路路基宽度设计要求。

①设计速度为 120 km/h、100 km/h 的高速公路,根据通行能力需要可设双向四车道、六车道、八车道,并采用相应的路基宽度。

②设计速度为 120 km/h 的四车道高速公路,宜采用 28.00 m 的路基宽度。当地基条件及其他特殊情况限制时,可采用 26.00 m 的路基宽度。

③设计速度为 100 km/h、80 km/h 的一级公路,根据通行能力需要可设双向四车道、六车道,并采用相应的路基宽度。

④设计速度为 100 km/h 的四车道一级公路,当预测交通量接近适应交通量高限时,宜采用 26.00 m 的路基宽度。

⑤具有集散功能的一级公路设置慢车道时,可利用硬路肩、土路肩(若宽度不足则需加宽)作为慢车道,并应在车道与慢车道之间设置隔离设施。

⑥设计速度为 80 km/h 的具有集散功能的二级公路,需设置慢车道的路段,经技术经济论证其路基宽度可采用 15.00 m,利用加固后的路肩作为慢车道,并应在车道与慢车道之间采用画线分隔。

⑦设计速度为 60 km/h 的具有集散功能的二级公路,需设置慢车道的路段,经技术经济论证其路肩宽度可采用 12.00 m,利用加固后的路肩作为慢车道,并应在车道与慢车道之间采用画线分隔。

⑧四级公路宜采用 6.50 m 路基宽。交通量小且工程量特别艰巨的路段,可采用单车道 4.50 m 路基宽。

⑨确定路基宽度时,其中央分隔带、路缘带、路肩等宽度的"一般值""最小值"应同类项相加。但高速公路、一级公路的六车道、八车道的路基宽度不采用同类项相加。

2.3.2 横断面各组成部分设计

1. 行车道

1)行车道宽度的确定

行车道是道路上供各种车辆行驶部分的总称,它包括快车道和慢车道,在一般公路和城市道路上还有非机动车道。行车道宽度是根据车辆宽度、设计交通量、交通组成和汽车行驶速度来确定的。而单向车道数可按式(2.64)计算:

$$单向车道数 = \frac{主要方向小时交通量}{每一车道的设计通行能力} \qquad (2.64)$$

双向车道数按式(2.64)计算结果取整数(即不小于且最接近计算结果的整数)的 2 倍。

（1）公路的行车道宽度。

公路的一条行车道内,一般包括两条以上的车道。高速公路和一级公路有四条以上的车道,一条中央分隔带将上、下行车辆分开或做成分离式路基,每侧再划分快车道和慢车道,一般取两者中比较具有代表性的交通情况加以分析,探讨行车道宽度的确定方法。

①一般双车道公路行车道宽度的确定。

双车道公路有两条车道,行车道宽度包括汽车宽度和富余宽度(见图 2.9)。根据《公路工程技术标准》(JTG B01—2014)的相关规定,设计车辆最大宽度为 2.5 m,再加上错车、超车所必需的余宽来确定行车道的宽度。富余宽度是指对向行驶时两车厢之间的安全间隙、汽车轮胎至路面边缘的安全距离。

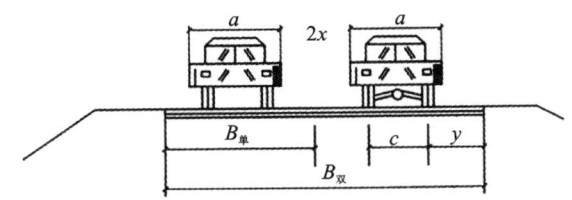

图 2.9　双车道公路的行车道宽度

则双车道公路的一条单向行驶的车道的宽度可用式(2.65)计算：

$$B_单 = \frac{a+c}{2} + x + y \qquad (2.65)$$

两条车道的宽度为式(2.66)：

$$B_双 = a + c + 2x + 2y \qquad (2.66)$$

根据大量试验观测，得出计算 x、y 的经验公式为式(2.67)：

$$x = y = 0.50 + 0.005V \qquad (2.67)$$

式中：a——车厢宽度(m)；

c——汽车轮距(m)；

$2x$——两车厢安全间隙(m)；

y——轮胎与路面边缘之间的安全距离(m)；

V——行车速度(km/h)。

②有中央分隔带公路行车道宽度的确定。

高速公路、一级公路平原、微丘区采用 3.75 m 的车道。设计速度为 60 km/h 时，仍采用 3.50 m 的车道。有中央分隔带公路行车道宽度的确定主要考虑以下因素。

a.设计速度，远景交通量大，特别是我国载重汽车混入率高。

b.参考了德国、法国的高速汽车公路，意大利的太阳公路、日本的高速公路、东欧各国的一级公路、英国和加拿大的高速公路，其车道宽度均为 3.75 m。

c.美国各州公路的工作者协会认为，各级公路合乎理想的车道宽度为 3.66 m(12 英尺)，不宜大于 3.97m(13 英尺)。近年来美国有的城市将行车道宽度减为 3.35 m(11 英尺)，甚至 3.05 m(10 英尺)。

对于有四条以上车道的高速公路、一级公路，一般都设置中央分隔带。分隔带两侧的行行道只有同向行驶的汽车，如图 2.10 所示。

则单侧行车带宽度可按式(2.68)计算：

$$B = S + D + M + a_1 + a_2 \qquad (2.68)$$

式中：S——后轮边缘与车道外侧之间的安全间隙(m)；

D——两汽车后轮外缘之间的安全间隙(m)；

M——后轮外缘与车道内侧之间的安全间隙(m)；

a_1、a_2——汽车后轮外缘间距(m)，普通车为 $a_1 = a_2 = 1.6$ m，大型车为 $a_1 = a_2 = 2.3$ m。

根据实地观测宽度，得出如下的关系式，见式(2.69)~式(2.71)：

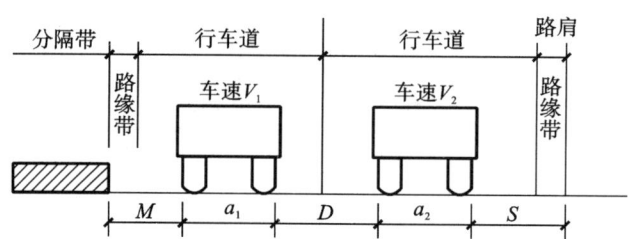

图 2.10　只有同向行驶汽车的行车道

$$S = 0.0103V_1 + 0.56 \tag{2.69}$$
$$D = 0.000066(V_2^2 - V_1^2) + 1.49 \tag{2.70}$$
$$M = 0.0103V_2 + 0.46 \tag{2.71}$$

式中：V_1——被超车的车速(km/h)；

V_2——超车的车速(km/h)。

根据以上计算结果得出下列结论：当设计速度 $V = 120$ km/h 时，每条车道的宽度均采用 3.75 m；当 $V = 100$ km/h，且交通量大和大型车混入率较高时，内侧车道应为 3.75 m，外侧车道可采用 3.75 m 或 3.50 m。

当高速公路的交通量超过四个车道的容量时，其车道数可以按双数增加。

（2）城市道路的行车道宽度。

①靠路边的车道宽度。

a. 一侧靠边，另一侧为反向行驶的车道，如图 2.11 所示，有式(2.72)：

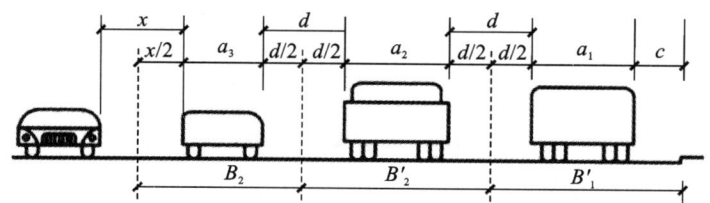

图 2.11　一侧靠边，另一侧为反向行驶的车道

$$B_1 = \frac{x}{2} + a_1 + c \tag{2.72}$$

b. 一侧靠边，另一侧为同向行驶的车道，有式(2.73)：

$$B'_1 = \frac{d}{2} + a_1 + c \tag{2.73}$$

②靠路中心线的车道宽度，有式(2.74)：

$$B_2 = \frac{x}{2} + a_3 + \frac{d}{2} \tag{2.74}$$

③同向行驶的中间车道宽度，有式(2.75)：

$$B_2' = \frac{d}{2} + a_2 + \frac{d}{2} = a_2 + d \tag{2.75}$$

式中：a_1、a_2、a_3——车厢全宽(m)；

x——反向行驶汽车间的安全间隙(m)；

d——同向行驶汽车间的安全间隙(m)；

c——车身边缘与路缘石间的横向安全距离(m)。

根据实验观测得出 c、x、d 与车速之间的关系式为式(2.76)～式(2.78)：

$$c = 0.4 + 0.02V^{\frac{3}{4}} \tag{2.76}$$

$$d = 0.7 + 0.02V^{\frac{3}{4}} \tag{2.77}$$

$$x = 0.7 + 0.02\,(V_1 + V_2)^{\frac{3}{4}} \tag{2.78}$$

式中：V——实际车速(km/h)。其余符号意义同前。

上列各式表明，车道宽度 B 是车速 V 的函数，一般为 3.40～3.80 m。考虑到城市道路上行驶的车辆各异，且车道还需调剂使用，故一条车道的平均宽度取 3.50 m 即可；当车速 $V > 40$ km/h 时，可取3.75 m。

2)行车道宽度及车道数的规定

(1) 公路行车道宽度。

根据设计速度规定，公路行车道宽度见表 2.24。

表 2.24　公路行车道宽度

设计速度/(km/h)	120	100	80	60	40	30	20
车道宽度/m	3.75	3.75	3.75	3.50	3.50	3.25	3.00

注：①设计速度为 20 km/h 且为单车道时,车道宽度应采用 3.50 m。②高速公路为八车道时,内侧车道宽度可采用 3.50 m。

(2) 公路车道数。

①高速公路、一级公路各路段的车道数应根据预测交通量、服务水平等确定，车道数为四车道以上时，应按双数增加。

②二级公路、三级公路应为双车道。

③四级公路宜采用双车道，交通量小且工程艰巨的路段可采用单车道。

(3) 城市道路机动车道的宽度。

城市道路机动车道宽度根据汽车车型和设计速度确定，其规定值见表 2.25。

表 2.25　城市道路机动车道宽度

车型及行驶状态	设计速度/(km/h)	车道宽度/m
大型汽车或大、小汽车混行	≥40	3.75
	<40	3.50
小型汽车专用线	—	3.50

车型及行驶状态	设计速度/（km/h）	车道宽度/m
公交汽车停靠站	—	3.00

（4）城市道路非机动车道的宽度。

非机动车道是专供自行车、三轮车、平板车及畜力车等行驶的车道。确定非机动车道时，应以自行车为主，如图 2.12 所示。

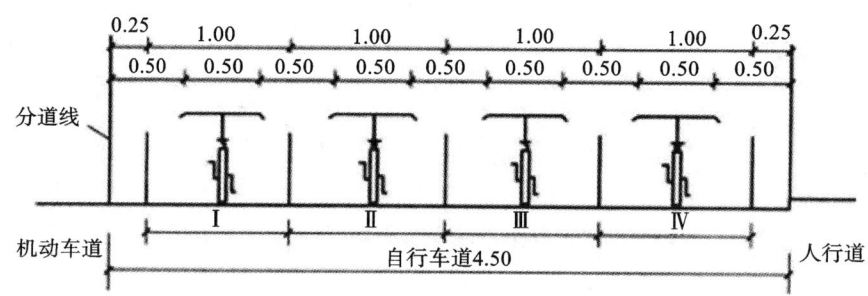

图 2.12 非机动车道宽度确定（单位：m）

非机动车道基本宽度推荐采用 5.00 m（4.50 m）、6.50 m（6.00 m）、8.00 m（7.50 m），并不得小于 2.50 m。

（5）专用车道宽度。

①爬坡车道、变速车道宽度为 3.5 m。

②错车道路段行车道宽度不小于 5.5 m。

③避险车道宽度不小于 4.5 m。

④紧急停车带宽度为 5.0 m。

⑤公交车站港湾式停靠站宽度为 3.0 m。

2. 特殊车道

（1）爬坡车道。

①爬坡车道的功能。

爬坡车道设置在上坡路段原有车道的外侧，是供慢速上坡车辆行驶的专用车道。

②爬坡车道的设计要求。

a. 高速公路、一级公路以及二级公路在连续上坡路段设置爬坡车道时，其宽度应为 3.5 m。

b. 高速公路、一级公路的爬坡车道应紧靠车道的外侧设置，可利用硬路肩宽度，爬坡车道的外侧应设置路缘带和土路肩。

c. 二级公路的爬坡车道应紧靠车道的外侧设置，可利用硬路肩宽度。当需要保留原来供非机动车行驶的硬路肩时，该部分应移至爬坡车道的外侧。

③作用。

爬坡车道是丘陵地区超车车道的一种特殊形式，以保证快速车辆能越过货车和其他慢速车辆向前行驶,不仅可减少慢车压车时间,提高整个路段的平均车速和服务水平,也避免了强行超车,有利于交通安全。

（2）加（减）速车道。

高速公路、一级公路的互通式立体交叉、服务区、停车区、公共汽车停靠站、管理与养护设施等与主线相衔接处,应设置加速车道和减速车道。加（减）速车道宽度应为 3.5 m。

（3）错车道。

四级公路路基宽度采用 4.5 m 时,应在不大于 300 m 的距离内选择有利地点设置错车道,并使驾驶者能看到相邻两错车道之间的车辆。设置错车道路段的路基宽度应不小于 6.5 m,有效长度应不小于 20 m。

（4）避险车道。

①组成。

避险车道主要由引道、制动车道、服务车道及辅助设施(如路侧护栏、防撞设施、施救锚栓、呼救电话、照明)等组成。

②设计要求。

在连续长、陡下坡路段,为减轻失控车辆的损失和保护第三方安全,宜在长、陡下坡地段右侧视距良好的适当位置设置避险车道,其宽度应不小于 4.5 m。

③类型。

避险车道主要有上坡道型、水平坡道型、下坡道型和砂堆型四种。

3. 紧急停车带

紧急停车带宽为 3.5 m,有效长度不小于 30 m。

二级公路为避免急需停靠的车辆占道,根据需要可设置紧急停车带,其间距宜不大于 500 m。

高速公路和一级公路的特长桥梁、隧道,可根据需要设置紧急停车带,其间距为 750 m 左右,过渡段长度一般取 20 m,工程特别艰巨时,可采用最小值为 5 m。当采用最小值时,为使过渡段的外形不出现明显的折线,可用反向圆曲线连接,使之圆滑、顺道。

4. 人行道

（1）作用。

人行道是供行人步行的通道,应能保证行人的安全并保持通畅,满足高峰时的行人流量;同时也是种植植物和架设立杆的场地,其地下空间还可埋设管线等。

（2）人行道宽度。

人行道宽度必须满足行人通行的安全与畅通要求,可按式(2.79)计算:

$$\omega_p = \frac{N_w}{N_{w_1}} \tag{2.79}$$

式中:ω_p——人行道宽度(m);

N_w——人行道高峰小时行人流量(P/h);

N_{w_1}——单位宽度人行道设计通行能力[P/(h·m)]。

按式(2.79)可以确定出人行道宽度,为保持街道各部分宽度的均衡,一般认为,街道总宽度与单侧人行道宽度之比宜为 5∶1～7∶1。

式(2.79)中的人行道高峰小时行人流量 N_w 需根据交通调查结果确定,下面主要介绍设计通行能力 N_{w_1} 的确定方法。

①一条人行带的通行能力。

一条人行带是指一个步行的人所占用人行道的宽度,主要与人的肩宽、手中携带物品的大小以及携带方式有关,一般为 0.6~0.9 m。一条人行带的通行能力可按式(2.80)计算:

$$N_p = \frac{1000V}{L} \tag{2.80}$$

式中: N_p——一条人行带的通行能力(P/h);

V——行人步行速度(km/h),在一般城市道路上为 3~4 km/h,供散步与休息的路段为 1~2 km/h,在行人急速行走的路段可达 6 km/h;

L——行人间距(m),一般为 2~4 m。

②单位宽度人行道的可能通行能力。

按式(2.80)计算的一条人行带通行能力为 300~1800 P/h,换算成 1 m 宽度并取较大值即得可能通行能力。

设计上所采用的通行能力是在可能通行能力的基础上乘以折减系数而得的。折减系数取值如下:全市性的车站、码头、商场、公园、剧场及市中心处的人行道、人行横道、人行天桥、人行地道等采用 0.75;大商场、商店、公共文化中心及区中心处的人行道、人行横道等采用 0.8;区域性地带采用 0.85;支路、住宅区采用 0.9。折减后得到的设计通行能力为单位宽度人行道的设计通行能力。

(3)人行道坡度。

人行道横坡为单向坡,一般为 1.5%~2.0%,并向路缘石一侧倾斜,高出行车道 0.1~0.2 m。

(4)绿化带。

人行道上靠行车道一侧种植行道树,其株距一般为 4~6 m,树池采用 1.5 m×1.5 m 的正方形或 1.2 m×1.8 m 的矩形。也有绿化带种植草皮和花丛。

(5)设施带。

设施带宽度包括行人护栏、照明灯柱、标志牌、信号灯等的宽度。在红线宽度较窄及条件困难时,设施带可与绿化带合并,但应避免各种设施与树木间的干扰。常见宽度为:护栏 0.25~0.5 m,杆柱 1.0~1.5 m。

按上述方式求得的人行道宽度、绿化带宽度与设施带宽度之和即为路侧带宽度。此外,还应考虑人行道下埋设管线所需要的宽度。

(6)路缘石。

路缘石是设置在路面与其他构造物之间的标石。在分隔带与路面之间,人行道与路面之间一般都需要设置路缘石。

路缘石的形状有立式、斜式和曲线式三种类型。

城市道路的人行道及人行横道宽度范围内的路缘石宜做成低矮、平缓的,以便老人与儿童车、轮椅及残疾人通行,以采用斜式为宜。在分隔带的端头和交叉口处,路缘石以采用曲线式为宜。

5．路肩

（1）路肩的作用。

①支挡作用。

②供临时停车或堆料。

③增加有效行车道宽度。

④提供道路养护作业、埋设地下管线的场地。

⑤供行人及非机动车使用。

⑥精心养护的路肩，能增加公路的美观。

（2）路肩的组成。

路肩一般由右侧路缘带（仅高速公路和一级公路设置）、硬路肩和土路肩三部分组成。硬路肩是指有路面铺装的路肩；土路肩是指加固路肩，使用粒料改善土。

（3）路肩的宽度。

①右侧路肩。

各级公路右侧路肩的宽度见表2.26。

②左侧路肩。

高速公路和一级公路的分离式路基应设置左侧路肩，其宽度见表2.27，左侧路肩含左侧路缘带，左侧路缘带宽度为0.5 m。

路肩宽度变化处，应有圆顺的过渡段，其渐变率一般为1：30。

路肩的坡度应保证排水，对直线段一般比路面横坡大1%～2%，对弯道超高路段可与横向超高坡度相同。

6．路拱

（1）定义。

为了迅速排除路面上的雨水，将路面表面做成中间高、两边低的拱形，称之为路拱。路拱对排水有利，但对行车不利。路拱坡度所产生的水平分力增加了行车的不稳定性，同时也给乘客带来不舒适的感觉。当车辆在有冰、雪、水或潮湿路面上制动时，还会增加侧向滑移的危险。为此，对路拱的横向坡度在满足横向排水的要求下，应尽量采用低值。

（2）路拱形式。

①直线路拱。

直线路拱的特点是：a.中间有屋脊形；b.横坡一致。

直线路拱的适用范围是：a.路拱横坡小的水泥路面；b.有中央分隔带的路面；c.宽度较小的低等级公路。

②直线加曲线路拱。

直线加曲线路拱的特点是：两侧较平缓，中间呈曲线形。

直线加曲线路拱的适用范围是：宽度大于20 m的柔性路面。

③折线形路拱。

折线形路拱的特点是：坡度从中到边逐步增大利于排水，横坡变化缓慢，对行车有利。

折线形路拱的适用范围是：多车道水泥混凝土路面。

表 2.26　各级公路右侧路肩的宽度

设计速度/(km/h)		高速公路			一级公路			二级公路		三级公路		四级公路
		120	100	80	100	80	60	80	60	40	30	20
右侧硬路肩宽度/m	一般值	3.00 或 3.50	3.00	2.50	3.00	2.50	2.50	1.50	0.75	—	—	—
	最小值	3.00	2.50	1.50	2.50	1.50	1.50	0.75	0.25	—	—	—
土路肩宽度/m	一般值	0.75	0.75	0.75	0.75	0.75	0.50	0.75	0.75	0.75	0.75	0.75
	最小值	0.75	0.75	0.75	0.75	0.75	0.50	0.50	0.50	0.50	0.50	0.25 双车道 / 0.50 单车道

注："一般值"为正常情况下的采用值；"最小值"为条件受限制时可采用的值。

a. 设计速度为 120 km/h 的四车道高速公路,右侧硬路肩宜采用 3.50 m；六车道、八车道高速公路,宜采用 3.00 m。

b. 高速公路、一级公路应在右侧硬路肩宽度内设右侧硬路肩缘带,其宽度为 0.50 m。

c. 二级公路的硬路肩可供非机动车使用。非机动车交通量较大的路段,也可采用全铺的方式,以充分利用。

d. 二级公路、三级公路、四级公路在路肩上设置的标志、防护设施等设施不得侵入公路建筑限界,否则应加宽路肩。

表 2.27　高速公路和一级公路的分离式路基应设置左侧路肩的宽度

设计速度/(km/h)	120	100	80	60
左侧硬路肩宽度/m	1.25	1.00	0.75	0.75
右侧硬路肩宽度/m	0.75	0.75	0.75	0.50

④抛物线路拱。

抛物线路拱如图 2.13 所示。

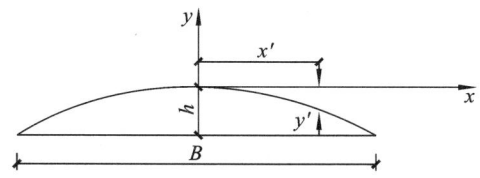

图 2.13 抛物线路拱

注:B—车行道路面宽度(m);h—路拱中心高出路面边缘的高度(m);x'—横距(m);

y'—纵距(m);x—直线与抛物线相切切点的横坐标;y—直线与抛物线相切切点的纵坐标。

a.二次抛物线方程为式(2.81):

$$y = \frac{4h}{B^2}x^2 \tag{2.81}$$

其特点是:中间平、两边陡,有利于行车和排水。但当路面宽大时,边缘坡度过大。

其适用范围是:宽度小于 12 m 的黑色路面。

b.改进的二次抛物线方程为式(2.82):

$$y = \frac{2h}{B^2}x^2 + \frac{h}{B}x \tag{2.82}$$

其特点是:中间平、两边适中。

其适用范围是:宽度小于 20 m 的黑色路面。

(3)路拱坡度的规定。

路拱坡度应根据路面类型和当地自然条件选用数值。

不同路面类型的路拱坡度具体如下。

沥青混凝土、水泥混凝土:1%～2%;

其他沥青路面:1.5%～2.5%;

半整齐块石:2%～3%;

碎、砾石:2.5%～3.5%;

低级路面:3%～4%。

路肩横向坡度一般应较路面横向坡度大 1%～2%。六车道、八车道的高速公路宜采用较大的路面横坡。

7. 中间带和中央分隔带

(1)中间带的组成。

四条和四条以上车道的公路应设置中间带。中间带由两条左侧路缘带和中央分隔带组成。

(2)中间带的作用。

①将上行和下行车流分开,防止对向车辆相撞,减少交通事故及公路中心线附近的交通阻力,保证车速,从而提高通行能力。

②可作为设置公路标志牌及其他交通管理设施的场地,也可作为行人的安全岛使用。

③种植花草灌木或设置防眩网,可防止对向车辆灯光眩目,还可起到美化路容和环境的作用。

④设于分隔带两侧的路缘带增加了行车所必需的侧向余宽,从而提高了行车的安全性和舒适性。

（3）中间带宽度。

中间带宽度主要根据侧向余宽和设置护栏、绿化带、防眩网、交叉公路的桥墩等所需设施带的宽度而定。我国土地资源十分宝贵,要采用较宽的中间带是不符合国情的,所以在我国基本上都采用窄中间带。《公路工程技术标准》(JTG B01—2014)规定最小中间带宽度一般为 2.5～4.5 m,随公路等级和地形条件而改变,特殊情况下可减至 2.0 m。城市道路因机动车和非机动车混合行驶,当设置非机动车道时,除设有中间分车带外,还有两侧分车带。城市道路规定的分车带最小宽度一般为 2.0～3.0 m。中间带宽度规定见表 2.28。

表 2.28 中间带宽度规定

设计速度/(km/h)		120	100	80	60
中央分隔带宽度/m	一般值	3.00	2.00	2.00	2.00
	最小值	1.00	1.00	1.00	1.00
左侧路缘带宽度/m	一般值	0.75	0.75	0.50	0.50
	最小值	0.75	0.50	0.50	0.50
中间带宽度/m	一般值	4.50	3.50	3.00	3.00
	最小值	2.50	2.00	2.00	2.00

（4）注意事项。

一条道路上不得频繁地变化中间带的宽度,以保持良好的线形和视觉感。必须改变中间带宽度时,应设置渐变过渡段,使车道中心线的线形圆滑、顺适。过渡段以设在回旋线范围内为宜,其长度应与回旋线长度相等。对于宽度大于 4.5 m 的中间带,其过渡段宜设在半径较大的平曲线路段。

（5）中央分隔带的开口部。

①开口部的设置。

为了便于养护作业和某些车辆在必要时驶向反向车道,中央分隔带应按一定距离设置开口部。一般情况下,开口部以每 2 km 的间距设置 1 处为宜,并应设置在通视良好的直线段。若在曲线上开口,其曲线半径宜大于 700 m。在互通式立体交叉、隧道、特大桥、服务区等设施的前后必须设置开口。城市道路可根据横向交通情况,按需要设置。

②开口部的形状。

开口部常用的形状有如下两种。

a.半圆形:适用于窄分隔带(宽度<3.0 m)。

b.弹头形:适用于宽分隔带(宽度≥3.0 m)。

③规范要求。

a.互通式立体交叉、隧道、特大桥、服务区等设施前后,以及整体式路基、分离式路基的分离(回合)处,应设置中央分隔带开口。

b.中央分隔带开口间距应视需要而定,最小间距应不小于 20 m。

c.中央分隔带开口长度宜不大于 40 m;八车道高速公路开口长度可适当增加,但应不大于 50 m。中央分隔带开口处应设置活动护栏。

d.中央分隔带开口应设置在通视良好的路段,若开口设于曲线路段,该圆曲线半径的超高值宜不大于 3%。

e.中央分隔带开口端部的形状:中央分隔带宽度小于 3.00 m 时可采用半圆形,中央分隔带宽度大于或等于 3.00 m 时宜采用弹头形。

(6)中央分隔带的表面形式。

分隔带一般用缘石围砌,高出地面 10～20 cm。中央分隔带的表面形式有两种,具体如下。

①凹形:适用于宽度大于 4.50 m 的中间带,一般种植花草树木。

②凸形:适用于宽度小于或等于 4.50 m 的中间带,一般可铺面封闭。

(7)两侧带。

布置在横断面两侧的分车带称为两侧带,其作用与中间带相同,只是设置的位置不同而已。两侧带常用于城市道路的横断面设计中,它可以分隔快车道和慢车道、机动车道和非机动车道、车行道和人行道等。

两侧带的最小宽度规定为 2.00～2.25 m。在北方寒冷积雪地区,在满足最小宽度的前提下,还应考虑能否满足临时堆放积雪的需要。

(8)紧急出口。

对控制进入的高速公路,在能提供消防、急救、道路养护及处理事故等条件的地点可设置紧急出口。其位置应选在通视良好,与外部一般公路连接方便的地点。

2.3.3　超高及加宽

1.超高

1)定义

在弯道上,当汽车在双向横坡的车道外侧行驶时,车重的水平分力将增大横向侧滑力。所以,当采用的圆曲线半径小于不设超高的最小半径时,为抵消车辆在曲线路段上面行驶时所产生的离心力,将曲线段的外侧路面横坡做成与内侧路面同坡度的单坡横断面,这样的设置称为超高。

2)超高坡度

(1)最大超高坡度。

由平曲线半径公式计算可以得到超高坡度的计算公式,为式(2.83):

$$i_c = \frac{u^2}{127R} - \mu \tag{2.83}$$

式中:i_c——超高坡度;

　　u——行车速度(km/h);

　　R——平曲线半径(m);

　　μ——摩擦系数。

当采用极限最小半径时即为计算最大超高坡度公式,见式(2.84):

$$i_{c,max} = \frac{u^2}{127R} - \mu \tag{2.84}$$

式中:$i_{c,max}$——最大超高坡度。其余符号意义同前。

最大超高坡度的限值与气候条件、地形、地区、汽车以低速行驶的频率、路面施工的难易程度等因素有关。从保证汽车转弯时有较高速度和乘客舒适性来看,要求超高横坡应尽量大一些,但考虑车辆的组成不同,车速不一,特别是在弯道上停车($\mu=0$)时,有可能产生向弯道内侧滑移的危险。另外,在冰雪状态下,过大的超高对车辆启动及刹车不利。

当 $\mu=0$ 产生滑移的极限状态时,见式(2.85):

$$i_{c,max} = \frac{u^2}{127R} \tag{2.85}$$

式中:符号意义同前。

故横向滑移限制条件见式(2.86):

$$i_{c,max} \leqslant \varphi_h \tag{2.86}$$

式中:φ_h——横向附着系数。其余符号意义同前。

二级公路、三级公路、四级公路混合交通量较大且接近城镇的路段,或通过城镇作为连接街道使用的路段,当车速受到限制,按规定设置超高有困难时,可根据行车速度,查相关规范设置超高。

(2)超高坡度的确定。

超高坡度的确定按设计速度、半径大小计算,并结合路面类型、当地自然条件等最后确定。当超高横坡的计算值小于路拱横坡时,应设置等于路拱坡度的超高。

3)超高过渡方式

(1)公路的超高过渡方式。

公路的超高过渡方式,根据超高旋转轴在公路横断面上的位置,分为以下几种。

①无中间带公路的超高过渡。

若超高横坡等于路拱坡度,路面由直线上双向倾斜路拱形式过渡到曲线上具有超高的单向倾斜形式,只需要行车道外侧绕中线逐渐抬高,直至与内侧横坡相等为止。

当超高坡度大于路拱坡度时,可分别采用以下三种过渡方式。

a.绕内边线旋转:先将外侧车道绕路中线旋转,待与内侧车道构成单向横坡后,整个断面再绕着未加宽前的内侧车道边线旋转,直至达到超高横坡值。

b.绕中线旋转:先将外侧车道绕路中线旋转,待与内侧车道构成单向横坡后,整个断面再绕着中线旋转,直至达到超高横坡值。

c.绕外边线旋转:先将外侧车道绕着外边线旋转,同时,内侧车道随中线的降低而相应降低,待达到单向横坡后,整个断面仍绕外侧车道边线旋转,直至达到超高横坡值。

上述各种方法中,绕内边线旋转由于不改变行车道内侧坡度,有利于路基纵向排水,一般新建工程多用此法。绕中线旋转可保持中线标高不变,且在超高坡度一定的情况下,外侧边缘抬高的值较小,多用于旧路改建工程。而绕外边线旋转是一种比较特殊的设计,仅用于某些改善路容的地点。

②有中间带公路的超高过渡。

a.绕着中间带的中心线旋转:先将外侧行车道绕着中央分隔带边缘旋转,待与内侧行车道构成单向横坡后,整个断面一同绕着中心线旋转,直至达到超高横坡值,此时中央分隔带呈倾斜状态。

b.绕着中央分隔带边缘旋转:将两侧行车道分别绕中央分隔带边缘旋转,使之各自成为独立的单向超高横断面,此时中央分隔带维持原水平状态。

c.绕着各自行车道中线旋转:将两侧行车道分别绕着各自的中心线旋转,使之各自成为独立的单向超高横断面,此时中央分隔带两边缘分别升高和降低而成为倾斜断面。

③分离式公路的超高过渡。

公路分离式断面的超高过渡可视为两条无中间带的公路分别予以处理。

（2）城市道路的超高方式。

城市道路超高方式应根据地形状况、车道数、超高横坡值、横断面形式、便于排水、路容美观等因素决定。单幅路面宽度及三幅机动车道路面宽度宜绕着中线旋转；双幅路面宽度及四幅机动车道路面宽度宜绕着中央分隔带边缘旋转，使两侧行车道各自成为独立的超高横断面。

4）超高缓和段

为了行车舒适、路容的美观和排水的通畅，必须设置一定长度的超高过渡段，超高的过渡是在超高过渡段全长范围内进行的。双车道公路最小超高过渡段长度可按式（2.87）计算：

$$L_C = \frac{B' \Delta_i}{p}$$ (2.87)

式中：L_C——超高缓和段长度（m）；

B'——旋转轴至行车道（设路缘带时为路缘带）外侧边缘的宽度（m）；

Δ_i——超高坡度与路拱坡度的代数差（%）；

p——超高渐变率，即旋转轴线与行车道（设路缘带时为路缘带）外侧边缘线之间相对升降的比率。

绕中线旋转时，式（2.87）可写为（2.88）：

$$L_C = \frac{\frac{b}{2}(i_c + i_g)}{p}$$ (2.88)

式中：b——路面宽度（m）；

i_c——最大超高横坡值（%）；

i_g——路拱坡度（%）。其余符号意义同前。

绕边线旋转时，式（2.87）可写为（2.89）：

$$L_C = \frac{b i_c}{p}$$ (2.89)

式中：符号意义同前。

多车道公路的超高缓和段长度，视车道数按上式计算之值乘以下列系数：

（1）行车道边缘到旋转轴距离为1.5车道时，乘以1.2；

（2）行车道边缘到旋转轴距离为2车道时，乘以1.5；

（3）行车道边缘到旋转轴距离为3车道时，乘以2.0。

超高缓和段长度应采用5的倍数，并不小于10 m；四级公路超高的过渡应在超高过渡段的全长范围内进行。

对线形设计有一定要求的公路，应在超高缓和段的起、终点插入一段二次抛物线，使之连接圆滑、顺适。

超高的过渡应在回旋线全长范围内进行。当回旋线较长时，应采取以下措施。

（1）超高过渡段设在回旋线的某一区段内，其超高起点宜设在曲率半径大于不设超高半径处，全超高横断面宜设在缓圆点和圆缓点处。

（2）超高过渡段的纵向渐变率不得小于1/330。

（3）六车道以上的公路宜增设路拱线。

5）横断面上超高值的计算

平曲线上设置超高以后，道路中线和内、外侧边线与原中线上的设计标高之高差 h，应予以计算并列于"路基设计表"中，以便施工。

前述的弯道的超高设计都是对一个弯道而言，即无中间带时的计算。两个或者两个以上的弯道，其间距离又不太长，除考虑单一弯道的超高设计外，还需要研究两个弯道间的超高过渡问题，即有中间带时的计算。解决这个问题，需要"超高设计图"。

因篇幅关系，超高值的计算在此不做详细叙述。

2. 加宽

（1）定义。

汽车在曲线路段上行驶时，靠近曲线内侧后轮行驶的曲线半径最小，靠曲线外侧的前轮行驶的曲线半径最大。为适应汽车在平曲线上行驶时后轮轨迹偏向曲线内侧的需要，平曲线内侧相应增加的路面、路基宽度称为曲线加宽（又称弯道加宽）。

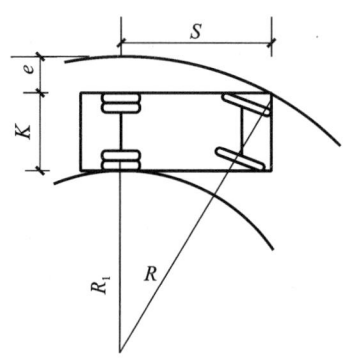

图 2.14 单车道加宽

圆曲线上加宽值与平曲线半径、设计车辆的轴距有关，同时还需要考虑车辆在弯道上行驶时的摆动及驾驶员操作所需的附加宽度。因此，圆曲线上的加宽值由需要的几何加宽值和汽车转弯时的车道摆动加宽值两部分组成。

①几何加宽值。

对于普通载货汽车，几何加宽值由如图 2.14 所示的几何关系可求得，见式（2.90）和式（2.91）：

$$e = R - (R_1 + K) \tag{2.90}$$

$$R_1 + K = \sqrt{R^2 - S^2} \tag{2.91}$$

代入式（2.92）：

$$e = R - \sqrt{R^2 - S^2} = R - \left(R - \frac{S^2}{2R} - \frac{S^4}{8R^3} - \cdots \right) \tag{2.92}$$

式（2.92）第二项以后的数值极小，可忽略不计，故一条车道的加宽值见式（2.93）：

$$e = \frac{S^2}{2R} \tag{2.93}$$

式（2.90）~式（2.93）中：e——汽车加宽值（m）；

S——汽车轴到前保险杠的距离（m）；

R——汽车环形外半径（m）；

R_1——汽车环形内半径（m）；

K——车身宽度（m）。

对于半挂车的加宽值由如图 2.15 所示的几何关系可求得，见式（2.94）：

$$e = e_1 + e_2 = \frac{S_1^2 + S_2^2}{2R} \tag{2.94}$$

令 $S_1^2 + S_2^2 = S^2$，则有式(2.95)：

$$e = \frac{S^2}{2R} \tag{2.95}$$

②车道摆动加宽值。

加宽还与车速有关，车道摆动加宽值计算的经验公式为式(2.96)：

$$e' = \frac{0.05v}{\sqrt{R}} \tag{2.96}$$

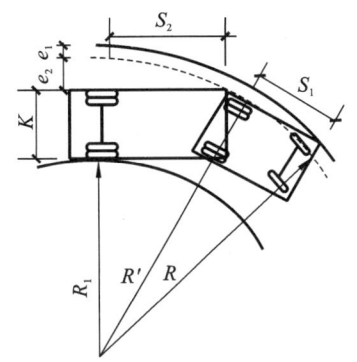

图 2.15　半挂车加宽

式(2.94)～式(2.96)中：e_1——牵引车加宽值(m)；

e_2——挂车加宽值(m)；

e'——车道摆动加宽值(m)；

S_1——牵引车车轴到前保险杠的距离(m)；

S_2——挂车车轴到车身最前方的距离(m)；

v——汽车转弯时的车速(km/h)。其余符号意义同前。

根据《公路路线设计规范》(JTG D20—2017)规定，二级公路、三级公路、四级公路的圆曲线半径小于或等于 250 m 时，应设置加宽。双车道路面加宽值见表 2.29。

表 2.29　双车道路面加宽值　(单位:m)

加宽类别	设计车辆	圆曲线半径/m								
		200～250	150～200	100～150	70～100	50～70	30～50	25～30	20～25	15～20
第1类	小客车	0.4	0.5	0.6	0.7	0.9	1.3	1.5	1.8	2.2
第2类	载重汽车	0.6	0.7	0.9	1.2	1.5	2.0	—	—	—
第3类	铰接列车	0.8	1.0	1.5	2.0	2.7	—	—	—	—

注:单车道公路路面加宽值应为表列规定值的一半。

对于分道行驶的公路，如平曲线半径较小，其内侧车道的加宽值应大于外侧车道的加宽值，设计时应通过计算确定其差值。

根据《城市道路工程设计规范(2016 年版)》(CJJ 37—2012)，圆曲线半径不大于 250 m 时，应在圆曲线的内侧加宽，每条车道加宽值见表 2.30。

表 2.30　城市道路圆曲线每条车道的加宽值　(单位:m)

车型	圆曲线半径/m								
	$200 < R \leq 250$	$150 < R \leq 200$	$100 < R \leq 150$	$60 < R \leq 100$	$50 < R \leq 60$	$40 < R \leq 50$	$30 < R \leq 40$	$20 < R \leq 30$	$15 < R \leq 20$
小型汽车	0.28	0.30	0.32	0.35	0.39	0.40	0.45	0.60	0.70
普通汽车	0.40	0.45	0.60	0.70	0.90	1.00	1.30	1.80	2.40
半挂车	0.45	0.55	0.75	0.95	1.25	1.50	1.90	2.80	3.50

（2）加宽缓和段。

当平曲线半径小于或等于 250 m 时，一般在弯道内侧圆曲线范围内设置全加宽,当其平曲线内无圆曲线(凸形)时,仅在平曲线中点处断面设置全加宽。为了使路面路基均匀变化,需设置一段从加宽值为零逐渐加宽到全加宽的过渡段,称为加宽缓和段。加宽缓和段(或超高缓和段)范围内,如无缓和曲线和超高缓和段,则应另设加宽缓和段。

①加宽缓和段的长度。

在公路设计中,加宽缓和段长度取决于以下三方面的要求。

a.加宽所需要的最小长度。在不设缓和曲线或者超高缓和段时,加宽缓和段长度应按渐变率1：15且不小于 20 m 的要求设置。

b.超高缓和段长度。

c.缓和段长度。

设置缓和曲线或超高缓和段时,加宽缓和段长度采用与缓和曲线或超高缓和段长度相同的数值。

若不设缓和曲线,加宽缓和段长度取超高缓和段长度,其渐变率不小于 1：15,且长度不小于 10 m。此时,超高、加宽缓和段一般设于紧接圆曲线起、终点的直线段。在地形困难地段,允许将超高、加宽缓和段的一部分插入曲线,但插入曲线内的长度不得超过超高、加宽缓和段长度的一半。

②缓和段内加宽值的过渡方式。

在加宽缓和段内,加宽是逐渐变化的,其过渡方式有以下几种。

a.按直线比例变化。

b.切线法。

c.插入高次抛物线的方法。

d.插入二次抛物线的方法。

e.复曲线的加宽过渡方法。

f.插入回旋线的方法。

因篇幅关系,以上方法的具体计算在此不做详细叙述,可参考相关标准规范与权威书籍。

（3）加宽类别的选用。

《公路路线设计规范》(JTG D20—2017)对加宽类别选用的规定如下。

①高速公路、一级公路、二级公路及设计速度为 40 km/h 的三级公路应采用第三类加宽值。对不经常通行集装箱半挂车的公路,可采用第二类加宽值。

②四级公路和设计速度为 30 km/h 的三级公路可采用第一类加宽值。

③圆曲线上的路面加宽应设置在曲线的内侧。

④各级公路的路面加宽后,路基也要相应地加宽。

2.3.4　横断面视距的保证

1. 视距曲线

（1）概念。

在道路的转弯设计中,除了要考虑诸如曲线半径、参数、超高、加宽等因素,还必须注意路线内侧是否有树林、房屋、边坡等阻碍驾驶员的视线,这种处于隐蔽地段的弯道简称为"暗弯"。凡属"暗弯"都应该进行视距检查,若不能保证该级公路或城市道路的最短视距,则应将该阻碍视线的障碍物清除。如果是因曲线内侧及中间带设置护栏或其他人工构造物等而不能保证视距,可采取加宽中间带、加宽路肩或将构造物后移等措施;如果是因挖方边坡妨碍了视线,则应按所需净距绘制的包络线(或称视距曲线)开挖视距台。

横净距是指道路曲线范围最内侧的车道中心线行车轨迹距视距曲线(即包络线)的距离。可根据各种情况按公式计算横净距,若横净距小于行车轨迹至障碍物的距离,视距能够得到保证;反之,视距不能得到保证。

(2)图解法确定视距清除范围。

按公式计算的横净距 s_z 是弯道上须清除的最大的横净距。在曲线任意位置上的横净距是随行车位置的变化而变化的,如果曲线全长按最大横净距值清除,则会造成工程上的浪费。若需要清除的是重要建筑物或岩石边坡,多采用图解法来确定清除范围。

其方法如下。

①按一定比例绘制弯道平面图,并标示出行车轨迹线位置。

②在轨迹线上从弯道两端相连直线上距曲线起点(或中点)s 的地方开始,按 s 距离定出多组视线 1-1,2-2,3-3,…,10-10。

③绘出这些视线的包络线(内切曲线)即为视距曲线。

④量出相应断面位置的横净距,即可按上面的方法确定相应断面上视距清除范围。必须指出的是,除了在平曲线上考虑视距,在竖曲线上也有保证视距的问题,其保证措施在选择竖曲线半径时考虑。《公路工程技术标准》(JTG B01—2014)对竖曲线最小半径的规定也考虑了视距的保证因素。

2. 横净距计算

平曲线内最大横净距计算分为"不设回旋线"和"设回旋线"两种情况。因篇幅关系,横净距的计算在此不做详细叙述。

3. 横断面视距切除台及交叉口视距保证

(1)横断面视距切除台。

因平曲线内侧及中间带设护栏或其他人工构造物等而不能保证视距时,可加宽中间带、路肩或将构造物后移;当挖方边坡妨碍视线,处于凸形竖曲线或采用停车视距时,则应按净距绘制的包络线予以清除;当采用会车视距时,则应按横净距绘制的包络线开挖视距台。

(2)交叉口视距保证。

为了保证交叉口上的行车安全,驾驶员在进入交叉口前的一段距离内,必须能看清相交道路上车辆的行驶情况,以便能顺利地行驶过交叉口或及时停车,避免发生碰撞,这一距离必须大于或等于停车视距。

由停车视距所组成的三角形称为视距三角形。在视距三角形范围内,不能有任何阻碍驾驶员视线的障碍物。

视距三角形应以最不利的情况来绘制,绘制的方法和步骤如下。

①根据设计速度,确定要求的视距长度。

②根据交叉口的具体情况,找出行车中可能的最危险冲突点。

在十字形交叉口,最危险的冲突点是在最靠右边的第一条直行机动车道的轴线与相交道路最靠中心线的第一条直行车道的轴线所构成的交叉点。

在 Y 形或 T 形交叉口,其最危险的冲突点则是在直行道路最靠右边的第一条直行车道的轴线与相交道路最靠中心线的一条左转车道的轴线所构成的交叉点。

③从最危险的冲突点向后沿行车的轨迹线(可取行车道中心线)分别量取停车视距值。

④连接末端,在三条线所构成的视距范围内,不得有阻碍视距的障碍物存在。

2.3.5 横断面设计

1. 横断面设计的基本要求

横断面设计应使道路横断面布置及几何尺寸满足交通环境、用地经济、城市面貌等要求。路基是支承路面、形成连续行车道的带状土、石结构物,它既要承受路面传来的车辆荷载,又要承受大自然因素的作用。因此,路基横断面设计必须满足以下基本要求。

(1) 路基的结构应根据使用要求和当地自然条件(包括地质、水文和材料情况),并结合施工条件进行设计,既应有足够的强度和稳定性,又要经济合理。

山岭、重丘区的路基设计,应根据当地自然条件,特别是地形及工程地质条件,选择适当的路基横断面形式和边坡坡度。在地形陡峻和不良地质地段,不宜破坏天然植被和山体平衡;在狭窄的河谷地段不宜侵占河床,可视具体情况设置其他结构物和防护工程。陡坡上的半填半挖路基,可根据地形、地质条件,采用护肩、砌石或挡土墙;当山坡高陡或稳定性差,不宜多挖时,可采用旱桥、悬出路台等构造物;在悬崖陡壁地段,如山体岩石整体性好,可采用半山洞。

在平原、微丘地区应注意最小填土高度,并设置必要的排水设施。沿河路基应根据冲刷情况,设置必要的防护措施。

(2) 路基的横断面形式和尺寸应根据道路的等级、设计标准和设计任务书的规定以及道路的使用要求,结合具体的条件确定。一般路基可参照典型横断面设计;特殊路基则应进行单独计算而后设计。

(3) 路基设计应兼顾当地农田基本建设的需要,在取土、弃土、取土坑设置、排水设计等方面与农田改土、农田水利、灌溉沟渠等配合,尽量减少废土占地,防止水土流失和阻塞河道。

2. 道路横断面布置

1)公路横断面布置

公路横断面的布设一般不做单独计算,其断面形式可结合当地地形、地质、水文、填挖等情况进行布置,而路幅的宽度和路幅内各部分尺寸应根据公路等级、交通量、技术标准和具体情况按相关规范的规定进行布置。

选用横断面应注意的问题简述如下。

(1) 一般路堤。它是指填土高度小于 20 m 的路堤。当填土高度小于 0.5 m 时,为满足最小填土高度和路面、路肩及边坡地面排水的需要,应设置边沟;当填土高度大于 2 m 时,可将边沟扩大成取土坑以满足填土需要,但此时为保证边坡的稳定,应在坡脚与取土坑间设置宽度不小于 1 m 的护坡道;当填土高度大于 10 m 时,为保证边坡稳定,应采用折线形边坡。

(2) 挖方路基。它是指挖方深度小于 30 m、一般地质下的路堑。路堑路段均设置边沟;为拦截和排除上侧地面水以保证边坡的稳定,应在坡顶 5 m 处设置截水沟;开挖路堑所废弃的土石方,应弃之于下侧坡顶外并做成规则形状的弃土堆;当挖方高度较大或处于土质变化处,边坡应随之做成折线形或台阶式边坡以保证稳定。

(3)半挖半填路基。它是指一般山坡路段的路基,当地面横坡陡于 1∶5 时(包括一般路堤在内),为保证边坡稳定,应将原地面挖成台阶,台阶的高度应视填料性质和施工方法而定;挖方部分与一般路堑相同。

(4)陡坡路基。它是指山区陡坡路段的路基形式。填土高度虽不大,但地面横坡较陡,坡脚不远且不易填筑时,可采用护肩路基;填土高度较大且难以填筑,或地面横坡太陡以致坡脚落空不能填筑时,可采用砌石路基或挡土墙路基,前者是干砌或浆砌片石,能支持填方的稳定,片石与路基为一个整体,而挡土墙是不依靠路基也能独立稳定的支挡结构物;当挖方坡脚太远,为避免多占用耕地或拆迁其他建筑时,可采用护脚路基;当挖方边坡土质松软易碎落时,可采用矮墙路基;水田地段的路堤,填方坡脚可依据实地情况设置矮墙或护坡,矮墙可用浆砌片石,高度不宜超过 1.5 m;当挖方地质不良可能产生滑塌时,可采用挡土墙路基。

(5)沿河路堤。它是指桥头引道和河滩路堤。路堤浸水部分边坡,除应采用较缓和坡度外,还应视水流情况采用相应的加固保护措施。

(6)吹(填)砂(粉煤灰)路基。为了保护边坡的稳定和有利植物的生长,边坡表层 1～2 m 处应用黏质土填筑,路床顶面可采用 0.3～0.5 m 粗粒土封闭。

2)城市道路横断面布置

(1)布置原则。

①横断面应与路上交通性质与组成协调。

城市道路具有多功能性,但它的主要功能就是要为城市交通创造良好的服务条件。因此,应保证车辆与行人的交通安全和畅通。

②应与道路的性质和特点相配合。

对于不同的道路性质,各自的特点和要求是不一样的。因此,在横断面综合布置上也应有所不同,不同功能的道路应有不同的横断面布置。

③应与沿线自然景观和建筑物相互协调。

对城市的天然湖泊、河流、海面应充分利用,设计风景优美的海滨或湖滨道路,沿线大型建筑物的高度与路宽应有适当的比例,使之协调美观。

④应充分发挥绿化带的作用。

植树造林和布置绿化带最能美化城市,美化街道,同时又能起到保持卫生和安全的作用。它既可与分隔带结合,又可与人行道结合,既可作为不同平面上横断面的衔接部分,又可作为横断面的备用地带。

⑤应有利于排水。

在选择路拱形式和横坡坡度时,应确保雨水(雪化水)的迅速排除,同时,还要注意与街道内部的排水系统相协调。

⑥应满足地上与地下管线的埋设和人防工程的要求。

道路的总宽度应满足地下管线安排,如上海金山纬一路的总宽度 70 m 就是根据管线要求而决定的。

⑦应考虑近、远期结合。

　　城市道路设计中应注意节约工程费用，节省城市用地，各组成部分的布置既要紧凑，又要留有余地。在城市的发展初期，交通量不大，可先开辟公路形式的断面，以后逐步过渡到城市道路形式的断面。为了避免或减少道路构造物的搬迁以及绿化的搬迁，必须处理好近期横断面向远期过渡的问题。

　　常见的横断面都是对称布置的，若受到地形、河流或建筑物等的限制，也可做成不对称布置。在同一道路上，一般采用同一种断面形式。

　　（2）基本布置形式。

　　城市道路交通主要由行人交通和车辆交通两部分组成，在设计中必须合理解决行人与车辆、机动车与非机动车的交通矛盾。通常利用侧平石和绿化带把人行道和车行道布置在不同的位置和高度上，以分隔行人和车辆，保证交通安全。但机动车和非机动车的交通组织是分隔还是混行，应根据道路和交通的具体情况做具体分析；不同的交通组织，它的机动车道和非机动车道在横断面上的布置形式也相应不同。

　　根据机动车道和非机动车道不同的布置形式，城市道路横断面的布置有以下四种基本形式。

　　①单幅路横断面（"一块板"）。

　　单幅路横断面即把所有车辆都组织在同一个车道上混合行驶，车行道布置在道路中。在画有快（机动车）、慢（非机动车）两种车道线的街道上，机动车在快车道上行驶，非机动车在慢车道上行驶，在不影响交通安全的情况下，它们的车道允许相互临时调剂使用，即允许车辆临时超越分道线；在快、慢车道不分的街道上，机动车在中央行驶，非机动车靠右侧行驶；在特殊情况下，也可把单幅路的车行道专供某种车辆行驶。如北京市的王府井大街、上海市的南京路、天津市的和平路等，在规定的时间内限制非机动车和载货汽车行驶，仅允许小型汽车和公共交通车辆通行。

　　②双幅路横断面（"两块板"）。

　　双幅路横断面即利用分隔带（或分隔墩）把单幅路车行道一分为二，在交通组织上起分流渠化作用，分向行驶。在两条对向行驶的车道上，可划分快、慢车道线分流行驶，也可不划分车道线，快、慢车混合行驶。

　　③三幅路横断面（"三块板"）。

　　三幅路横断面即利用分隔带（或分隔墩）把车行道分隔为三幅，中央的为双向行驶机动车车行道，两侧均为单向行驶（彼此方向相反）的非机动车车行道。

　　④四幅路横断面（"四块板"）。

　　四幅路横断面即在三幅路横断面形式的基础上，再用分隔带把中央的机动车行道分隔成两幅，分向行驶。

　　上述四种形式的特点及适用情况分析如下。

　　a.交通安全。三幅路及四幅路比单、双幅路都安全，因为排除了机动车和非机动车的相互干扰，同时分隔带起了保护行人过街安全的作用。但在三、四幅路公交车辆停靠站后上、下车的乘客穿越非机动车道较为不便。单幅式由于机动车和非机动车混合行驶，事故较多，已较少使用。

　　b.行车速度。单、双幅路由于机动车和非机动车的混合行驶、相互干扰，所以车速较低。三、四幅路车速一般较高，而四幅路分隔对向车流，能保证车辆按要求的车速行驶。

　　c.照明。三幅路比单幅路容易布置，能较好地处理绿化与照明的矛盾，且照度均匀，可提高夜间行车速度，并减少因照明不良引起的事故。

d. 绿化遮阴。三幅路设置多排绿化带,遮阴效果好,有利于夏季行车和行人通行。

e. 噪声减少。三幅路的机动车道在中间,两侧绿化带能起到隔声作用,噪声对行人和沿街居民干扰较小。

f. 造价。单幅路占地小、投资少,各类城市道路都可采用。三、四幅路用地多、造价高,但有利于地下管线分期敷设且非机动车道可采用较薄的路面。此外,三幅路便于分期修建,即近期做成单幅式,交通量较大时再扩建为三幅路。

综上所述,可知三幅路优点较多,在具备条件的城市,道路宜优先考虑采用三幅路断面。如北京市道路已采用快慢分行的三幅路断面,提高了通行能力,有利于交通安全和美化城市。

四幅路造价高,一般只是在交通量较大的快速干道或主干道条件允许时才采用。

3. 横断面设计步骤及主要成果

(1) 设计步骤。

道路横断面的布置及几何尺寸,应能满足交通、环境、用地经济、城市面貌等要求,并应保证路基的稳定性。

①点绘各横断面的横向地面线。

②根据《公路工程技术标准》(JTG B01—2014)的规定,确定路基宽度。

a. 按照土质、水文条件拟定路基边坡坡度。

b. 按照排水要求拟定边沟、截水沟等尺寸。

③按弯道半径大小分别拟定超高加宽值。

④根据纵断面设计资料,按设计标高在路基设计表上逐桩进行计算,完成路基设计表。

⑤按路基设计表数据,绘出横断面设计线。陡峻山坡须设挡土墙时,应绘于横断面图上,并将挡土墙设计成果另行绘图。

⑥检查弯道路段横断面内侧视距是否足够,是否需要清除障碍及设置视距台。

横断面的绘制,一般在方格纸上按桩号由上向下绘制,并在每个横断面上注明必要的数据(包括加宽、超高、土石分界等)。

(2) 设计成果。

根据《公路工程基本建设项目设计文件编制办法》(交公路发〔2007〕358 号)规定,公路路基设计的主要成果及要求如下。

①路基设计表。列出平曲线要素、纵坡(坡度、坡长、变坡点桩号及高程)、竖曲线要素、桩号、地面高程、设计高程、填挖高度、路基宽度(原宽、加宽、加宽后总宽)、缓和曲线长度、超高值(左、右)、路基边缘与设计高程之差(左、右)等。边沟(排水沟)需要特殊设计时还应列出沟底纵坡设计资料、形状及尺寸、沟底高程(左、右)。

高速公路、一级公路应列出平曲线要素、纵坡(坡度、坡长变坡点桩号及高程)、竖曲线要素、桩号、地面高程、设计高程、填挖高度、路基宽度(中央分隔带,左、右幅分别按行车带及路缘带、硬路带、土路肩计列)、各点与设计高程之差(左、右幅分别按左侧路缘外缘、硬路肩外缘、土路肩外缘各点填列),并说明加宽、超高情况。

②边沟(排水沟)设计表。列出桩号、地面高程、设计高程,按左、右侧分别列出边沟或排水沟形式及尺寸、沟中心至中桩距离及沟底纵坡(设计资料、沟底高程、说明等)。

③路基标准横断面图。标示出路中心线、行车道、拦水缘石、土路肩、路拱横坡、边坡、护坡道、边沟、碎落石、截水沟、用地界碑等各部分组成及其尺寸、路面宽度和概略厚度。高速公路、一级公路按整体式、分离式路基分别绘制,还应标示出中央分隔带、缘石、左侧路缘带、硬路肩(含右侧路缘带)、护栏、隔离栅、预埋管道等设置的位置。比例尺用 1∶200～1∶100。

④路基一般设计图。绘出一般路堤、路堑、半填半挖路基、高填方路堤、深挖路基、水田内路堤及沿河(江)和水塘(库)等不同形式的代表性路基设计图,并应分别标示出路基、边沟、碎落台、截水沟、护坡道、排水沟、边坡率、护脚墙、护肩、护坡、挡土墙等防护加固结构形式和标注主要尺寸。比例尺用 1∶200。

⑤路基横断面设计图。绘出所有整桩、加桩的横断面图,标示出加宽、超高、边坡、边沟、截水沟、碎落台、护坡道、路侧取土坑、开挖台阶及视距台等,注明用地界限。挡土墙、护面墙、护脚、护肩、护岸、边坡加固、边沟(排水沟)及截水沟加固等均绘在本图上,并注明起讫桩号、圬工种类及断面尺寸(另绘有防护工程设计图的只绘出示意图,注明起讫桩号和设计图编号)。高速公路、一级公路还应标出设计高程、路基边缘高程、边沟(排水沟)底设计高程。比例尺用 1∶200。

⑥超高方式图。分类型绘出超高纵断面、缓和段代表性超高横断面,标注出主要尺寸、超高渐变率、横坡及超高值。

⑦特殊路基设计工程数量表。分别列出软土地基等不良地质和病害地段路基起讫桩号、位置、长度、宽度、地质说明、处理方式或措施、工程及材料数量等。

⑧特殊路基设计图。绘出软土地基等不良地质和病害地段的处理设计图(平面、立面、断面)、加固及构造物等结构设计图,标示出工程地质情况。比例尺用 1∶200～1∶50。列出每延米或每处(段)工程及材料数量表,软土地基处理应列出地基处理、填土、预压设计表。必要时应绘出工程地质平、纵面图,比例尺根据情况确定。

⑨中间带设计图。绘出中央分隔带平面、断面设计图及路缘石大样图,标示出预埋管道及轮廓尺寸等,列出每延米工程及材料数量表。比例尺根据情况确定。

⑩中央分隔带开口设计图。按类型分绘出平面布置图、中央分隔带渐变段断面图、开口处路面结构图、缘石大样图。比例尺用 1∶200～1∶20。列出中央分隔带开口一览表、一个开口工程材料数量表及总数量表。

⑪路基土石方数量表。列出桩号、断面面积、平均断面面积、挖方(总体积、土类、石类)、填方(总体积)、填土及填石(分压实方和自然方)、本桩利用方、余方、欠方、远运利用方、调配示意、运量、借方(分土类、石类、运距、运量)、弃方(土、石、运距、运量)等。

⑫路基每公里土石方数量表。列出起讫桩号、长度、挖方(总体积、土类、石类)、填方(总体积)、填土及填石(分压实方和自然方)、本桩利用方、远运利用方、借方、弃方、总运量、计价土石方总数量。

⑬路基土石方运量统计表。列出起讫桩号、施工方法[人工施工土方、推土机施工土方、铲运机施工土方、挖土机配自卸汽车施工土方、人工施工石方、机械施工石方(人工清运)、机械施工石方(机械清运等)]、数量、平均运距。

⑭取土坑(场)、弃土堆(场)一览表。列出取土或弃土地段起讫桩号、取土或弃土位置(上下路桩号、支线长度、运距)、取土坑(范围、土量、土类最大挖深、可取量、计划用量)、占用土地(永久或临时)、开挖方式及运输条件、弃土堆(土石方数量、运距)、临时工程(便道、便桥等)。

⑮弃土堆(场)设计图。大型取土坑(场)应绘制本图,绘出取土坑(场)或弃土堆(场)平面布置图(标示出地形、地物、道路等,沿线取土坑和弃土堆可绘在路线平面总体设计图上),纵、横断面及排水系统、绿化等设计图,并说明施工注意事项。比例尺根据需要确定。

⑯路基防护工程数量表。列出起讫桩号、工程名称、主要尺寸及说明、单位、数量(左、右)、工程材料数量等(包括挡土墙、护墙、护脚、护肩、边坡加固、驳岸、护岸、防水堤坝等)。

⑰路基防护工程设计图。绘出各项防护工程立面、平面、断面及结构设计图,比例尺用 1∶500 ～1∶50。

(3) 城市道路横断面图绘制。

①绘制各个路段上的远期规划横断面和近期设计横断面图,即远期和近期的标准断面图。一般采用 1∶100 或 1∶200 的比例尺。在图上应绘制红线宽度、车行道、人行道、绿化带、照明、新建或改建的地下管道各组成部分的位置和宽度,以及排水方向、横坡等。

②绘制各个中线桩处的现状横断面图。图中包括横向地形、地物、中心桩地面高程、路基路面、横坡、车行道、人行道、边沟等。一般采用 1∶100 或 1∶200 的比例尺,直接在厘米纸上绘制,横距表示水平距离,纵距表示高程。纵、横坐标通常都采用相同的比例尺,这给绘制横断面图和计算土石方数量带来方便。但在某些情况下,例如横断面很宽,地面又较平坦,若水平距离和高程仍采用相同的比例尺,则显示不出地形的变化。此时,应根据高程的变化的程度,选用不同的横断面图纵、横坐标比例尺,以能显示出地形的起伏变化为原则。先在厘米纸上定出中心线的位置,然后用点标定中心桩的地面高程和中心桩左右各地形的高程,连接各点即得现状横断面的地面线,注明桩号和高程。在一张厘米纸上可以绘制若干个地面,一般是依桩号为序自上而下或自左而右地布置。

③最后在绘制的各个桩号的现状横断面图上,点出中心线的设计标高,以相同的比例尺,把设计横断面图(即标准横断面图)画上去。土石方工程的计算和施工放样,就是以此图作为依据,故称为施工横断面图。

2.3.6　路基土石方计算与调配

路基土石方工程是公路工程的主体工程之一,在公路工程量中占有很大比重。土石方工程数量也是公路方案评价和比选的主要技术经济指标之一。

土石方计算与调配的主要任务是计算路基土石方工程数量,合理地进行土石方调配,并计算土石方的运量,为编制公路概(预)算、公路施工组织、施工计量支付提供依据。

1. 基本公式

路基土石方计算工作量较大,加之路基填挖变化的不规则性,要精确计算土石方体积是十分困难的。在工程中通常采用近似计算的方法。

假定两相邻断面为一棱柱体,按平均断面法计算,其公式见式(2.97):

$$V = \frac{1}{2}(A_1 + A_2)L \tag{2.97}$$

式中:A_1、A_2——两相邻断面的断面面积(m^2);

L——两相邻断面的间距,即两相邻断面的桩号差(m)。

平均断面法计算简便、实用,是公路工程上目前常采用的方法。但其精度较差,该法只有当两相邻

断面面积相差不大时才较准确。当相差较大时,用棱台体公式则更为接近,其公式见式(2.98):

$$V = \frac{1}{3}(A_1 + A_2)L\left(1 + \frac{\sqrt{m}}{1+m}\right) \tag{2.98}$$

式中:m——两相邻断面面积之比,$m = \frac{A_1}{A_2}$,其中 $A_2 > A_1$。

由式(2.98)可知,当 $A_1 = A_2$ 时,$V = \frac{1}{2}(A_1 + A_2)L$;若 $A_1 = 0$,则 $V = \frac{1}{3}A_2L$。

2. 断面面积计算

路基横断面面积为不规则的几何图形,计算方法有积距法、几何图形法、坐标法、方格法等多种方法。一般常用积距法和坐标法。

(1)积距法。

积距法的原理是:设单位宽度为 b,把断面面积切割成若干梯形与三角形条块,则每一小块面积为其平均高度 h_i 与 b 的乘积,即 $A_1 = bh_1$,$A_2 = bh_2$,$\cdots$,$A_n = bh_n$。

总面积为式(2.99):

$$A = A_1 + A_2 + \cdots + A_n = bh_1 + bh_2 + \cdots + bh_n = b\sum_{i=1}^{n} h_i \tag{2.99}$$

通常横断面图都是绘在方格厘米纸上的,可以直接用厘米格子来划分横断面。平均高度总和 $\sum_{i=1}^{n} h_i$ 用卡规法或用纸条法来求积距。其中纸条法多适用于求最大面积的积距。

(2)坐标法。

由解析几何公式很容易推出面积计算公式,如式(2.100)所示:

$$A = \frac{1}{2}\sum_{i=1}^{n}(x_i y_{i+1} - x_{i+1} y_i) \tag{2.100}$$

式中:x、y——设计线和地面线围成面积的各折点的坐标(m)。

坐标法计算面积精度较高,但方法较烦琐,适用于计算机计算。路基土石方多采用表格计算。

3. 土石方调配

土石方调配是指路基挖方合理移用填筑路基,以及适当地布置取土坑及弃土堆的土石方调运量计算的工作。通过土石方调配,合理地解决各种路段土石方平衡与利用问题,达到填土有所"用",挖方有所"用",避免不必要的路外借土和弃土,尽量减少占用耕地。

(1)调配要求。

①土石方调配应按先横向后纵向的次序进行。横向调运是指将本桩位内的挖方直接横向调运至本桩填方,达到横向平衡。纵向调运则是将本桩多余的外方(称"挖余")纵向运至其他桩号填筑或将其他桩号的挖余土石方运至本桩不足的填方(称"填缺")进行填筑。由于横向调运就近填挖,运量小,先横向后纵向调运可减少总的运输量。

②纵向调运的最远距离一般应小于经济运距。路基填方的土石方来源,一是路上的纵向调运,二是就近在路基外借土。一般情况下,距离较近时纵向调运是比较经济的,但是如果调运的距离过长,以至于运价超过了在附近借土的费用,则纵向移挖作填就不如借方经济了。因此,是"调"还是"借"有一个限度问题,按费用经济计算的纵向调运的最大限度距离称为经济运距,计算公式见式(2.101):

$$L_i = \frac{C}{C'} + L_m \tag{2.101}$$

式中：L_i——经济运距；

C——借方单价(元)；

C'——远运运费单价(元)；

L_m——免费运距(m)。

根据定额规定土石方作业包括挖、装、运、卸四项工序,在规定的距离内(一般人工运输为 20 m,轻轨运输为 50 m,汽车运输为 1000 m)只按方量计价,不另计运费,这一规定不单独计价的基本运距叫免费运距。在纵向调运计算运距时应扣除免费运距。

在调运时,应综合考虑不同的施工方法、运输条件、施工机械化程度及地形情况,选择合理的经济运距。在取土和弃土不受限制的路段,纵向调运运距应小于经济运距。

③土石方调运的方向应考虑桥涵位置和路线纵坡对施工运输的影响。一般情况下,不跨越深沟和少做上坡调运。

④借方、弃土方应与借方还田、整地建田相结合。尽量少占田地,减少对农业的影响。对于取土和弃土地点应事先同地方商量。

⑤不同性质的土方分别调运。调运时可以以石代土,但不可以以土代石,以保证路基填方的质量。调运时还要注意与人工构造物材料结合起来。

⑥回头曲线路段的土石调运,要优先考虑上、下线的竖向调运。

(2)调配方法。

土石调配应明确填挖情况、桥涵位置、纵坡、附近地形、施工方法及可借方和弃方的地点等。

调配可在土石方数量表上进行。首先进行横向调配,满足本桩号利用方的需要,然后计算挖余和填缺的数量。

根据挖余和填缺分布情况,可以大致看出调运的方向和数量,结合纵坡情况和经济运距对利用方进行纵向调配,而后填方若有不足或挖方未尽利用,再选定借土或弃土的合适地点,确定借方或弃方数量。调配一般在本公里范围内进行,必要时也可跨公里调配,但应将数量和方向分别注明。

调配的结果标示于土石方数量表上,并可按式(2.102)~式(2.104)复核：

$$横向调运＋纵向调运＋借方＝填方 \tag{2.102}$$
$$横向调运＋纵向调运＋弃方＝挖方 \tag{2.103}$$
$$挖方＋借方＝填方＋弃方 \tag{2.104}$$

最后计算得计价土石方数量,即式(2.105)：

$$计价土石方数量＝挖方数量＋借方数量 \tag{2.105}$$

2.4 道路交叉设计

2.4.1 概述

1. 道路交叉

道路交叉是不同方向的两条或多条路线(包括道路、铁路、机耕道等各种交通线路)相交或相连的地点,有的路线要通过或跨越交叉,从而形成相交点;而有的路线到达交叉处就终止,从而形成相连点。交叉是道路的一个重要组成部分,它严重地影响到道路的使用效率、交通安全、行车车速、运营费用和通行能力。每条道路各个方向的交通车辆到达交叉处后,有的要直行通过,而有的则要改变行车方向(左转或右转),车辆之间相互干扰很大。因此,如何减少交叉行车的相互干扰,保证车辆快速、顺畅、安全地通过是道路交叉规划设计的根本任务。

把汽车作为一个质点,汽车行驶时所行走的轨迹称为交通流线(又称为行车路线)。在十字交叉口入口处,每一交通流线都将分为直行、左转和右转三个方向,在交叉口出口处,直行、左转和右转三个方向的交通流线将汇合成一条交通流线。交通流线相互交错的点位称为危险点,按照交通流线的不同形式,危险点又分为分流点(又称分岔点)、合流点(又称汇合点)和冲突点(又称交叉点)。

分流点是指一条交通流线分为不同方向的两条或多条交通流线的地点,通常产生于交叉口的入口处。合流点是指来自不同方向的交通流线以较小的角度向同一方向汇合行驶的地点,通常产生于交叉口的出口处。冲突点是指来自不同方向的交通流线以较大角度相互交叉的地点,通常产生于交叉口内。

无交通管制时,三路、四路和五路相交平面交叉口的危险点数量见表 2.31。

表 2.31　平面交叉口危险点数量

交叉口类型	合流点/个	分流点/个	冲突点/个	总数/个
三路交叉口	3	3	3	9
四路交叉口	8	8	16	32
五路交叉口	15	15	50	80

从表 2.31 中,不难发现如下结论。

(1)危险点的数量随相交道路条数的增加而显著增加,其中增加最快的是冲突点。因此,在规划和设计交叉口时,应力求减少相交道路的条数,尽量避免五条或五条以上道路相交,使交通简化。

(2)产生冲突点最多的是左转弯车辆。四路交叉口若没有左转车流,则冲突点可由 16 个减至 4个,而五路交叉口则从 50 个减至 5 个。因此,在交叉口设计中正确地处理和组织左转弯车辆,是保证交叉口交通畅通和安全的关键所在。

三类危险点都存在相互尾撞、挤撞或碰撞的可能性,是影响交叉口行车速度、通行能力和发生交通事故的主要原因。其中,以直行与直行、左转与左转以及直行与左转车辆之间所产生的冲突点,对交通的干扰和行车的安全影响最大,其次是合流点与分流点。因此,在交叉口设计时,应尽量采取措施减少冲突点和合流点,尤其要减少或消灭冲突点,可以采取的措施主要有以下几种。

(1)实行交通管制。在交叉口设置交通信号灯或由交通警察指挥,使发生冲突的车流从通行时间上错开。如四路交叉口实行交通管制后,冲突点可由 16 个减至 2 个,分、合流点可由 8 个减至 4 个。若在此基础上禁止车流左转可完全消灭冲突点。

(2)采用渠化交通。在交叉口内合理布置交通岛、交通标志和标线或增设车道等,引导各方向车流沿一定路径行驶,减少车辆之间的相互干扰,如环形平面交叉可消灭冲突点。

(3)修建立体交叉。将相互冲突的车流从通行空间上分开,使其各行其道,互不干扰。这是解决交叉口交通问题最彻底的办法。

总之,在道路网中,由于各种道路纵横交错,必然会形成很多交叉口,交叉口是道路系统的重要组成部分,是道路交通的咽喉。相交道路的各种车辆和行人都要在交叉口汇集、通过和转换方向。因此,道路网畅通与否,很大程度上取决于交叉口交通问题处理的好坏。车辆在一条道路上行驶,在交叉口上产生的延误约占全程行车时间的 31%。而交叉口交通拥挤严重时会波及路段和整个路网系统,从而引起严重的延误,易发生交通事故,同时,引发了比路段更严重的噪声、废气污染、能源浪费等问题。因此,正确设计交叉口、合理组织交通,对提高交叉口的通行能力、避免交通阻塞、减少交通事故都具有重要意义。

2. 车道数的确定

交叉口各进口道的车道数是确保交叉口通行能力的主要因素,应根据交通控制方法、交通量、车道的通行能力及交叉处用地条件等决定。在城市道路上,还应考虑大量非机动车交通存在的需要。

在选定交叉口形式的基础上,根据所预测的设计年限的高峰小时交通量和不同行驶方向的交通组成,进行交通组织设计,由此初步定出车道数。按照所确定的交通组织设计方案,对初定的车道数进行通行能力验算,如通行能力总和小于高峰小时交通量的要求,则必须增加车道重新验算,直到满足交通量的要求为止。

由于受信号控制的影响,在相同车道数下交叉口车道的通行能力总是比路段上小,因此交叉口的车道数应不少于路段上的车道数。为了充分发挥整条道路的通行能力,交叉口的设计通行能力应与路段通行能力相适应,一般情况下,交叉口的车道数宜比路段上多设置一条。

常用的交通组织方法如下。

(1) 设置专用车道。

组织不同行驶方向的车辆在各自的车道上分道行驶,互不干扰。根据行车道宽度和左、直、右行车辆的交通量大小可以做出多种组合的车道划分。某转向交通实际车道数应根据交通量来确定:

① 当左、直、右方向车辆组成均匀时,各设置一条专用车道;

② 当直行车辆很多且左、右转也有一定数量时,设置两条直行车道和左、右转各一条车道;

③ 当左转车多而右转车少时,设置一条左转车道,直行和右转车共用一条车道;

④ 当左转车少而右转车多时,设置一条右转车道,直行和左转车共用一条车道;

⑤ 当左、右转车辆都较少时,分别与直行车合用车道;

⑥ 当行车道宽度较窄时,不设置专用车道,只画快、慢车分道线;

⑦ 当行车道宽度很窄时,快、慢车也不划分。

(2) 左转弯车辆的交通组织。

如前所述,左转弯车辆是引起交叉口车流冲突的主要原因,合理地组织左转弯车辆的交通,是保证交通安全、提高交叉口通行能力的有效方法。左转弯车辆交通组织方法可以采用以下几种形式。

① 设置左转专用车道。左转车辆在交叉口等候通过时,为了避免影响其后直行和右转车辆的通过,在行车道内紧靠中线画出一条车道供左转车辆专用,设置专用左转车道后,左转车辆须在左转专用车道上等候和行驶。

② 实行交通管制。通过信号灯控制或交通警手势指挥,在规定时间内不准左转。

③ 变左转为右转。a. 环形交通:在交叉口中央设置交通岛,利用环道组织逆时针单向交通,变左转为右转,使冲突车流变为分流与合流。b. 绕街坊变左转为右转:使左转车辆环绕邻近街坊道路右转行驶实现左转。这种方法绕街坊行程增加很多,通常仅用于左转车辆所占比例不大,街坊较规整,旧城道路

扩宽困难,或在桥头引道坡度大的十字形交叉口,为防止车辆高速下坡时直角转弯发生事故而采用。
c.绕远左转:利用中间带开口绕行实现左转。

（3）组织渠化交通。

在车道上画线,或用绿化带和交通岛来分隔车流及行人和非机动车,使各种不同类型和不同速度的车辆沿规定的方向互不干扰地行驶,这种交通组织称为渠化交通。

渠化交通在一定条件下可以有效地提高道路的通行能力,减少交通事故。它对解决畸形交叉口的交通问题尤为有效。

渠化交通设计时,应充分考虑交叉口所具备的交通、几何及物理条件,渠化原则如下:

①交叉口供分流行驶的车道数,应根据路口流量、流向确定;

②交通岛的位置和形状应充分考虑车流特点进行设置;

③交叉口用于渠化的分隔带和交通标线应与路段上的相应设施衔接协调。

（4）调整交通组织。

当旧城道路改建、扩建困难时,从整个城市道路网及交通需求考虑,可以采取改变交通路线、限制车辆行驶、控制行驶方向、组织单向交通、适当封闭一些主要干道上的支路、简化交叉口交通等措施,提高整个道路网的通行能力。

（5）实行信号管制。

采用单点控制、线控、面控等自动控制的交通信号指挥系统,在时间上分离不同方向的车流,提高行车速度和通行能力。

2.4.2 平面交叉设计

（1）设计要求。

交叉口设计的基本要求有两个方面:一是保证相交道路上所有车辆与行人的交通畅通与安全,交叉口的通行能力满足各条道路的行车要求;二是在满足行车稳定的前提下,保证交叉口范围内的地面水迅速排除。

（2）设计内容。

①平面设计。正确选择交叉口的形式,确定各组成部分的几何尺寸(包括车行道宽度、缘石转弯半径、绿带、交通岛等)。

②立面设计。交叉口的立面设计和雨水口、排水管道的布置。

③合理布置各种交通设施。包括交通信号标志、人行横道线、照明、停车位置等。

1. 道路平面交叉口类型

平面交叉是相交道路在同一平面上相交的地方,一般不用于高速公路。平面交叉形式多样,运用灵活。根据平面交叉的几何形状,常见的平面交叉口可以分为十字形交叉口、T形交叉口、Y形交叉口、X形交叉口、错位交叉口、复合式交叉口。

（1）十字形交叉口是指两条道路以90°交角垂直相交的形式。它是平面交叉中用得最多的一种形式,具有形式简单、交通组织方便、适用范围广、外形整洁、行车视线好等特点。

（2）T形交叉口一般用于主要道路与次要道路的交叉,或用于一条尽头式道路与另一条道路搭接。

（3）Y形交叉口通常用于道路的合流或分流处。

（4）X 形交叉口是两条道路以非 90°交角斜交的形式。平面交叉路线应为直线并尽量正交；当必须斜交时，交角应大于 45°，这主要是考虑交角如果太小，则增加交叉口的面积，导致行车视线不良，出现斜方向的对向行车，对交通安全及交通组织都不利；同时，交叉口面积增大，会增加车辆通过时间而降低通行能力。

（5）错位交叉口相邻两 T 形或 Y 形交叉口，相隔很近，形成错位的交叉形式。

（6）复合式交叉口是指五条或五条以上道路相交的交叉口形式。

同时，根据交叉口的交通组织形式和交通特性，平面交叉口又分为以下几种形式。

（1）加铺转角式。

加铺转角式是用适当半径的圆曲线将相交道路的路基、路面直接相连的平面交叉形式。此类交叉口具有形式简单、占地少、造价低、设计方便、通行能力小等特点，适用于交通量小、车速低、转弯车辆少的三、四级公路或地方公路。若交角不大，也可以用于转弯交通量较小的主要道路与次要道路的交叉。设计的关键是确定合适的加铺转角半径，以满足行车和通视的要求。

（2）扩宽路口式。

扩宽路口式是为保证转弯车辆不影响其他车辆的正常行驶，在交叉口连接处增设变速车道和转弯车道的平面交叉形式。此类交叉口可减少转弯交通对直行交通的干扰，具有车速较高、交通事故少、通行能力大等优点，但其占地多、投资大，适用于交通量较大、转弯车辆较多的二级公路和城市主干道。设计的关键是确定扩宽车道数以满足交通量要求。

（3）分道转弯式。

分道转弯式是通过设置交通岛、划分车道等措施，使单向右转或双向左、右转车流以较大的半径分道行驶的平面交叉形式。由于此类交叉口转弯车辆分道行驶，因此其行车速度和通行能力都较高。其适用于车速较高、转弯车辆较多的一般道路。设计的关键是确定较大的转弯半径，并设置合理的交通导流岛。

（4）环形交叉。

环形交叉是在中央设置中心岛，用环道组织渠化交通，使进入环道的所有车辆一律按逆时针方向绕岛单向行驶，直至所要去的路口离岛驶出的平面交叉形式，俗称转盘。环形交叉适用于交通量适中，转弯车辆较多且地形较平坦时的 3～5 路交叉。设计时，主要解决中心岛的形状和半径、环道的布置和宽度、交织段长度、交织角、进出口曲线半径、入口车道数和视距要求等问题。

2. 平面交叉口类型的选择

交叉口形式的选择涉及的因素较多，如交叉口现状、交通量及交通组成、地形地物和道路用地等，应根据具体情况进行具体分析，做出不同设计方案加以比较，择优选用。选择和改建交叉口的形式，应有利于减少或消除冲突点以及提高交叉口通行能力。

（1）交叉口形式选择的要求。

①既占地面积小，又能安全迅速地通过最大交通量。

②平面形式、断面组成应符合道路等级、交通量的要求。

③交叉口立面设计既能满足排水、管线的要求，又与周围地形环境相适应。

④具有合理的交通管理、导流及防护安全等措施。

（2）交叉口形式的选择和改建的原则。

①形式要尽量简单,应避免锐角相交,尽量采用正交十字形交叉或 T 形交叉:a. 适当改线,改 X 形交叉口为十字形交叉口;b. 改斜交为双 T 形错位交叉口。

②尽量使相邻交叉口之间的道路直通,对于斜交的平面交叉口,宜做部分改进和优化:a. 改小交角为大交角(尽可能改为正交);b. 改 Y 形交叉口为 T 形交叉口。

③主次分明,主流交通的道路线形应尽量顺直,任何一侧不宜有两条以上路段与之交会。例如,当交叉口的主流交通为左、右转弯时,此时其一侧有两条路线与之交会,这样,会影响主流方向的交通安全和通行能力。为此,可以把主流交通的转弯半径加大,待两条支路会合后,再与主流路线形成 T 形交叉。

④应尽量避免近距离的错位交叉。当相邻的两个 T 形交叉口(错位交叉)之间的距离很短时,由于交织段长度很短,将导致进出错位交叉口的车辆不能顺利行驶,阻碍主干道上的直行交通,这时可把相邻的两个交叉口合二为一。

⑤畸形和多条道路($n>4$)的交叉,应尽量避免或予以简化:a. 设置中心岛,简化交通流;b. 封路改道,把多路交叉或畸形交叉改为正交。

3. 平面交叉口立面设计

(1) 交叉口立面设计的要求。

交叉口立面设计的目的,是要满足相交道路之间,以及交叉口和周围建筑物之间在立面位置上的行车、排水和建筑艺术三个方面的要求。设计要求包括以下几点:

①使相交的道路在交叉口内有一个平顺的共同面,便于车辆和行人通行;

②使交叉口范围内的地面水能迅速排除;

③使车行道和人行道的各点标高可以与建筑物的地面标高相协调而具有良好的空间观感。

(2) 交叉口立面设计的一般原则。

交叉口的立面设计,在很大程度上取决于相交道路的等级、交通量、横断面形状、纵坡的方向和大小以及当地的地形情况。设计时,首先应照顾主要道路上的行车方便,在不影响主要道路行车方便的前提下,也应适当改变主要道路的纵横坡,以照顾次要道路的行车方便。交叉口立面设计的一般原则如下。

①主、次道路相交,主要道路的纵坡、横坡一般均保持不变(非机动车道纵坡、横坡可变),次要道路的纵坡、横坡可适当改变。

②同级道路相交,纵坡一般不变,横坡可变。

③路口设计纵坡不宜太大,一般不大于 2%,在困难情况下,不大于 3%。

④交叉口立面设计标高应与四周建筑物地表标高相协调。

⑤为了保证交叉口排水流畅,设计时至少应有一条道路的纵坡背向交叉口。如遇困难地形,如交叉口设在盆形的地形,所有道路纵坡都向着交叉口,必须预先考虑修筑地下排水管道和设置进水口。

⑥合理确定变坡点和布置雨水口。在交叉口布置进水口,应不使地面水流过交叉口的人行横道,也不应使地面水在交叉口内积水或流入另一条道路。为此,进水口应设置在交叉口人行横道的前面、能截住来水的地方和立面设计的低洼处。

(3) 交叉口立面设计的方法与步骤。

交叉口立面设计的方法有方格网法、设计等高线法以及方格网设计等高线法三种。方格网法是在交叉口范围内以相交道路中心线为坐标基线打方格网,测出方格点上的地面标高,求出其设计标高,并标出相应的施工高度;设计等高线法是在交叉口范围内选定路脊线和划分标高计算线网,并计算其上各点的设计标高,勾绘交叉口设计等高线,最后标出各点施工高度。比较上述两种方法可见,设计等高线法比方格网法更能清晰地反映出交叉口的立面设计形状,但等高线上的标高点在施工放样时不如方格网法方便。为此,通常把以上两种方法结合使用,称为方格网设计等高线法。它可以取长补短,既能直观地看出交叉口的立面形状,又能满足施工放样方便的要求。下面以方格网设计等高线法为例,介绍交叉口立面设计的方法和步骤。在实际工作中,若采用方格网法,则不需要勾绘设计等高线;而采用设计等高线法时,可以不打方格,加注一些特征点的设计标高即可。

①收集资料。

a.测量资料,包括交叉口的控制标高和控制坐标,收集或实测 1∶500 或 1∶200 地形图,详细标注附近地坪及建筑物的标高。

b.道路资料,包括相交道路的等级、宽度、半径、纵坡、横坡等平纵横设计和规划资料。

c.交通资料,包括交通量及交通组成(直行、左转、右转的比例)资料。

d.排水资料,包括已建或拟建地上、地下排水管渠的位置和尺寸。

②绘出交叉口平面图。

交叉口平面图包括路中心线、车行道的宽度、缘石半径和方格线。

③确定交叉口的设计范围。

交叉口的设计范围一般为缘石半径的切点以外 5~10 m(即相当一个方格)。这是考虑到自双向横坡逐渐过渡到单向横坡所需要的一定距离,并应与相交道路的路面标高完全衔接。

④确定立面设计的图式。

根据相交道路的等级、纵坡方向、地形和排水的要求,确定采用的立面设计等高线形式,并根据纵坡的大小和精度要求,选定相邻等高线的高差 Δh,一般为 0.02~0.10 m,取偶数便于计算。

⑤确定路段上的设计标高。

确定路段上的设计标高(通常用设计等高线表示),如图 2.16 所示。图中,i_1、i_3 分别为车行道中心线和街沟线的设计纵坡(通常情况下 $i_1 = i_3$)(%);i_2 为车行道的设计横坡(%);B 为车行道宽度(m);h_1 为车行道路拱的拱高(m)。

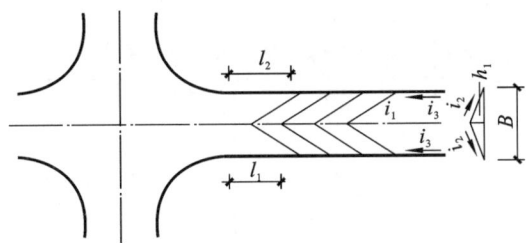

图 2.16　路段上设计等高线的绘制

首先,在车行道中心线上,根据设计纵坡定出某一整数的设计标高位置,并选定相邻等高线的高差 Δh,然后算出车行道中心线相邻等高线的水平间距 $l_1 = \Delta h / i_1$,根据 l_1 即可定出车行道中心线上其余的等高线位置。

其次,定出等高线在街沟线上的位置。由于行车道横坡的影响,等高线在街沟线上的位置向纵坡的上方偏移了一水平距离 l_2，根据 l_2 即可定出车行道街沟线上其余的等高线位置。计算见式(2.106)：

$$l_2 = \frac{h_1}{i_3} = \frac{B}{2} \cdot \frac{i_2}{i_3} \tag{2.106}$$

式中：以图2.16展示公式变量含义。

求出 l_1 和 l_2 的位置后，连接同一等高线上的各点，即得到以设计等高线表示的道路路段立面设计图。路面为抛物线形路拱，路段上的设计等高线均可以用折线，如图2.16所示。

⑥确定交叉口上的设计标高。

a.选定交叉口范围内合适的路脊线和控制标高。所谓路脊线是路拱顶点(分水点)的连线。路脊线位置的选定，将直接影响交叉口上的排水、行车和立面观瞻。所以，要做好立面设计，首先要选好路脊线的位置。一般路中心线即为其路脊线。在斜交的丁字形交叉口上，当斜交的偏角过大时，其路中心线就不宜作为路脊线。路脊线应调整成对向车辆行驶轨迹的分界线。

交叉口的控制标高应根据相交道路的纵坡、交叉口四周地形、路面厚度和建筑物的布置等综合考虑确定。在确定相交道路中心线交点的控制标高时，应尽量使交叉口处相交道路的纵坡大致相等，有利于立面设计的处理。

b.确定标高计算线网并计算标高计算线上各点的设计标高。只有路脊线上的设计标高，还不能足够反映交叉口设计范围内的立面设计形状，必须计算出路脊线以外各点的设计标高。平面交叉口立面设计的关键问题是选择合适的路脊线和标高计算线网。

标高计算线网是立面设计中计算交叉口范围内各点标高必不可少的辅助线。标高计算线网的确定可以采用方格网法、圆心法、等分法和平行线法。在这四种方法中，推荐采用方格网法。方格网法的计算过程如下。

在交叉口平面图上，平行于道路中心线画出 5 m×5 m 或 10 m×10 m 的方格网线，如图2.17所示，在遇到特殊情况时，方格网的大小也可酌情增减。方格网法适宜用在道路正交的交叉口。

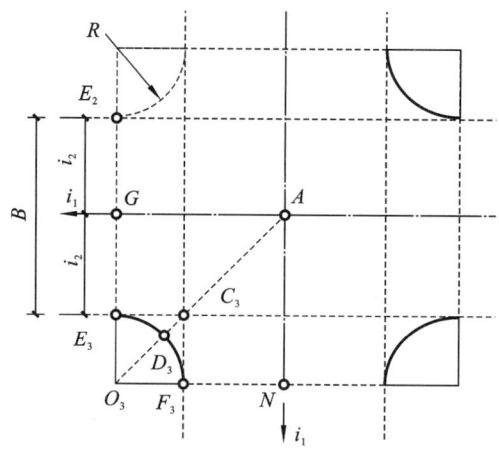

图2.17 方格网法设计标高的计算图式

根据路脊线交点 A 的控制标高 h_A 可以逐一求出以下各点的设计标高。

缘石半径切点横断面上的三点标高计算见式(2.107)和式(2.108)：

$$h_G = h_A - \overline{AG} \cdot i_1 \tag{2.107}$$

$$h_{E_3}(h_{E_2}) = h_G - \frac{B}{2} \cdot i_2 \tag{2.108}$$

同理,可求得 N、F_3 等点的标高。

根据以上已求得 A、E_3、F_3 点的控制标高,可算出交叉口范围内的标高点。

缘石延长线交点 C_3 的标高:分别按 F_3、E_3 算出 C_3 点的标高,如两者不相等,则取其平均值,即式(2.109):

$$h_{C_3} = \frac{(h_{E_3} + R \cdot i_1) + (h_{F_3} + R \cdot i_1)}{2} \tag{2.109}$$

连接 AO_3,与缘石曲线相交于 D_3,则 D_3 点的标高为式(2.110):

$$h_{D_3} = h_A - \frac{h_A - h_{C_3}}{\overline{AC_3}} \overline{AD_3} \tag{2.110}$$

式中:以图 2.17 展示公式变量含义。

根据求得的 E_3、F_3、D_3 各点标高,在缘石曲线 E_3F_3 和路脊线 AG、AN 上,用补插法求出所需要的等高点。同理,可以求得 4 个角的等高点。

⑦勾画交叉口上的设计等高线。

参照已知的立面设计图式和形状,把各等高点连接起来,即得初步的以设计等高线表示的交叉口立面设计图。

⑧调整标高。

按照行车平顺和排水迅速的要求,调整等高线的疏密和均匀变化,调整个别不合理的标高,补设进水口。检查方法:使用大三角板或直尺沿行车、横断面或任一方向,检查设计等高线分布是否合理,以判别纵坡、横坡和合成坡度是否满足行车和排水要求;最后再检查街沟线的纵坡能否顺利排水,以及进水口的布置是否合理。

⑨计算施工高度。

根据等高线的标高,用补插法求出方格点上的设计标高,最后可以求出施工高度(即设计标高减去地面标高),以符合施工要求。

2.4.3　立体交叉设计

道路立体交叉是指两条或多条路线(道路与道路、道路与铁路、道路与其他交通线路)用跨线桥、隧道或地道在不同水平面上相互交叉的连接方式。立体交叉是高速公路和城市快速路必不可少的组成部分;在交叉处设置跨线结构物(路线桥、隧道或地道),使不同的交通流在平面和空间上分隔,同时,用专门设置的交换车道(匝道)进行联系,从而使各路的交通流互不干扰,避免冲突点,保证交通流安全、迅速地通过交叉口或方便地完成转向运行,从根本上解决了道路交叉口的交通问题。它具有行车速度快、通行能力大、相互干扰小等优点。立体交叉适用于行车速度高和交通量大的道路主干线上的路线交叉。

1. 立体交叉的组成

一个完整的全互通式立体交叉由主体和附属设施两大部分组成。

(1)主体。

立交的主体是指直接提供车辆的直行、转向行驶的组成部分,包括跨越设施、主线、匝道三个部分。

①跨越设施。

跨越设施是立交实现交通流线空间分离的主体构造物。立体交叉主线之间的相互跨越方式可分为上跨式和下穿式。上跨式采用桥跨结构跨越;下穿式采用隧道或地道的方式跨越。跨越设施是立交的重要组成部分,其工程量可以占立交全部工程量的 $50\% \sim 70\%$。

②主线。

主线又称为正线,是指相交道路的直行车道。两条相交主线,在空间分离时又有上跨和下穿之分。上跨的正线从立交桥到两端主线起点的路段叫作引道;下穿的正线从立交桥下到两端主线的降坡点路段叫作坡道。引道和坡道使相交的路线与跨越设施连接而实现空间的分离。

③匝道。

匝道为不同水平面相交道路的转弯车辆转向使用的连接道。匝道使空间上分离的主线连接起来,形成互通式结构。根据功能的不同,匝道可分为左转匝道、右转匝道和左右转共行匝道。匝道的转弯半径是决定互通式立交形式、占地、造价及规模的主导因素,并直接影响到立交的使用功能。

(2)附属设施。

附属设施包括出口与入口、辅助车道、三角区等部分。

①出口与入口。

出口与入口是主线与匝道的结合部位。由主线驶出进入匝道的路口称为出口;由匝道驶入主线的路口称为入口。

②辅助车道。

辅助车道是指在交叉口分合流处,用作停车、减速、转弯、转弯储备、交织、车道数平衡、载重汽车爬坡,以及其他辅助直行交通运行的所有车道的总称。

③三角区。

在立交范围内,匝道与主线之间或匝道与匝道之间的旷地统称为立交三角区。三角区是立交绿化和美化布置、照明及交通设施等的用地。三角区的布置是立交规划设计的重要内容之一。

2. 立体交叉的分类

立体交叉形式多样,根据不同的分类方式可以分为各种不同的类型。

①按照立交的外形可以分为喇叭形立交、苜蓿叶形立交、叶形立交、环形立交、菱形立交等。

②按照交通功能可以分为分离式立交、部分互通式立交和完全互通式立交。

a.分离式立交:相交道路完全空间分离,彼此间无匝道连接,车辆不能相互转换的立交形式。此类立交结构简单,占地少,造价低,但相交道路的车辆不能转弯行驶。其适用于高速道路与铁路或次要道路之间的交叉。

b.部分互通式立交:只允许部分方向上的车辆转换运行的立交。当个别方向的交通量很小或分期修建,高速道路与次要道路相交或存在用地和地形等限制时可以采用这种类型的立交。

c.完全互通式立交:所有方向上的车辆均能相互转换运行的立交。它是一种比较完善的高级形式,匝道数与转弯方向数相等,各转向都有专用匝道,适用于高速道路之间及高速道路与其他高等级道路相交。

③按相交道路的跨越方式可以分为上跨式立交和下穿式立交。

a. 上跨式立交:用跨线桥从相交道路上方跨过的交叉方式。这种立交施工方便,造价较低,排水易处理,但占地大,引道较长,高架桥影响视线和市容并且不利于非机动车辆的行驶。

b. 下穿式立交:用地道(或隧道)从相交道路下方穿过的交叉方式。这种立交占地较少,立面易处理,对视线和市容影响小,但施工工期较长,造价较高,排水困难,养护和管理所需的费用多。

3. 立体交叉设置条件

立体交叉占地面积大、工程造价高、施工复杂、不易改造,因此,立交的设置应根据规划,经过技术、经济和环境效益的比较和分析,详细论证后确定。一般来说,在下列情况下应采用立体交叉。

(1) 高速公路与城市各级道路交叉时,必须采用立体交叉。

(2) 快速路与快速路交叉,必须采用立体交叉;快速路与主干路交叉,应采用立体交叉。

(3) 城市道路交叉口,当不修建立体交叉就无法改善交叉口及其相连道路的交通现状时,需采用立体交叉。城市交叉口交通量很大,当经常发生拥挤、阻塞、排队现象时,应考虑采用立体交叉。《公路路线设计规范》(JTG D20—2017)规定,主干路与主干路相交的路口,当进入路口的交通量超过 6000 辆/h (当量小客车),相交道路为四车道以上,且对平面交叉口采取改善措施、调整交通组织均难收效时,可以设置立体交叉。

(4) 城市主干路跨河桥梁的两端,可以根据需要扩建桥梁边孔,修建主干路与滨河路的立体交叉。

(5) 铁路与道路相交满足以下条件时,需采用立体交叉:①高速公路(或一级公路)、铁路交叉,必须设置立体交叉;②高速铁路或路段旅客列车设计行车速度为 140 km/h 的铁路与公路交叉,必须设置立体交叉;③铁路、二级公路交叉时,必须设置立体交叉;④路段旅客列车设计行车速度为 120 km/h 的铁路、公路交叉时,必须设置立体交叉;⑤由于铁路调车作业对公路上行驶的车辆会造成较严重延误时,必须设置立体交叉;⑥受地形等条件限制,采用平面交叉会危及行车安全时,必须设置立体交叉;⑦城市主干路、次主干路与铁路交叉,在道路高峰时间内,经常发生一次封闭时间超过 15 min 时须设置立体交叉。

4. 立交规划设计的内容与原则

(1) 立交规划设计的内容。

立交规划设计范围广、内容多,它包括多层次、多方面的设计内容,按照立交设计的阶段不同可以分为以下几项。

①立交规划。

立交规划主要内容有立交设置与否;位置确定;间距;设置数目;立交规模;立交分类及分级;初步确定立交类型和立交设置原则及依据等方面的研究;规划工作。立交规划是立交设计的前期工作,其目的是为下一阶段的方案设计或初步设计提供依据。

②方案设计。

方案设计是指在立交设计前进行的总体安排和布局的工作。其核心是类型选择。其主要内容有立交的形式和类型选择;方案拟定与比选;方案的推荐与确定;立交的总体布局;工程估算等方面。其目的是通过方案设计最终为初步设计和施工图设计提供适用、可行、合理、经济、美观的最优的立交方案。

③初步设计。

初步设计是在规划设计和方案设计的基础上,对立体交叉进行的进一步深化设计的工作。其内容包括立交的定位、方案的确定、初步测量、初步设计图表编制、设计概算编制等工作。初步设计成果是上报立项、审批的重要资料,批准后的初步设计是下一步施工图设计的依据。

④施工图设计。

施工图设计是以提交详细的施工图为目的的详细设计工作。其内容包括详细测量、施工图表的编制和施工图预算的编制等工作。批准后的施工图设计是工程招投标和具体施工的基本依据。

另外,立交规划设计按照设计内容还可以分为立交总体设计、立交平面设计、立交纵断面设计、立交横断面设计、桥跨设计、其他附属工程设计等方面。

(2)立交规划设计的原则。

设计时,除应遵循道路设计的一般原则外,考虑到立交工程是一项综合性的,涉及道路路线、桥梁、路基、路面以及各种交通设施的复杂工程,还应遵循以下原则。

①功能性原则:

a.确保行车安全,减少交叉口交通事故;

b.车辆行驶快速、顺畅,路线短捷,使交叉口耽误时间尽可能缩短;

c.行车方向明确;

d.主次分明,首先确保主线的交通;

e.通行能力大,能满足远景设计年限的交通量要求。

②经济性原则:

a.投资少,工程费用节省;

b.少拆迁,少占地;

c.运营费以及车辆行驶的油耗、轮耗、车损最小;

d.养护和管理费用最小。

③适应性原则:

a.因地制宜,立交应与自然环境、社会及经济条件相适应;

b.立交应与其所在的路网中的作用及地位相适应;

c.立交应与其周围的土地利用及经济发展相适应;

d.立交规划应与区域规划相适应。

④艺术性原则:

a.立交的造型和结构,要保证其自身的建筑艺术性和完美性,并具有独特的艺术风格;

b.要注意与自然景物相协调,达到与外界相融洽的自然美;

c.立交的建设不能对区域的自然景观产生破坏或削弱作用。

5. 立体交叉线形设计

立体交叉线形设计的技术要求如下。

(1)立体交叉的计算行车速度规定。

①立体交叉直行方向和定向方向计算行车速度。分离式、苜蓿叶形、环形立体交叉的直行方向和定向式立体交叉的定向方向的计算行车速度应采用与路段相应等级道路的计算行车速度。在菱形立体交叉中,通过其平面交叉直行车流的计算行车速度应采用与路段相应等级道路的计算行车速度的70%。

②匝道计算行车速度。匝道的计算行车速度通常取道路计算行车速度的50%～70%,以便使车辆适应匝道的行车条件。

③环形立体交叉环道的计算行车速度。环形立体交叉环道的计算行车速度一般采用 25～35 km/h。

（2）立体交叉的间距。

①互通式立体交叉在城市道路中，两个相邻立体交叉之间的最小净距应符合表 2.32 的规定。

表 2.32　互通式立体交叉最小净距

干道计算行车速度/(km/h)	80	60	50	40
最小净距/m	1000	900	800	700

②互通式立体交叉在高速公路上，两个相邻交叉口之间的最小净距应大于 4 km。

（3）立体交叉道路的横断面设计。

立体交叉道路横断面形式和组成部分宽度，应根据道路的规划、等级、交通量、机动车与非机动车所占比重和交通组织方式等要求决定。为确保立体交叉上高速行驶的车辆安全，直行道路应设置中央分隔带，所以通常采用双幅路和四幅路的横断面形式。双幅路型用于机动车和非机动车分层行驶的立体交叉，机动车道一般设 4 条或 6 条车道，每条车道宽度采用 3.75 m，中央分隔带宽度为 0.5～2 m，安全距离为 0.5～1.5 m。四幅路型用于机动车和非机动车在同一层行驶的立体交叉。

（4）立体交叉的纵断面设计。

立体交叉中主线的纵坡，直接影响到主体交叉的工程规模和行车安全，所以，设计纵坡应尽可能平缓一些。立体交叉引道和匝道的最大纵坡应采用相应的规定值。机动车与非机动车在同一坡道上行驶时，最大纵坡按非机动车行道的有关规定处理。立体交叉范围内的回头曲线的纵坡宜小于或等于 2%。

立体交叉范围内竖曲线设计，其半径和最小长度应按照道路纵断面设计的有关规定执行。非机动车道凸形或凹形竖曲线的最小半径为 500 m。

立体交叉范围内的视距应符合行车视距要求。

6. 匝道设计

（1）匝道端部的设计。

匝道端部为匝道与干道相连接的部分，包括变速车道、锥形车道、分叉点交通岛等。匝道端部设计是立体交叉几何构造很重要的一部分，它与立体交叉的交通运行有着密切的关系，设计中应予以重视。

①匝道口的设计：匝道口的设计具体分为匝道出口和进口的布置、分流点和合流点交通岛的布置、匝道端部出口或入口横断面的布置。

②匝道口的净距：立体交叉范围内相邻匝道口之间的最小净距应符合相关规范的规定。

③变速车道：变速车道包括加速车道和减速车道。变速车道的布置分为直接式变速车道和平行式变速车道两种形式。直接式变速车道适用于立交直行方向交通量较少时；直行方式交通量较大时则采用平行式变速车道。变速车道与干线正常路段应设置一定的过渡段来衔接。

（2）匝道的"平、纵、横"设计。

①匝道的平面线形。匝道的半径是匝道平面设计的依据，它也将影响立交规模的大小，城市道路立体交叉中匝道半径取决于立交所在位置的地形和地物。为了不扩大拆迁范围和增加占地，半径不宜过大，但半径过小也会影响立交的使用效果。

匝道曲线超高一般规定:单向匝道超高横坡为 2%～4%,最大不得超过 6%。

城市立体交叉的匝道曲线加宽,一般结合平面几何设计用路缘石曲线接顺,所以,未设置超高的平曲线路段可以不设置缓和曲线。

②匝道的纵断面设计。由于上下道路高差较大,匝道的纵坡也较大,一般可取 4%;匝道与主干道连接处匝道的端部应设置小于 2% 的缓坡段,缓坡长度应大于缓坡与陡坡之间设置竖曲线的切线长度。单向匝道的纵坡可以大于双向匝道,上坡匝道的纵坡可以比下坡的稍大。匝道弯道的最大纵坡应符合合成坡度的规定。

③匝道的横断面设计。匝道宜设计为单向行驶,若采用双向行驶,则应设置分隔带(交通量较小时,也可以用路面画线分隔)。单向行驶的匝道路面宽度不得小于 7 m,若为机、非混行则不宜小于 12 m,而且弯道处应加宽。城市立交匝道上的人行道宽度不小于 3 m。

2.5　道路选线与定线

2.5.1　道路选线

选线是根据路线基本走向和技术标准,结合地形、地质条件,考虑安全、环保、土地利用和施工条件,以及经济等因素,通过全面比较,选定路线中线的全过程。选线是道路建设的基础工作,它面对的是一个十分复杂的自然环境和社会经济条件,需要综合考虑多方面因素。为了保证选线和勘测设计质量,降低工程造价,必须全面考虑,由粗到细,由轮廓到具体,逐步深入,分阶段、分步骤分析比较,进行多方案比选,才能定出合理的路线。

下面内容主要适用于公路设计,城市道路路线则主要取决于城市道路网和红线规划。

1. 平原区选线

(1) 平原区路线特点。

平原地区地形平坦,坡度平缓,除草原、戈壁外,一般人烟稠密,农业发达。村镇、农田、河流、湖泊、水塘、沼泽、盐渍土等为平原地区较常遇到的自然障碍。因此,平原地区选线的主要特征是克服平面障碍。

平原地区地形对路线的限制不大,路线的基本线形应是短捷顺直。两控制点之间,如无地物、地质等障碍和应迁就的风景、文物及居民点等,则两点间直接连线是最理想的。而在一般地区,农田密布,灌溉渠道网纵横交错,城镇、工业区较多,居民点也较稠密。按照公路的使用任务和性质,有的需要靠近,有的需要绕避,从而产生了路线的转折,虽增加了距离,但这是必要的。因此,平原区选线方法是:先把路线总方向内所规定经过的地点如城市、工厂、农场和乡镇以及文物风景地点作为大控制点;然后在大控制点之间进行实地勘察,了解农田优劣及地物分布情况,确定可穿越、该绕避、应迁就的点,从而建立起一系列中间控制点。路线一般应由一个控制点直达另一个控制点,不做任意的扭曲。

平原区路线要充分考虑近期和远期相结合,在平、纵面线形上要尽量采用较高标准,以便将来提高道路等级时能充分利用原路基、桥涵等工程。

(2) 平原区路线选线要点。

综合平原地区的特点,选线要点如下。

①正确处理道路与农业的关系。

平原区农田成片,渠道纵横交错,选线应从支援农业着眼,处理好以下几个问题。

a.平原区新建道路要占用一些农田,这是不可避免的,但要尽量做到少占和不占高产田。布线要从路线的地位、支农运输、地形条件、工程数量、运营费用等方面全面分析比较,既不片面求直,占用大片良田,也不片面强调不占某块田,使路线弯曲,造成行车条件恶化。

b.路线应与农田水利建设相配合,有利农田灌溉,尽可能少与灌溉渠道相交,把路线布置在渠道上方非灌溉的一侧或渠道尾部。当路线走向与渠道方向基本一致时,可沿渠(河)堤布线,堤路结合,桥闸结合,以减少占田和便利灌溉。路线必须跨水塘时,可考虑设在水塘的一侧,并拓宽水塘取土填筑路堤,使水塘面积不致缩小。

c.当路线靠近河边低洼的村庄或田地通过时,应争取靠河岸布线,利用道路的防护措施,兼作护村保田之用。

②合理考虑路线与城镇的联系。

平原区有较多的城镇村庄、工业及其他设施,选线应以绕避为主,尽量不破坏或少破坏,并采用较高的技术指标通过。在避让局部障碍时,要注意线形的连续顺畅。

a.国防公路和等级较高的公路,应尽量避免穿越城镇、工矿区及较密集的居民点。但又要考虑到便利支农运输、便利群众、便利与工矿的联系,路线不宜离开太远,必要时还可修建支线联系,做到"靠村不进村,利民不扰民",既方便运输又保证安全。

b.一般沟通县、乡、村直接为农业运输服务的公路,经地方同意也可穿越城镇,但应有足够的路基宽度和行车视距,以保证行人、行车的安全。

c.路线应尽量避开重要的电力、电信设施。当必须靠近或穿越时,应保持足够的距离和净空,尽量不拆或少拆各种电力、电信设施。

③处理好路线与桥位的关系。

a.特大桥是路线基本走向的控制点,大桥原则上应服从路线总方向并满足桥头接线的要求,桥路综合考虑。一般情况下,桥位中线应尽可能与洪水的主流流向正交,桥梁和引道最好都在直线上。位于直线上的桥梁,如两端引道必须设置曲线,首先应考虑桥梁及其引道的位置对线形设计的影响,要使桥梁与线形的配合视野开阔,视线诱导良好。当条件受限制时,也可设置斜桥或曲线桥。要防止两种倾向:一种是只强调桥位,造成路线过多地迂绕,或过分强调正交桥位,出现桥头急弯影响行车安全;另一种只顾线形顺直,不顾桥位,造成桥位不合适或斜交交角过大,增加建桥难度。

b.中、小桥和涵洞位置应服从路线走向,但遇到斜交交角过大(一般在桥轴线与洪水流向的夹角小于 45°时)或河沟过于弯曲的情况,可采取改河措施或改移路线,调整桥轴线与流向的夹角,以免过分增加施工难度和加大工程投资,选线时应全面比较确定。

c.路线通过洪泛区时,对桥涵、路基应根据水文资料留有足够的孔跨和高度,以免造成洪水淹没村庄和农田。如有条件,路线应位于洪水泛滥线以外。

d.路线跨河修建渡口时,应在路线走向基本确定后选择渡口位置。渡口要避开浅滩、暗礁等不良地段,两岸地形应适宜修建码头。

④注意土壤水文条件。

平原地区的土壤水文条件较差,特别是河网湖区,地势低平,地下水位高,影响路基稳定,因此,应尽可能沿接近分水岭的地势较高处布线。当路线遇到面积较大的湖塘、泥沼和洼地时,一般应绕避;当需要穿越时,应选择最窄、最浅和基底坡面较平缓的地方通过,并采取有效措施,保证路基的稳定。

⑤正确处理新、旧路的关系。

平原地区通常有较宽的人行大路或等级不高的公路,当设计交通量很大,需要新建公路时,应分别视情况处理好新、旧路的关系。等级较低的公路应尽量利用旧路。

⑥尽量靠近建筑材料产地。

平原地区一般缺乏砂石建筑材料,路线应尽可能靠近建筑材料产地,以减少施工、养护材料运输费用。

2. 山岭区选线

山岭地区,山高谷深,坡陡流急,地形复杂;但山脉水系清晰,为山区选线指明了方向,不是顺山沿水,就是横越山岭。路线按行经地带的部位可分为沿河(溪)线、越岭线、山坡线、山脊线等。因所处的部位不同,地形特征、地质条件决定了选线过程中要解决的主要问题也不同。因沿河(溪)线、越岭线、山脊线的大部分路线都处于山坡,已涉及山坡线的内容,下面只叙述沿河(溪)线、越岭线、山脊线三种路线的选线布局。

1)沿河(溪)线

沿河(溪)线是沿河(溪)走向布设的路线。

山区河流,谷底一般不宽,两岸台地宽窄不一,谷坡时缓时陡,间或为浅滩和悬崖峭壁。河流多呈弯曲状,凹岸较陡而凸岸较缓,如沿一侧而行,陡岸缓岸相间出现。两岸均为陡崖处为峡谷,开阔处常有较宽台地,多是山区仅有的良好耕地。

河谷地质情况复杂,常有滑坡、岩堆、泥石流等病害存在。寒冷地区的峡谷因日照少,常有积雪、雪崩和涎流冰等现象。

山区河流,平时流量不大,但一遇暴雨,山洪暴发,洪流常夹带泥沙、砾石、树木等急速下泄,冲刷河岸,毁坏桥涵,淹没田园,危害甚大。

上述自然条件给选线工作造成一些困难,但和山区其他线形相比,沿河(溪)线具有路线走向明确,平、纵线形指标高,联系居民点多,便于为工农业生产服务,建筑材料来源方便,水源充足,便于施工、养护,工程造价低等优点。只要善于利用有利地形,克服不良地质、水文等不利因素,山区选线应优先考虑沿河(溪)线。利用山区河谷选线,需处理好如下几方面的问题。

(1) 路线布局。

沿河(溪)线的路线布局,主要解决河岸选择、高度选择和桥位选择三个问题。这三个问题往往是互相联系和互相影响的,选线时要抓主要矛盾,结合路线性质、等级标准,合理解决。

①河岸选择。

因河谷两岸条件各有利弊,选线时应充分调查,掌握路线所经地区的自然特征和村镇分布情况,充分利用有利一岸,必要时跨河换岸,绕避艰巨工程或利用地形提高线形标准,这是河岸选择的基本原则。河岸选择一般应结合下列主要因素经过技术经济比较来决定。

a.地形、地质和水文条件。这是影响河岸选择的主要因素,要深入调查,摸清其特点和规律。路线应选在地形宽坦,有台地可利用,支沟较少、较小,地质条件良好,不易被水流冲刷或冲刷较轻的一岸。需要展线时,应选在支沟较大、利于展线的一岸。有利的条件常交错出现在两岸,选线时应深入调查,综合比较,全面考虑,决定取舍。对区域性地质构造、滑坡、岩堆、崩塌、泥石流、岩溶等严重不良地质地段,应认真调查其特征、范围及对路线的影响。当不易处理时,应跨河绕避。

b.积雪和冰冻地区的选岸。积雪和冰冻地区的阳坡和阴坡,迎风面和背风面的气候差异很大,在不影响路线整体布局的前提下,尽可能地选择阳坡和迎风的一岸,以减少积雪、涎流冰等危害。有时即使阳坡工程量大些,也应从保证行车安全考虑,选择阳坡方案。

c.考虑居民点分布、城乡建设、工农业发展,并与其他交通、水利设施相配合。除国防公路、高速公路、一级公路外,路线一般应尽可能选择在村镇较多、人口较密、有工矿企业的一岸,以方便群众,有时为避免大量拆迁和妨碍城镇发展,也可跨河绕避,选线时应根据具体情况进行比选。

根据两岸农田分布,尽量少占农田。在少占农田和选择有利地形有矛盾时,要深入调查,征求地方意见,综合比选,慎重取舍。

当公路与铁路频繁干扰,应根据具体情况,考虑分设两岸。

河谷中遇有灌溉干渠与路线平行时,公路最好位于干渠上方,并离开适当距离,以免互相干扰。当不易处理,且两岸地形、地质类似时,宜使公路与干渠各走一岸。

②高度选择。

沿河线按路线高度与设计洪水位的关系,有低线和高线两种。

低线是指高出设计水位(包括浪高加安全高度)不多,路基临水一侧边坡常受洪水威胁的路线。低线的优点是平、纵面线形比较顺直、平缓,易争取到较高标准;土石方数量较小,边坡低,易稳定;路线活动范围较大,便于利用有利地形和避让不良地形、地质;跨支流方便,必须跨越主流时也易处理。缺点是受洪水威胁,防护工程较多。

高线是指高出设计水位较多,基本不受洪水威胁的路线,一般多用在利用大段较高台地,或傍山临河低线易被积雪掩埋以及为避让艰巨工程而提高线位等情况。它的优点是不受洪水侵袭,废方较易处理。但由于高线一般位于山坡上,路线必然随山势弯曲,线形差,工程大;遇缺口时,常需设置较高的挡土墙或其他构造物;避让不良地质和路线跨河换岸困难。

沿河(溪)线的线位高低,是根据两岸地形、地质条件以及水文情况,结合路线等级和工程经济选定。沿河线的路肩设计高程既要保证路肩高出规定洪水频率的设计水位,又要避免路线高悬于山坡之上。路线一般以低线位为主,但必须做好洪水位的调查,以保证路基稳定和安全。在安全的前提下做到"宁低勿高"。

为做好高度选择,需全面掌握河谷特征,统筹规划纵断面设计。

a.坡度受限地段应根据路线纵坡,尽量利用支沟和其他有利地形、地质条件适当展线。一般"晚展不如早展",应使路线高度尽早降低至河谷台地上,以便利用下游平缓河段,减少路基、桥隧工程量,也利于跨河换岸。

b.自由坡度地段可结合地形、水文及工程的需要,使路线适当起伏。路基最低高程应在设计洪水位以上,但不宜过高,以减少桥涵工程量,便于河岸选择。

③桥位选择。

按路线与河流的关系,有跨支流和跨主流两类桥位。跨支流桥位选择,一般属于局部方案问题,而跨主流桥位选择多属于路线布局的问题。跨主流桥位常是决定路线走向的控制点,应与河岸选择同时考虑。当路线因地形、地质需换岸布线时,若桥位选择不当,会造成桥头线形差或增大桥梁工程。因此,在选择河岸的同时,应处理好桥位及桥头路线的布设问题。

路线跨越主河,因路线与河流接近平行,桥头布线一般比较困难。在选择桥位时应处理好桥位与路线的关系。

a. 在"S"形河段腰部跨河,以争取桥轴线与河流成较大交角。

b. 在河湾附近跨河,应注意河湾水流对桥的影响,应采取防护措施。

c. 顺直河段跨河,应处理好桥头引道线形。桥头曲线要争取较大半径,以利行车。

路线跨支流的桥位,有支河(沟)口直跨和绕进支沟上游跨越两种方案,应根据路线等级和桥位处的地质、地形条件,经过技术经济比较确定。

(2) 几种河谷地形条件下的选线。

① 开阔河谷。

这种河谷谷底地形简单、平缓,河岸与山坡之间有较宽的台地,且多为农田和居民点,其路线有如下三种走法。

a. 沿河岸,纵坡均匀平缓,线形好,临河一侧受洪水威胁,须做防护工程,可采用。

b. 靠山脚,路线略有增长,纵面有起伏,但不占或少占良田,可采用。

c. 直穿田,线形标准高,但占田最多,在稻田地区,为使路基稳定,有时还需换土。除高速公路和一级公路外,一般不宜采用。

② 山嘴或河湾。

路线遇到山嘴时,有以下两种布线方式。

a. 沿山嘴自然地形绕行。因线路展长,在纵坡受限地段利于争取高度(隧道情况除外),但易受不良地质的危害和河流冲刷,路线安全条件较差。

b. 以路堑或隧道取直通过。路线短而顺直,安全条件较好,但隧道较长时,工程费较大,应全面分析,综合比选。一般当取直方案与绕行方案工程量相差较小时,宜采用取直方案。

路线遇到河湾时,有沿河绕行、建桥跨河和改移河道三种方案。沿河绕行方案,路线迂回,岸坡陡峭,水流冲刷严重,路基防护工程大,路线安全条件差;建桥跨河和改移河道方案,裁弯取直,路线短,安全条件好。无论改移河道或建桥跨河方案,均应根据地形、地质、水文条件,结合农田水利建设一并考虑。

对个别有宽河滩的大河湾,为了提高路线标准,可在河滩布线。只要处理得当,还可起护田、造田的作用,但要注意路基防护和加固,防止水流对路基的冲刷破坏。

对个别突出的山咀,可用切咀填弯的办法处理,设线时应注意纵向填挖平衡,防止大量废方弃置于河滩,堵塞河道。

另外,遇山嘴或河湾地形时是采用绕行还是取直方案,应与道路等级结合考虑。等级较高的道路宜取直以争取较好的线形,等级较低的道路采用何种方案应根据技术和经济条件比较确定。

③ 陡崖峭壁河段。

山区河谷常有陡崖峭壁出现,两岸都是陡崖峭壁的河段为峡谷。峡谷一般河床狭窄,水流湍急。路线通过这种地段可采用绕避和穿过两种方案。具体应根据峡谷的水文、地质条件和道路等级、技术标准、工程量大小、施工条件等因素通过比较确定。

对低等级道路,绕避的方法有两种:一是翻上峡谷陡崖顶部选择有利地带通过,崖顶应有可供布线的合适地形;二是另找越岭路线,附近应有基本符合路线走向的低垭口。两种绕避方法的共同点是纵断面上而复下,需要有适合布设过渡段的地形。过渡段的纵坡应缓于该路等级所允许的最大纵坡,高差越大,过渡段越长。因此,崖顶过高,不宜翻崖顶绕避;若峡谷不长,除特别困难外,两种绕避方法均不宜采用,可考虑直穿方案。但当峡谷较长,且地形困难,工程艰巨,有条件绕避时,应予考虑。对等级较高道路,线形指标较高,路线的位置可与向山体内移建隧道或向外移设桥的方案进行比选。

直穿陡崖峭壁河段和峡谷的路线,其平、纵面受岸壁形状和洪水位限制,活动范围不大。路线一般以低线为宜,如洪水位过高或有严重积雪,不宜采用。

直穿峡谷的路线,可根据河床宽窄、水文状况、岸壁陡缓等采用以下方法通过。

a. 与河争路侵占部分河床。当河床较宽、水流不深,压缩部分河床不致引起洪水位抬高过多时,路线可在崖脚按低线通过。根据河床可压缩的程度,有以下两种情况。

河床较宽,压缩后洪水位抬高不多,路基可全部或大部分设在紧靠崖脚的水中或滩地上,借石或少开石崖填筑,路基临水一侧应设防护工程。

河床狭窄,压缩后使洪水位有较大抬高时,采取筑路与治河相结合的办法。路基也可部分占用河床,"开""砌"结合,以砌为主。开的是对岸突出的山嘴,砌的材料主要取自清理河床的漂石及削除对岸突出山嘴的石料,使路基占用河床的泄水面积能从清理河床中得到补偿。

b. 硬开石壁。当两岸峭壁逼近,河床很窄,不能容纳并行的河与路时,可硬开石壁通过。

在石壁上硬开路基,开采的废方应妥善处理,尽量就近利用,考虑散失在河中的废方对水位的影响,应适当提高线位或清除河道。

岸壁石质良好,可开凿半隧道,以减少石方和废方。

对个别缺口或不够宽的路可用半边桥或悬出路台处理。

当两岸石壁很近,不宜硬开路基时,可建顺水桥通过。

④河床纵坡陡峻的河段。

在急流、跌水河段,河床纵向在短距离内突然下落几米至几十米,形成急流或跌水。路线由急流、跌水的上游延伸到其下游时,线位高出谷底很多,为尽快降低线位,避免走陡峻的山坡线,可利用急流、跌水下游的支沟或平缓山坡展线下降。

河床纵向连续陡峻的河段,多出现在山区河流的上游,是沿溪线和越岭线之间的过渡段。越到河床上游,纵坡越陡,当纵坡陡到路线技术标准不允许时,需要进行展线,选线要点详见"2)越岭线"。

2)越岭线

越岭线是指翻越山岭布设的路线。其特点是须克服很大高差,路线长度和平面位置主要取决于路线纵坡的安排。在越岭线选线中,须以安排路线纵坡为主导,处理好平面和横断面的布设。

越岭线选线主要解决垭口选择、过岭标高选择和垭口两侧路线展线三个问题。它们是相互联系、相互影响的,布局时应结合水文及地质条件,处理好三者的关系。对海拔较高、气候恶劣、雾雪天气频繁的越岭线,应结合道路的使用任务及功能,要求常年保持畅通的干线道路,应与在雪线以下或气候较好地段,以隧道方案通过进行比较。高速公路、一级公路因纵坡控制较严,要求路线短捷,必须根据地形、地质及气候条件,对越岭隧道与越岭展线进行详细的技术、经济比较。

(1)垭口选择。

垭口是山脊上呈马鞍状的明显下凹地形。垭口是体现越岭线方案的主要控制点,应在基本符合路线走向的较大范围内选择,全面考虑垭口的位置、标高、地质条件和展线条件等。一般应选择基本符合路线走向、标高较低、地质条件较好、两侧山坡利于展线的垭口。

①垭口位置选择。

垭口位置在基本符合路线走向的前提下,与两侧山坡展线方案结合考虑。先考虑高差较小,且展线降坡后能与山下控制点顺直连接,不无效延长路线。再考虑稍微偏离路线方向,但接线较顺,且不过于增长里程的其他垭口。

②垭口标高选择。

垭口海拔高低及其与山下控制点的高差,对路线长短、工程量大小和运营条件影响较大。在高寒地区,特别是积雪、结冰地区,海拔高的路线对行车不利。有时为走低垭口,即使方向有些偏离,距离有些绕远,也应注意比较。但如积雪、结冰不太严重,对基本符合路线走向、展线条件较好、接线方向较顺、地质条件较好的垭口,即使稍高,也不应放弃。

③垭口展线条件选择。

山坡线是越岭线的主要组成部分。山坡坡面的曲折程度、横坡陡缓、地质好坏等条件,与线形指标和工程量大小有直接关系。因此,选择垭口必须结合山坡展线条件一起考虑。如有地质较好、地形平缓、利于展线降坡的山坡,即使垭口位置略偏或较高,也应比较。

④垭口地质条件选择。

垭口一般地质构造薄弱,常有不良地质存在,应深入调查地层构造,查清其性质和对路线的影响。对软弱层型、构造型和松软土侵蚀型的垭口,只要注意岩层产状及水的影响,路线通过一般问题不大。对断层破碎带型及断层陷落型垭口,一般应尽量避开;必须通过时,应查清破碎带的大小及程度,选择有利部位通过,并采取工程措施(如设置挡土墙、明峒)保证路基稳定。对地质条件差的垭口,局部移动路线或采取工程措施亦不能保证安全时,应予放弃。

(2)过岭标高选择。

路线过岭可采用路堑或隧道通过。过岭标高越低,路线越短,但路堑或隧道就越深、越长,工程量也就越大。因此,过岭标高应结合路线等级、垭口地形、地质以及两侧展线方案、过岭方式等因素经技术经济比较选定,这些因素互相影响,应全面分析各种可能的比较方案,作出合理的选择。过岭方式主要有以下几种。

①浅挖低填。

对宽而缓的垭口,有的达到数千米,偶有沼泽出现,宜采用浅挖低填的方式过岭,过岭标高基本是垭口标高。

②深挖垭口。

当垭口比较瘦薄时,常用深挖的方式过岭。深挖垭口,虽土石方工程较集中,但因降低了过岭标高,缩短了展线长度,总工程量不一定增加。即使有所增加,也可从改善行车条件、节约运营费中得到补偿。对垭口挖深,应视地形、地质、气候条件以及展线对垭口标高的要求等因素确定。地质条件良好时,一般挖深在30 m以内。垭口越瘦薄,越宜深挖。

过岭标高是越岭线布局的重要控制因素,不同的过岭标高有不同的展线方案。

深挖垭口工程量集中,要处理大量废方,施工条件差,影响施工期限,运营期边坡病害较多,稳定性差,这些都应在选定过岭标高时充分考虑。

③隧道穿越。

当垭口挖深在 30 m 以上时,应与隧道方案进行技术经济比较。垭口瘦薄时,采用隧道能降低路线高度,缩短里程,提高线形指标,减轻积雪、结冰影响。

一般来说,隧道标高越低,路线越短,技术指标越高,运营也越有利。但标高低,隧道就长,造价就高,工期也长。因此,隧道标高的选定应根据越岭地段的地质条件,以临界标高作为参考依据。临界标高是隧道造价和路线造价总和最小的过岭标高。设计标高如高于临界标高,则路线展长费用将多于隧道缩短的费用;设计标高如低于临界标高,则隧道加长费用将多于路线缩短费用。设计标高降低,可节约运营费用,对于交通量大的路线应作为重点考虑的因素。

隧道标高的选定除经济因素外,还应考虑以下因素。

a.地质和水文地质条件是标高选择的重要因素,尽可能将隧道设在较好的地层中。

b.隧道标高应设在常年冰冻线和常年积雪线以下,以保证施工和行车安全。

c.隧道长度要考虑施工期限和施工技术条件等。

d.在不过多增加工程造价的情况下,要适当考虑远期发展,尽可能将隧道标高降低一些。

（3）垭口两侧路线展线。

展线是为了使山岭区路线纵坡能符合技术标准,利用地形延伸路线长度以克服高差的布线方法。

①展线布局。

越岭线的高程主要是通过垭口两侧山坡上的展线来克服的,路线布局应以纵坡为主导。越岭线利用有利地形、地质,避让不良地形、地质,是通过合理调整纵坡和设置必要的回头曲线实现的,而回头曲线的布置也要根据纵坡选定。只有符合纵坡标准的路线方案,才能成立。因此,展线布局必须从纵坡的安排开始,其工作步骤如下。

a.拟定路线大致走法。在视察或踏勘阶段确定的主要控制点间,进行广泛勘察,调查周围地形及地质情况,以带角手水准粗略勘定纵坡作为指引,利用有利地形、地质,拟定路线大致走法。

b.试坡布线。试坡的目的是进一步落实初拟路线走法的可能性;发现和加密中间控制点,发现局部比较方案,拟定路线布局。

试坡由已定的控制点开始,通常先固定垭口,由上而下,视野开阔,便于利用有利地形。试坡选用的平均纵坡应根据标准确定,地形曲折、小半径曲线多的地段可略低于规定值。在试坡过程中,遇到必须避让的地物、工程艰巨与地质不良地段,以及拟用作回头的地点,应将路线最适宜通过的位置暂作为中间控制点。若适宜位置与试坡线接近,并与前面一个暂定控制点间的纵坡不超过最大纵坡或过于平缓,记录该点大致里程、高程及可活动范围,供调整落实时参考。若该点与试坡线的高差较大,则应返回重新试坡,或修改前面暂定控制点,确认合适后再向前试坡。如经修改后的路线纵断面或路线行经位置不尽合理,应另寻比较线。这是通过试坡发现控制点和局部比较线的大致过程。

主要控制点间可能有几个方案,经比选后保留一两个较好的方案,进行下一步工作。

c.分析、落实控制点,决定布局方案。控制点有固定和活动之分:第一种是位置和高程都不能改变,如工程特别艰巨地点的路线和某些受限制很严的回头地点,必须利用的桥梁,必须通过的街道等;第二种是位置固定,高程可以活动,如垭口、重要桥位等;第三种是位置、高程都可活动,如侧沟展线的跨沟地点,宽阔平缓山坡的回头地点等。

第一种情况较少,第二、三种情况居多,多数控制点是有活动余地的,但活动范围大小不一。对活动范围小的控制点,可视为固定控制点,将位置、高程确定后,再研究固定控制点之间活动范围较大的控制点,通过适当调整,满足线形和工程经济要求。

活动控制点的调整,有以下两种做法:活动性较大的回头地点,可从前、后两个固定控制点以适当纵坡分别放坡交会得出;两固定控制点间的非回头活控制点,在其可活动范围内调整,以使固定控制点间纵坡尽量均匀。

②展线方式。

越岭线的展线方式主要有自然展线、回头展线、螺旋展线三种。

a.自然展线。自然展线是以适当的纵坡,顺着自然地形,绕山咀、侧沟来延展距离,克服高差的布线方式。自然展线的优点是方向符合路线基本走向,行程与升降统一,路线最短。与回头展线相比,自然展线线形简单,技术指标一般较高,特别是路线不重叠,对行车、施工、养护均有利。如路线所经地带地质稳定,无割裂地形阻碍,布线应尽可能采用自然展线。缺点是避让艰巨工程或不良地质的自由度不大,只有调整纵坡这一途径。如遇到高崖、深谷或大面积地质病害很难避开时,就不得不采取其他展线方式。

b.回头展线。回头展线是路线沿山坡一侧延展,选择合适地点,用回头曲线作方向相反的回头后再回到该山坡的布线方式。

当控制点间高差大,靠自然展线无法取得需要的距离以克服高差,或因地形、地质条件限制,不宜采用自然展线时,路线可利用有利地形设置回头曲线。

回头展线的优点是便于利用有利地形,避让不良地形、地质和难点工程。其缺点是在同一坡面上、下线重叠,尤其靠近回头曲线前后的上、下线相距很近,对行车、施工、养护都不利,因此,不得已时方可采用这种展线方式。

回头地点与回头曲线工程量和使用质量关系较大,应慎重选择。回头曲线的形状取决于回头地点的地形,一般利用以下三种地形设置:直径较大、横坡较缓、相邻有较低鞍部的山包或平坦的山脊;地质、水文地质良好的平缓山坡;地形开阔、横坡较缓的山沟或山坳。

为消除或减轻回头展线对行车、施工、养护的不利影响,要尽量将回头曲线间的距离拉长,以分散回头曲线、减少回头个数。回头展线对不良地形、地质的避让有较大自由度,但不应遇到难点工程,不分困难大小和能否克服就轻易回头,致使路线在小范围内重叠盘绕。对障碍应具体分析,当突破一点而有利于全局时,应设法突破。

c.螺旋展线。螺旋展线是当路线受到限制,需要在某处集中提高或降低某一高度才能充分利用前后有利地形或位置,而采用的螺旋状展线方式。螺旋展线一般多在山脊利用山包盘旋,以隧道跨线;或在山谷内就地迂回,用桥跨线;也可在山体内以隧道方式旋转。

螺旋展线比回头展线具有线形较好、避免路线重叠的优点,但因建隧道或高长桥,造价较高,因而较少采用。当必须采用时,应根据路线性质和任务,与回头展线方式作详细比较。

3)山脊线

(1)山脊线的特点及选择条件。

大体上沿山脊布设的路线,称为山脊线。山脊又称分水岭,山脊顺直平缓、起伏不大、岭肥脊宽的地形是布设路线的理想地带,路线大部分或全部设在山脊上。山脊常是峰峦、垭口相间排列,有时相对高差较大,山脊线多由一些较低垭口控制,路线须沿山脊的侧坡在垭口之间穿行,线位大部分设在山坡上。

山脊线一般线形大多起伏、曲折,其起伏和曲折程度视山脊的形状、控制垭口间的高差和地形而异。

山脊线一般具有土石方工程量小、水文和地质情况好、桥涵构造物较少等优点。山脊线缺点如下:线位较高,一般远离居民点,不便为沿线工农业生产服务;有时筑路材料及水缺乏,施工困难;地势较高,空气稀薄,有云雾、积雪、结冰等对行车和养护不利等。山脊线方案主要应考虑以下条件决定取舍。

①山脊的方向不能偏离路线总方向过远。

②山脊平面不能过于迂回曲折,纵面上各垭口间的高差不过于悬殊。

③控制垭口间山坡的地质情况较好,地形不过于陡峻零乱。

④上下山脊的引线要有合适的地形可利用,这是采用山脊线的主要条件之一。

完全具备上述条件的山脊不多,很长的山脊线比较少,常作为沿河线或山坡线的局部比较线及越岭线两侧路线的连接段。

(2) 山脊线布局。

山脊线布局主要解决控制垭口选择、侧坡选择和试坡布线三个问题。

①控制垭口选择。

每一组控制垭口代表着一个山脊线的方案,选择控制垭口是山脊线选线的关键。当山脊方向顺直、起伏不大时,几乎每个垭口都可暂定为控制点。如地形复杂,各垭口高低悬殊,则高垭口之间的低垭口一般为路线的控制点,突出的高垭口可舍去;在有支脉横隔时,相距不远、并排的几个垭口,只选择其中一个与前后联系条件较好的垭口。

控制垭口的选择还应结合山脊两侧山坡的布线条件综合考虑,在侧坡选择和试坡布线中,对初步选定的控制点加以取舍、落实。

②侧坡选择。

山脊的侧坡是山脊线的主要布线地带。应选择布线条件较好的一侧,以保证平、纵线形好,工程量小和路基稳定。坡面整齐、横坡平缓、地质情况好、无支脉横隔的向阳山坡较为理想。除两侧坡优劣明显外,两侧都要比较取舍。同一侧坡可能有不同的路线方案,可通过试坡布线决定。多数初选的控制垭口,在侧坡选择过程中可决定取舍,少数则应在试坡布线中落实。

③试坡布线。

在两固定控制点间布线,力求距离短捷、坡度和缓。山脊线有时因控制点间高差很大,需要展线,有时为避免路线过于迂绕,需采用起伏坡,以缩短距离。山脊线难免有曲折、起伏,但不应过于急促、频繁,平、竖曲线和视距等指标应尽量高些,以利行车。

山脊布线常有以下三种情况。

a. 控制垭口间平均纵坡不超过规定。两控制垭口间,地形、地质无大障碍时,应以均匀坡度沿侧坡布线。如控制垭口间平均纵坡较缓,而其间遇有障碍或难点工程时,可加设中间控制点,调整纵坡避让,中间控制点和各垭口间仍以均匀坡度布线。

b. 控制垭口间有支脉横隔。路线穿过支脉,要在支脉上选择合适的垭口作为中间控制点。该垭口应不使路线过于迂绕,合理深挖后两翼路线纵坡都不超过规定,路线能在较好地形、地质地带通过。有时在支脉上选择的控制垭口虽能满足纵坡要求,但线形过于迂绕,为缩短距离,控制点可不选在垭口上。

c. 控制垭口间平均纵坡超过规定。根据地形、地质条件,采取填挖、旱桥、隧道等工程措施提高低垭口,降低高垭口,也可利用侧坡、山脊等有利地形设置回头展线或螺旋展线。选线方法详见"2)越岭线"。

3. 3S 技术在道路选线中的应用

3S 技术是遥感(remote sensing，RS)、地理信息系统(geographic information system，GIS)和全球定位系统(global position system，GPS)的有机结合。因这三个概念的英文名称中都含有一个以 S 开头的单词，常称为 3S 技术。3S 技术以地理信息系统为核心，构成对空间数据实时采集、更新、处理、分析及为各种应用提供科学决策咨询的强大技术体系。

(1) RS 在道路选线中的应用。

20 世纪 70 年代末，铁路选线开始应用遥感图像，RS 技术陆续应用到选线工作中。遥感图像具有宏观、逼真、直观、丰富的信息，为进行地形地貌、地质构造和地物的识别分析提供了可靠依据，具有其他方法无可比拟的优势。通过对高分辨率卫星图像的判释，查明路线经过地区的工程地质条件，并进行图像处理，通过计算机制图，绘制出彩色工程地质遥感判释图和水文地质遥感判释图，必要时进行少量有针对性的调查工作，为路线方案研究与比选提供依据；在道路定测、施工过程中，对地质复杂地段、路线重点工程地区开展遥感调查，为工程技术决策提供科学依据，保证施工顺利，这方面已有很多成功应用的实例。此外，在应用遥感技术进行不良地质现象遥感解释预测，建立道路病害动态变化分析和区域预测模型，建立道路病害数据库等方面均进行了大量应用研究并取得了重要成果。在道路勘测设计各阶段，在道路建设中的各类工程和各类专业工作中，均可应用各种比例尺的航摄像片和卫星遥感图像，通过图像判释和图像处理，提供工程需要的有关资料，弥补其他勘测手段之不足，已成为道路工程中应用RS 技术的一大特色。

应用 RS 技术开展道路选线工作，需要考虑设计阶段的具体要求。因各阶段工作所依据的基础资料及文件要求深度不同，具体工作方法与详略程度也不同。

①在工程预可行性研究阶段，利用航测遥感技术的优势，在大面积范围内进行方案研究、论证和比选。运用遥感图像进行地貌、地层岩性、地质构造、不良工程地质现象(滑坡、崩塌、泥石流等)判释，初步进行工程地质的区分，现场踏勘、验证，编制 1∶50000～1∶10000 工程地质略图。利用遥感图像还可进行控制路线方案的大中桥位置的选择。该阶段遥感工程地质判释的要求如下。

a. 遥感图像的判释工作应先于工程地质测绘，并贯穿调查全过程。

b. 卫星图像和航摄像片结合使用。

c. 除常规目视判释外，应充分利用遥感信息多时相、多波段的特点，采用数字图像处理技术，突出有效信息，提高判释水平和效果。

d. 室内判释成果应进行野外检查、验证。

e. 判释内容应包括：宏观地貌单元、地貌形态、成因类型、判定地形、地貌与地质构造、地层岩性、工程地质条件的关系等。

f. 遥感判释的最终成果应提交与调查比例尺相适应的工程地质判释图和文字说明。

②在工程可行性研究阶段，遥感技术的应用以大比例尺遥感图像为主，加强对工程地质的判释、调绘工作，采取综合勘探手段，获取所需的工程地质及水文地质资料。该阶段遥感工程地质判释的要求如下。

a. 遥感图像的判释工作可与该阶段的工程地质测绘提前或同步进行，并贯穿调查全过程。

b. 尽量使用不同时相、不同种类、多种波段的图像。

c. 在室内详细判释的基础上进行全野外检查验证，将地面地质观测与判释紧密结合，充分利用单张航片进行实地布点,并结合地形图、GPS 进行定位。

d. 判释内容较预可阶段更为齐全、详细。

e. 最终成果资料应包括遥感工程地质判释报告、综合遥感工程地质平面图及剖面图、工点工程地质图、不良地质及特殊地质资料汇总表、遥感影像图和其他基础资料。

③在初测阶段,遥感图像、航摄像片先于大比例尺地形图,为各有关专业提供沿线地区的自然模型。路线技术人员根据批准的路线方案在像片上进行初步选线,其他有关专业技术人员进行室内判释、调绘工作,并制订现场验证、测绘方案,指导现场调查、搜集资料。实践表明:采用航测遥感技术,外业不测地形,有效地减少了外业工作量,地质测绘和钻探工作量大大减少,不仅提高了勘测设计质量,而且经济效益显著。

(2) GIS 在道路选线中的应用。

①利用 GIS 的数据采集与地理数据库管理功能,对选线所需的基础资料进行统一管理和分类处理。

路线方案的确定需要考虑众多的影响因素,除了地形、地质、水文、气象等自然条件因素,还有施工条件、技术条件等,也要考虑路线在政治、经济和国防上的意义。各因素之间的关系复杂,相互制约,传统的选线方法,在工作过程中选线人员需要携带和处理大量的地形图和其他资料文献(交通资料、地区经济资料、发展规划等),给工作带来很多不便,选线工作量巨大,且很难对全部影响因素综合考虑。可将与路线方案有关的各种信息,如遥感图像、地形图、地质、水文、土地利用、交通、矿产资源、地区经济发展水平等信息资料输入地理系统中,实现图文资料的数字化管理,GIS 系统通过有效的数据组织和信息分析处理,能大大提高信息的利用率。同时,GIS 中录入了大量有关的地理空间信息,所有的信息都采用数字地图的方式存放,使选线人员可在其上建立研究对象的数学模型,方便进行预测或分析评价。

②利用 GIS 强大的空间查询与空间分析功能和地形分析功能,对信息进行加工处理,将影响路线方案的各种因素形象化地展现在选线人员面前。

采用地理信息系统,便于进行各种信息的叠加和复合,如将遥感图像与地形信息叠加,形成可供全方位观测的立体影像,有助于设计者对整个地区的地形、地质、水文和地貌等特征有一个完整的概念;将遥感图像与数字高程模型复合,形成立体的卫星图像,将数字高程模型按地表的状况,分层设色,GIS 系统将生成如实物模型的地貌景观立体图,使选线工作变得直观、灵活。

在地理信息系统的支持下,设计者可按设想任意布设或修改路线方案,对每个方案,GIS 系统可以很快计算出路线里程、工程量等,可实时生成路线断面图。通过预先设定的某些目标函数,系统自动进行路线的平纵断面优化,可快速、方便地进行路线方案的比选。

③利用 GIS 的制图功能输出设计用图纸。GIS 可方便地用于地图的制作,通过图形编辑清除图形采集的错误,根据用户要求和地物类型对数字地图进行整饰、添加符号(包括颜色和注记),通过绘图仪输出,得到精美的全要素地形图。还可根据用户的需要,分层输出各种专题地图,如行政区划图、土壤利用图、道路交通图、等高线图,等等。也可通过空间分析得到一些特殊的地学分析用图,如坡度图、坡向图、剖面图,等等。

GIS 对传统选线的作业流程皆可协助处理,并提高工作效率与减少不必要的时间损耗,使传统的图文作业密切配合,以可视化的方式进行。

(3) GPS 在道路选线中的应用。

在道路选线工作中,GPS 的主要作用是对航空照片和卫星相片等遥感图像进行定位和地面矫正。遥感数据在精度上还不够,需要 GPS 辅助矫正,目前在动物活动监测、生境图、植被图的制作方面得到广泛应用。在景观生态规划过程中,由于要借助大量遥感数据,故 GPS 的辅助功能也日益突出。

以上分别简要叙述了 3S 技术在道路选线中的应用,但要更好地发挥三者的优势,有赖于 RS、GPS 与 GIS 结合而成为一个完整的体系,其中 GIS 技术是主体。

2.5.2 道路定线

1. 纸上定线

纸上定线是在 1∶2000～1∶1000 大比例尺地形图上确定道路中线位置的方法。地形图范围大、视野开阔,定线人员在室内容易定出合理的路线。不同地形的道路定线有不同的侧重点,平原、微丘区地形平坦,路线一般不受高程限制,定线中主要是正确绕避平面上的障碍,力争控制点间路线短捷顺直;而山岭、重丘区地形复杂,横坡陡峻,定线时要充分利用有利地形,避让艰巨工程、不良地质地段或地物等。

(1) 平原、微丘区定线步骤。

平原、微丘区定线步骤如下。

①认真分析路线走向范围内的地形、地质及建筑物和其他地物的分布情况,确定中间控制点及其可活动的范围。若沿线有需要跨越的河流,应估算桥梁的长度。如果是大桥或特大桥,跨河位置一般应作为控制点。

②通过或靠近大部分控制点连直线,交会出交点。分析前后直线的合理性,如该直线是否会引起大量建筑物拆迁、是否经过了大面积水田或不良地质地区、前后直线长度是否过短,等等。若不合理,则应根据控制点的可活动范围调整个别控制点位置后重新穿线或调整穿线方案。

③用量角器和直尺量出偏角和交点间距或通过交点坐标计算出偏角和交点间距,根据交点位置处的实际情况,分析该平曲线半径的控制因素并选配平曲线半径和缓和曲线长度。推荐半径时应考虑《公路工程技术标准》(JTG B01—2014)的有关规定、地形地质特点和有关技术经济要求。平曲线半径一般受曲线内侧障碍物和切线长控制。设计中可以根据实际控制因素反算平曲线半径。

④计算曲线要素和路线里程,按切线长在地形图上定出曲线的直缓点和缓直点并画出整个曲线。由设计起点或后方曲线的缓直点开始,量出各公里桩、百米桩和主点桩。

⑤按里程及地面特征点(设加桩)的标高,以规定的比例尺绘出纵断面图的地面线,在纵断面图“直线及平曲线”栏按里程绘出平面示意图,曲线内侧填注曲线要素。

⑥根据地面起伏、地面横坡、地质条件和规范有关规定,进行纵断面设计,定出各个坡段长度(一般取 50 m 的整倍数)及坡度大小,计算变坡点处的设计标高,绘出设计坡度线。

⑦通常在定出一段平面后,紧接着设计纵断面。在试定出 3～5 km 路线后,进行全面检查、分析,看路线是否合理。经过修改,直到满意为止。

重复以上步骤,设计下一段线路,直至设计终点。最后,按标准图式绘制平面图与纵断面图。

⑧桥涵及其他单项工程的布置。路线设计的合理性,要结合单项工程的布置与设计综合考虑,应进行桥梁、涵洞的分布,流量与孔径的计算,确定交叉口的位置及形式,布置挡土墙等。这些工作应由有关的专业配合进行,综合反映到平面、纵断面设计中。

(2) 山岭、重丘区定线步骤。

山岭、重丘区定线步骤具体如下。

①判断是否需要展线。

若连续 3 km 以上的地面平均自然坡度大于设计道路的平均纵坡(5%～5.5%),则考虑展线,否则不需要展线或只有局部地段需要展线。

②定导向线。

a.分析地形,找出各种可能的走法。

在地形图上仔细研究路线布局阶段选定的主要控制点间的地形、地质情况,选择有利地形,如平缓顺直的山坡、开阔的侧沟、利于回头的地点等,拟定路线各种可能的走法。如图 2.18 所示,图左侧地形较陡,右侧地形较缓,A、D 为两控制点,B 为可利用的山脊平台,C 为应避让的陡崖,则 A—B—C—D 为路线的一种可能走法,须由放坡试定,纸上定线的放坡是用两脚规进行的。

b.放坡定坡度线。

由等高距 h 和选用的平均纵坡 $i_{均}$(5.0%～5.5%,视地形曲折程度和高差而定),按 $a=h/i_{均}$ 计算等高线间的平距 a,使两脚规的张开度等于 a(按地形图比例尺),从某一固定点如 A 点开始,沿拟定走法依次截取每根等高线得 $a,b,c,\cdots,w$,在 B 点附近回头(图 2.18 中的 j 点)后再向 D 点截取,当最后一点的位置和标高都与 D 点接近时,说明该方案成立,否则应修改走法(如改变回头位置)或调整 $i_{均}$(5.0%～5.5%),重新放坡至方案成立为止。

连线 $Aab\cdots D$ 为具有平均纵坡的折线,称为坡度线,它验证了一种走法的成立,并可发现一些中间控制点为下一步工作提供依据。

c.确定中间控制点,分段调整纵坡,定导向线。

分析坡度线利用地形、避让地物或不良地质情况,找出应穿或应避的中间控制点。如图 2.18 所示,在 B 处利于回头的地点未能利用,在 C 处的陡崖未能避让,若调整 B、C 前后的纵坡(可在最大和最小纵坡间选用,但不轻易采用极限值且不出现反坡),能避开陡崖和利用有利回头地点,可将 B、C 定为中间控制点。再仿照放坡分段调整纵坡试定匀坡线,各段匀坡线的连线 $Aa'b'\cdots D$ 为具有分段安排纵坡的折线,称为导向线,它利用了有利地形,避开了不利障碍,标示出了路线将行经的大概位置。

③定修正导向线。

a.试定平面和纵断面。

参照导向线定出直线和平曲线即平面试线,按地形变化特征点量出或读取桩号及地面标高,点绘纵断面图的地面线,参考地面线和前面分段安排的理想纵坡设计,量出或读取各桩的概略设计标高。

b.定一次修正导向线。

其目的是用纵断面修正平面,避免纵向大填大挖。在平面试线各桩的横断面方向上点出与概略设计标高相应的点,这些点的连线是具有理想纵坡、中线上不填不挖的折线,称为一次修正导向线。当纵断面上填挖过大时,应进行修改。

c.定二次修正导向线。

其目的是用横断面最佳位置修正平面,避免横向填挖过大。对一次修正导向线各点绘制横断面图,用路基模板逐点找出最经济或起控制作用的最佳中线位置及其可移动范围。根据最佳位置的性质分别用不同符号点回到平面图上,这些点的连线是具有理想纵坡、横向位置最佳的平面折线,称为二次修正导向线(小比例尺地形图上显示不出最佳位置时可不做)。

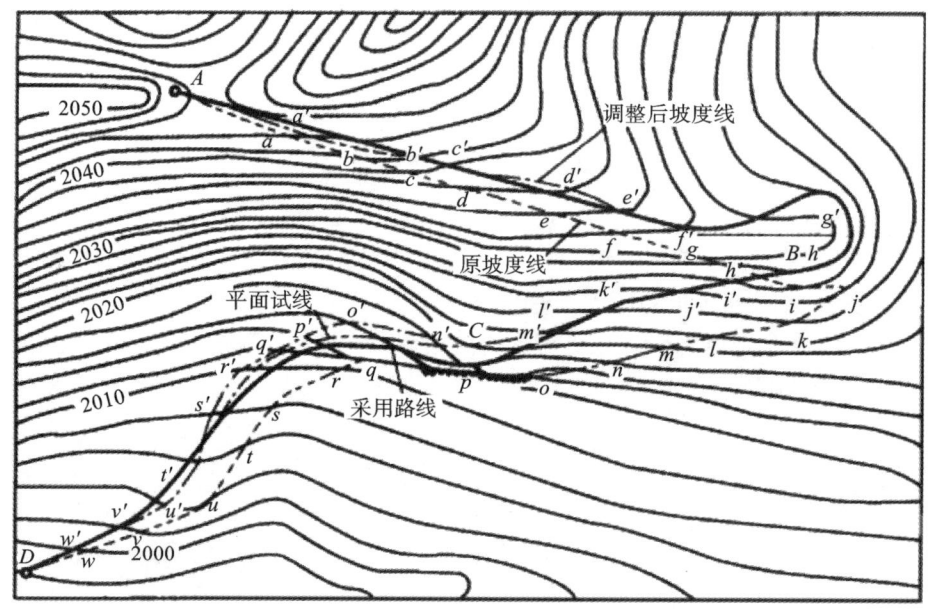

图 2.18　纸上定线平面图

④定线。

定线是在二次修正导向线的基础上进行的。二次修正导向线是一条平面折线,不满足技术标准的要求,必须适当取直,并用曲线连接,定出中线的确切位置。定线必须按照二次修正导向线上各特征点的性质和可活动范围,经过反复试线才能定出满足要求的中线。定线的具体操作可采用直线形定线方法或曲线形定线方法,这些具体方法,因篇幅关系,在此不展开详细的阐述。

纸上定线是一个反复试线修改的过程,试线中是修改纵坡还是改移中线位置或两者都改,应对平、纵、横三个方面充分研究后确定。在一定程度上,试线越多,最后的成品就越好,直到无论修改哪一方面都不能显著节省工程或增进美观时,才可认为纸上定线工作结束。中线定出以后就可以进行纵断面、横断面以及相关内容设计。

2. 直接定线

(1) 现场定线的工作步骤。

平原、微丘区现场定线工作步骤与纸上定线基本相同,不同之处在于交点坐标或转角及交点间距应经实测获得。山岭、重丘区现场定线的指导原则与纸上定线相同,但定线条件不同,工作步骤有所改变。山岭、重丘区现场定线是采用带角手水准进行的。使用时用手水准瞄准前方目标,旋转指针使气泡居中,此时指针所指的度数即为视线倾角,该倾角可换算为纵坡(1°≈1.75%),此法用于测量已知两点间的坡度;手水准的另一种用法是已知一点和坡度,寻找该坡度上的另一点目标,即放坡测量。下面以山区越岭线为例说明现场定线的工作步骤。

①分段安排路线。

在选线布局阶段定下的主要控制点之间,沿拟定方向用手水准逐段粗略地定出沿线应穿或应避的一系列中间控制点,使路线方案更加明确。

②放坡、定导向线。

现场定线的放坡是用手水准在现场定出坡度点的作业过程,其目的是要解决控制点间纵坡的合理安排问题,也是现场设计纵坡的操作。在纵坡安排和选择坡度值时应考虑以下两点要求。

a.纵坡要满足《公路工程技术标准》(JTG B01—2014)的要求。如坡长限制、缓和坡段、合成坡度等要求,并力求两控制点间坡度均匀,避免出现反坡。

b.应结合地形选用坡度。尽可能不用最大纵坡,但也不宜太缓,以接近两控制点间匀坡线为宜,在地形整齐地段可稍大些,曲折多变处宜稍缓些。

放坡由受限较严的控制点开始,按手水准的第二种用法,一人持手水准对好与选用纵坡相当的角度,立于控制点处指挥另一持花杆的人在山咀或山坳等地形变化处、计划变坡处以及顺直山坡每隔一定距离处上下横向移动,找到两人距地面同高点后定点,插上坡度旗或在地面做标记,以该点为固定点继续向前放坡。如果一边放坡一边进行后续工作,应先放完一定长度(一般不应小于 4 条导线边长)的坡度点后,利用返程进行下一步操作。通过放坡定出坡度点的连线见图 2.19 中的 $A_0 A_1 A_2 \cdots A_9$,相当于纸上定线的一次修正导向线,起到指引路线方向的作用,称为导向线。

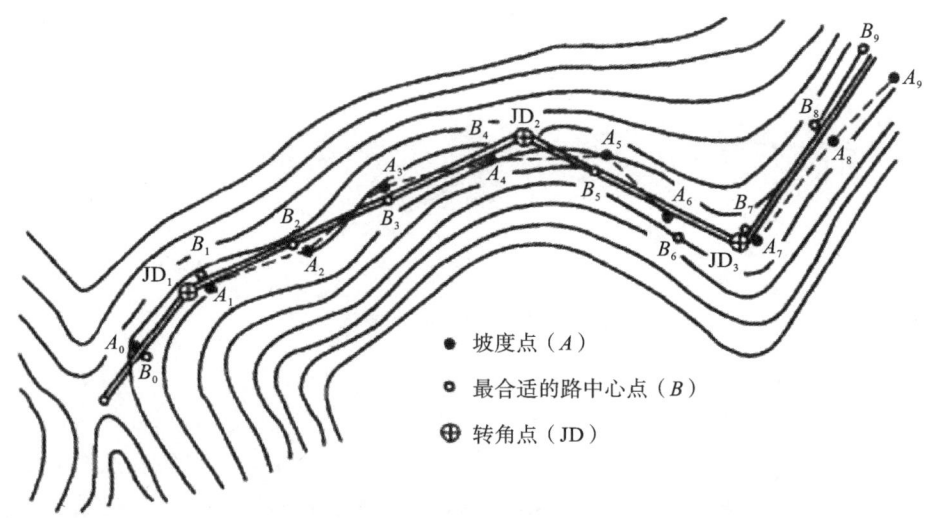

图 2.19　放坡定线示意图

放坡时前找点人应能估计平曲线的大概位置和半径,对因标准限制路线不可能自然绕过的窄沟或山咀应"跳"过去,而当能够绕行时坡度要放缓,以便坡度折减。

③修正导向线。

坡度点是概略的路基设计标高,由于各点的地面横向坡度陡缓不一,平面线位横向移动对路基的稳定和填挖工程量影响很大,故应根据路基设计要求,在各坡度点的横断方向上选定最佳中线位置,插上标记,如图 2.19 所示,这些点的连线 $B_0 B_1 B_2 \cdots B_9$ 称为修正导向线,相当于纸上定线的二次修正导向线。

④穿线交点。

修正导向线是具有合理纵坡、横断面上位置最佳的一条折线。穿线工作是根据修正导向线确定平面直线线形的位置和长度、定出路线导线并考虑平纵组合问题。所穿直线应尽可能多地靠近或穿过修正导向线上的坡度点,特别要满足控制较严的点,适当裁折取直,使平、纵、横三面合理组合,试穿出与地形相适应的若干直线,延长这些直线交会出交点,即为路线导线,如图 2.19 所示中的 JD$_1$-JD$_2$-JD$_3$-……。穿线工作需要定线人员反复试穿和修改才能定出合理的路线。

⑤曲线插设。

曲线插设是指根据地形条件和技术标准,在各交点处设置圆曲线和缓和曲线的操作。现场定线面对自然地形的曲线插设,要比纸上定线面对地形图的曲线插设困难得多。地形复杂的山区道路,曲线在路线总长中占较大比重,特别是在地形困难处需要设置曲线的地方。对于单交点、双交点或虚交点曲线,其曲线插设和调整相对简单,曲线插设方法与纸上定线相同。但回头曲线在现场插设比较复杂,应按一定的步骤插设,以免造成外业返工过多。

凡设回头曲线的地方,地形对路线都带有强制性,如图 2.20 所示。主曲线和前后辅助曲线的纵断面、平面相互约束,插线必须反复试插试算,才能得到满意的结果。

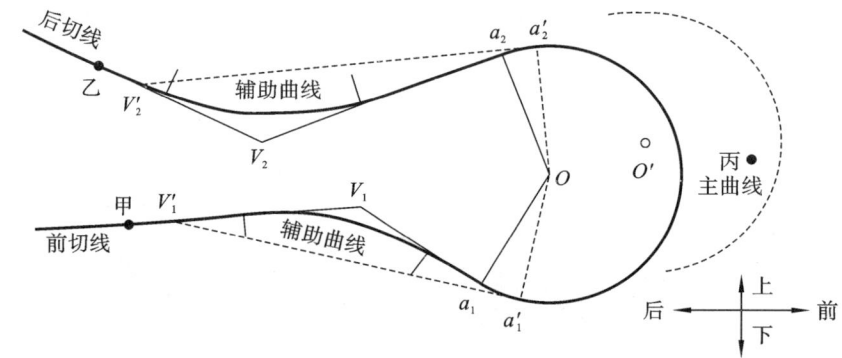

图 2.20 回头曲线插法示意图

不同的地形条件,主曲线平面位置可活动的范围不同。当利用山包或山脊平台回头时,可活动的范围比较小,插线应先根据坡度点把主曲线位置确定,然后定前后切线线位及辅助曲线,插法视具体地形选用虚交点、双交点或多交点形式均可。当利用山坳、山坡回头时,主曲线位置一般有较大活动余地,其大体位置参照导向线选定,确切线位要根据纵坡估算填挖工程量之后确定。具体做法如下。

a. 根据导向线插出前后切线的方向线,选定主曲线的大概位置。

b. 根据地形判定是否需要设辅助曲线及其大概位置和可能采用的半径。由主、辅曲线的大概位置及半径,能现场看出整个回头弯的大致形状,可以估定出纵坡折减的起讫点位置(见图 2.20 中的甲、乙点)及长度。若甲点设计标高已知,则乙点的标高可以估算。用此标高检查后切线是否定得合适,否则修改后切线线位。从甲、乙两点用折减后的坡度放坡交会出丙点。

c. 确定主曲线圆心位置。甲—丙—乙这条坡度线(折线,图 2.20 中未示出),比由甲沿路线至乙的距离短,则主曲线线位向前不应超过丙点(主曲线受地形限制的情况例外),向后不应退到比甲—丙—乙折线还短的位置,可大致确定圆心前后的位置。地面标高低于甲—丙坡度线的是填,高于丙—乙坡度线的是挖,据此可估算出全曲线的填挖数量,如挖多于填,线位应下移,反之应上移,经多次试插试算后,可将圆心用木桩固定。

d. 确定主曲线起、终点。以 O 为圆心,用选定的半径在曲线起、终点附近画圆弧,在弧上选若干个 a

点,置简单测角仪器于这些点,后视圆心,转 90°与前后切线交得若干个 V 点,最后选择一组既满足路线平面要求又符合实际地形的 a 及 V,用木桩标定。当回头曲线设缓和曲线时,应以 $R+p$ 为半径画起、终点附近的圆弧。

因插线使用的是简单仪器,路线精确位置尚待用精密仪器标定。为控制主曲线位置不因测角、量距等误差而发生较大的移动,无论采用哪种形式插线,都应指定一个固定点,固定点选在受地形限制最严处,可以是圆心,也可以是主曲线的起(终)点。

e.检查回头曲线上、下线间必需的最小横距。

检查时,在上、下线最窄处取能包括上、下两个路基宽的横断图,分别计算其需要的最小横距 Z_1 或 Z_2,并测量实际距离 Z。

若 $Z>Z_1$,横距足够。

若 $Z_2 \leqslant Z \leqslant Z_1$,上、下路基之间采用挡土墙分隔。

若 $Z<Z_2$,表示路基将部分重叠,需要修改。

f.核对。路线插定后,定线人应沿线查对一遍,记录特征地点适宜的填挖高度和对人工构造物的处理意见,供内业人员设计时参考。

⑥设计纵断面。

现场定线的纵坡设计,一般是在平面线形基本确定后进行的。要求设计纵坡不仅满足工程经济和技术标准的规定,还应考虑平、纵线形配合。因此,必须反复试验修改,才能作出满意的结果。检查修改时应注意以下几点。

a.只需调整纵坡即能满足要求时,按需要调整纵坡线。

b.靠调整纵坡无法满足需要时,应综合考虑决定调整方案,平面线形可采用纸上移线办法解决。

c.工程经济与平、纵配合矛盾很大时,应结合路线等级、工程量大小等因素具体分析,确定调整方案。

(2) 局部移线。

直接定线因地形复杂、定线人员视野受到限制和可能产生错觉,难免出现个别路段线位不当,利用地形图进行路线的局部移线是有效的办法,因此,直接定线的局部移线也称为纸上移线。

①移线条件。

a.路线平面技术标准前后不协调,需要调整交点位置和改变半径,或室内纵断面定坡后发现局部地段工程量过大时。

b.路线位置过于靠山使挖方过大,或过于靠外使挡土墙较高时。

c.增加工程量不大,但能显著提高平、纵线形标准时。

②方法步骤。

a.绘制移线地段的大比例尺(一般用 1:200～1:500)路线图,标注导线交点和平曲线各桩桩位。

b.依据移线目的,在纵断面图上试定出合理纵坡,读取各桩填挖值。

c.根据各桩的填挖值,用路基模板在横断面图上找出最经济或控制性的路基中线位置,量出偏离原中线的距离即移距,分别用不同符号标在平面图上。参照这些标记,在保证重点、照顾多数的原则下,反复试定修改,直到定出满足移线要求、线形合理的移改导线。

d.用正切法测算各交点转角,移线与原线角度应闭合,否则应进行调整,应先调整短边和角度值小的转角。拟定半径，计算曲线要素并绘出平曲线。

e. 量原线各对应桩横断方向线切割移线的实际长度，推算移线上的桩号，量原线各桩移距，与新老桩号一并记入移距表。算出断链长度，记于接线桩号处。

f. 按各桩移距，在横断面图上读取新老桩比高，据此用虚线在原纵断面图上点绘出移线的地面线和平曲线，重新设计纵坡和竖曲线。

纸上移线后即进行现场改线，可只做 a.～d. 步工作。纸上移线的主要数据资料是从原线横断面图上获得，而一般横断面实测范围有限，且离中线越远精度越低，故移距不能过大，一般以小于 5m 为宜。当移距很大时，应在定出改移导线后实地放线重测。纸上移线具有一定的作用，但移线后对外业勘测、内业设计以及施工等都带来不便，因此，纸上移线只是一种不得已的补救措施，不应该依赖纸上移线解决问题，而应在现场定线中深入调查研究，全面分析比较，把问题在现场解决，尽量避免纸上移线。

2.6　咸阳—淳化—旬邑高速公路几何设计案例

2.6.1　项目概况

1. 项目背景

咸阳—淳化—旬邑高速公路南起咸阳市，沿咸阳市产业布局两轴之一的国道 211 轴线连接了咸阳、泾阳、淳化和旬邑，穿越了咸阳市南、中、北三大产业带，沿线分布了咸阳市重点开发的能源基地——旬东煤田、空港产业园区、泾三渭产业园区和建材食品产业园区；同时项目沿线的淳化、旬邑两县还是全国和陕西省优质苹果基地重点县，已进入全国水果生产百强县行列；而正在兴起的旅游业，也将成为地方经济新的增长点。本项目的建设，将为全市经济社会发展提供良好的交通保障和生产要素条件，并将显著提升沿线区域的投资发展环境，对完善咸阳市产业布局，推动全市、关中地区乃至全省经济社会发展必将产生积极的促进作用。

本项目基本沿现有的 208 省道咸阳至泾阳段、泾阳至云阳地方公路和 211 国道云阳至旬邑段组成的通道设线。目前现有公路仅为二、三级公路，技术标准较低，县城及沿线乡镇路段街道化现象较为严重，局部路段的服务水平目前已降至三级下限，已不适应交通增长需求，随着区域各县区经济的迅速崛起，今后项目通道交通运输将呈现迅速增长态势，现有公路技术状况将难以适应区域经济发展的需要。因此，加快项目区内交通基础设施的建设，以适应区域经济快速增长的交通需求，已成为亟待解决的问题。

2. 技术标准

根据工程可行性研究报告，按照《公路工程技术标准》(JTG B01—2014)，结合项目交通量预测、沿线地形条件和项目在区域路网中的功能，本合同段马庄～口镇段(K0＋000～K29＋100)采用设计速度 100 km/h、四车道高速公路标准，路基宽度 26 m；口镇～石桥段(K29＋100～K41＋000)采用设计速度 80 km/h、四车道高速公路标准，路基宽度 24.5 m。

汽车荷载等级采用公路-Ⅰ级。

工程主要技术标准见表 2.33。

表 2.33　工程主要技术标准

序号	指标名称		单位	指标值	
1	公路等级			高速公路	
2	设计速度		km/h	100	80
3	平曲线最小半径(一般值/极限值)		m	700/400	400/250
4	不设超高的平曲线最小半径		m	4000	2500
5	平曲线最小长度(一般值/最小值)		m	500/170	400/140
6	缓和曲线最小长度		m	85	70
7	停车视距		m	160	110
8	最大纵坡/最小坡长		%/m	4/250	5/200
9	竖曲线最小半径 (一般值/极限值)	凸形	m	10000/6500	4500/3000
		凹形	m	4500/3000	3000/2000
10	竖曲线最小长度(一般值/最小值)		m	210/85	170/70
11	路基宽度(四车道/六车道)		m	26	24.5
12	设计洪水频率			特大桥:1/300,其他构造物:1/100	
13	汽车荷载等级			公路-Ⅰ级	

2.6.2　路线设计

1. 路线设计原则

(1)强化总体观念,重视方案比选。

应在工程可行性研究所选定的路线走廊带与主要控制点基础上,深入研究影响路线布设的各种因素,进行合理布局和总体设计,合理地运用技术指标,对有价值的路线方案进行充分比选。路线设计中强化总体观念,重视路线布设与桥梁工程、交叉工程、沿线设施等工程的关系,体现路线是龙头的设计思想。

(2)坚持地形选线,做到地质选线,突出生态选线。

本项目区域农业发达,人口众多,生产路网密集,局部路段地形、地质情况复杂。路线布设坚持地形选线、地质选线、生态选线和景观选线相结合的原则,正确处理公路建设与生态环境保护的关系,提高公路结构物和道路运营安全性,降低工程造价,提高工程的综合效益。

(3)坚持指标适度的原则。

在路线设计中坚持指标适度的原则,不片面追求高指标,强调路线平纵指标均衡协调、线形连续、视觉诱导良好。特别注意单一长纵坡路段的平均纵坡,确保下坡方向的运营安全。充分体现安全、舒适、经济、和谐的设计思想。把本项目建成具有鲜明特色的"安全舒适、资源节约、环境友好、景观优美"的高速公路。

(4)突出灵活性设计。

本项目局部路段地形复杂,桥隧工程比例较大。路线设计应突出灵活性,在满足技术标准前提下,充分利用有利地形,减少对自然地形、地貌的破坏。

2. 路线方案

(1)路线走向及中间控制点。

本合同段路线起于已建成的福银高速马庄互通立交,之后向北沿塬面布设,于赵堡村和杨家村之间穿过,经王家村东、王里村西,在礼泉县临泾村与泾阳县何家堡之间设特大桥跨泾河后,向北在宽阔平缓的泾河阶地上设线。路线于桥底镇西南侧设互通立交与关中公路环线相接,此后路线设高架桥向北上塬,经许庄村西、侯家庄西、大庄东、北程村,至口镇杨赵村设互通立交与211国道相接,由口镇向北进入冶峪河沟谷,沿冶峪河向上游设线,经金川湾、石桥乡,至黑松林水库接下一标段起点。

中间控制点有:马庄镇、阡东镇、烽火镇、桥底镇、兴隆镇、口镇、石桥乡等。

(2)路线方案。

经对工程可行性研究报告路线方案的充分研究,结合实地踏勘,在工程可行性研究推荐方案所确定的走廊带内,结合沿线地形、地质、城镇布局及特大桥、互通式立交设置条件等问题进行深入研究的基础上,对路线平、纵面进行了全面优化,并对局部路线方案进行比较,从而初步确定出最优的路线方案。

①路线平、纵面设计。

本标段推荐线全长41.000 km,全线共设平曲线22个,平均每公里0.537个,平曲线占路线总长度的73.26%;平曲线最大半径5200 m,最小半径750 m。

共设变坡点48个,平均每公里变坡1.202次,竖曲线占路线总长的47.13%。最短坡长400 m,最大纵坡3.7%,竖曲线最小半径凸形12000 m、凹形7500 m。

②路线平、纵面组合设计。

路线平、纵面线形的技术指标力求均衡、连续,合成坡度组合得当,以利于路面排水和行车安全。在视觉上可自然诱导驾驶员的视线,并保持视觉的连续性。对线形设计的效果,采用公路路线透视图进行检验与评价,或绘制动态连续透视图、全景透视图,对线型效果进行检验。通过对运行车速的检验,完善路线平、纵面设计。

(3)路线方案优化与比选。

①王里村段。

提出理由:考虑到工程可行性研究推荐方案上跨白河渠,交角相对较小,桥梁跨度大,且需改移渠道。故提出K线方案与A1线方案(工程可行性研究方案)进行同深度比较。

K线方案:路线起于赵堡村东北侧(K3+306.086),经王家村,于王里村西北上跨白河渠,止于K9+809.035,全长6.503 km。

A1线方案:起点同K线方案,该方案布设基本同工程可行性研究推荐方案,路线于王里村西北上跨白河渠,至东庄子村南与K线相接,终点桩号K9+840.806,全长6.535 km。

比较结论:K线方案比A1线短32 m,平、纵面指标均高于A1线方案,虽然改移渠道较长,但总的工程量少。综合比较推荐K线方案。

表2.34为王里村段路线方案比较表。

表 2.34　王里村段路线方案比较表

工程项目			单位	王里村段路线方案		备注
				K 线方案 K3＋306.086～ K9＋809.035	A1 线方案 K3＋306.086～ K9＋840.806	
路线长度			km	6.503	6.535	
最小平曲线半径			m	2721.0414	2078.32	
最大纵坡			%	2	2	
路基宽度			m	26	26	
路基工程	路基土方		千立方米	挖:10.896,填:675.232	挖:19.591,填:876.235	
	防护及排水		千立方米	砌石:16.866, 混凝土:0.222	砌石:19.591, 混凝土:0.331	
沥青混凝土路面			千平方米	142.267	143.251	
桥梁涵洞工程	特大桥		m/座			
	大桥		m/座			
	中、小桥		m/座	58/2	58/2	
	涵洞		道	9	7	
交叉工程	互通式立交		处			
	分离式立交	与公路	处	1	1	
		与铁路	处			
	天桥		座			
	通道		处	10	8	
改移渠道			km	0.4	0.2	
占地			hm²			
拆迁建筑物			m²	256.02	106.74	
造价			万元			
平均每公里造价			万元			
工程地质条件				相当	相当	
施工条件				较差	较好	
环境影响				较大	较小	
比较结果				推荐		

②席杨村段。

提出理由:考虑到工程可行性研究推荐方案两次上跨泾惠支渠,交角相对较小,桥梁跨度大,且需改移渠道。故提出 K 线方案(工程可行性研究方案)与 A2 线方案进行同深度比较。

K 线方案:路线起于何家堡村(K13+900),经席家乡村,于 K15+875.5 和 K16+504 上跨泾惠支渠,止于官苗村(K17+700),全长 3.800 km。

A2 线方案:起点同 K 线方案,起于何家堡村(K13+900),经席家乡村,于席家乡村东绕过泾惠支渠,于官苗村接回 K 线,终点桩号 K17+709.438,全长 3.809 km。

比较结论:K 线方案平面指标高于 A2 线方案,拆迁量小,但工程量稍大,且需改移地方路。综合比较推荐 K 线方案。

表 2.35 为席杨村段路线方案比较表。

表 2.35 席杨村段路线方案比较表

工程项目		单位	席杨村段路线方案		备注
			K 线方案	A2 线方案	
			K13+900~ K17+700	K13+900~ K17+709.438	
路线长度		km	3.8	3.809	
最小平曲线半径		m	5000	2200	
最大纵坡		%	2.4	2.4	
路基宽度		m	26	26	
路基工程	路基土方	千立方米	挖:5.36,填:438.02	挖:5.522,填:439.121	
	防护及排水	千立方米	砌石:11.1, 混凝土:0.161	砌石:10.97, 混凝土:0.296	
沥青混凝土路面		千平方米	82.395	84.317	
桥梁涵洞工程	特大桥	m/座			
	大桥	m/座			
	中、小桥	m/座	40/2		
	涵洞	道	7	9	
交叉工程	互通式立交	处			
	分离式立交 与公路	处			
	分离式立交 与铁路	处			
	天桥	座	1	1	
	通道	处	5	6	
改移地方路		km	0.5		

工程项目	单位	席杨村段路线方案		备注
		K 线方案	A2 线方案	
		K13＋900～ K17＋700	K13＋900～ K17＋709.438	
占地	hm²			
拆迁建筑物	m²	480.01	557.21	
造价	万元			
平均每公里造价	万元			
工程地质条件		相当	相当	
施工条件		较差	较好	
环境影响		较大	较小	
比较结果		推荐		

③杨赵村段。

提出理由:考虑到工程可行性研究推荐方案两次上跨河西干渠,需设置桥梁,不利于口镇互通立交的设置,且立交与隧道的间距较小,对行车安全不利。故提出 K 线方案与 A3 线方案(工程可行性研究方案)进行同深度比较。

K 线方案:路线起于北程村(K26＋997.059),经杨赵村东侧,于杨赵村中心学校西侧通过,设隧道穿过山岭,至冶峪河,止于 K32＋650,全长 5.653 km。

A3 线方案:起点同 K 线方案,经北程村、杨赵村东侧,于 K28＋100 和 K29＋670 处两次跨越河西干渠,于杨赵村中心学校东侧通过,设隧道穿过山岭,至冶峪河与 K 线相接,终点桩号 K32＋483.040,全长 5.486 km。

比较结论:A3 线方案虽比 K 线方案短 167 m,拆迁少,距学校稍远,但其他工程量稍大,不利于口镇互通立交的布设,且距隧道进口不足 1 km,对行车不利。综合比较推荐 K 线方案。

表 2.36 为杨赵村段路线方案比较表。

表 2.36　杨赵村段路线方案比较表

工程项目	单位	杨赵村段路线方案		备注
		K 线方案	A3 线方案	
		K26＋997.059～ K32＋650	K26＋997.059～ K32＋483.040	
路线长度	km	5.653	5.486	
最小平曲线半径	m	1600	1500	
最大纵坡	％	2	2.1	

工程项目		单位	杨赵村段路线方案		备注
			K 线方案	A3 线方案	
			K26+997.059~ K32+650	K26+997.059~ K32+483.040	
路基宽度		m	26/24.5	26/24.5	
路基 工程	路基土方	千立方米	挖:175.519,填:685.447	挖:527.456,填:568.361	
	防护及排水	千立方米	砌石:20.521, 混凝土:0.96	砌石:24.013, 混凝土:1.822	
沥青混凝土路面		千平方米	72.357	74.032	
桥梁 涵洞 工程	特大桥	m/座			
	大桥	m/座			
	中、小桥	m/座	44/1	44/1	
	涵洞	道	5	4	
隧道 工程	长隧道	m/座	4230/2	3860/2	
	中隧道	m/座			
	短隧道	m/座			
交叉 工程	互通式立交	处	1	1	
	分离 式 立交 与 公路	处	2	3	
	分离 式 立交 与 铁路	处			
	天桥	座	2	3	含渡槽
	通道	处	6	3	
改移地方路		km			
占地		hm²			
拆迁建筑物		m²	1994.83	182.05	
造价		万元			
平均每公里造价		万元			
施工条件			较好	较差	
环境影响			较小	较大	
比较结果			推荐		

④金川湾村段。

提出理由:考虑到工程可行性研究推荐方案与金川湾石窟间距仅为 80 m,施工及运营期间对石窟干扰大,不利于文物保护。故提出 K 线方案与 A4 线方案(工程可行性研究方案)进行同深度比较。

K 线方案:路线起于金川湾(K34+400),距金川湾石窟东 130 m 处上跨 211 国道,设隧道穿过山岭后,止于 K37+255.292,全长 2.855 km。

A4 线方案:起点同 K 线方案,距金川湾石窟东 80m 处上跨 211 国道,于 K36+150 跨回国道 211 后接回 K 线。终点桩号 K37+172.527,全长 2.773 km。

比较结论:K 线方案虽比 A4 线方案长 82m,且增加两座短隧道,但 K 线方案距金川湾石窟较远,有利于文物的保护。综合比较推荐 K 线方案。

表 2.37 为金川湾村段路线方案比较表。

表 2.37　金川湾村段路线方案比较表

工程项目		单位	金川湾村段路线方案		备注
			K 线方案	A4 线方案	
			K34+400~ K37+255.292	K34+400~ K37+172.527	
路线长度		km	2.855	2.773	
最小平曲线半径		m	780	850	
最大纵坡		%	3.5	3.5	
路基宽度		m	24.5	24.5	
路基 工程	路基土方	千立方米	挖:146.794,填:437.464	挖:489.119,填:55.598	
	防护及 排水	千立方米	砌石:8.278 混凝土:0.498	砌石:9.182, 混凝土:0.812	
沥青混凝土路面		千平方米	28.566	31.133	
桥梁涵 洞工程	特大桥	m/座			
	大桥	m/座	870/3	1188/3	
	中、小桥	m/座	66.5/1	130/2	
	涵洞	道	2	1	
隧道工程	长隧道	m/座			
	中隧道	m/座			
	短隧道	m/座	1220/4		
交叉 工程	互通式 立交	处			
	分离式 立交	与公路	处		
		与铁路	处		
	天桥	座			
	通道	处			

工程项目	单位	金川湾村段路线方案		备注
		K 线方案	A4 线方案	
		K34+400～K37+255.292	K34+400～K37+172.527	
改移地方路	km			
占地	hm²			
拆迁建筑物	m²	832.8	741.2	
造价	万元			
平均每公里造价	万元			
工程地质条件		相当	相当	
施工条件		较好	较差	
环境影响		较小	较大	
比较结果		推荐		

2.6.3 路线交叉设计

1. 工程设置概况

01 合同段交叉工程共设互通式立交 4 处,其中赵堡村立交预留;分离式立交 8 处,利用主线桥 2 处;通道 82 道,其中利用涵洞 33 处,利用主线桥 12 处;天桥 7 处;平均每公里交叉构造物 2.46 处。

2. 互通式立交

(1) 技术标准采用。

①匝道设计标准:互通式立交匝道设计车速 40～60 km/h,内环匝道设计速度 35～40 km/h。路基宽度:单向双车道 10.5 m 或 12 m,对向分离四车道 19.5 m。

②立交连接线:马庄立交连接线采用一级标准,路基宽度 24.5 m;口镇立交连接线采用二级公路标准,设计速度 60 km/h,路基宽度 12 m。

(2) 互通式立交设置。

根据本项目的主要功能与基本走向,区域城镇的总体布局以及相互间经济交通往来关系,以及区域综合交通运输网的现状与规划,该段共设 4 处互通式立交,其中赵堡村立交预留。立交最大间距 13.79 km,最小间距 4.30 km。

表 2.38 为互通式立交设置一览表。

表 2.38　互通式立交设置一览表

序号	立交名称	立交桩号	立交型式	被交线	立交间距/km
1	马庄立交	K0+000	定向匝道＋苜蓿叶型	福银高速	
2	赵堡村立交	K4+300	双喇叭	西咸北环线	6.10（预留）
3	桥底立交	K18+090	双喇叭	关中环线	11.00
					10.26
4	口镇立交	K28+350	单喇叭 A 型	G211	

①马庄立交。

该立交位于本项目起点马庄镇附近,与福银高速公路相交。本互通立交主要为解决本项目与福银高速公路的交通转换以及咸阳市区交通出入高速公路的问题。由于此交叉点存在已经建好的单喇叭互通立交,因此本次设计需解决新建互通立交与原有互通立交如何配合的问题。

该立交共设置了三个方案。

第一个方案采用工程可行性研究方案,为部分利用方案,互通采用苜蓿叶＋定向匝道的形式,利用原单喇叭互通的环形匝道和马庄至西安方向的右转匝道,其余匝道新建。

第二个方案为完全拆除方案,由于省交通厅下达的文件中要求新建互通立交匝道采用双车道,而原有马庄互通立交为已建成互通,不满足此项要求,利用价值不大,因此考虑完全废弃原互通立交,采用新建苜蓿叶＋定向匝道＋集散车道的互通形式,提高整体通行能力。

考虑到原有互通立交刚刚建成,行车条件良好,为避免增加造价和不必要的浪费,第三个方案采用完全保留原有立交并新建 Y 形互通的方案,新建匝道满足交通厅文件中的规定。

方案比较:第一个方案(部分利用方案)可以节约一定的工程造价,但局限了互通立交的选型,由于需利用原有匝道,因此没有条件设置集散车道,这样就存在环形匝道之间的交织问题,影响主线交通的畅通;第二个方案(完全拆除方案)将原有互通立交完全拆除,另新建苜蓿叶＋定向匝道＋集散车道形式的互通,此方案虽然会增加工程造价,造成浪费,但新建后匝道标准一致,主交通方向明确,可谓一劳永逸;第三个方案(完全利用方案),可以节省因拆除原有互通所花费的工程造价,但为保留原有立交,新建匝道必须避让原有匝道,导致互通立交规模增加,桥梁长度增加,因此又提高了互通立交的整体造价。

结论:外业阶段暂推荐第二个方案(完全拆除方案),在初步设计阶段继续与第三个方案进行综合比较。

咸阳连接线:采用一级公路标准,路基宽度 24.5 m。本连接线分两部分:第一部分利用原有互通连接线进行单侧加宽,原连接线路基宽 15.5 m,现需向左侧加宽 9 m;第二部分利用村镇道路进行加宽,旧路为标准二级公路,路基宽 12 m,由于旧路左侧较右侧房屋更为密集,房屋质量也普遍强于右侧,因此考虑在右侧进行加宽,加宽宽度为 12.5 m。连接线终点位于马庄镇北上召村至咸阳公路的交叉口,全长 8.176 km。

②桥底立交。

该立交位于泾阳县桥底镇托扶村,与关中环线相交。立交主要解决桥底镇及关中环线沿线车辆上下高速公路的问题。互通立交采用双喇叭的形式。

通过对互通现场的调查,发现工程可行性研究方案的互通象限内环形匝道设置的位置较为固定,周围房屋较多,互通建成后会对周围住户带来很多噪声及其他影响,因此外业阶段将互通立交象限从东侧移至西侧,并做了两个方案进行比选,两方案均采用双喇叭的形式,但设置位置不同。

方案一位于官苗村西侧,互通立交将整个官苗村包围在匝道正线和关中环线之间,线形舒展;方案二位于官苗村东侧与正线之间的狭小范围内。

方案比较:方案一互通线形舒展,行车条件好,但匝道长度较长,占地面积较大;方案二互通布设较为紧凑,匝道长度合适,占地面积小,但官苗村与正线之间的距离较近,又增加了立交匝道,会产生少量拆迁,而且匝道线形指标较低,关中环线的喇叭口与交叉点较近,出入口视距不是十分理想。

结论:本阶段暂推荐方案一。

③口镇立交。

口镇立交位于泾阳县口镇杨赵村,与211国道公路相交。主要解决口镇及沿途乡镇车辆上下高速公路的问题,采用 A 型单喇叭方案。

本互通立交主交通方向明确,但整体转向交通量不大,用 A 型单喇叭形式和子叶形式进行比较。

方案比选:本互通交叉点距离隧道口较近,采用子叶形式可以增加互通立交与隧道的距离,但左转匝道均为环形匝道,通行能力有所降低,单喇叭方案与隧道进出口距离较子叶形式稍短,但通行能力较强,与主交通方向匹配。

结论:本阶段暂推荐 A 型单喇叭方案。

口镇连接线:本互通立交采用连接线与211国道相接,连接线段落为出收费站后的平面交叉中心至与211国道交点,连接线采用二级公路标准,路基宽12 m,全长1.734 km。

(3)分离式立交。

该项目分离式立交主要是为关中环线及其他地方道路与主线交叉而设置的。被交线的改移标准以不低于原被交路标准为前提,并为被交道路的扩建留有余地。

分离式立交6处(完全新建),均为主线上跨。

主线与关中环线和泾惠渠及地方等级路各交叉一次。桥梁跨径组合为 $4×30$ m$+3×40$ m$+3×30$ m$+2×(4×30$ m$)+3×(3×30$ m$)$,桥长840 m。

(4)通道和天桥。

为方便公路沿线群众的生产和生活,在路线与乡村路、农耕路或人行便道交叉处设置通道和天桥。通道设计标准充分考虑周边的社会和经济环境,在高程不受严格控制的基础上,适当提高净空标准,考虑到农村农用机械的发展,有条件时净空高度采用4.0 m,以方便收割机械及消防车通行。

汽车通道净高≥3.2 m,净宽≥6.5 m;机耕通道净高≥2.7 m,净宽≥4.5 m;人行通道净高≥2.2 m,净宽≥3.0 m;通道采用水泥混凝土路面;新建通道41处;天桥5处;平均每公里交叉构造物1.2处。

通道上部采用部分预应力混凝土空心板,跨径一般分别为6.0 m、8.0 m 或13 m;天桥共计5处,均采用现浇预应力混凝土箱梁。

(5)咸阳连接线。

为实现咸阳市区与高速公路的顺畅连接,互通至城区设一级公路连接线与城市道路连接,路基宽度24.5 m。

根据工程可行性研究报告,咸阳连接线利用现有福银高速马庄互通连接线和马庄至咸阳公路加宽改造成一级路。马庄互通连接线现有道路路基宽度15.5 m,而马庄至咸阳公路路基宽度仅为12 m。本次设计对马庄互通连接线采用两侧加宽,马庄至咸阳公路采用单侧加宽。

根据现场调查,马庄至咸阳公路穿过老宁家、新宁家、府阳村、北上召等村庄,街道化非常严重,通过实地调查,并对拆迁量进行比较,在现有公路西侧进行加宽。表 2.39 为拆迁量统计表。

表 2.39 拆迁量统计表

比较项目	单位	东侧方案	西侧方案	备注
拆迁建筑物	m²	12495	14517	
拆迁电力、电讯线	根	274	239	
拆迁坟	座	283	34	
比较结果		推荐		

（6）生产路改移。

生产道路多为通行农用车的田间土路,路宽以 2.5 m 为主,主要为方便农民田间耕作。由于受主线路基或边坡挤压,生产路需改移 9 处,共计 2980 m,水泥混凝土路面。

（7）对地方政府意见的答复。

该项目针对交叉位置的设置情况均与地方政府进行了沟通和汇报。地方政府基本同意交叉位置的设置,对于部分乡镇提出的增设或改移通道位置的意见,将在内业设计中考虑。

第 3 章　路基设计

3.1 一般路基设计

在工程地质和水文地质条件良好地段的路基设计包括以下内容：选择路基断面形式,确定路基宽度与路基高度;确定边坡形状与坡度;选择路堤填料与压实标准;路基排水系统布置和排水结构设计;坡面防护与加固设计;附属设施设计等。

路基尺寸由宽度、高度和边坡坡度三者构成。路基宽度取决于设计通行能力及交通量大小;路基高度取决于纵坡设计、地形、地质及水文等条件;路基的边坡坡度则取决于地质、水文条件、填料性质等,并由边坡稳定性及横断面经济性分析比较确定。

3.1.1 路基宽度

路基宽度为行车道路面及其两侧路肩宽度之和。技术等级高的公路,设有中间带、路缘带、变速车道、爬坡车道、紧急停车带等,这些均应包括在路基宽度范围内。路面宽度根据设计通行能力及交通量大小而定,一般每个车道宽度为 3.50~3.75 m,技术等级高的公路及城镇近郊的一般公路,路肩宽度尽可能增大,一般取 1~3 m,并铺筑硬质路肩,以保证路面行车不受干扰。各级公路路基宽度按《公路工程技术标准》(JTG B01—2014)的规定进行设计,如表 3.1 所示。

路基占用土地是公路通过农田或用地受限制地区时的突出问题。建路占地必须综合规划,统筹兼顾,讲究经济效益,农业与交通相互促进。公路建设应尽可能利用非农业用地,少占农田。高速公路局部路段可选用高架道路,以桥代路。山坡路基应尽量使填挖平衡,扩大和改善林业用地,保护林区牧地,防止水土流失,维护生态平衡,减少高填深挖,利用植物防护绿化与美化路基。所有这些在路基设计与施工过程中,也应予以综合考虑。

3.1.2 路基高度

路基高度是指路堤的填筑高度和路堑的开挖深度,是路基设计高程和地面高程之差。由于原地面沿横断面方向往往是倾斜的,因此在路基宽度范围内,两侧的高差常有差别。路基高度是指路基中心线处设计高程与原地面高程之差,而路基两侧边坡的高度是指填方坡脚或挖方坡顶与路基边缘的相对高差,所以路基高度有中心高度与边坡高度之分。

路基的填挖高度,是在路线纵断面设计时,综合考虑路线纵坡要求、路基稳定性和工程经济等因素确定的。从路基的强度和稳定性要求出发,路基上部土层应处于干燥或中湿状态,路基高度应根据临界高度并结合公路沿线具体条件和排水及防护措施确定路堤的最小填土高度。

路基填土的高矮和路堑挖方的深浅,可按《公路路基设计规范》(JTG D30—2015)的规定,使用常规的边坡高度值,作为划分高矮深浅的依据。通常将大于 18 m 的土质路堤和大于 20 m 的石质路堤视为高路堤,将大于 20 m 的路堑视为深路堑。

高路堤和深路堑的土石方数量大,占地多,施工困难,边坡稳定性差,行车不利,应尽量避免使用。当不得已而一定要用时,应进行个别特殊设计。

为保证路基稳定,应尽量满足路基最小填土高度的要求,若路基高度低于按地下水位或地面水位计算的最小填土高度,可视为矮路堤。矮路堤通常处于行车荷载应力作用区范围内,同时经受着地面和地

表 3.1　公路路基宽度

公路等级	高速公路、一级公路						二级公路、三级公路、四级公路				
设计速度/（km/h）	120		100		80		60	80	60	40	30	20
车道数	8	6	4	8	6	4	6	4	2	2	2	2	2 或 1
路基宽度/m 一般值	45.00	34.50	28.00	44.00	33.50	26.00	32.00	24.50	23.00	12.00	10.00	8.50	7.50	6.50（双车道）4.50（单车道）
路基宽度/m 最小值	42.00	—	26.00	41.5	—	24.50	—	21.50	20.00	10.00	8.50	—	—	—

注：①"一般值"为正常情况下的采用值；"最小值"为条件受限制时可采用的值；②八车道高速公路路基宽度"一般值"为设置左侧硬路肩、内侧车道采用 3.50 m 时的宽度。八车道高速公路路基宽度"最小值"为不设置左侧硬路肩，内侧车道采用 3.75 m 时的宽度。

下水不利水温状况的影响。有时为了增强路基路面的综合强度与稳定性,需要另外增加投资加强路面结构或增设地下排水设施。究竟如何合理确定路基的高度,需要进行综合比较后才可择优取用。

对于沿河及受水浸淹的路基,其高度应根据技术标准所规定的设计洪水频率,求得设计水位,再增加 0.5 m 的余量。如果河道因设置路堤而压缩过水面积,致使上游有壅水,或河面宽阔而有风浪,就应增加壅水高度和波浪冲上路堤的高度(即波浪侵袭高度)。所以沿河浸水路堤的高度,应高出上述各值之和,以保证路基不致淹没,并据此进行路基的防护与加固。

3.1.3　路基边坡坡度

路基边坡坡度对路基稳定十分重要,确定路基边坡坡度是路基设计的重要任务。公路路基的边坡坡度,可用边坡高度 H 与边坡宽度 b 之比值表示,如 $H:b=1:0.5$(路堑边坡)或 $1:1.5$(路堤边坡)。

路基边坡坡度的大小,取决于边坡的土质、岩石的性质及水文地质条件等自然因素和边坡的高度。在陡坡或填挖较大的路段,边坡坡度不仅影响到土石方工程量和施工的难易程度,而且是路基整体稳定性的关键。因此,确定边坡坡度对路基的稳定性和工程的经济合理性至关重要。一般路基的边坡坡度可根据多年工程实践经验和设计规范推荐的数值采用。

1. 路堤边坡

一般路堤边坡坡度可根据填料种类和边坡高度按表 3.2 所列的数值选用。

表 3.2　路堤边坡坡度

填料类别	边坡坡度	
	上部高度($H\leqslant 8$ m)	下部高度($H\leqslant 12$ m)
细粒土	1:1.5	1:1.75
粗粒土	1:1.5	1:1.75
巨粒土	1:1.3	1:1.5

路堤边坡高度超过表列数值时,属于高路堤,应进行单独设计。

沿河浸水路堤的边坡坡度,在设计水位以下视填料情况可采用 $1:2.0\sim 1:1.75$,在常水位以下部分可采用 $1:3.0\sim 1:2.0$。

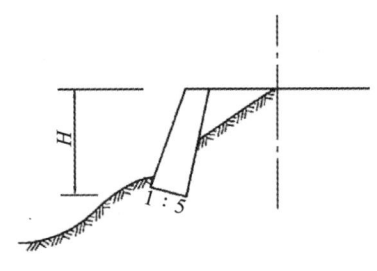

图 3.1　砌石护坡示意图

当公路沿线有大量天然石料或路堑开挖的废石方时,可用于填筑路堤。填石路堤应由不易风化的较大(大于 25 cm)石块砌筑,边坡坡度一般可用 1:1。

陡坡上的路基填方可采用砌石护坡,如图 3.1 所示,砌石应用当地不易风化的开山片石砌筑。

砌石顶宽一律采用 0.8 m,基底面以 1:5 的坡度向路基内侧倾斜,砌石高度 H 一般为 2~15 m,墙的内外坡依砌石高度按表 3.3 选定。

表 3.3　砌石边坡坡度

序号	砌石高度/m	内坡坡度	外坡坡度
1	≤5	1∶0.3	1∶0.5
2	≤10	1∶0.5	1∶0.67
3	≤15	1∶0.6	1∶0.75

在地震地区,应参照《公路工程抗震规范》(JTG B02—2013)的有关规定:公路路堤或路堑高度大于表 3.4 的规定值时,应采取放缓边坡坡度或加固等措施。

表 3.4　路基高度限值

填土类别	设计基本地震动峰值加速度				
	高速公路、一级公路		二级公路	三级公路、四级公路	
	0.20g(0.30g)	0.40g	0.40g	0.30g	0.40g
岩块和细粒土(粉土和有机质土除外)路基/m	15	10	15	—	
粗粒土(细砂、极细砂除外)路基/m	6	3	6	—	
黏性土路基/m	15	15	10	15	20

2. 路堑边坡

路堑是从天然地层中开挖出来的路基结构物,设计路堑边坡时,首先应从地貌和地质构造上判断其整体稳定性。当遇到工程地质或水文地质条件不良的地层时,应尽量使路线避绕它;而对于稳定的地层,则应考虑开挖后是否会由于减少支承及坡面风化加剧而引起失稳。

影响路堑边坡稳定的因素较为复杂,除路堑深度和坡体土石的性质之外,地质构造特征、岩石的风化和破碎程度、土层的成因类型、地表水和地下水的影响、坡面的朝向及当地的气候条件等都会影响路堑边坡的稳定性,在边坡设计时必须综合考虑。

土质(包括粗粒土)路堑边坡,应根据边坡高度、土的密实程度、地下水和地面水的情况、土的成因及生成时代等因素来选定。

岩石路堑边坡,一般根据地质构造与岩石特性,对照相似工程的成功经验选定边坡坡度。岩石的种类、风化程度及边坡的高度是决定边坡坡度的主要因素。

在地震地区的岩石路堑边坡坡度应参考《公路工程抗震规范》(JTG B02—2013)的规定:当岩石路堑边坡高度超过 10 m 时,边坡坡度应按表 3.5 采用。

表 3.5　边坡高度超过 10 m 的岩石路堑参考边坡坡度

岩石种类	设计基本地震动峰值加速度	
	0.20g(0.30g)	0.40g
风化岩石	1∶1.5～1∶0.6	1∶1.5～1∶0.75

岩石种类	设计基本地震动峰值加速度	
	0.20g(0.30g)	0.40g
一般岩石	1：0.5～1：0.1	1：0.6～1：0.2
坚石	1：0.1～直立	1：0.1～直立

3.1.4　路基填料

填筑路基的理想材料应当是稳定性好、压缩性小、便于施工压实及运距短的土、石材料。

1. 填料的分类

填料按其性质和适用性可分为如下几种。

（1）砾石、不易风化的石块。渗水性强，水稳定性极好，强度高，为良好的填料，石块空隙间用小石料充填密实并经充分压实后，路堤残余下沉量小，车辆荷载作用下的塑性变形小。

（2）碎石土、卵石土、砾石土、粗砂、中砂。渗水性强、水稳性好。属施工性能良好的填料，但其中黏性土含量过多时，水稳性能下降较多。

（3）砂性土。既含有一定数量的粗颗粒，使之具有足够的强度和水稳定性，又含有一定数量的细颗粒，从而把粗颗粒黏结在一起，为填筑路堤的良好材料。

（4）黏性土。渗水性很差，干燥时强度高而不易挖掘，浸水后水稳定性差，强度下降，变形大，在充分碾压和有良好排水设施情况下，筑成的路基也能获得稳定。

（5）粉性土。含有较多的粉土粒，干时有一定黏结性，但易被压碎，浸水时很快被湿透，毛细现象严重，在季节性冰冻地区易产生湿度积聚，造成冻胀翻浆，水饱和时有振动液化问题，是最差的一种筑路材料。

（6）重黏土。渗水性极差，塑性指数和液限都很高，干时坚硬，难挖掘，湿时膨胀性和塑性都很大，不宜用作路基填料。

2. 路基填料设计

在设计路基填料时，要注意以下事项。

（1）填方路基宜选用级配较好的粗粒土作为填料。

（2）砾（角砾）类土、砂类土应优先选作路床填料，土质较差的细粒土可填于路堤底部。用不同填料填筑路基时，应分层填筑，每一水平层均应采用同类填料。

（3）泥炭、淤泥、冻土、强膨胀土及易溶盐超过允许限量的土，不得直接用于填筑路基。

（4）冰冻地区路床及浸水部分的路堤不应直接采用粉质土填筑。

（5）强风化岩石及浸水后容易崩解的岩石不宜作为浸水部分路堤填料。

（6）细粒土做填料，当土的含水率超过最佳含水率两个百分点以上时，应采取晾晒或掺入石灰、固化材料等技术措施进行处理。

（7）桥涵台背和挡土墙墙背填料，应优先选用内摩擦角值较大的砾（角砾）类土、砂类土填筑。

（8）适用于各级公路的以重型击实方法为标准的路床压实度和路床土最小强度要求见表3.6。

表 3.6　路床压实度和路床土最小强度要求

项目分类	路面底面以下深度/m	压实度/(%)			路床土最小强度(CBR)/(%)		
		高速公路、一级公路	二级公路	三、四级公路	高速公路、一级公路	二级公路	三、四级公路
填方路基	0~0.3	≥96	≥95	≥94	8	6	5
	0.3~0.8	≥96	≥95	≥94	5	4	3
零填及挖方路基	0~0.3	≥96	≥95	≥94	8	6	5
	0.3~0.8	≥96	≥95	≥94	5	4	3

注:①表列压实度系按《公路土工试验规程》(JTG 3430—2020)中重型击实试验法求得的最大干密度的压实度;②当三、四级公路铺筑沥青混凝土和水泥混凝土路面时,其压实度应采用二级公路的规定值。

公路路堤除了 80 cm 深度的路床土,以下部分的路基一律按重型击实试验法求得的最大干密度控制压实度。各个等级公路上路堤和下路堤的压实度和路堤填土最小强度要求见表 3.7。

表 3.7　路堤压实度及路堤填土最小强度要求

类别	路床底以下深度/m	压实度/(%)			填土最小强度(CBR)/(%)		
		高速公路、一级公路	二级公路	三、四级公路	高速公路、一级公路	二级公路	三、四级公路
上路堤	0.8~1.50	≥94	≥94	≥93	4	3	3
下路堤	1.50 以下	≥93	≥92	≥90	3	2	2

3.2　路基防护与加固设计

3.2.1　道路路基防护与加固概述

合理的路基设计,应在路基位置、横断面尺寸、岩土组成等方面综合考虑,为确保路基的强度与稳定性,路基的防护与加固也是不可缺少的工程技术措施。随着公路等级的提高,为维护正常的汽车运输,减少公路灾害,确保行车安全,保持公路与自然环境相协调,路基的防护和加固更具有重要的意义。防护工程是指防止冲刷和风化,主要起隔离作用的措施;加固工程是指防止路基或山体因重力作用而坍塌,主要起支撑作用的结构物。实践经验证明,在高等级公路建设中,防护工程对保证公路使用品质、提高投资效益均具有重要的意义。

路基防护与加固措施,主要有边坡坡面防护、堤岸防护与加固,以及湿软地基的加固自治。

边坡坡面防护,主要是保护路基边坡表面免受雨水冲刷,减缓温差及温度变化的影响,防止和延缓软弱岩土表面的风化、碎裂、剥蚀演变进程,从而保护路基边坡的整体稳定性,在一定程度上还可兼顾路基美化和协调自然环境。常用的边坡坡面防护措施有植物防护(种草、铺草皮、植树等)和工程防护(抹面、喷浆、勾缝和石砌护面等)。前者可视为有“生命”(成活)防护;后者属无机物防护。有“生命”防护以土质边坡为主,无机物防护以石质路堑边坡为主。在一定程度上,有“生命”防护在边坡稳定和改善路容方面,优于无机物防护。

堤岸防护与加固主要包括沿河滨海路堤、河滩路堤及水泽区路基,亦包括桥头引道,以及路基旁边的防护堤等。此类堤岸常年或季节性浸水,受流水冲刷、拍击和淘洗,造成路基浸湿,边坡淘空,或水位骤降时路基内细粒填料流失,致使路基失稳,边坡崩塌。堤岸防护与加固,主要针对水流的破坏作用而设,起防水治害和加固堤岸双重功效。

堤岸防护与加固设施有直接和间接两类。直接堤岸防护与加固设施包括植物防护和石砌防护两种,常用的有植树、铺石、抛石或石笼等。间接堤岸防护与加固设施包括丁坝、顺坝、防洪堤、拦水坝等,必要时进行疏浚河床,改变河道,避免或缓和水流对路基的直接破坏作用。改变水流流速、流向和原来的状态,可能导致堤岸对面及路基附近上下游遭害,必须慎重对待,掌握流水运动规律,因势利导,防治结合,综合治理。

湿软地基的承载能力较差,如沼泽与软土,低洼的湖(海)相沉积土层,人为垃圾填土等。填筑路基前必须予以加固,以防路基沉陷、滑移或产生其他病害。湿软地基加固规模大,造价高,应注意方案比较,研究技术和经济方面的可行性,尽量就地取材。地基加固是路基主体工程的一部分,要结合路基设计(确定路基标高,选择横断面,确定设施等)综合处置。

湿软地区修筑路基时,地基加固的关键在于治水和固结。各种加固方法可归纳成碾压夯实、排水固结、振动挤密、土工格栅加筋和化学加固五类。加筋土中加入某种能承受一定拉力的筋条或化学纤维,凭借筋条与填土之间的摩擦作用,提高土的抗剪强度,改善路基土层,亦能收到良好的效果。其他还有石灰桩、砂桩和砂井等。

3.2.2 道路路基坡面防护

1. 道路路基的植物防护

植物防护可美化路容,调节边坡上的湿温度,起到固结和稳定边坡的作用。它对于坡高不大、边坡比较平缓的土质坡面是一种简易有效的防护措施,其方法有种草、铺草皮和植树等。其中铺草皮包括拉伸网草皮、固定草种布和网格固定撒种等方法。用土工合成材料进行土质边坡防护的边坡坡度宜为$1:1.0 \sim 1:2.0$。

种草适用于坡度不大于$1:1$、土质适合种草、不浸水或短期浸水但地面径流速度不超过0.6 m/s的边坡。草种选用应根据防护目的、气候、土质、施工季节等确定,宜采用易成活、生长快、根系发达、叶茎矮或有匍匐茎的多年生草种,种子的配合、播种量等的设计应根据选用植物的生长特点、防护地点及施工方法确定。不宜种草的坡面,可以铺$5 \sim 10$ cm厚的种植土层,土层与原坡面结合稳定。

当坡面冲刷比较严重,边坡较陡,径流速度大于0.6 m/s,容许最大速度为1.8 m/s时,应根据具体条件(坡度与流速),分别采用平铺(平行于坡面)水平叠置、垂直坡面或与坡面成一半坡角的倾斜叠置草皮,还可采用片石铺砌成方格或拱式边框,方格或框内再植草皮。

铺草皮适用于需要快速绿化,且坡度缓于$1:1$的土质边坡和严重风化的软质岩石边坡。草皮应选择根系发达、茎矮叶茂、耐旱草种,不宜采用喜水草种,严禁采用生长在泥沼地的草皮。铺草皮应预先备料,草皮可就近培育,切成整齐块状,然后移铺在坡面上。铺时应自下而上,并用竹木小桩将草皮钉在坡面上,使之稳固。草皮根部土应随草切割,坡面要预先整平,必要时还应加铺种植土,草皮应随挖随铺,注意相互贴紧。

植树主要是用在堤岸边的河滩上,用来降低流速,促使泥沙淤积,防止水直接冲刷路堤。植树适用于坡度缓于 1:1.5 的边坡,或在边坡以外的河岸及漫滩外。树种应选用能迅速生长且根深枝密的低矮灌木类。公路弯道内侧边坡严禁栽植高大树木。多排林堤岸与流水方向斜交,还可以起到改变水流方向的作用。沙漠与雪害地区的防护林带具有阻沙防雪的作用。树木的品种与种植位置及宽度,应根据防护要求、流水速度等因素,参见有关设计手册,结合当地经验而定。城市或风景区的植物防护,应与有关部门协调配合。

三维植被网适用于砂性土、土夹石及风化岩石且坡度缓于 1:0.75 的边坡防护;三维植被网中的回填土采用客土或土、肥料及腐殖质土的混合物。

湿法喷播适用于土质边坡、土夹石边坡、严重风化岩石且坡度缓于 1:0.5 的路堑和路堤边坡,以及中央分隔带、立交区、服务区与弃土堆绿化防护。

客土喷播适用于风化岩石、土壤较少的软质岩石、养分较少的土壤、硬质土壤、植物立地条件差的高大陡坡面和受侵蚀显著的坡面。当坡度陡于 1:1 时,宜设置挂网或混凝土框架。

骨架植物防护适用于坡度缓于 1:0.75 的土质和全风化岩石边坡。当坡面受雨水冲刷严重或潮湿时,坡度应缓于 1:1。应视边坡坡度、土质和当地情况确定骨架形式,并与周围景观相协调。框架内应采用植物或其他辅助措施。在降雨量较大且集中的地区,骨架宜做成截水沟型。截水沟断面尺寸应根据降雨强度经计算确定。

多边形水泥混凝土空心块植物护坡适用于坡度缓于 1:0.75 的土质边坡和全风化、强风化的岩石路堑边坡,并视需要设置浆砌片石或混凝土骨架。多边形空心预制块的混凝土强度应不低于 C20,厚度应不小于 150 mm。空心预制块内应填充植土,喷播植草。

锚杆混凝土框架植物防护适用于土质边坡和坡体中无不良结构面、风化破碎的岩石路堑边坡。锚杆采用非预应力的全长黏结型锚杆,锚杆间距、长度应根据边坡地质情况确定。锚杆保护层厚度应不小于 20 mm。框架应采用钢筋混凝土,混凝土强度应不低于 C25,框架尺寸应根据边坡高度和地层情况等确定,框架内宜植草。

2. 道路路基的矿料防护

当不宜使用植物防护或考虑就地取材时,采用砂石、水泥、石灰等矿质材料进行坡面防护是常用的防护形式,主要有砂浆抹面、勾缝或喷涂以及石砌护坡或坡面墙等。这些形式各自适用于一定条件。

抹面防护适用于石质挖方坡面、岩石表面易风化、但比较完整、尚未剥落,如页岩、泥砂岩、千枚岩的新坡面。常用的抹面材料有石灰浆等,其中石灰为胶结料,要求精选。混合料如加纸筋或竹筋,可提高强度,防止开裂;如掺加适量制盐副产品卤水,因含有氯化钙与氯化镁,可使抹面加速硬化和预防开裂。抹面用料的配合比与用量参见有关手册。抹面厚度视材料和坡面状况而定,一般为 2～10 cm。操作前,应清理坡面风化层,填坑补洞,洒水润湿。抹面后,应拍浆、抹平和养生。

喷浆施工简便,效果较好,适用于易风化而坡面不平整的岩石挖方边坡,厚度一般为 5～10 cm。喷浆的水泥用量较大,重点工程可选用。比较经济的砂浆是用水泥、石灰、河砂及水,按质量比 1:1:6:3 配合。喷浆前后的处置与抹面相同。对坡面较陡或易风化的坡面,还可以在喷浆前先铺设加筋材料,加筋材料可以用铁丝网或土工格栅,喷浆坡面应设置排水孔。

喷护适用于坡度缓于 1:0.5、易风化但未遭强风化的岩石边坡。喷浆防护厚度宜不小于 50 mm,采用的砂浆强度应不低于 M10。喷射混凝土防护厚度宜不小于 80 mm,混凝土强度应不低于 C15。喷护坡面应设置泄水孔和伸缩缝。

锚杆挂网喷浆（混凝土），适用于坡面为碎裂结构的硬质岩石或层状结构的不连续地层以及坡面岩石与基岩分开并有可能下滑的挖方边坡。锚杆应嵌入稳固基岩内，锚固深度应根据岩体性质确定。钢筋网喷射混凝土支护厚度应不小于 100 mm，亦应不大于 250 mm。钢筋保护层厚度应不小于 20 mm。

比较坚硬的岩石坡面，为防止水渗入缝隙成害，应视缝隙深浅与大小，分别予以灌浆、勾缝或嵌补等。

上述防护方法，可以局部处置，综合使用，并与放缓边坡等方法加以比较，力求实用和经济。如果在坡面防护时着色或修饰，还有助于改善路容。

干砌片石护坡适用于坡度缓于 1∶1.25 的土（石）质路堑边坡。干砌片石护坡厚度宜不小于 250 mm。浆砌片（卵）石护坡适用于坡度缓于 1∶1 的易风化岩石和土质路堑边坡。浆砌片（卵）石护坡的厚度宜不小于 250 mm，砂浆强度应不低于 M15，护坡应设置伸缩缝和泄水孔。水泥混凝土预制块护坡适用于石料缺乏地区的路基边坡防护。预制块的混凝土强度应不低于 C15，在严寒地区应不低于 C20。铺砌层下应设置碎石或砂粒垫层，厚度宜不小于 100 mm。

护面墙适用于防护易风化或风化严重的软质岩石或较碎岩石的挖方边坡以及坡面易受侵蚀的土质边坡，边坡宜不陡于 1∶0.5。护面墙类型应根据边坡地质条件确定，窗孔式护面墙防护的边坡应不陡于 1∶0.75；拱式护面墙适用于边坡下部岩层较完整而上部须防护的路段，边坡应缓于 1∶0.5。单级护面墙的高度宜不超过 10 m，并应设置伸缩缝和泄水孔。护面墙基础应设置在稳定的地基上，埋置深度应根据地质条件确定；冰冻地区，应埋置在冰冻深度以下不小于 250 mm。护面墙前趾应低于边沟铺砌的底面。

护面墙高一般不超过 10 m，可以分级，中间设平台，墙背可设耳墙，纵向每 10 m 设一条伸缩缝，墙身应预留泄水孔，基础要求稳固，顶部应封闭。墙基软硬不均，可设拱跨过软弱地基。墙面常有各种不同地质现象，开挖后形成凹陷，应以石砌圬工填塞平整，称为支补墙。以上构造的具体尺寸，均可参考有关设计手册。

土钉支护适用于硬塑或坚硬的黏性土、胶结或弱胶结的粉土、砂土、砾石、软岩和风化岩层等挖方边坡的临时支护和永久支护。土钉支护的设计应特别重视水的作用与影响，必须在地表和支护内部设置完善的排水系统以疏导地表径流和地下水。对于永久性土钉支护的设计，应考虑长期使用过程中土体含水率的变化对土体抗剪强度的影响。边坡地下水较发达的挖方边坡不宜设置永久土钉支护。

土钉支护设计前，应对土钉支护边坡进行综合地质勘察试验，查明边坡地层、构造、岩土物理力学性质、水文地质条件及其潜在腐蚀性。土钉支护工程应进行土钉的基本抗拔性试验，试验数为工作土钉总数的 1%，且不少于 3 根。塑性指数 $I_p \geqslant 20$ 和液限 $\omega_L \geqslant 50\%$ 的黏土中的永久土钉支护应进行蠕变试验，试验数不少于 3 根。应根据边坡工程的重要性和实际条件，对土钉的工作状态和支护效果进行施工期和永久运行期的原位监测，监测项目可按要求选定。土钉支护边坡的水平位移不得超过 $0.3\% H$（H 为边坡高度）。

土钉支护宜用于高度不大于 18 m 的边坡防护，当土钉支护与预应力锚杆联合使用时，边坡高度可增加。边坡较高时宜设多级土钉支护。多级边坡的上下级之间应设置平台，平台高度宜不小于 2.0 m，每级坡高宜不大于 10 m。当土钉被用于腐蚀性土质、雨水较多地区的边坡支护，或土钉不可避免地要深入地下水水位以下时，应对土钉进行防腐处理，可根据情况选用聚乙烯、聚丙烯塑料波纹套管或环氧涂层钢筋。

抗滑桩设计之前,应对边坡进行详细的工程地质勘察,确定主滑方向、滑面位置、边界条件、岩土性质及水文地质条件。抗滑桩的设置必须保证滑坡体不越过桩顶或从桩间滑动,不产生新的滑坡。抗滑桩宜设置在滑坡厚度较薄、推力较小、锚固段地基强度较高的地段,确定桩的平面布置、桩间距、桩长和截面尺寸时,应综合考虑,以达到经济合理,并与周围景观相协调。可采用预应力锚索抗滑桩,或抗滑桩与明洞、排桩等组合使用。

3.2.3　道路路基冲刷防护

沿河地段路基受水流冲刷时,应根据河流特性、水流性质、河道地貌、地质等因素,结合路基位置,选用适宜的防护工程、导流或改河工程。

冲刷防护工程的顶面高程,应为设计水位加上波浪侵袭、壅水高度及安全高度。基底埋设在冲刷深度以下不小于 1m 或嵌入基岩内。当冲刷深度较深、水下施工困难时,可采用桩基、沉井基础或适宜的平面防护。

设置导流建筑物时,应根据河道地貌、地质、水流特性、河道演变规律和防护要求等设计导治线,并应避免农田、村庄、公路和下游路基的冲刷加剧。在山区河谷地段,不宜设置挑式导流建筑物。

1. 道路路基直接冲刷防护

为了防止流水直接危害沿河、滨海路堤以及有关海、河堤坝的堤岸边坡和坡脚,必须采取一定的防止冲刷的措施。

堤岸防护直接措施,包括植物防护、石砌防护或抛石与石笼防护,以及必要时设置的支挡结构(驳岸等)。其中植物防护与石砌防护,同坡面防护所述基本类同,但堤岸的防护冲刷主要原因是洪水急流,水位变迁不定,水流速度较大,相应要求更高。盛产石料的地区,当水流速度达到 3.0 m/s 或更高,植树与石砌防护无效时,可采用抛石防护。当水流速度达到或超过 5.0 m/s 时,则改用石笼防护,也可就地取材,用竹笼或梢料防护,必要时可以采用土工织物软体沉排护坡。

植物防护适用于允许流速小于 1.8 m/s 的季节性水流冲刷,并符合有关规定。经常浸水的路基边坡,不宜采用种草防护。在沿河路基外的河滩上植造防护林带,树种应具有喜水性。

砌石或混凝土护坡适用于允许流速为 2~8 m/s 的路堤边坡。用于冲刷防护的干(浆)砌片石(混凝土块)护坡应符合有关规定。浆砌片(卵)石护坡厚度应按流速和波浪的大小等因素确定,并应不小于 350 mm。护坡底面应设厚度不小于 100 mm 的反滤层。

抛石防护,类似在坡脚处设置护脚,亦称抛石垛。抛石适用于经常浸水且水深较大的路基边坡或坡脚以及挡土墙、护坡的基础防护。抛石一般多用于抢修工程。抛石不受气候条件限制,路基沉实以前均可施工,季节性浸水或长期浸水亦均可用。抛石垛的边坡坡度,不应陡于抛石浸水后的天然休止角,边坡坡度一般为 1:1.5~2.0 或 1:1.25~2.0;石料粒径视水深与流速而定,一般为 300~500 mm。

石笼防护适用于受水流冲刷和风浪侵袭,且防护工程基础不易处理或沿河挡土墙、护坡基础局部冲刷深度过大的沿河路堤坡脚或河岸。石笼是用铁丝编织成框架,内有石料,石笼内所填石料,应采用重度大、浸水不崩解、坚硬且未风化石块设在坡脚处以防急流和大风浪破坏堤岸,也可用来加固河床,防止淘刷。铁丝框架可以用箱形或圆形。笼内填石的粒径,应大于石笼的网孔,最小不小于 4.0 cm,一般为 5~20 cm,外层应用大且棱角突出石料,内层可用较小石块填充。石笼在坡脚处排列,用于防止冲刷淘底时,应平铺并与坡脚线垂直,而且堤岸一端固定,另一端不必固定,淘刷后可以向下沉落贴于底面;用于防止堤岸边坡冲刷时,则平铺成梯形。单个石笼的大小,以不被相应速度的水流冲动为宜,铺设时需用碎(砾)石垫层铺平,底层各角可用铁棒固定基底。

浸水挡土墙适用于允许流速为 $5 \sim 8$ m/s 的峡谷急流和水流冲刷严重的河段。浸水挡土墙设计应符合有关规定,并应和岸坡衔接。

土工织物软体沉排是在土工织物上以块石或预制混凝土块体为压重的护坡结构。土工织物软体沉排一般适用于水下工程及预计可能发生冲刷的河床和岸坡。

土工膜袋适用于允许流速为 $2 \sim 3$ m/s 的沿河路基冲刷防护。土工膜袋可用于替代干砌块石、砂浆块石等修建堤坡、堤脚,构筑丁坝、低坝主体,还可用于堤坝崩塌、江河崩岸险情的抢护。土工膜袋是一种双层织物袋,袋中充填流动性混凝土或水泥砂浆或细石混凝土,凝固后形成高强度和高刚度的硬结板块。土工膜袋材料应满足表 3.8 的技术要求,袋内可充填混凝土或砂浆。在充填混凝土的情况下,当土工膜袋厚度为 $150 \sim 200$ mm 时,粗集料最大粒径应不大于 20 mm,当土工膜袋厚度不小于 250 mm 时,粗集料最大粒径应不大于 40mm。坍落度宜不小于 20 mm,强度不低于 C10;充填砂浆时,其强度等级不低于 M2.5。采用土工膜袋护坡的坡度不得陡于 $1:1$。如在水下施工,水流速度宜不大于 1.5 m/s。膜袋选型应根据工程要求和地质、地形、水文、经济与施工条件等确定。应根据水流量选定膜袋滤水点分布数量,当选用无滤水点膜袋时,应增设渗水滤管。

表 3.8 土工膜袋材料要求

指标内容	指标要求	指标内容	指标要求
顶破强度/N	$\geqslant 1500$	等效孔径 O_{95}/(mm)	$0.07 \sim 0.15$
渗透系数/($\times 10^{-3}$ cm/s)	$0.86 \sim 10$	延伸率/(%)	$\leqslant 15$

2. 道路路基间接冲刷防护

设置导治结构物可改变水流方向,消除和减缓水流对堤岸的直接破坏,同时可减轻堤岸近旁淤积,彻底解除水流对局部堤岸的损害作用,起安全保护作用。导治结构物是桥涵和路基的重要附属工程,由于涉及水流改向,影响范围较大,工程费用亦较高,务必慎重。用于防护堤岸的改河工程,一般限于小型工程,如裁弯取直、挖滩改道、清除孤石,可在小河的局部段落上进行。

导治结构物主要是设坝,按其与河道的相对位置,一般可分为丁坝、顺坝和格坝。导治结构物的布置应综合考虑河道宽窄、水流方向、地质条件、防护要求、材料来源、施工条件和工程经济等,要避免河床压缩,或因水位提高和水流改向而危害河对岸或附近地段的农田水利、地面建筑及堤岸等。

顺坝大致与堤岸平行,主要作用为导流、束水、调整流水曲度、改善流态。格坝在平面上成网格状,设于顺坝与堤岸之间,防止高水位时水流溢出冲刷内岸坡和坡脚,并促进格间的淤积。丁坝大致与堤岸垂直或斜交,将水流挑离堤岸,束河归槽,改善流态。顺坝亦称导流坝,丁坝亦称挑水坝。

丁坝适用于宽浅变迁性河段,用以挑流或减低流速,减轻水流对河岸或路基的冲刷。丁坝长度应根据防护的长度、与水流方向的交角、河段地形、水文条件及河床地质情况等确定,垂直于水流方向上的投影长度不宜超过稳定河床宽度的 1/4。用于路基防护的丁坝宜采用漫水坝或潜坝,丁坝与水流方向的交角以小于或等于 90° 为宜。当设置群坝时,坝间距离应不大于前坝的反滤长度。丁坝间的河岸或路基的边坡所能承受的允许流速小于水流靠岸回流流速时,应缩短坝距,或对河岸及路基边坡采取防护措施。丁坝的横断面形式和尺寸应根据材料种类、河流的水文特性等确定,坝顶宽度根据稳定计算确定。

顺坝适用于河床端面较窄、基础地质条件较差的河岸或沿河路基防护,用于调整流水曲度和改善流态。顺坝与上、下游河岸的衔接,应水流顺畅,起点应选择在水流匀、顺的过渡段,坝根位置宜设在主流转向点的上方。坝顶宽度应根据稳定计算确定,坝根应嵌入稳定河岸内不小于 3 m。漫溢式顺坝,应在坝后设置格坝。

沿河路基受水流冲刷严重,或防护工程艰巨,以及路线在短距离内多次跨越弯曲河道时可改移河道。主河槽改动频繁的变迁性河流或支流较多的河段不宜改河。改河起点和终点的位置应与原河床顺接。为防止水流重归故道,宜在改河入口处加陡纵坡并设置拦河坝或顺坝。新河槽端面应按设计洪水频率的流量设计。改河河段的防护设计应参照有关规定进行。

公路工程中的改河,主要目的是:将直接冲刷路基的水流引向旁处;路基占用河道后,需要拓宽河道;挖滩改河,清除孤石,改移河道,以保护路基;裁弯取直,有利于布置路线或桥涵。这些措施经论证可行,确有必要且效益高时,方可通过设计计算,最后实施。

导治结构物的布置是工程成败的关键。布置恰当能收到预期效果;布置不当反而恶化水流,造成水毁。关键在于合理设计导治线,符合预定的河轴线和河岸线要求,并选择导治水位,不致出现不利的冲刷情况。导治线与导治水位,应依据水流和河岸、河床地形、地质情况、水流对上下游堤岸的影响等因素,通过综合分析和设计计算而定。

导治结构物的构造与要求,以及结构物与改河工程的具体设计与计算方法,可查看相关规范与手册,在此不再赘述。

3.2.4　软土地基加固

土木工程中,地基加固极为重要,公路工程范围的建筑物亦不例外。路基敷设于天然地基上,自身荷载较大,要求地基具有足够的承载力,以保持地基稳定,另外,应使某些自然因素(如地下水、坑穴、湿陷、胀缩等)不致产生路基的有害变形。

1. 软土地基的特性

软土在我国滨海平原、河口三角洲、湖盆地周围及山谷地均有广泛分布。在软土地基上修筑路基,若不加处理,往往会发生路基失稳或过量沉陷,导致公路破坏或不能正常使用。

所谓软土,从广义上讲就是强度低、压缩性高的软弱土层。根据孔隙比及有机质含量,结合含水率、压缩系数、渗透系数、快剪强度及天然重度等,可将软土划分为软黏性土、淤泥质土、淤泥、泥炭质土及泥炭五种类型。前三种天然重度为 16~19 kN/m³;后两种天然重度为 10~16 kN/m³。习惯上把淤泥、淤泥质土和软黏性土总称为软土,而把有机质含量很高的泥炭、泥炭质土称为泥沼。泥沼比软土具有更大的压缩性,但它的渗透性强,承受荷载后能够迅速固结,工程处理比较容易。这里主要讨论天然强度低、压缩性高且透水性小的软土上的路基施工问题。

我国各地的软土都有近于相同的共性,主要表现如下。

(1) 天然含水率高、孔隙比大。含水率为 34%~72%,孔隙比为 1.0~1.9,饱和度一般大于 95%,液限一般为 35%~60%,塑性指数为 13~30,天然重度为 15~19 kN/m³。

(2) 透水性差。大部分软土的渗透系数为 $10^{-8} \sim 10^{-7}$ cm/s。

(3) 压缩性高。压缩系数为 0.3~0.5,属高压缩性土。

（4）抗剪强度低。其快剪黏聚力在 10 kPa 左右，快剪内摩擦角为 0°～5°。

（5）具有触变性。一旦受到扰动，土的强度明显下降，甚至呈流动状态。

（6）流变性显著。其长期抗剪强度只有一般土质抗剪强度的 40%～80%。

应调查收集沿线的地形、地貌、工程地质、水文地质、气象等资料，按照《公路工程地质勘察规范》（JTG C20—2011）的有关规定，采用适宜的勘探方法进行综合勘探试验和现场原位测试，并进行统计与分析，为设计提供可靠的软土物理力学性质指标。

软土地基上公路路基的设计包括沉降计算、稳定验算及其相应的处治方法的设计；施工中的沉降与侧向位移（稳定）观测的技术要求应作为设计内容。

在未经处治的天然软土地基单位面积荷重达到天然地基极限承载力时，能够填筑的路堤高度称为极限高度。路堤超过极限高度后，必然发生大量的沉陷、坍滑，必须采取加固措施，才能保证路堤的稳定与正常施工。

在软土上修筑路堤或建造人工构造物时，会产生较大的沉降及侧向变形，这种沉降及变形必须控制在容许范围之内。容许工后沉降即路面设计使用年限内的剩余沉降，我国的容许工后沉降标准见表3.9。当路面设计使用年限（沥青路面 15 年、水泥混凝土路面 30 年）内的残余沉降（简称工后沉降）不满足表 3.9 的要求时，应针对沉降进行处治设计。软土地基处治设计包括稳定处治设计和沉降处治设计。

表 3.9　容许工后沉降标准 （单位：m）

道路等级	桥台与路堤相邻处	涵洞、通道处	一般路段
高速公路、一级公路	≤0.10	≤0.20	≤0.30
二级公路	≤0.20	≤0.30	≤0.50

2. 软土地基的加固措施

软土地基上路基的整体稳定性必须等于或大于容许稳定安全系数，而在路面设计使用年限内的工后沉降必须小于容许工后沉降，否则应进行地基处理。软土地基处治时应遵循以下原则：投资少、效益高、少占农田和安全实用的技术经济政策；密切结合当地工程地质条件、材料供应、施工力量和工期要求，因地制宜，达到技术上先进、经济上合理。软土地基的处理方法多种多样，主要的处理方法有下述几种。

（1）换填土层法。

换填土层法，即将基底下一定深度范围内的湿软土层挖去，换成强度较大的砂、碎（砾）石、灰土或素土，以及其他性能稳定、无侵蚀性的土类，并予以压实。换填材料不同，其应力分布虽有所差异，但其极限承载力比较接近，而且沉降特点亦基本相似，因此大致按砂垫层的计算方法，结果相差不大。

砂垫层可提高承载力，减少沉降量，加速软弱土层的排水固结，防止冻胀，消除膨胀土的胀缩作用，亦可处理暗穴。砂垫层厚度一般为 0.6～1.0 m，太厚施工太难，太薄效果差。砂料以中粗砂为宜，要求级配良好，颗粒的不均匀系数不大于 5，含泥量不超过 5%。

软土地基上修筑的路堤底部均宜设置透水性水平垫层，厚度以 0.50 m 为宜。对于缺少砂砾的地区，可以将土工合成材料和砂砾垫层配合使用，以减小砂砾垫层的厚度。

轻质路堤可采用粉煤灰、泡沫聚苯乙烯（EPS）块等轻质材料填筑。采用粉煤灰填筑路堤时，有关技术要求按相关规定执行。采用 EPS 路堤时，应计算路堤的压缩变形和抗浮稳定性。

路堤加筋时，应采用强度高、变形小、耐老化的土工合成材料作为加筋材料。

（2）重锤夯实法。

重锤夯实法加固地基,可提高地基表层土的强度。对湿陷性黄土,可降低地表的湿陷性;对杂填土,可减少表层土的强度不均一性。重锤夯实法适用于地下水水位 0.8 m 以下稍湿的一般黏土、砂土、湿陷性黏土、杂填土等。重锤夯实法,一般以钢筋混凝土制成截头圆锥体(底部垫钢板),质量宜为 1.5 t 或稍重,锤底的夯击遍数一般以最后两次的平均夯沉量不超过规定值来控制,即一般黏性土和湿陷性黄土为 1~2 cm,砂土为 0.5~1.0 cm。实践结果表明,一般是 8~12 遍,作用深度约为锤底直径的一倍。

在重锤夯实法的基础上,经过研究和实践,20 世纪 60 年代末期出现强夯法,亦称动力固结法,它是以 8~12 t(甚至 20 t)的重锤,8~20 m 落距(最高达 40 m),对土基进行强力夯击,利用冲击波和动应力达到加固土基的目的。此项新技术出现之后迅速在国内外得到广泛应用,效果十分显著。

（3）排水固结法。

采用排水固结法时,应根据软土厚度与性质、路堤高度、路基稳定与工后沉降控制标准、施工工期等,综合分析确定软土地基采用砂垫层预压或袋装砂井(塑料排水板)预压或真空联合堆载预压的处理方案。

采用袋装砂井或塑料排水板预压时,竖向排水体宜按等边三角形布置,其长度由路基对地基的稳定性和变形要求确定,对于较薄的软土层,宜贯穿软土层。预压期宜不小于 6 个月。

根据预压期和营运期作用在地基荷载的大小,预压分为欠载预压、等载预压和超载预压。预压高度应根据软土的性质、路堤设计高度、填料情况及施工工期等确定,并应考虑路面结构层材料重度与填料重度不同的因素。超载预压高度应能满足施工期路基稳定性的要求。

预压期应根据要求的工后沉降量或要求的地基固结度确定。在预压期内地基应完成的沉降量不能小于路面设计使用年限末的沉降量与容许工后沉降之差,必要时,预压期末地基的固结度还应满足路堤稳定性的要求。

采用真空联合堆载预压法时,应在地基中设置砂井或塑料排水板等竖向排水体,真空预压的密封膜下的真空度宜不小于 70 kPa。当表层存在良好的透气层以及在处理范围内存在水源补给充足的透水层等情况下,应采取切断透气层和透水层的措施。

（4）挤密法。

土基中成孔后,在孔中灌以砂、石、土、灰土或石灰等材料,捣实而成直径较大的桩体,利用横向挤紧作用,使地基土粒彼此靠紧,孔隙减少,而且孔被填满和压紧,形成桩体,桩体具较强的承载能力,群桩的面积约占松散土加固面积的 20%,使桩和原土组成地基,达到加固的目的。

孔中灌砂形成砂桩,与砂井相比,形式相仿,但作用不同。井砂的作用是排水固结,井径较小而间距较大;砂桩的作用是将地基土挤紧,井径较大而间距较小。砂井适合过湿软土层,而砂桩适用于处理松砂、杂填土和黏粒含量不大的普通黏性土,亦可有效防止砂土地基的振动液化。饱和软黏土的渗透性较小,灵敏度较大,夯击过程中土内产生的超孔隙压力不易迅速扩散,砂桩的挤密效果较差,甚至能破坏地基土的天然结构。

孔中填石灰而成石灰桩,用于挤密软土地层,是近年来在国内外广泛应用的一种新方法。石灰桩主要作用是挤密,而生石灰的吸水、膨胀、发热及离子交换作用,使桩体硬化,改善了原地基土的性质,此外,还可减少因周围土的蠕变所引起的侧向位移。利用石灰桩加固软土地基,关键在于石灰桩在地下水中能否结硬,试验证明:水中含有酸根是石灰桩结硬的基本条件。由于石灰桩在水下结硬的速度比在空气中慢得多,所以将石灰和水就地拌和,增加石灰与外界的接触,结构条件比纯石灰桩好得多,可提高桩的早期强度。石灰桩吸水膨胀和对土体的挤压作用,是石灰桩加固地基的特殊功能。石灰桩施工的基本要求:生石灰必须密封储存,最好选用新鲜块灰;灰块必须粉碎至一定要求。

砂桩和石灰桩的布置尺寸,需通过设计计算而定,一般桩径为 20～30 cm,桩的间距约为桩径的 3.5 倍,可在平面上按梅花形布置,桩的长度与加固土层厚度及加固要求有关。桩孔的施工方法有冲击和振动等。在湿陷性黄土中还可以采用爆扩成孔法,孔径约为 10 cm,孔内每隔 50 cm 置炸药筒,引爆扩孔挤压,再灌以黄土或灰土,分隔捣实,可以消除黄土的湿陷性。

振冲粒料桩适用于十字板抗剪强度大于 15 kPa 的地基土;沉管粒料桩适用于十字板抗剪强度大于 10 kPa 的地基土。粒料桩的直径及设置深度、间距应经稳定、沉降验算后确定,相邻桩净距不应大于 4 倍桩径。

振冲法是以起重机吊起振冲器、电动振冲器产生高频振动,水泵喷射高压水流,在振动和高压水的联合作用下,振冲器沉入土中预定深度,经过清孔用循环水带出孔中稠泥浆,向孔中逐段添加填料、予以振动挤密,在地基土中形成振冲桩。振冲器的起重能力为 10～15 t,水压力宜大于 500 kPa,供水量大于 20 m³/h,加料量的供应能力不小于 0.8 m³/min。

(5) 化学加固法。

利用化学溶液或胶结剂,采用压力灌注或搅拌混合等措施,使土颗粒胶结起来,达到对地基加固的目的,称为化学加固法,又称胶结法。此法加固效果取决于土的性质和所用化学剂,亦与施工工艺有关。

目前化学溶液主要有:①以水玻璃溶液为主的浆液,其配方较多,常用的水玻璃浆液和氯化钙浆液配合使用,价格很高,使用受到限制;②以丙烯酸氨为主的浆液,我国研制的丙强是其中一种,加固效果较好,因价高亦难以广泛采用;③水泥浆液,是由高强度的硅酸盐水泥,配以速凝剂而组成的浆液;④以纸浆溶液为主的浆液,如重铬酸盐木质素和木铵,加固效果好,但有毒性,且易污染地下水。以上四类,目前以水泥浆液使用较多。今后发展的关键应是研制高效、无毒、易渗的化学浆液。

化学加固法施工工艺有注浆法、旋喷法和深层搅拌法。注浆法是利用机械压力将浆液通过注入管均匀注入地层,浆液以填充和渗透方式排挤土颗粒间或石隙中水分和空气,占据其位置,一定时间后,浆液凝固,可使原土层或缝隙固结成整体。其用途很广,路基中除用于防护坡面和堤岸处,亦可用于加固土基和整治滑坡等病害,用于加固流砂或流石地基,可以提高强度和不透水性,改善地下工程的开挖条件等。注浆法所用的浆液,分为无机和有机两种。以水泥为主的浆液为无机类。其料源多、价格较低,但不宜灌入孔隙细微的土内,一般常用于砂卵石及岩石较大裂隙的地质条件中。水泥浆的水灰比为 0.8～1.0。为了改善浆液性能,可掺加外加剂。如速凝时,加水玻璃或氯化钙等;缓凝时,加岩粉或木质亚酸等。

旋喷法是在注浆法基础上发展起来的一项新技术。旋喷法是用钻机钻孔至设计深度,用高脉冲泵,通过安装在钻井下端的特殊喷射装置,向土中喷射化学浆液,在喷浆同时,钻杆以一定速度旋转并逐渐往上提升,高压射速流使一定范围的土体结构破坏,强制破坏的土体与化学浆液混合,胶结硬化后在土层中形成直径较均匀的圆柱体。旋喷的浆液以水泥浆液为主,如果土的渗水性较大或地下水流速较快,为防止浆液流失,浆液中应加速凝剂(如乙醇胺和氯化钙等)。

3.3　挡土墙设计

3.3.1　挡土墙概述

1. 挡土墙的用途

挡土墙是用来支撑天然边坡或人工填土边坡以保持土体稳定的建筑物,在公路工程中广泛应用于支撑路堤或路堑边坡、隧道洞口、桥梁及河流岸壁等。

按照墙的设置位置,挡土墙可分为路堑墙、路堤墙、路肩墙和山坡墙等类型(见图 3.2)。

路肩挡土墙或路堤挡土墙设置在高填路堤或陡坡路堤的下方,可以防止路基边坡或基底滑动,确保路基稳定,同时可收缩填土坡脚,减少填方数量,减少拆迁和占地面积,以及保护邻近线路的重要建筑物。

路堑挡土墙设置在堑坡底部,主要用于支撑开挖后不能自行稳定的边坡,同时可减少挖方数量,降低边坡高度。山坡挡土墙设在堑坡上部,用于支撑山坡上可能坍塌的覆盖层,有的也兼有拦石作用。

此外,设置在隧道口或明洞口的挡土墙,可缩短隧道或明洞长度,降低工程造价。设置在桥梁两端的挡土墙,作为翼墙或桥台,起着护台的作用,而抗滑挡土墙则用于防治滑坡。

挡土墙各部分名称如图 3.2(a)所示,靠填土(或山体)一侧为墙背,外露一侧为墙面(也称墙胸),墙面与墙底的交线称为墙趾,墙背与墙底的交线称为墙踵,墙背与铅垂线的交角称为墙背倾角 α。

墙背的倾角方向比照面向外侧站立的人的俯仰情况,分俯斜、仰斜和垂直三种。墙背向外侧倾斜时,为俯斜墙背,如图 3.2(a)所示的 α 为正,墙背铅垂时,为垂直墙背,如图 3.2(b)所示的 α 为零,墙背向填土一侧倾斜时,为仰斜墙背,如图 3.2(c)所示的 α 为负。如果墙背具有单一坡度,称为直线形墙背;若多于一个坡度,则称为折线形墙背。

选择挡土墙设计方案时,应与其他方案进行技术经济比较。例如,采用路堑或山坡挡土墙,常需与隧道、明洞或刷缓边坡的方案做比较;采用路堤或路肩挡土墙,有时需与栈桥或陡坡填方等相比较,以求工程经济合理。

2. 挡土墙的类型

(1) 重力式挡土墙。

重力式挡土墙依靠墙身自重支撑压力来维持其稳定。一般多采用片(块)石砌筑,在缺乏石料的地区也有用混凝土修建的。重力式挡土墙圬工量较大,但其形式简单,施工方便,可就地取材,适应性较强,故被广泛应用。

为适应不同地形、地质条件及经济要求,重力式挡土墙具有多种墙背形式。其中,墙背为直线形的是普通重力式挡土墙,其断面形式简单,土压力计算简便。带衡重台的挡土墙,称为衡重式挡土墙。其主要稳定条件仍凭借墙身自重,但由于衡重台上填土的重力使全墙重心后移,增加了墙身的稳定,且因其墙面胸坡很陡,下墙墙背仰斜,可减小墙身高度,减少开挖工作量,避免过分牵动山体的稳定,有时还可以利用台后净空拦截落石。衡重式挡土墙适于在山区公路建设中采用,但由于其基底面积较小,对地基承载力要求较高,因此应设置在坚硬的地基上。不带衡重台的折线形墙背挡土墙,则介乎上述两者之间。

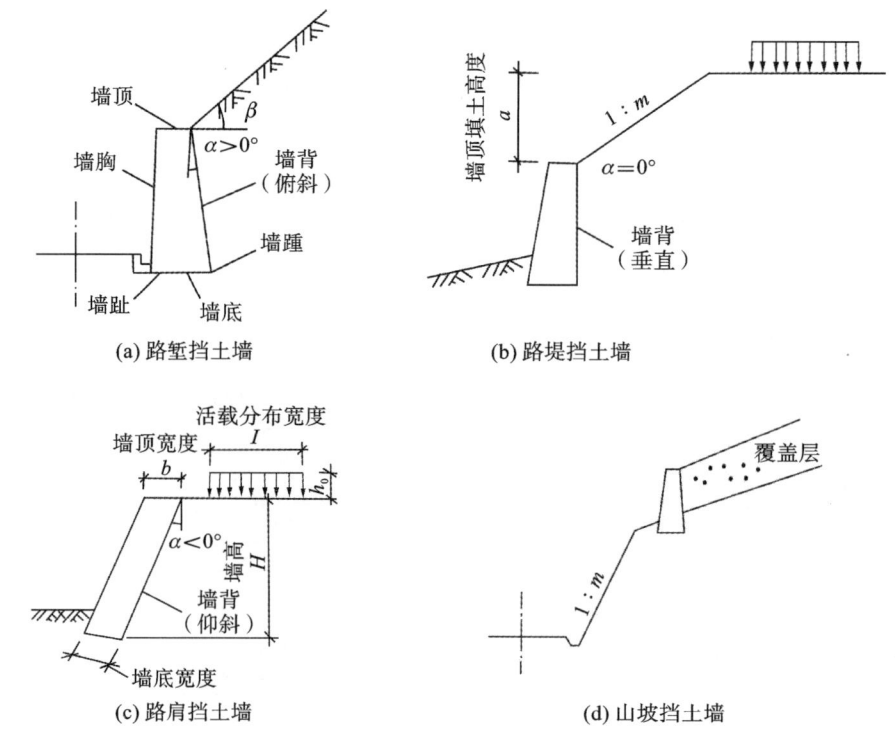

图 3.2　挡土墙的各部分名称

（2）锚定式挡土墙。

锚定式挡土墙通常包括锚杆式和锚定板式两种。

锚杆式挡土墙是一种轻型挡土墙，主要由预制的钢筋混凝土立柱、挡土板构成墙面，与水平或倾斜的钢板联合组成。锚杆的一端与立柱连接，另一端被锚固在山坡深处的稳定岩层或土层中。墙后侧压力由挡土板传递给立柱，由锚杆与岩体之间的锚固力，即锚杆的抗拔力，使墙获得稳定。它适用于墙高较大、石料缺乏或挖基困难地区具有锚固条件的路基挡土墙，一般多用于路堑挡土墙。

锚定板式挡土墙的结构形式与锚杆式基本相同，只是锚杆的锚固端改用锚定板，入墙后填料内部的稳定层中，依靠锚定板产生的抗拔力抵抗侧压力，保持墙的稳定，主要适用于缺乏石料的地区，不适用于路堑挡土墙。

锚定式挡土墙的特点在于构件断面小，工程量小，不受地基承载力的限制，构件可预制，有利于实现结构轻型化和施工机械化。

（3）薄壁式挡土墙。

薄壁式挡土墙是钢筋混凝土结构，包括悬臂式和扶壁式两种主要形式。

悬臂式挡土墙由立壁和底板组成，具有三个悬臂，即立壁、趾板和踵板。当墙身较高时，沿墙长每隔一定距离筑肋板（扶壁）联结墙面板及踵板，称为扶壁式挡土墙。它们的共同特点是：墙身断面较小，结构的稳定性不是依靠本身的重力，而是主要依靠踵板上的填土重力来保证；自重小，圬工省，适用于墙高较大的情况，但需使用一定数量的钢材；经济效果较好。

（4）加筋土挡土墙。

加筋土挡土墙由填土、填土中布置的拉筋条以及墙面板三部分组成。在垂直于墙面的方向,按一定间隔和高度水平地放置拉筋材料,然后填土压实,通过填土与拉筋间的摩擦作用,把土的侧压力传递给拉筋,从而稳定土体。拉筋材料通常为镀锌薄钢带、铝合金、高强度塑料及合成纤维等。墙面板一般用混凝土预制,也可采用半圆形铝板。加筋土挡土墙为柔性结构,对地基变形适应性大,建筑高度大,适用于填土路基,结构简单,圬工量少,与其他类型挡土墙相比,可节省投资 30%～70%,经济效益大。

此外,挡土墙还有柱板式挡土墙、桩板式挡土墙和垛式(又称框架式)挡土墙等。挡土墙的类型应综合考虑工程地质、水文地质、冲刷深度、荷载作用情况、环境条件、施工条件、工程造价等因素按相关规定选用。

3. 路基考虑修建挡土墙的情况

(1) 路基位于陡坡地段或岩石风化的路堑边缘地段;

(2) 为避免大量挖方及降低边坡高度的路堑地段;

(3) 可能产生塌方、滑坡的不良地质路段;

(4) 水流冲刷严重或长期受水浸泡的沿河路基地段;

(5) 为节约用地、减少拆迁或少占农田的地段;

(6) 为保护重要建筑物、生态环境或有其他特殊需要的地段。

3.3.2 重力式挡土墙的布置与构造

1. 重力式挡土墙的布置

挡土墙的布置通常在路基横断面图和墙趾纵断面图上进行。布置前,应现场核对路基横断面图,不足时应补测;测绘墙趾处的纵断面图,收集墙趾处的地质和水文等资料。

(1) 挡土墙位置的选定。

路堑挡土墙大多数设在边沟等。山坡挡土墙应设在基础可靠处,墙的高度应保证墙后墙顶上边的稳定。

当路肩墙与路堤墙的墙高或截面圬工数量相近、基础情况相似时,应优选用路肩墙,按路基宽布置挡土墙位置,因为路肩挡土墙可充分收缩坡脚,大量减少填方和占地。若路堤墙的高度或圬工数量比路肩墙显著降低,而且基础可靠,宜选用路堤墙,并做经济比较后确定墙的位置。

沿河路堤设置挡土墙时,应结合河流情况来布置,注意设墙后仍保持水流顺畅,不致挤压河道而引起局部冲刷。

(2) 挡土墙的平面布置。

对于个别复杂的挡土墙,如高、长的沿河曲线挡土墙,应做平面布置,绘制平面图,标明挡土墙与路线的平面位置及附近地貌与地物等情况,特别是与挡土墙有干扰的建筑物的情况。沿河挡土墙还应绘出河道及水流方向,防护与加固工程等。

(3) 挡土墙的纵向布置。

挡土墙纵向布置在墙趾纵断面图上进行,布置后绘成挡土墙正面图。布置的内容如下。

① 确定挡土墙的起讫点和墙长,选择挡土墙与路基或其他结构物的衔接方式。路肩挡土墙端部可嵌入石质路堑中,或采用锥坡与路堤衔接;与桥台连接时,为了防止墙后回填土从桥台尾端与挡墙连接处的空隙中溜出,需在台尾与挡土墙之间设置隔墙及接头墙。

路堑挡土墙在隧道洞口应结合隧道洞门、翼墙的设置做到平顺衔接;与路堑边坡衔接时,一般将墙高逐渐降低至 2 m 以下,使边坡坡脚不致伸入边沟内,有时也可与横向端墙连接。

②按地基及地形情况进行分段,确定伸缩缝与沉降缝的位置。

③布置各段挡土墙的基础。墙趾地面有纵坡时,挡土墙的基底宜做成不大于 5% 的纵坡。但地基为岩石时,为减少开挖,可沿纵向做成台阶。台阶尺寸视纵坡大小而定,但其高宽比宜不大于 1:2。

④布置泄水孔的位置,包括数量、间隔和尺寸等。在布置图上注明各特征点的桩号,以及墙顶、基础顶面、基底、冲刷线、冰冻线、常水位线或设计洪水位的标高等。

(4) 挡土墙的横向布置。

横向布置,选择在墙高最大处、墙身断面或基础形式有变化处,以及其他必需桩号处的横断面图上进行。根据墙型、墙高及地基与填料的物理力学指标等设计资料,进行挡土墙设计或套用标准图,确定墙身断面、基础形式和埋置深度,布置排水设施等,并绘制挡土墙横断面图。

以上设计图纸,可编写简要说明,必要时可另编设计说明书,说明选用挡土墙方案的理由、选用挡土墙结构类型和设计参数的依据、对材料和施工的要求、注意事项以及主要工程数量等,如采用标准图,应注明其编号。

2. 重力式挡土墙的构造

挡土墙的构造必须满足强度和稳定性的要求,同时考虑就地取材、结构合理、断面经济、施工养护方便与安全。

常用的重力式挡土墙一般由墙身、基础、排水设施、沉降缝和伸缩缝等部分组成。

(1) 墙身。

①墙背。重力式挡土墙的墙背,可做成仰斜、垂直、俯斜、凸形折线和衡重式等形式。

仰斜墙背所受的土压力小,故墙身断面较经济。用于路堑墙时,墙身与开挖面边坡较贴合,故开挖量与回填量均较小。但当墙趾处地面横坡较陡时,会使墙身增高,断面增大。故仰斜墙背适用于路堑墙及墙趾处地面平坦的路肩墙或路堤墙。仰斜墙背的坡度宜不缓于 1:0.3,以免施工困难。

俯斜墙背所受的土压力较大。在地面横坡陡峻时,俯斜式挡土墙可采用陡直的墙面,借以减小墙高。俯斜墙背也可做成台阶形,以增加墙背与填料间的摩擦力。

垂直墙背的特点介于仰斜墙背和俯斜墙背之间。

凸形折线墙背是将仰斜式挡土墙的上部墙背改为俯斜,以减小上部断面尺寸,多用于路堑墙,也可用于路肩墙。

衡重式墙在上下墙之间设衡重台,并采用陡直的墙面,适用于山区地形陡峻处的路肩墙和路堤墙,也可用于路堑墙。上墙俯斜墙背的坡度为 1:0.25~1:0.45,下墙仰斜墙背在 1:0.25 左右,上下墙的墙高比一般为 2:3。

②墙面。墙面一般均为平面,其坡度应与墙背坡度相协调。墙面坡度直接影响挡土墙的高度,因此,在地面横坡较陡时,墙面坡度一般为 1:0.05~1:0.20,矮墙可用陡直墙面;地面平缓时,一般采用 1:0.20~1:0.35 较为经济。

③墙顶。墙顶最小宽度,浆砌挡土墙不小于 50 cm,干砌挡土墙不小于 60 cm。浆砌路肩墙顶一般采用粗石料或混凝土做成顶帽,厚为 40 cm。如不做顶帽,对路堤墙和路堑墙,墙顶应以大块石砌筑,并用砂浆勾缝,或用 M5 砂浆抹平顶面,砂浆厚为 2 cm。干砌挡土墙墙顶 50 cm 高度内,应用 M25 砂浆

砌筑,以增加墙身稳定。干砌挡土墙的高度一般宜不大于 6 m。

④护栏。为保证交通安全,在地形险峻地段,或过高过长的路肩墙的墙顶应设置护栏。为保持土路肩最小宽度,护栏内侧边缘距路面边缘的距离,二、三级路不小于 0.75 m,四级路不小于 0.5 m。

(2) 基础。

地基不良和基础处理不当,往往会引起挡土墙的破坏,因此必须重视挡土墙的基础设计,事先应对地基的地质条件做详细调查,必要时须先做挖探或钻探,然后确定基础类型与埋置深度。

①基础类型。绝大多数挡土墙都直接修筑在天然基础上。当地基承载力不足,地形平坦而墙身较高时,为了减少基底压应力和增加抗倾覆稳定性,常常采用扩大基础,将墙趾或墙踵部分加宽成台阶,或两侧同时加宽,以加大承压面积。加宽宽度视基底应力需要减少的程度和加宽后的合力偏心距的大小而定,一般不小于 20 cm。

②基础埋置深度。对于土质地基,基础埋置深度应符合下列要求:

a. 无冲刷时,应在天然地面以下至少 1 m;

b. 有冲刷时,应在冲刷线以下至少 1 m;

c. 受冻胀影响时,应在冻结线以下不小于 0.25 m。当冻深超 1 m 时,采用 1.25 m,但基底应夯填一定厚度的砂砾或碎石垫层,垫层底面亦应位于冻结线以下不小于 0.25 m。

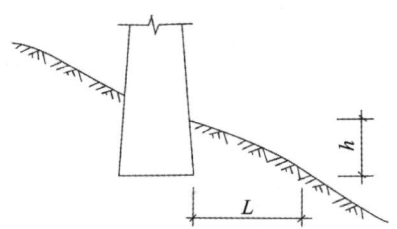

对于岩石地基,应清除表面风化层。当风化层较厚难以全部清除时,可根据地基的风化程度及其容许承载力将基底埋入风化层中。基础嵌入岩层的深度,可参照图 3.3 和表 3.10 确定。墙趾前地面横坡较大时,应留出足够的襟边宽度(趾前至地面横坡的水平距离),以防止地基破坏。当挡土墙位于地质不良地段,地基土内可能出现滑动面时,应进行地基抗滑稳定性验算,将基础底面埋置在滑动面下,或采用其他措施,以防止挡土墙滑动。

图 3.3 基础嵌入岩层示意图

表 3.10 基础嵌入岩层的深度

岩层种类	基础埋深 h/m	襟边宽度 L/m
较完整的坚硬岩石	0.25	0.25~0.5
一般岩石(如砂页岩等)	0.6	0.6~1.5
松散岩石(如千枚岩等)	1.0	1.0~2.0
砂夹砾石	≥1.0	1.5~2.5

(3) 排水设施。

挡土墙应设置排水措施,以疏干墙后土体的水分和防止地面水下渗,防止墙后积水形成静水压力,减少寒冷地区回填土的冻胀压力,消除黏性土填料浸水的膨胀压力。

排水措施主要包括:设置地面排水沟,引排地面水;夯实回填土顶面和地面松土,防止雨水及地面水下渗,必要时可加设铺砌层;对路堑挡墙墙趾前的边沟应予以铺砌加固,以防边沟水渗入基础;设置墙身泄水孔,排除墙后水。

浆砌块(片)石墙身应在墙面地面以上设一排泄水孔。墙高时,可在墙上部加设一排汇水孔。汇水孔的尺寸一般为 5 cm×10 cm、10 cm×10 cm、15 cm×20 cm 的方孔或直径为 5～10 cm 的圆孔。孔眼间距一般为 2～3 m,对于浸水挡土墙,孔眼间距一般为 1.0～1.5 m,干旱地区可适当加大,孔眼上下错开布置。下排排水孔的出口应高出墙前地面 0.3 m;若为路堑墙,应高出边沟水位 0.3 m;若为浸水挡土墙,应高出常水位 0.3 m。为防止水分渗入地基,下排泄水孔进口的底部应铺设 30 cm 厚的黏土隔水层。泄水孔的进水口部分应设置粗粒料反滤层,以免孔道淤塞。干砌挡土墙因墙身透水,可不设泄水孔。

(4)沉降缝与伸缩缝。

为避免因地基不均匀沉陷而引起墙身开裂,需根据地质条件和墙高、墙身断面的变化情况设置沉降缝。为了防止圬工砌体因收缩硬化和温度变化而产生裂缝,应设置伸缩缝。设置时,一般将沉降缝与伸缩缝合并设置,沿路线方向每隔 10～15 m 设置一道,兼起两者的作用,缝宽为 2～3 cm,缝内一般可用胶泥填塞,但在渗水量大、填料容易流失或冻害严重地区,则宜用沥青麻筋或涂有沥青的木板等具有弹性的材料,沿内、外、顶三方填塞,填深不宜小于 0.15 m,当墙后为岩石路堑或填石路堤时,可设置空缝。干砌挡土墙,缝的两侧应选用平整石料砌筑,使其成垂直通缝。

3.3.3　重力式挡土墙设计

1. 挡土墙的荷载计算方法

(1)挡土墙的荷载。

施加于挡土墙的作用(或荷载),按性质分类列于表 3.11 中。

表 3.11　荷载分类

作用(或荷载)		作用(或荷载)名称
永久作用(或荷载)		挡土墙结构重力
		填土(包括基础襟边以上土)重力
		填土侧压力
		墙顶上的有效永久荷载
		墙顶与第二破裂面之间的有效荷载
		计算水位的浮力及静水压力
		预加力
		混凝土收缩及徐变
		基础变位影响力
可变作用(或荷载)	基本可变作用(或荷载)	车辆荷载引起的土侧压力
		人群荷载引起的土侧压力
	其他可变作用(或荷载)	水位退落时的动水压力
		流水压力
		波浪压力
		冻胀压力和冰压力
		温度影响力
	施工荷载	与各类挡土墙施工有关的临时荷载

续表

作用(或荷载)	作用(或荷载)名称
偶然作用(或荷载)	地震作用力
	滑坡、泥石流作用力
	作用于墙顶护栏上的车辆碰撞力

（2）荷载效应组合。

作用在一般地区挡土墙上的力，只可计算永久作用(或荷载)和基本可变作用(或荷载)，浸水地区、地震动峰值加速度为 0.2g 及以上地区、产生冻胀力的地区，尚应计算其他可变作用(或荷载)和偶然作用(或荷载)，作用(或荷载)组合可按表 3.12 进行。

表 3.12　常用作用(或荷载)组合

组合	作用(或荷载)名称
Ⅰ	挡土墙结构重力、墙顶上的有效永久荷载、填土重力、填土侧压力及其他永久荷载组合
Ⅱ	组合Ⅰ与基本可变荷载相结合
Ⅲ	组合Ⅱ与其他可变荷载、偶然荷载相组合

注:1. 洪水与地震力不同时考虑;

2. 冻胀力、冰压力与流水压力或波浪压力不同时考虑;

3. 车辆荷载与地震力不同时考虑。

挡土墙上受地震力作用时，应符合《公路工程抗震规范》(JTG B02—2013)的规定。

用于具有明显滑动面的抗滑挡土墙，荷载计算应符合有关规定。泥石流地段的路基挡土墙，应符合有关的规定。

浸水挡土墙墙背为岩块和粗粒土(粉砂除外)时，可不计墙身两侧静水压力和墙背动水压力。

墙身所受浮力应根据地基地层的浸水情况按下列原则确定。

①砂类土、碎石类土和节理发育的岩石地基，按计算水位的 100% 计算。

②岩石地基按计算水位的 50% 计算。

作用在墙背上的主动土压力，可按库仑理论计算。应进行墙后填料的土质试验，确定填料的物理力学指标。当缺乏可靠试验数据时，填料内摩擦角 φ 可参照表 3.13 选用。

表 3.13　填料内摩擦角或综合内摩擦角

填料种类		综合内摩擦角 $\varphi/(°)$	内摩擦角 $\varphi/(°)$	重度/(kN/m³)
黏性土	墙高 $H \leqslant 6$ m	35～40	—	17～18
	墙高 $H > 6$ m	30～35	—	
碎石、不易风化的块石		—	45～50	18～19
大卵石、碎石类土、不易风化的岩石碎块		—	40～45	18～19

填料种类	综合内摩擦角 $\varphi/(°)$	内摩擦角 $\varphi/(°)$	重度/(kN/m³)
小卵石、砾石、粗砂、石屑	—	35～40	18～19
中砂、细砂、砂质土	—	30～35	17～18

注:填料重度可根据实测资料做适当修正,计算水位以下的填料重度采用浮重度。

（3）挡土墙的设计方法——极限状态设计的分项系数法。

挡土墙构件承载能力极限状态设计采用的一般表达式见式(3.1)和式(3.2):

$$\gamma_0 S \leqslant R \tag{3.1}$$

$$R = R\left(\frac{R_k}{\gamma_f}, \alpha_d\right) \tag{3.2}$$

式中:γ_0——结构重要性系数,按表 3.14 的规定选用;

S——作用(或荷载)效应的组合设计值;

R——结构构件的承载力设计值;

$R(\cdot)$——挡土墙结构构件的承载力函数;

R_k——抗力材料的强度标准值;

γ_f——结构材料、岩土性能的分项系数;

α_d——结构或结构构件几何参数的设计值,无可靠数据时,可采用几何参数标准值。

表 3.14 结构重要性系数 γ_0

墙高/m	公路等级	
	高速公路、一级公路	二级及以下公路
≤5.0	1.0	0.95
>5.0	1.05	1.0

挡土墙前的被动土压力可不计算,当基础埋置较深且地层稳定、不受水流冲刷和扰动破坏时,可计入被动土压力,但应按表 3.15 的规定计入作用分项系数。

表 3.15 承载能力极限状态作用(或荷载)分项系数

情况	荷载增大对挡土墙结构起有利作用时		荷载增大时对挡土墙结构起不利作用时	
组合	Ⅰ、Ⅱ	Ⅲ	Ⅰ、Ⅱ	Ⅲ
垂直恒载	0.90		1.20	
恒载或车辆荷载、人群荷载的主动土压力	1.00	0.95	1.40	1.30
被动土压力	0.30		0.50	
水浮力	0.95		1.10	
静水压力	0.95		1.05	
动水压力	0.95		1.20	

（4）挡土墙设计的极限状态。

挡土墙设计按"分项安全系数极限状态"法进行。

挡土墙设计分承载力极限状态和正常使用极限状态。当挡土墙出现以下任何一种状态，即认为超过了承载力极限状态：

①整个挡土墙或挡土墙的一部分作为刚体失去平衡；

②挡土墙构件或连接部件因材料强度超过极限而破坏，或因过度塑性变形而不适于继续承载；

③挡土墙结构变为机动体系或局部失去平衡。

挡土墙构件承载能力极限状态采用式（3.3）：

$$\gamma_0 \left(R_G S_{Gk} + \gamma_{Q1} S_{Q1k} + \sum \gamma_{Qi} \varphi_{ci} S_{Qik} \right) \geqslant R(\cdot) \tag{3.3}$$

式中：γ_0——结构重要性系数。对高速公路和一级公路，墙高$\leqslant 5$ m 时，$\gamma_0 = 1.0$，墙高>5m 时，$\gamma_0 = 1.05$；

R_G——垂直恒载引起的土压力效应分项系数；

γ_{Q1}——抗力安全系数；

S_{Gk}——恒载效应（包括挡土墙自重及踵板上或基础襟边以上的土重）；

S_{Q1k}——恒载及汽车活载的土压力效应；

S_{Qik}——其他荷载效应（$i \geqslant 2$）；

φ_{ci}——荷载效应组合系数；

γ_{Qi}——其他荷载效应分项系数（$i \geqslant 2$）；

$R(\cdot)$——挡土墙结构抗力函数。

当挡土墙出现下列状态之一时，即认为超过了正常使用极限状态：

①影响正常使用或外观变形；

②影响正常使用或耐久性的局部破坏（包括裂缝）；

③影响正常使用的其他特定状态。

正常使用极限状态下，除被动土压力用 0.5 外，其他全部荷载系数规定采用 1.0。当对挡土墙进行基础合力偏心距和圬工结构合力偏心距计算时，除被动土压力用 0.5 外，其他全部荷载系数规定采用 1.0。

2. 挡土墙稳定性验算

（1）抗滑稳定性验算。

为保证挡土墙抗滑稳定性，应验算在土压力及其他外力作用下，基底摩阻力抵抗挡土墙滑移的能力，如图 3.4 所示。

挡土墙的滑动稳定方程与抗滑稳定系数按下式计算：

①滑动稳定方程按式（3.4）计算：

$$\left[1.1G + \gamma_{Q1}(E_y + E_x \tan\alpha_0) - \gamma_{Q2} E_p \tan\alpha_0 \right]\mu \tag{3.4}$$
$$+ (1.1G + \gamma_{Q1} E_y)\tan\alpha_0 - \gamma_{Q1} E_x + \gamma_{Q2} E_p > 0$$

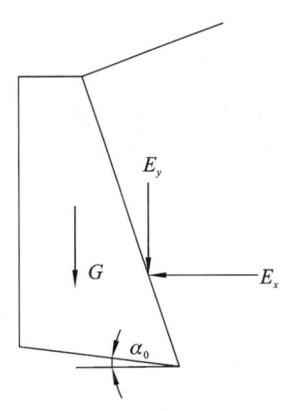

图 3.4　挡土墙的抗滑动稳定

式中：G——作用于基底以上的重力（kN），浸水挡土墙的浸水部分应计入浮力；

E_y——墙后主动土压力的竖向分量(kN);

E_x——墙后主动土压力的水平分量(kN);

E_p——墙前被动土压力的水平分量(kN),当为浸水挡土墙时,$E_p=0$;

μ——基底与基底土间的摩擦系数(见表3.16);

α_0——基底倾斜角(度),基底为水平时,$\alpha_0=0$;

γ_{Q1}、γ_{Q2}——主动土压力分项系数、被动土压力分项系数。

表 3.16 基底与基底土间的摩擦系数 μ

地基土的分类	摩擦系数
软塑黏土	0.25
硬塑黏土	0.30
砂类土、黏砂土、半干硬的黏土	0.30～0.40
砂类土	0.40
碎石类土	0.50
软质岩石	0.40～0.60
硬质岩石	0.60～0.70

②抗滑稳定系数 K_c 按式(3.5)计算:

$$K_c = \frac{[N+(E_x-E_p{}')\tan\alpha_0]\mu+E_p{}'}{E_x-N\tan\alpha_0} \tag{3.5}$$

式中:N——作用于基底上合力的竖直分力(kN),浸水挡土墙应计浸水部分的浮力;

$E_p{}'$——墙前被动土压力水平分量的 30%(kN)。其余符号意义同前。

③增加抗滑稳定性的方法。

a. 设置倾斜基底。设置向内倾斜的基底,可以增加抗滑力和减少滑动力,从而增加抗滑稳定性。

基底倾角 α_0 越大,越有利于抗滑稳定性,但应考虑挡土墙连同地基土体一起滑动的可能性,因此对地基倾斜度应加以控制。通常,对土质地基,倾斜度不陡于 1∶5($\alpha_0 \leq 110°10'$);对岩石地基,倾斜度不陡于 1∶3($\alpha_0 \leq 16°42'$)。

此外,在验算沿基底的抗滑稳定性的同时,还应验算通过墙踵的地基水平面的滑动稳定性。

b. 采用凸榫基础。在挡土墙基础底面设置混凝土凸榫,与基础连成整体,利用榫前土体产生的被动土压力增加挡土墙的抗滑稳定性。

为了增加榫前被动阻力,应使榫前被动土楔不超过墙趾。同时,为了防止因设凸榫而增加墙背的主动土压力,应使凸榫后缘与墙踵的连线同水平线的夹角不超过 φ。因此应将整个凸榫置于通过墙趾并与水平线成($45°-\varphi/2$)角线和通过墙踵并与水平线成 φ 角线所形成的三角形范围内。

当填土表面水平、墙背垂直、墙光滑时,榫前的单位被动土压力 σ_p 按朗金理论计算。

考虑到产生全部被动土压力所需要的墙身位移量大于墙身设计所允许的位移量,为工程安全所不允许,因此相关规范规定,凸榫前的被动土压力按朗肯被动土压力的 1/3 采用。

在榫前宽度 B_T 内,因已考虑了部分被动土压力,故未计其基底摩擦阻力。

按照抗滑稳定性的要求,令凸榫后的抗滑稳定系数 $K_c = [K_c]$([K_c]为设计的抗滑稳定系数),代入朗金理论公式中,即可得出凸榫高度的计算式。

（2）抗倾覆稳定性验算。

为保证挡土墙抗倾覆稳定性,须验算抵抗墙身绕墙趾向外转动倾覆的能力,如图 3.5 所示。

挡土墙的倾覆稳定方程与抗倾覆稳定系数按下列公式计算：

①倾覆稳定方程按式（3.6）计算：

$$0.8GZ_G + \gamma_{Q1}(E_y Z_x - E_x Z_y) + \gamma_{Q2} E_p Z_p > 0 \qquad (3.6)$$

式中：Z_G——墙身重力、基础重力、基础上填土的重力及作用于墙顶的其他荷载的竖向力合力重心到墙趾的距离（m）;

Z_x——墙后主动土压力的竖向分量到墙趾的距离（m）;

Z_y——墙后主动土压力的水平分量到墙趾的距离（m）;

Z_p——墙前被动土压力的水平分量到墙趾的距离（m）。其余符号意义同前。

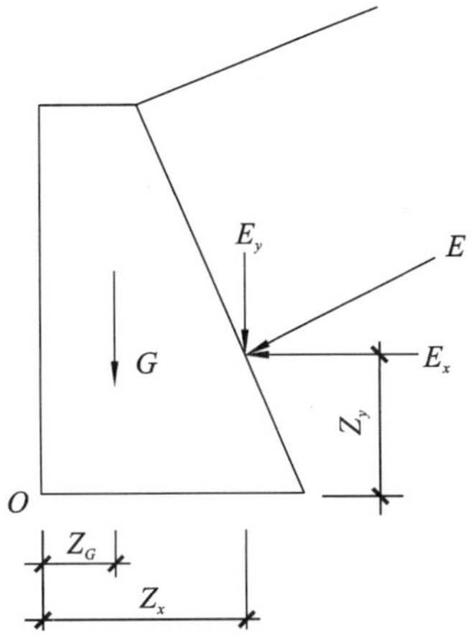

图 3.5　挡土墙的抗倾覆稳定

②抗倾覆稳定系数 K_0 按式（3.7）计算：

$$K_0 = \frac{GZ_G + E_y Z_x + E_p' Z_p}{E_x Z_y} \qquad (3.7)$$

式中：符号意义同前。

在规范规定的墙高范围内,验算挡土墙的抗滑动和抗倾覆稳定时,稳定系数宜不小于表 3.17 的规定值。

表 3.17　抗滑动和抗倾覆的稳定系数

荷载情况	验算项目	稳定系数	
荷载组合 Ⅰ、Ⅱ	抗滑动	K_e	1.3
	抗倾覆	K_0	1.5
荷载组合 Ⅲ	抗滑动	K_e	1.3
	抗倾覆	K_0	1.3
施工阶段验算	抗滑动	K_e	1.2
	抗倾覆	K_0	1.2

设置于不良土质地基、表土下为倾斜坡土的挡土墙,应对挡土墙地基及填土的整体稳定性进行验算,其稳定系数应不小于 1.25。

③增加抗倾覆稳定性的方法。为增加抗倾覆稳定性,应采取加大稳定力矩和减小倾覆力矩的办法。

a.展宽墙趾。在墙趾处展宽基础以增加稳定力臂,是增加抗倾覆稳定性的常用方法,但在地面横坡较陡处,会由此引起墙高增加。

b.改变墙面及墙背坡度。改缓墙面坡度可增加稳定力臂,改陡俯斜墙背或改缓仰斜墙背可减少土压力。在地面纵坡较陡处,均须注意对墙高的影响。

c.改变墙身断面类型。当地面横坡较陡时,应使墙胸尽量陡立。这时可改变墙身断面类型,如改用衡重式墙或者墙后加设卸荷平台、卸荷板,可减少土压力并增加稳定力矩。

（3）基底应力及合力偏心距验算。

为了保证挡土墙基底应力不超过地基承载力，应进行基底应力验算，同时，为了避免挡土墙不均匀沉陷，应控制作用于挡土墙基底的合力偏心距。

①基础底面的压应力。

a.轴心荷载作用时。

计算见式(3.8)：

$$\sigma = \frac{N}{A} \tag{3.8}$$

式中：σ——基底平均压应力(kPa)；

A——基础底面每延米的面积(m^2)；

N——每延米作用于基底的总竖向力设计值(kN)，$N = (G\gamma_G + \gamma_{Q1}E_y - W)\cos\alpha_0 + \gamma_{Q1}E_x\sin\alpha_0$，$E_y$ 为墙背主动土压力(含附加荷载引起的)垂直分力(kN)，E_x 为墙背主动土压力(含附加荷载引起的)水平分力(kN)，W 为低水位浮力(指常年淹没水位)(kN)。

b.偏心荷载作用时。

基底合力的偏心距 e_0 可按式(3.9)计算：

$$e_0 = \frac{M_d}{N_d} \tag{3.9}$$

式中：N_d——作用于基础上的垂直力组合设计值(kN)；

M_d——作用于基础形心的弯矩组合设计值(kN·m)。

计算挡土墙地基时，各类作用(或荷载)组合下，作用效应组合设计值计算式中的作用分项系数，除被动土压力分项系数 $\gamma_{Q2} = 0.3$ 外，其余作用(或荷载)的分项系数规定均为1。

基底压应力 σ 应按式(3.10)和式(3.11)计算：

$$|e_0| \leqslant \frac{B}{6} \text{ 时}, \sigma_{1,2} = \frac{N_d}{A}\left(1 \pm \frac{6e_0}{B}\right) \tag{3.10}$$

$$e_0 > \frac{B}{6} \text{ 时}, \sigma_1 = \frac{2N_d}{3\left(\frac{B}{2} - e_0\right)}, \sigma_2 = 0 \tag{3.11}$$

式中：σ_1——挡土墙趾部的压力(kPa)；

σ_2——挡土墙踵部的压力(kPa)；

B——基底宽度(m)，倾斜基底为其斜宽。其余符号意义同前。

基底合力的偏心距 e_0，对于土质地基应不大于 $B/6$；对于岩石地基应不大于 $B/4$。基底压应力应不大于的基底的容许承载力$[\sigma_0]$；基底容许承载力值可按《公路桥涵地基与基础设计规范》(JTG 3363—2019)的规定采用，当为作用(或荷载)组合Ⅲ及施工荷载，且$[\sigma_0] > 150$ kPa 时，可提高25%。

②地基承载力抗力值。地基应力的设计值应满足地基承载力的抗力值，且应满足以下公式。

a.当轴向荷载作用时。计算见式(3.12)：

$$\sigma \leqslant f \tag{3.12}$$

式中：σ——基础底面的压应力(kN)；

f——地基承载力抗力值(kPa)。

b. 当偏心荷载作用时。计算见式(3.13)：

$$\sigma \leqslant 1.2f \tag{3.13}$$

c. 地基承载力抗力值的规定。当挡土墙的基础宽度大于 3m 或埋置深度大于 0.5m 时，除岩石地基外，地基承载力抗力值按式(3.14)计算：

$$f = f_k + k_1\gamma_1(b-3) + k_2\gamma_2(h-0.5) \tag{3.14}$$

式中：f——地基承载力抗力值；

f_k——地基承载力标准值；

k_1、k_2——承载力修正系数；

γ_1——基底下持力层上土的天然重度（kN/m³），在水面以下不透水者，应采用浮重度；

γ_2——基础地面以下各土层的加权平均重度，水面以下用有效浮重度（kN/m³）；

b——基础底面宽度小于 3 m 时取 3 m，大于 6 m 时取 6 m；

h——基础底面的埋置深度(m)，从天然地面算起，有水流冲刷时，从一般冲刷线算起。

当不满足式(3.13)的计算条件或计算出的结果 $f < 1.1f_k$ 时，可按 $f = 1.1f_k$ 直接确定地基承载力抗力值。

（4）墙身截面强度验算。

为了保证墙身具有足够的强度，应根据经验选择 1～2 个控制断面进行墙身验算，如墙身底部、1/2 墙高处、上下墙（凸形及衡重式墙）交界处。

根据《公路圬工桥涵设计规范》(JTG D 61—2005)的规定，当构件采用分项安全系数的极限状态设计时，荷载效应不利组合的设计值，应小于或等于结构抗力效应的设计值。

重力式挡土墙按承载能力极限状态设计时，在某一类作用（或荷载）效应组合下，作用（或荷载）效应的组合设计值可按式(3.15)计算。圬工构件或材料的抗力分项系数 γ_f 按表 3.18 采用。

表 3.18　圬工构件或材料的抗力分项系数 γ_f

圬工种类	受力情况	
	受压	受弯、剪、拉
石料	1.85	2.31
片石砌体、片石混凝土砌体	2.31	2.31
块石、粗料石、混凝土预制块、砖砌体	1.92	2.31
混凝土	1.54	2.31

$$S = \Psi_{ZL}\left(\gamma_G\sum S_{Gik} + \sum\gamma_{Qi}S_{Qik}\right) \tag{3.15}$$

式中：S——作用（或荷载）效应的组合设计值；

γ_G、γ_{Qi}——作用（或荷载）的分项系数，按表 3.18 采用；

S_{Gik}——第 i 个垂直恒载的标准值效应；

S_{Qik}——土侧压力、水浮力、静水压力、其他可变作用（或荷载）的标准效应；

Ψ_{ZL}——荷载效应组合系数，按表 3.19 采用。

表 3.19　荷载效应组合系数 Ψ_{ZL}

荷载组合	Ψ_{ZL}
Ⅰ、Ⅱ	1.0
施工荷载	0.7
Ⅲ	0.8

①挡土墙构件轴心或偏心受压时,正截面强度和稳定性按下式计算。

计算强度时,如式(3.16)所示:

$$\gamma_0 N_d \leqslant \frac{\alpha_k A R_a}{\gamma_f} \tag{3.16}$$

计算稳定性时,如式(3.17)所示:

$$\gamma_0 N_d \leqslant \frac{\Psi_k \alpha_k A R_a}{\gamma_f} \tag{3.17}$$

式中:N_d——验算截面上的轴向力组合设计值(kN);

γ_0——重要性系数;

γ_f——圬工构件或材料的抗力分项系数,按表 3.18 取用;

R_a——材料抗压极限强度(MPa);

A——挡土墙构件的计算截面面积(m^2);

α_k——轴向力偏心影响系数,按式(3.18)计算;

Ψ_k——偏心受压构件在弯曲平面内的纵向弯曲系数,按式(3.19)计算确定;轴心受压构件的纵向弯曲系数,可采用表 3.20 的规定值。

$$\alpha_k = \frac{1 - 256\left(\dfrac{e_0}{B}\right)^8}{1 + 12\left(\dfrac{e_0}{B}\right)^2} \tag{3.18}$$

式中:e_0——轴向力的偏心距(m);

B——挡土墙计算截面宽度(m)。

表 3.20　轴心受压构件纵向弯曲系数 Ψ_k

$2H/B$	混凝土构件	砌体砂浆强度等级	
		M10、M7.5、M5	M2.5
≤3	1.00	1.00	1.00
4	0.99	0.99	0.99
6	0.96	0.96	0.96
8	0.93	0.93	0.91
10	0.88	0.88	0.85
12	0.82	0.82	0.79
14	0.76	0.76	0.72

$2H/B$	混凝土构件	砌体砂浆强度等级	
		M10、M7.5、M5	M2.5
16	0.71	0.71	0.66
18	0.65	0.65	0.60
20	0.60	0.60	0.54
22	0.54	0.54	0.49
24	0.50	0.50	0.44
26	0.46	0.46	0.40
28	0.42	0.42	0.36
30	0.38	0.38	0.33

$$\Psi_k = \frac{1}{1 + \alpha_s \dfrac{2H}{B}\left(\dfrac{2H}{B} - 3\right)\left[1 + 16\left(\dfrac{e_0}{B}\right)^2\right]} \tag{3.19}$$

式中：H——墙高(m)；

　　α_s——与材料有关的系数，按表 3.21 采用。其余符号意义同前。

表 3.21　α_s 取值

圬工名称	浆砌砌体采用以下砂浆强度等级			混凝土
	M10、M7.5、M5	M2.5	M1	
α_s 值	0.002	0.0025	0.004	0.002

②挡土墙墙身或基础为圬工截面时，其轴向力的偏心距 e_0 应符合表 3.22 的规定，计算见式(3.20)：

表 3.22　圬工结构轴向力的容许偏心距 e_0

荷载组合	容许偏心距
Ⅰ、Ⅱ	$0.25B$
Ⅲ	$0.3B$
施工荷载	$0.33B$

注：B 为沿力矩转动方向的矩形计算截面宽度。

$$e_0 = \left| \frac{M_0}{N_0} \right| \tag{3.20}$$

式中：M_0——在某一类作用(或荷载)组合下，作用(或荷载)对计算截面形心的总力矩(kN·m)；

　　N_0——某一类作用(或荷载)组合下，作用于计算截面上的轴向力的合力(kN)。

偏心受压构件除验算弯曲平面内的纵向稳定外，还应按轴心受压构件验算非弯曲平面内的稳定。重力式挡土墙轴向力的偏心距 e_0 应符合表 3.22 的规定。

混凝土截面在受拉一侧配有不小于截面面积 0.05％ 的纵向钢筋时，表 3.22 中的容许规定值可增加 0.05B；当截面配筋率大于表 3.23 的规定值时，按钢筋混凝土构件计算，偏心距不受限制。

表 3.23　按钢筋混凝土构件计算的受拉钢筋最小配筋率

钢筋型号（种类）	钢筋最小配筋率/（%）	
	截面一侧钢筋	全截面钢筋
HPB300 钢筋	0.20	0.50
HRB335、HRB400 钢筋	0.20	0.50

注：钢筋最小配筋率按构件的全截面计算。

3.4　路基排水设计

3.4.1　路基排水要求及一般设计原则

1. 路基排水的目的与要求

路基路面的病害有许多种，形成病害的因素也很多，其中水的影响是主要因素之一，例如，水分的积聚会导致土质路基边坡坍塌，基身沉陷或产生滑动；在寒冷地区还易冻胀翻浆。这些都会影响行车安全，甚至造成交通中断。根据水来源的不同，可将路基水分为地面水和地下水。

路基排水的目的，就是采用拦截、汇集、排除地表水或地下水的措施，将路基范围内的土基湿度降低到一定的限度以内，使路基常年保持干燥状态，确保路基及路面具有足够的强度与稳定性。

2. 路基排水设计的一般原则

（1）公路路基排水设计应防、排、疏相结合，并与路面排水、路基防护、地基处理以及特殊路基地区（段）的其他处治措施相互协调，形成完善的排水系统。

（2）路基排水设计应遵循总体规划、合理布局、少占农田、保护环境的原则，并与当地排灌系统相协调。

（3）排水困难地段，可采取降低地下水位、设置隔离层等措施，使路基处于干燥、中湿状态。

（4）施工场地的临时性排水设施，应尽可能与永久性排水设施相结合。各类排水设施的设计应满足使用功能要求，结构安全可靠，便于施工、检查和养护维修。

3.4.2　路基地表排水设施的构造与布置

常用的路基地表排水设备包括边沟、截水沟、排水沟、跌水与急流槽、拦水带、蒸发池、倒虹吸与渡水槽等设施。高速公路、一级公路的辅道应有自身的地表排水设施。这些排水设施，分别设在路基的不同部位，各自的主要功能、布置要求及构造形式，均有所差异。

（1）边沟。

挖方路基路肩外侧及低填方路基坡脚外侧，与路中心线平行的路肩外缘均应设置纵向人工沟渠，称为边沟。其主要功能是汇集和排除路基范围内和流向路基的少量地面水，以保证路基稳定。平坦地面填方路段的路旁取土坑，常与路基排水设计综合考虑，使之起到边沟的排水作用。

边沟排水量不大，一般不需要进行水文、水力计算，依沿线具体条件，直接选用标准横断面即可。边沟由于紧靠路基,通常不允许其他排水沟渠的水流进入,也不能与其他人工沟渠合并使用。

边沟不宜过长,应尽量使沟内水流就近排至路旁自然水沟或低洼地带,必要时增设涵洞,将边沟水流引入路基另一侧排出。

边沟的纵坡(出水口附近除外)一般与路线纵坡一致。平坡路段,边沟仍应保持 0.3%～0.5% 的最小纵坡。边沟出水口附近,以及排水困难路段,如回头曲线和路基超高较大的平曲线等处,边沟应进行特殊设计。

边沟可采用三角形、流线型、梯形或矩形横断面,按公路等级、所需排泄的流量、设置位置和土质或岩质选定。高速公路及一级公路宜采用三角形或碟形边沟;受条件限制而需采用矩形横断面时,应在顶面加带槽孔的盖板。二级及二级以下公路可采用梯形横断面,边沟内侧边坡坡度按土质类别采用 1：1.5～1：1.0;岩石挖方路段,可采用矩形横断面,其内侧坡面用浆砌片石砌筑以保持直立。矩形和梯形边沟的底宽与深度不应小于 0.4 m。挖方路段边沟的外侧坡面应与路堑下部坡面的坡度一致。

边沟的纵坡坡度应结合路线纵坡、地形、土质、出水口位置等情况选定,尽可能与路线纵坡坡度保持一致。当路线纵坡坡度小于沟底最小纵坡坡度时,边沟应采用沟底最小纵坡坡度,并缩短边沟出水口的间距。高速公路及一级公路的土质边沟,均应采取防护措施。

边沟出水口的间距,一般地区宜不超过 500 m,多雨地区宜不超过 300 m,三角形和碟形边沟宜不超过 200 m。边沟出水口的排放应结合地形、地质条件以及桥涵水道位置,排引到路基范围外,使之不冲刷路堤坡脚。

(2)截水沟。

设置在挖方路基边坡顶以外或山坡路堤上方的适当位置,用以拦截路基上方流向路基的地面水,减轻边沟的水流负担,保护挖方边坡和填方坡脚不受水流冲刷和损害的人工沟渠,称为截水沟(又称天沟)。在降水量较少或坡面坚硬和边坡较低以致冲刷影响不大的地段,可以不设截水沟;反之,在降水量较多且暴雨频率较高、山坡覆盖层比较松软、坡面较高、水土流失比较严重的地段,可设置两道或多道截水沟。

山坡填方路段可能遭上方水流作用,此时必须设截水沟,以拦截山坡水流、保护路堤。截水沟与坡顶之间,要有不小于 2.0 m 间距,并做成向截水沟倾斜 2% 的横坡,当土质良好、路堑边坡不高或进行沟壁铺砌时,路堑距坡顶的距离也可小于 2 m。截水沟应结合地形和地质条件沿等高线布置,将拦截的水顺畅地排向自然沟谷或水道。截水沟长度以 200～500 m 为宜,超过 500 m 时,可在中间适宜位置增设泄水口,由急流槽或急流管分流排引。

截水沟一般采用梯形横断面,边坡坡度为 1：1.5～1：1.0,沟底宽度与沟的深度宜不小于 0.5 m,地质或土质条件差,有可能产生渗漏或变形时,应采取相应的防护措施。

(3)排水沟。

排水沟主要用于排除来自边沟、截水沟或其他水源的水流,并将其引至路基范围以外的指定地点。排水沟的布置必须结合地形条件,因势利导,离路基尽可能远些,平面上力求短捷平顺,以直线为宜,必须转向时,尽可能采用大半径(10～20 m 或以上),缓慢改变方向。排水沟距路基坡脚的距离一般宜不小于 4 m,也宜不超过 300 m,沟底纵坡以 1%～3% 为宜。当纵坡大于 3% 时,应采取加固措施;大于 7% 时,则应改用跌水或急流槽。

排水沟的断面形式一般为梯形,其截面尺寸由水力、水文计算确定。用于山沟、截面水沟及取土坑出水口处的排水沟,由于其流量较小,不需特殊计算,但底宽与沟深均不得小于 0.5 m,土沟的边坡坡度

可取 $1 : 1.5 \sim 1 : 1$。

排水沟内水流注入其他沟渠或水道时，不得使原水道产生冲刷或淤积。通常应使排水沟与原水道水流方向成锐角相交，交角不大于 $45°$，有条件时可采用半径 $R = 10b$（b 为沟顶宽）的圆曲线朝下游与其他水道相接。

高速公路、一级公路通过耕地、居民区的填方路基宜设坡脚排水沟。路堤边沟设急流槽地段，排水沟距路基坡脚距离宜不小于 2 m。

边坡平台设排水沟时，平台应做成 $2\% \sim 5\%$ 向内侧倾斜的排水坡度。可采用三角形或梯形横断面，当水量较大时，宜设置 30 cm×30 cm 的矩形、三角形或 U 形排水沟，排水沟可用水泥预制构件拼装，沟壁厚度 $5 \sim 10$ cm。排水沟必要时应予加固，以防止水流对沟渠的冲刷与渗漏。

（4）跌水与急流槽。

跌水和急流槽均为人工排水沟渠的特殊形式，可用于陡坡地段，沟底纵坡可达 $45°$，是山区公路路基排水常见的结构物。由于纵坡陡峭，水流湍急，冲刷严重，要求跌水与急流槽的结构必须稳固耐久，通常采用浆砌块石结构，并且有相应的防护加固措施。

跌水有单级和多级之分，沟底有等宽和变宽之别。单级跌水适用于排水沟渠连接处，由于水的落差较大，需要消能或改变水流方向。较长陡地段的沟渠，为减缓水流速度，并予以消能，可采用多级跌水，图 3.6 所示即为一等截面多级跌水结构设计示意图，槽底具有 $1\% \sim 2\%$ 的纵坡。其断面尺寸必须通过水文、水力计算确定。多级跌水底宽和各级长度，均采用各自相等的对称形，也可根据实地需要，设置为变宽或不等长度与高度。跌水可带消力池，并根据坡度和坡长的不同，设置成单级或多级。不带消力池的跌水，其台阶高度应不大于 0.5 m，以 $0.3 \sim 0.4$ m 最为适宜，高度和长度之比应与地面坡度相吻合。带消力池的跌水，单级跌水墙的高度以 1 m 左右为宜，消力坎的高度以 0.5 m 左右为宜，消力坎与跌水墙的距离以 5 m 左右为宜，但高度与长度之比也应结合原地面的坡度确定。消力池台面应设 $2\% \sim 3\%$ 的外倾纵坡，消力坎顶宽宜不小于 0.4 m，坎底应设泄水孔。

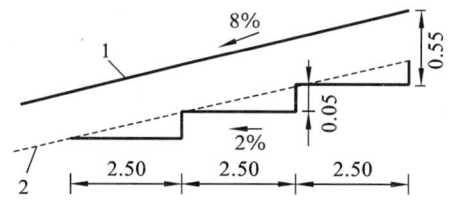

图 3.6　等截面多级跌水结构（单位：m）

注：1—沟顶线；2—沟底线。

跌水两端的土质沟渠，应注意加固，保持水流畅通，不致产生水流冲刷和淤积，以充分发挥跌水的排水效能。在路堤和路堑坡面或者坡面平台上从坡顶向下竖向集中排水时，或截水沟、排水沟纵坡较大时，可设置急流槽或急流管。

急流槽的纵坡，比跌水的平均纵坡更陡，结构的坚固、稳定性要求更高，是山区公路回头曲线、沟通上下线路基排水及沟渠出水口的一种常见排水设施。急流槽主体部分的纵坡依地形而定，一般可达 $1 : 1.5$。当急流槽纵坡陡于 $1 : 1.5$ 时，宜采用金属管，管径至少 20 cm。各节急流管用管桩锚固在坡体上，其接口应采用防水连接，以免管内水流渗漏而冲刷坡面。

急流槽可采用由浆砌片石铺砌的矩形横断面或者由水泥混凝土预制件铺筑的矩形横断面。浆砌片石急流槽的槽底厚度可为 0.2～0.4 m,槽壁厚 0.3～0.4 m。

急流槽厚度可为 0.2～0.3 m。槽顶应与两侧斜坡表面齐平。槽深最小 0.2 m,槽底宽度最小 0.25 m,槽底每隔 2.5～5 m 应设置一个凸榫,嵌入坡体内 0.3～0.5m 以避免槽体顺坡下滑。

急流槽或急流管的进水口与沟渠泄水口之间应设置成喇叭式连接,变宽段应为至少 15 cm 的下凹,并设立铺砌防护。急流槽或急流管的出水口处应设置消能设施,可采用石块铺筑的消力坪或消力池。

(5) 拦水带。

拦水带是路基横断面为路堤时路面表面水的排除方法,设置在路肩外侧,目的是将路面表面水汇集在拦水带同路肩铺面(或者路肩和部分路面铺面)组成的浅三角形过水断面内,然后通过按一定间距设置的泄水口和急流槽集中排放到路堤坡脚外,对高速公路及一级公路,在路堤较高、纵坡较大且土质疏松的情况下,即使采用护面防护,仍要选择拦水带和急流槽的排水方式;对二级公路及二级以下公路,只有在多雨地区、纵坡大和土质坡面的高路堤才考虑设置拦水带。

对于高速公路及一级公路,要求路表积水只能覆盖路肩宽度;对于二级公路及二级以下公路,要求路表积水不能漫过毗邻车道的一半宽度;对于中央分隔带设缘石的高速公路及一级公路超高段上侧半幅路面,以及未设路肩的道路(如设非机动车道分隔带的道路断面),其拦水带的水面不能漫过毗邻车道的一半宽度。

按汇集路面表面水的要求,拦水带的顶面应略高于过水断面的设计水位,而后者的限值受制于水面不漫过右侧车道外边缘或中心线的要求,拦水带的设计外露高度(即过水断面的水深),还取决于设计流量和路肩的横向坡度。在高速公路及一级公路路堤边缘设防撞护栏时,拦水带的高度可以大些,但一般不超过 15 cm;在不设防撞护栏时,为了保障偶尔驶出路肩的车辆安全,拦水带的高度应不大于 10 cm,并且迎车面的斜坡坡度宜不陡于 1:2(最好采用 1:4),以便车轮能滚过拦水带。拦水带泄水口可做成对称式或非对称式的喇叭口,其间距应根据流量确定,以保证降水时路面积水能迅速排除,泄水不能进入车行道为原则,一般为 20～50 m,干旱少雨地区可达 100 m。泄水口长度一般为 2～4 m。对称式便于施工,但在有纵坡的路段上,非对称式泄水口的泄水能力由于水流顺畅而优于对称式。因此,对于设在纵坡坡段上的泄水口,建议采用非对称式。水流通过泄水口时的水流状态为孔口流,为提高泄水口的泄水量,可在泄水口处设置低凹区。为便于施工,低凹区可设在拦水带内边缘的外侧。低凹区采用与路肩相同的铺面结构,以免受到水流的冲刷破坏。

为了避免汇集在拦水带内的路表积水横向流过相交的道路、匝道、超高段路面、横坡变换处的路面,或者流经相衔接结构物的铺面,应在这些地点设置泄水口,将汇集的水排出去。泄水口的间距取决于过水断面水面漫流宽度的要求和泄水口的泄水能力。在凹形竖曲线的底部,须设置 3 个泄水口,以备设在最低点的泄水口被杂物堵塞后还有 2 个后备的泄水口可以排放汇集的地表水。

(6) 蒸发池。

气候干旱、排水困难地段,可利用沿线的集中取土坑或专门开挖的凹坑修筑蒸发池,以汇集路表水,并通过蒸发和渗漏使之消散。蒸发池边缘距路基边沟应不小于 5 m,较大的蒸发池面积不得小于 20 m²。蒸发池同边沟或排水沟之间设排水沟相连,池中水位应低于排水沟沟底。池的容量应以一个月内的地表水汇入池中的水量能及时完成渗透和蒸发为依据,但每个池的容量不超过 300 m³,蓄水深度应不大于 1.5 m。

蒸发池的平面形状采用矩形或其他形状，其设置不应使附近地面形成盐渍化或沼泽化，蒸发池周围可围筑土埂以防止其他水流流入池中。

（7）倒虹吸与渡槽。

当水流需要横跨路基时，可根据流水的需要设置管道或水槽，从路基下部或上空跨过，称为倒虹吸或渡槽，前者相当于涵洞，后者为简易过水桥梁，两者属于造价较高的路基排水结构物，一般因配合两侧农田水利而设置。

倒虹吸管的设置原因，往往是路基穿过原有沟渠，且沟渠水位高于路基，不宜设涵洞，也不能架空。

倒虹吸是利用上下游水位差，迫使水流降落而复升，经路基下部埋设的管道引向另一侧。此种结构为有压管道，水流连续改变方向，水流条件较差，管内易漏水，极易淤塞受阻，也难以修复与清理，需要采用时，必须进行合理设计。一般情况下，管道选用箱形或圆形，以水泥混凝土或钢筋混凝土结构为主，有条件时也可使用铸铁管，孔径 $0.5\sim1.5$ m。主管埋置深度要求上面填土的厚度不小于 1.0 m，也不宜埋置过深，以填土不超过 3.0 m 为宜。管道两端设竖井，可以竖立或倾斜，视地形和用地条件而定，井底标高低于管道，起沉淀泥沙作用。为减少堵塞，除要求管道内具有 1.5 m/s 以上的流速外，在进口外宜设置沉沙池和拦泥栅。

渡槽相当于过水桥，是穿过农田地区路堑段常用的过水形式之一，包括进出水口、槽身与下部支承 3 种结构。槽身断面小于两端人工沟槽，以提高主槽的流速和降低主体结构的造价。为此主槽与沟槽之间设过渡段，其中，出水段要比进水段长，过渡段的平面收缩角为 $10°\sim15°$。主槽较短时，槽身与沟的断面尺寸相同，此时不设过渡段。主槽两端连接的土质沟渠，应予以加固，加固的长度不小于沟内水深的 4 倍。

3.4.3 路基地下排水设施的构造与布置

当地下水露出路基范围或地下水位较高，影响路基、路面强度或边坡稳定时，应设置地下排水设施加以排除。

常用的地下排水设施有暗沟（管）、渗沟、渗井等。排水设施的类型、设置地点及尺寸应根据工程地质和水文地质条件决定。由于地下排水设施埋置于地面以下，不易维修，在路基建成后又难以查明失效情况，因此要求地下排水设施能牢固有效。

（1）暗沟（管）。

暗沟（管）又称盲沟，可利用其透水性将地下水汇集到沟内，并沿沟排至指定地点，其水力特性属于紊流。

路基底局部范围有泉水外涌或要排除地下集中水流时，应设置暗沟（管）将水引排至路堤坡脚外或路堑边沟内。泉井壁和沟壁可采用浆砌片石砌筑，沟顶设置石盖板，盖板顶面上的填土厚度应不小于 50 cm。沟宽视泉井范围而定。

暗沟的纵坡宜不小于 1‰，出水口应高出地表排水沟常水位 0.2 m。寒冷地区的暗沟，应作防冻保温处理或将暗沟设在冻结深度以下。

在一侧边沟下设置暗沟，可用以拦截流向路基的层间水，防止路基边坡滑坍和毛细水上升危及路基的强度与稳定性。路基两侧边沟下均设暗沟，可用以降低地下水位，防止毛细水上升到路基工作区范围内，形成水分积聚而造成冻胀和翻浆，或土基过湿而降低强度等。路基挖方与填土交界处设横向暗沟，可用以拦截和排除路堑下层间水或小股泉水,使路堤填土不受水害。

(2)渗沟。

为降低地下水位或拦截地下水,可在地表以下设置渗沟。渗沟可分为管式渗沟、洞式渗沟和边坡渗沟。当水量较大时,渗沟底部可增设排水管(孔)。

为拦截含水层地下水或降低地下水位,可设置管式渗沟。

渗沟的埋置深度按地下水的高度(为保证路基或坡体稳定)、地下水位需下降的深度,并根据含水层介质的渗透系数等因素考虑确定。排水管可采用带槽孔的塑料管或水泥管。

管径按设计渗流量确定,但最小内径宜为 15 cm(渗沟长度不大于 150 m 时)。排水管周围回填透水性材料,管底回填料的厚度为 15 cm,管两侧的回填料宽度宜不小于 30 cm。

透水性回填料可采用粒径 5~40 mm 的碎石或砾石,但粒径小于 2.36 mm 的细粒含量不得大于 5%。含水层内的细粒有可能随渗流进入沟内而堵塞渗沟时,应在渗沟的迎水面沟壁处设置反滤织物。

带孔排水管,其圆孔的内径为 5~10 mm,纵向间距为 15 mm,按 4 或 6 排对称地排列在圆管断面的下半截。最上面一排圆孔距管内底的最大高度 H 与管下部无圆孔截面的弦长 L 应满足表 3.24 要求。槽口按两排间隔 165° 对称排列在圆管断面的下半截,在渗沟内安设排水管时,槽孔向下。

表 3.24 带槽孔排水管的槽孔布置尺寸

管径/mm	圆孔			槽口	
	排数	H/mm	L/mm	长度/mm	间距/mm
150	4	70	98	38	75
200	4	94	130	50	100
250	4	116	164	50	100
300	6	140	195	75	150
380	6	175	244	75	150
460	6	210	294	75	150

在盛产石料地区,也可采用洞式渗沟在路基范围外拦截地下水。渗沟底部以浆砌片石组成矩形排水槽,槽顶覆盖水泥条形盖板,形成排水洞。其横断面尺寸按设计渗流量的要求确定。板条间留有宽 20 mm 的缝隙,间距不超过 300 mm。在盖板顶面铺以透水的土工织物。沟内回填透水性填料,沟顶覆盖 20 cm 厚的不透水封闭层。含水层内的细粒有可能随渗流进入沟内而堵塞渗沟时,应在渗沟的迎水面沟壁处按渗滤要求设置若干层粒料反滤层,每层反滤层由厚度为 15~25 cm 的粒料组成。

为疏干潮湿的土质路堑边坡坡体和引排边坡上局部出露的上层滞水或泉水,可采用边坡渗沟,修建边坡渗沟的边坡坡度不应陡于 1:1。

边坡渗沟应垂直嵌入边坡坡体,其平面形状宜采用条带形布置,对范围较大的潮湿坡体,可采用增设支沟的分岔形布置或拱形布置。主沟间距 6~10 m,渗沟宽度 1.2~1.5 m,其基底应设在较干燥且稳定的土层内,筑成阶梯状,基础采用浆砌片石。沟内回填透水性粒料,其底部采用大粒径的碎石或砾石,而上部可采用较小粒径的沙砾。粗回填料外围设置反滤织物或反滤层。沟顶部采用干砌片石铺砌,其表面与边坡面大致齐平。下部出水口宜采用干砌片石垛支撑,渗出的水流直接进入边沟。

（3）渗井。

渗井属于竖直方向的地下排水设施。当地表水或对路基有影响的浅层地下水较难排除时,距地面不深处有良好的渗水层,且地下水流向背离路基或较深,可设置渗井,穿入透水层中,将路基范围内的上层地下水及少量地面水,引入更深的透水层中去,以排除地面水或降低上层的地下水位。

渗井的平面布置,以及孔径与渗水量,按水力计算而定,一般为直径 1.0～1.5 m 的圆柱形,也可为边长为 1.0～1.5 m 的方形。井深视地层构造情况而定。井内由中心向四周按层次分别填入由粗到细的砂石材料、渗水粗料、反滤细料。填充粒料要求筛分冲洗,施工时需用铁皮套筒分隔填入不同粒径的材料,不得粗细材料混杂,以保证渗井达到预期排水效果。

3.4.4 路基排水的综合设计

路基的各个组成部分,为完成各自的排水任务,需采用不同的排水设备,而要完成整个的排水任务,将全部地面水有效地拦截、汇集、引导和宣泄到路基范围之外,就必须将各种排水设备组成一个完整的综合排水系统,使各处的水均能顺畅地排出。

布置排水系统时,应首先着重分析研究所遇到的各种水的来向和它们对路基的危害程度,然后根据其轻重缓急,分别采用不同的排水设备,把对路基确有危害的水流有效地排除;同时,也要考虑每一项排水设备可能起到的作用,以及它们在位置、构造等方面的具体要求,在布置时使之大体符合这些要求,起到预期的作用。

排水系统综合设计必须满足如下基本要求。

（1）路基排水,必须与农田排灌和水土保持工作结合起来考虑。如地形平坦,灌溉渠道较多的地段,路线通过时可能或多或少地破坏原有的农田灌溉系统;路线穿过梯田,可能切断位于路基下侧梯田的水渠。对此,应采取相应的措施,如增设涵管、渡槽等,以保证农田正常排灌的需要,各种排水沟渠也可同时作为灌溉渠道,两者应有机地结合。在汇水面积较大、植被稀少、易受到冲刷的坡面上,宜采用多道小断面截水沟来拦截并排除坡面水,以免水量过于集中而造成冲刷;也可结合水土保持措施,采取分散径流、降低流速、节节拦蓄的方针,使泥不下山、水不出沟,既防止了坡面的冲刷,有利于农业,又保证了路基山坡的稳定性。总之,因地制宜和综合治理,是路基排水综合设计的基本要求之一。

（2）对于明显的天然沟槽,一般宜依沟设涵,不必勉强改沟与合并。对于沟槽不明显的漫流,应在上游设置束流设施,加以调节,尽量汇集成沟,导流排除。对于较大水流,注意因势利导,不可轻易改变流向,必要时配以防护加固工程,进行分流或束流。

（3）地面沟渠宜大体沿等高线布置,可提高截流效果,减少工程量。尽可能使沟渠垂直于水流方向,且应力求短捷,水流通畅。沟渠转弯处应以圆曲线相接,以减少水流的阻力。

（4）路基排水系统的布置与桥涵布置相结合。桥涵是宣泄水流的主要构造,在布置桥涵时应考虑路基排水的需要。桥涵的位置和密度应结合截水沟、边沟或排水沟等沟渠对出水口位置的要求,桥涵的孔径大小应能满足排水量的需要。在布置路基排水系统时,也应结合桥涵的布置情况,确定各沟渠排引的方向及出水口的位置。

（5）收集现有资料,进行总体规划。路基排水综合设计必须做好收集已有的工程地质和水文地质等有关资料,并通过野外调查及坑深和钻探测试收集相关数据,做出总体规划,提出总体布置方案,逐段逐项进行细部设计计算,并进行效益分析和经济核算。

对于排水系统中各沟渠排引方向及出水口位置的具体布置,可按下列步骤进行。

①将主要流向路基的天然沟和排水沟规划成横向排水系统(垂直路线方向)。

②拦截山坡水流,设置成纵向排水系统,并汇集排入横向排水系统,或者拦蓄山坡水流,做成纵向蓄水系统。

③在横向和纵向排水沟渠之间的山坡上,根据面积大小和地形,确定是否需要设置支沟和各种排水沟渠,以构成排水网络。

④在路基两侧设置边沟、排水沟等,或利用取土坑排水,保证路基经常干燥。

⑤选定桥涵的位置,并使这些沟渠同桥涵连成网。

⑥考虑是否需要设置地下排水系统。

在丘陵及山岭地区,除设边沟排水外,还应注意坡面上水流的冲刷会造成边沟淤塞并影响路基的稳定。这时应考虑是否在上方坡面上设置截水沟拦截、引导水流离开路基。

路基排水系统综合设计应按一般路段和特殊路段区别对待。在一般路段上,水流的危害较小,排水设计可简单些。此时,仅需拟定一些主要原则,并分别在横断面图上和工程数量表上注明,交由施工单位具体掌握。而对地质和水文条件复杂的或者已产生严重路基病害的路段,则应单独进行排水设计。在平面图上具体布置排水系统,确定各项排水设备的平面位置、排水方向、构造、出入口、纵坡等。

在路基排水系统的综合设计中,还应照顾当地农田水利规划,以便在防范路基水害的同时,不致损害农田水利,并有利于农业生产。

3.5　黄陵至延安高速公路扩能工程路基设计案例

3.5.1　项目概况

1. 项目背景

黄陵至延安高速公路扩能工程为西安至延安高速公路扩能工程的重要组成路段。西安至延安高速公路扩能工程的建设,对进一步完善全省高速公路网,形成关中连接陕北的独立快速通道,加快陕北能源化工基地建设,实现关中、陕北经济的率先发展和跨越式发展均具有十分重要的促进作用。

黄陵至延安高速公路扩能工程南起黄陵县桥山西部,经黄陵、富县、甘泉、宝塔等区县,并与国家高速公路青兰线相接。本项目的建设,是完善路网布局,形成通道型交通走廊,确保陕西纵向交通安全畅通的需要;是推进产业升级,加快陕北国家能源化工基地建设的需要;是加强区域经济互补,带动全省经济协调发展的迫切需要;是促进旅游业和红色文化产业发展的需要。

2. 技术标准

按照《公路工程技术标准》(JTG B01—2014)中关于确定拟建项目技术标准的有关原则,考虑沿线地形条件以及本项目路网中的功能和地位,结合交通量预测结果,"工程可行性研究报告"确定本项目设计标准采用设计速度 100 km/h 双向六车道高速公路,整体式路基宽度 33.5 m,分离式路基宽度 16.75 m;桥涵与路基同宽,桥涵荷载标准采用公路-Ⅰ级,特大桥设计洪水频率 1/300,路基和大中桥 1/100,其余各项指标均按照部颁《公路工程技术标准》(JTG B01—2014)及陕西省有关规定执行。主要技术指标见表 3.25。

表 3.25　主要技术指标

序号	指标名称		单位	规范指标值	设计采用值	备注
1	公路等级			高速公路	高速公路	
2	设计速度		km/h	100 80	100 80	
3	路基宽度	整体式	m	33.5	33.5	
4		分离式	m	16.75	16.75	
5	平曲线最小半径(一般值/极限值)		m	700/400	700	
6	不设超高的平曲线最小半径		m	4000	4300	路拱 $i=2\%$
7	平曲线最小长度(一般值/最小值)		m	500/170	500.069	
8	缓和曲线最小长度		m	85	170	
9	同向曲线间直线最小长度		m	600	632.109	
10	反向曲线间直线最小长度		m	200	213.825	
11	停车视距		m	160	160	
12	任意3公里平均纵坡		%	小于2.5		
13	最大纵坡		%	4	3	
14	最小坡长		m	250	425	
15	竖曲线最小半径 (一般值/极限值)	凸形	m	10000/6500	16000	
		凹形	m	4500/3000	12883.117	
16	竖曲线 最小长度	一般值	m	210	220	
17		最小值	m	85		
18	设计汽车荷载等级			公路-Ⅰ级	公路-Ⅰ级	
19	桥面净宽					
20	隧道净空		m	5.0	5.2	
21	设计 洪水频率	特大桥		1/300		
22		大、中桥及路基		1/100		

3.5.2　路基设计

1. 沿线地质、地层情况、不良地质及特殊性岩土

（1）沿线地质、地层情况。

本项目位于陕北西部黄土梁峁沟壑区,地形起伏较大,区域地貌表现为河谷阶地地貌和黄土梁峁沟壑地貌景观。区内出露的地层由新到老依次为第四系(Q)、第三系上新统(N_2)和侏罗系中统(J_2)。

（2）不良地质及特殊性岩土。

设计路线路基带不良地质作用类型主要有黄土滑坡、滑塌,泥石流。沿线特殊性岩土有湿陷性黄土、第三系红黏土和过湿土。

2．一般路基设计

（1）路基横断面布设及加宽超高方式。

①横断面布置。

本项目为新建双向六车道高速公路，设计速度 100 km/h。整体式路基宽度 33.5 m，横断面布置：中央分隔带为 2.0 m，左侧路缘带 2×0.75 m，行车道为 2×3×3.75 m，硬路肩 2×3.0 m（含右侧路缘带 2×0.5 m），土路肩 2×0.75 m。分离式路基宽度 16.75 m，横断面布置：左侧土路肩 0.75 m，左侧硬路肩 1.0 m，行车道 3×3.75 m，硬路肩 3.0 m（含右侧路缘带 0.5 m），土路肩 0.75 m。

新建段路基中央分隔带采用平齐式，不设置路缘石，中分带采用 C25 现浇混凝土封闭，设置防眩板。中央分隔带一般按 2 km 间距设置开口，开口宽度 40 m，用于抢险、急救和维修。终点马家沟互通式立交范围内，沿现有包茂高速公路两侧加宽路段，既有中分带为凸起式，中分带设置绿化防眩设施，该段维持既有中央分隔带设施。

②路拱横坡。

一般路段行车道、路缘带及硬路肩路拱横坡采用 2％，土路肩采用 3％。

③加宽超高方式。

路基设计标高为中央分隔带的外侧边缘。超高方式以中央分隔带外侧边缘为旋转轴，外侧路幅绕自己旋转轴首先旋转到 2％，然后内外侧路幅再分别绕各自的旋转轴旋转到所需的超高值。

④公路用地范围。

公路用地范围为路堤两侧边沟外挡水土埝坡脚，或路堑坡口（设置截水沟时为截水沟）以外 2 m。

（2）路基填料。

根据全线路基填挖情况和隧道弃渣分布，全线路基填料主要采用纵向调运路基挖余方和隧道弃渣，局部路段采用砂砾填筑。

沿线路基挖余方多为黄土或黄土状土，根据土工试验资料结果（见表 3.26），一般黄土填料 94％压实度下 CBR 值小于 3％，96％压实度下 CBR 值小于 4％，难以满足规范强度要求；掺加 3％的石灰后强度（CBR 值）可增加 30％以上。考虑到保证施工中有效拌和等因素，初步拟定上路床掺灰 8％，下路床掺灰 5％，路堤掺灰 3％。

沿线隧道较多，隧道弃渣量较大，填石碴的路堤压实质量采用施工参数和压实质量检测联合控制，压实质量采用压实沉降差或孔隙率进行检测。

沿线的天然砂砾主要位于路线中段的洛河滩和邻近终点段的延河滩上，储量较为丰富。考虑到沿线弃方量巨大，天然砂砾运距较远，价格较贵，因而天然砂砾主要应用于局部路段，如邻近无弃渣或挖余石碴的填沟路基段。

（3）路基边坡。

①填方边坡。

填方路基边坡高度小于 8 m 时，边坡坡度采用 1∶1.5；填方边坡高度大于 8 m 时，上部边坡高度 8 m，边坡坡度 1∶1.5，设 2 m 宽平台，下部边坡坡度 1∶1.75。

填方路基外侧紧邻村庄、房屋密集路段，设置挡土墙收缩填方边坡，减少拆迁。路基外侧地面横坡较陡，填方边坡伸出较远时，设置挡土墙收缩路基边坡。

②挖方边坡。

全线挖方边坡路段共计 21.0 km。

表 3.26　土工试验报告表

取样地点	最大干密度/(g/cm³)	最佳含水率/(%)	塑限/(%)	液限/(%)	颗粒分析/(%)			膨胀率试验		土基承载比试验			
					0.25~0.075	0.075~0.002	<0.002	压实度/(%)	膨胀率/(%)	压实度/(%)	饱水四天 吸水量/g	膨胀量/(%)	承载比/(%)
K94+120	1.87	13.1	28.3	17.5	2	92.1	5.9			94	305.4	2.72	2.5
										96	280.1	2.21	3.1
K94+120(红黏土)	1.77	17.1	41.5	22.2	2.8	68.6	28.6			94	318.4	2.24	2.3
										96	301.9	2.01	3.3
K126+600	1.83	12.6	26.5	17.3	0.9	93.1	6			94	281.5	1.92	2.4
										96	292.3	1.66	3.5
K94+120(石灰剂量3%)	1.81	14.6								94	183.8	0.15	54.9
										96	156.9	0.16	65.9
K94+120(红黏土)(石灰剂量3%)	1.78	15						96	2.24	94	206	0.13	39.4
										96	179	0.14	66.1
K126+600(石灰剂量3%)	1.8	13.8								94	227	0.2	33.8
										96	214.9	0.15	51

挖方路基边坡高度小于 10 m 时,边坡坡度采用 1:1;黄土挖方边坡高度大于 10 m、小于 30 m 时,采用"宽台陡坡"形式,每级边坡高 5 m,边坡坡度 1:0.5,边坡平台宽 3 m;岩质边坡坡度为 1:0.5,每级边坡高 10 m,边坡平台宽 3 m;第三系红黏土(N_2)由于具弱膨胀性,考虑采用缓边坡,边坡坡度 1:1,每级边坡高 10 m,边坡平台宽 3 m,同时在红黏土层顶面布设仰斜排水孔。

对于黄土挖方边坡高度大于 30 m、底部岩质、表层土质的高边坡,根据工程地质类比法进行分析,并采用力学分析法经稳定性验算确定,在边坡中部的适当位置增设宽为 5~10m 的大平台。

(4)地基表层处理。

路堤填筑前先清除地表草皮、腐殖土,并集中堆放,将地基表层碾压密实,压实度应不小于 90%,地面横坡陡于 1:5 的斜坡地段,路基填筑前将原地面开挖成内倾坡度 2%~4%、宽度不小于 2m 的台阶,然后进行路基填筑。

(5)高填、深挖路基。

全线最大填方边坡高度 16.5 m,无高填路基。

全线共有 44 处大于 30 m 的挖方高边坡,总长 7589 m,最大挖方边坡高度为 68 m。其中最大挖方边坡高度为 30~40 m 的有 24 处,共长 3634 m;最大挖方边坡高度为 40~50 m 的有 6 处,共长 965 m;边坡高度为 50~60 m 的有 9 处,共长 1980 m;60 m 以上的有 5 处,共长 1010。C3 方案最大挖方边坡高度为 61 m;C4 方案最大挖方边坡高度为 67 m;C5 方案最大挖方边坡高度为 68 m;C9 方案最大挖方边坡高度为 32 m;K 方案最大挖方边坡高度为 62 m。全线高边坡以黄土边坡为主,部分边坡底部为砂岩夹页岩或第三系红黏土(N_2)。各方案高边坡概况详见表 3.27。

表 3.27 黄陵至延安高速公路扩能工程高边坡一览表

方案	最大挖深/m	段落	总长/m	方案	最大挖深/m	段落	总长/m
推荐方案	30~40	24 段	3634	C5方案	30~40	2 段	160
	40~50(含 40)	6 段	965		40~50(含 40)	2 段	100
	50~60(含 50)	9 段	1980		50~60(含 50)	5 段	360
	60 以上	5 段	1010		60 以上	5 段	290
	合计	44 段	7589		合计	14 段	910
C3方案	挖深	段落	总长	K方案	30~40	5 段	818
	40~50(含 40)	1 段	180		40~50(含 40)	3 段	795
	50~60(含 50)	2 段	240		50~60(含 50)	2 段	235
	60 以上	1 段	180		60 以上	1 段	260
	合计	4 段	600		合计	11 段	2108
C4方案	30~40	2 段	100	C9方案	30~40	1 段	25
	40~50(含 40)				40~50(含 40)		
	50~60(含 50)	1 段	20		50~60(含 50)		
	60 以上	1 段	85		60 以上		
	合计	4 段	205		合计	1 段	25

当边坡高度 $H>30$ m 时,根据地勘资料,综合工程地质对比法与力学分析法确定边坡形式,黄土边坡每级高度为 5 m,边坡坡度为 1:0.5,边坡平台一般宽 3 m 并间隔一定高度设置 5～10 m 的大平台,综合坡度为 1:1～1:1.33,安全系数均大于 1.25。坡脚设置 C20 混凝土预制块护面墙防护,以上各级边坡均采用植草护坡。

对于边坡底部为第三系红黏土(N_2)的路段,由于红黏土具弱膨胀性,采用放缓边坡形式,边坡坡度 1:1,每级边坡高度为 10 m,平台宽 3 m,各级边坡均采用拱形骨架护坡。

对于强风化砂岩夹页岩路段,当自然坡面相对较缓时,岩质边坡坡度采用 1:0.8,并用窗孔式护面墙防护,土质边坡坡度采用 1:1,并用拱形骨架护坡防护;当自然坡面较陡时,岩质边坡坡度采用 1:0.5,并用锚杆框架梁防护,上覆黄土边坡采用宽台陡坡形式,每级边坡高度为 5 m,边坡坡度为 1:0.5,边坡平台宽 3 m,采用植草防护。对于中风化砂岩夹页岩路段,采用柔性主动防护系统防护,边坡坡度为 1:0.5,每级边坡高度不大于 10 m。

对于黄土层下为第三系红黏土(N_2)或砂岩夹页岩路段,当黄土与红黏土或岩石交界面较倾斜时,为避免边坡开挖后,黄土沿交界面产生滑移,在有交界面的该级边坡采用锚杆框架梁防护,以进行预加固。

(6)桥头路基。

在路堤与桥台、横向构造物(涵洞、通道)连接处设置过渡段。路堤与桥梁的过渡段长为 $(3+2H)$ m;路堤与涵洞、通道的过渡段长为 $(2+2H)$ m,其中 H 为路基高度。过渡段采用 8% 灰土或砂砾填筑,压实度(重型)不小于 96%。

(7)填沟路基。

本项目位于陕北西部黄土梁峁沟壑区,路线大多沿沟谷布设,相继经过麻地沟、马家岔沟、张岔沟、香坊窑子沟、油粉沟、老虎沟等多处沟谷。当地沟谷大多较为狭窄,导致路基压占多处沟道,对汛期时的路基稳定产生较大影响,为此对这些沟道结合改沟设计采用填沟路基方案,即将原有沟道抬高,并靠近路基边缘设置,以减少自然边坡开挖和防护工程量。全线填沟路基累计 8 处,共计 7272.0 m。

填沟设计时充分考虑地形地貌,将沟道改至路基离自然边坡较远的一侧或放至分离式路基中间,避免因沟道改移导致自然边坡开挖过大,当边坡挖深过大时,为减少开挖量,必要时采用在边沟下设置纵向涵的方式过水。改移沟道的断面尺寸根据汇水面积,按照路基百年洪水流量设防要求经计算确定,并按照路基三百年一遇洪水流量进行校核,确保路基稳定。改移沟道的主沟道采用 C15 片石混凝土浇筑;支沟道一般采用 M7.5 浆砌片石砌筑,当流量较大时也采用 C15 片石混凝土浇筑。

为保证填沟路基的水稳定性,路基采用水稳性较好的开山片石、砂砾石等粒料填筑至路床顶面,同时对于紧邻路基的改沟范围的回填也采用与路基相同的压实度。为解决施工期间的临时排水困难,采用在原沟底设置纵向暗涵的方式以排除原沟内汇水;同时在暗涵两侧设置纵向地下盲沟,并隔一定距离开口于暗涵,以排除施工期间及竣工后的路基底部渗水,确保路基的长期稳定。

对于特殊地质路段,根据地质情况采用相应的处理措施,如多段改沟路段地基为淤积土,应进行换填砂砾和水泥搅拌桩处理,以确保地基的稳定。

①K97+700～K98+460 段路、桥方案对比。

中马岔隧道出口 K97+750～K98+460 段路线线位沿岔沟沟谷布设,该段沟道底部为基岩下切的 U 形沟槽,沟道较为狭窄,沟底宽度 5～20 m,有常年流水,百年一遇洪水流量为 74.6 m^3/s,三百年一遇洪水流量为 104.5 m³/s。该段为分离式路基,填高 6～15 m(沟心至设计高),由于沟道狭窄,分离式路基基本压占了整个沟道。考虑到本段有多处深挖方和 2 座长隧道(单洞计 4.46 km),挖方量较大,约40.0 万立方米,故将桥梁结合路基方案与填沟路基方案进行了对比。

a.桥梁结合路基方案:拟将压占沟道的半幅路基采用纵向桥,另半幅采用路基,邻沟一侧设置支挡工程,尽量减少道路压占沟道。桥梁单幅总长 881.4 m,路基长度 360 m。经估算,采用该方案约需5129.2 万元。

b.填沟路基方案:即将原有沟道抬高,并靠近路基边缘设置,以减少自然边坡开挖和防护工程量。改移主沟长度 805 m,改移支沟长度 148 m;在原沟底设置 1～2.0 m 纵向排水暗涵,长度 760 m;路基填方数量为 18.5 万立方米。经估算,采用该方案约需 3476.9 万元。

桥梁结合路基方案具有施工工序简单,质量可控制,无泄洪压力,对自然地形破坏较少等优点;主要缺点在于无法充分利用沿线的大量挖方,增加了弃土场占地和工程费用。填沟路基方案可以充分利用沿线的大量挖方,减少了弃土场占地,造价较低;但填沟路基方案施工周期长,施工质量较难控制,对自然地形破坏较大,且改移沟道和纵向暗涵的成本及养护费用较高,加之极端气候易产生路基水毁,不稳定因素较复杂。因此从路基的长期稳定性上考虑,尽管填沟路基方案造价较省,本段还是推荐桥梁结合路基方案。

②K133+610～K134+600 段路、桥方案对比。

骆驼崾隧道出口 K133+610～K134+600 段路线线位沿正沟沟谷布设,该段沟道底部为基岩下切的 U 形沟槽,沟道较为狭窄,沟底宽度 5～15 m,有常年流水,百年一遇洪水流量为 111.6 m³/s,三百年一遇洪水流量为 139.4 m³/s。该段为分离式路基,填高 8～16 m(沟心至设计高),由于沟道狭窄,分离式路基基本压占了整个沟道。考虑到本段有多处深挖方和 2 座长隧道(单洞计 4.43 km),挖方量较大,约 46.3 万立方米,故将桥梁结合路基方案与填沟路基方案进行了对比。

a.桥梁结合路基方案:拟将压占沟道的半幅路基采用纵向桥,另半幅采用路基,邻沟一侧设置支挡工程,尽量减少道路压占沟道。桥梁单幅总长 844 m,路基长度 568 m,路基填方 14.9 万立方米,挖方15.4 万立方米。经估算,采用该方案约需 5677.03 万元。

b.填沟路基方案:即将原有沟道抬高,并靠近路基边缘设置,以减少自然边坡开挖和防护工程量。改沟长度 1160 m;设置两处 1～4 m 明板涵,总长 98 m;在原沟底设置 1～2.0 m 纵向排水暗涵,长度1046 m;路基填方 24.9 万立方米,挖方 15.4 万立方米。经估算,采用该方案约需 4257.0 万元。

桥梁结合路基方案具有施工工序简单,质量可控制,无泄洪压力,对自然地形破坏较少等优点;主要缺点在于无法充分利用沿线的大量挖方,增加了弃土场占地和工程费用。填沟路基方案可以充分利用沿线的大量挖方,减少了弃土场占地,造价较低;但填沟路基方案施工周期长,施工质量较难控制,对自然地形破坏较大,且改移沟道和纵向暗涵的成本及养护费用较高,加之极端气候易产生路基水毁,不稳定因素较复杂。因此从路基的长期稳定性上考虑,尽管填沟路基方案造价较省,本段还是推荐桥梁结合路基方案。

3. 特殊地质路基处理

沿线的不良地质主要为黄土滑坡,特殊性岩土主要为湿陷性黄土和淤积土。

(1)滑坡。

本项目共治理了 8 处滑坡,其中推荐方案(K+C6+K)治理了 6 处滑坡,K 方案治理了 1 处滑坡,

C1 方案治理了 1 处滑坡。根据沿线调查和地勘资料,并经力学分析计算,分别采用抗滑桩、锚杆框架梁并结合抗滑挡土墙进行治理。

①ZK92+560~ZK92+840 段左侧边坡防护工程(H4 滑坡)。

ZK92+560~ZK92+840 滑坡位于马家岔沟西侧谷坡,该段为黄土沟壑地貌。古滑坡长 100~150 m,宽约 280 m,厚度 15~20 m,总方量约 30 万立方米,为中型黄土滑坡。滑坡滑体土岩性主要为粉质黏土,滑床岩性主要为全~强风化泥岩。拟设线路位于滑坡前缘,对南北两段坡体均进行一定规模开挖,最大边坡高度 23 m。设计标高较沟心高 8~10 m,沟心填筑路基将对滑坡前缘形成一定反压,有助于滑坡整体稳定。

根据现场调查及稳定性分析,滑坡目前处于稳定状态。拟建线路以半填半挖通过坡脚部位,由于开挖坡脚降低了滑坡整体稳定性,经定量计算,有可能引发坡体失稳,为保证边坡稳定进行防护设计。具体工程措施布置如下。a.挡土墙:布置于一级边坡坡脚,段落起讫桩号为 ZK92+530~ZK92+680,ZK92+725~ZK92+790,长度共计 215 m。b.抗滑桩:布置于一级边坡平台,段落起讫桩号为 ZK92+577~ZK92+673,ZK92+730~ZK92+784,桩径采用 2.0 m×1.5 m,设计桩长 18 m,共计 27 根。c.拱形骨架护坡:布置于一至三级坡面,坡度采用 1∶1,孔窗内植草绿化。

②ZK93+110~ZK93+300 段左侧边坡防护工程(H5 滑坡)。

ZK93+110~ZK93+300 滑坡位于马家岔沟西侧谷坡,该段为黄土沟壑地貌。古滑坡长约 170 m,宽约 140 m,平均厚度约 15 m,总方量约 25 万立方米,为中型黄土滑坡。滑坡滑体土岩性主要为粉质黏土,滑床岩性主要为全~强风化泥岩。拟设线路位于滑坡前缘以半填半挖形式通过,设计标高较沟心高 12~14 m,路基填方将对滑坡形成一定反压作用,有助于滑坡整体稳定。左侧开挖形成挖方边坡,最大坡高为 16 m。

根据滑坡区调查资料,目前坡体无新近变形迹象,滑坡整体处于稳定状态。由于开挖形成高边坡,稳定性较差,为保证挖方边坡稳定,对该段进行防护设计。具体工程措施布置如下。a.挡土墙:布置于一级边坡坡脚,段落起讫桩号为 ZK93+140~ZK93+290,长度共计 150 m。b.抗滑桩:布置于一级边坡平台,段落起讫桩号为 ZK93+151~ZK93+277,桩径采用 2.0 m×1.5 m,设计桩长 18 m,共计 22 根。c.拱形骨架护坡:布置于一至三级坡面,坡度采用 1∶1,孔窗内植草绿化。

③K99+900~K100+205 滑坡治理工程(H14 滑坡)。

K99+900~K100+205 滑坡位于岔沟河沟口岳屯水库右侧坝肩,古滑坡长约 260 m,宽约 300 m,滑体厚度 25~40 m,总方量约 150 万立方米,为一大型土岩混合滑坡。滑坡坡体物质上部为亚黏土,厚 10~20 m,其下为块石土,砂泥岩质;滑床岩性主要为强风化砂岩,局部为薄层红黏土。拟设线路位于滑坡中前部,大部分段落以挖方形式通过,断面挖方约 270 及 m³,设计高程较沟底高 28 m,上边坡高度 14~18 m。

根据现场调查及稳定性分析,目前滑坡体处于基本稳定状态。拟建线路位于水库大坝上方,主要以挖方形式通过滑坡区,挖方规模较大,根据定量计算结果,在开挖及饱水状态下,滑坡稳定系数为 1.022,当安全系数为 1.25 时,其剩余下滑力为 1065.4 kN/m。此外,K100+100~K100+200 段左幅路堤位于滑坡前缘陡坡地形,高差近 30 m,由于滑体地表土体结构松散,强度低,为保证路堤稳定对路基下侧也采取一定加固措施。具体工程措施布置如下。a.上边坡抗滑桩:布置于右侧挖方边坡一级平台,段落起讫桩号为 K99+920~K100+202,桩径 2.4 m×1.8 m,桩长 25~27 m,共计 48 根。b.下边坡抗滑桩:布置于左侧填方边坡下侧,段落起讫桩号为 K100+109~K100+193,桩径 3.0 m×2.0 m,桩长 25 m,采用桩板墙形式,共计 15 根。

④K111+710~K111+860 段右侧边坡防护工程(H20 滑坡)。

K111+600~K111+880 右侧滑坡位于石桥峪沟东侧,滑坡主滑方向长约 400 m,宽约 500 m,滑体厚度约为 15 m,总方量 120 万立方米,为一特大型土质滑坡。滑坡滑体土岩性主要为粉质黏土,滑床岩性主要为强风化砂岩,局部为薄层红黏土。目前滑坡体处于自然稳定状态,滑面整体上较为平缓,坡体表面未见张拉裂缝。

由于路线以挖方形式通过滑坡体中前部,对其整体稳定性影响较小。根据定量计算结果,在开挖及饱水状态下,滑坡稳定系数为 1.368,即滑坡整体稳定性仍较高。设计路线由滑坡前缘以挖方形式通过,边坡最大开挖高度约 23 m,而开挖形成的高边坡可能失稳变形,为保证道路施工及建成后的运营安全,对该滑坡进行了治理工程设计。具体工程措施布设如下。a.锚杆框架梁:布置于二级边坡,段落起讫桩号为 K111+735~K111+822 段,坡度为 1:1,锚杆长度 8 m。b.挡土墙:布置于一级边坡坡脚,段落起讫桩号为 K111+715~K111+865,高度为 2 m,总长度 150 m。c.拱形骨架护坡:布置于二、三级边坡,坡度为 1:1,坡高 8 m。

⑤K121+890~K122+155 段右侧边坡防护工程(H28 滑坡)。

K121+890~K122+155 段右侧滑坡区位于延安北大树河沟右侧斜坡,为陕北黄土塬区黄土斜坡地貌,该滑坡宽约 400 m,主轴方向长约 120 m,为一中型土质滑坡。滑体土岩性为黄褐色粉质黏土,滑床岩性为 Q_2^{eol} 风积黄土。路线以挖方形式通过滑坡中前部,中线最大挖方高度约 8.5 m。

根据调查,滑坡后缘及坡面未发现任何变形迹象,目前滑坡整体处于稳定状态。由于中前部挖方量较大,考虑到降雨等不利条件下,滑坡有可能再次复活,对路基稳定产生较大威胁,为保证路基安全,对该滑坡进行了治理设计工作,确定了削方+抗滑桩为主的治理工程方案,具体如下。a.坡面削方:采用台阶型,段落为 K121+895~K121+980、K122+042~K122+085、K122+105~K122+155,各级坡度为 1:1。b.抗滑桩:布设于一级平台,段落为 K122+054~K122+078,K122+112~K122+148,桩中心距为 6 m,桩径为 1.5 m×2.0 m,桩长 20 m,共计 12 根。c.挡土墙:设置于一级边坡下部,段落为 K121+895~K121+980,K122+042~K122+085,K122+105~K122+155,墙高 4 m,共计 178 m。d.拱形骨架护坡:设置于各级坡面,采用 C20 片石混凝土浇筑,窗孔内培土植草。e.平台截水沟:设置于 K121+895~K121+980 段一级平台及 K122+042~K122+085、K122+105~K122+155 段二级平台,采用 C25 预制混凝土,总长 129 m。

⑥K122+715~K122+860 段右侧边坡防护工程(H30 滑坡)。

K122+680~K122+880 段右侧滑坡位于延安北大树河沟右侧斜坡,为陕北黄土塬区黄土斜坡地貌,该滑坡宽约 200 m,主轴方向长约 150 m,为一中型土质滑坡。滑体土岩性为黄褐色粉质黏土,滑床岩性为 Q_2^{eol} 风积黄土。路线以挖方形式通过滑坡中前部,中线最大挖方高度约 16 m。

根据调查,滑坡后缘及坡面未发现任何变形迹象,目前滑坡处于整体稳定状态。由于路线在滑坡中前部挖方量较大,在连续降雨等不利条件下,滑坡体有可能再次失稳变形,对路基稳定产生较大威胁。为保证路基安全,对该滑坡进行了治理设计工作,确定了削方+抗滑桩为主的治理工程方案,具体如下。a.坡面削方:采用台阶型,段落为 K122+715~K122+860,各级坡度为 1:1,其中一级边坡高度 6 m,二级边坡高度 8 m,三级边坡高度小于 8 m。b.抗滑桩:布设于一级平台,段落为 K122+734~K122+

848,桩中心距为 6 m,桩径为 1.5 m×2.0 m,桩长 20 m,共计 20 根。c.挡土墙:设置于一级边坡下部,段落为 K122+715～K122+860,墙高 2 m,共计 145 m。d.拱形骨架护坡:设置于各级坡面,采用 C20 片石混凝土浇筑,窗孔内培土植草。e.平台截水沟:设置于二级平台,采用 C25 预制混凝土,总长 112m。

⑦K144+505～K144+755 段左侧边坡防护工程(K 方案)(H47 滑坡)。

K144+505～K144+755 段边坡位于庙沟,沟道狭窄,地形陡峻,该滑坡长约 120 m,宽约 130 m,滑体厚度 10～20 m,总方量约 20 万立方米。滑坡滑体土岩性主要为粉质黏土,滑床岩性主要为全～强风化泥岩。目前滑坡体处于自然稳定状态,滑面整体上较为平缓,坡体表面未见张拉及剪切裂缝。

拟建线路于滑坡中前部以挖方通过,设计标高较沟心高 6～10 m,左侧边坡开挖工程量较大,有可能引发滑坡体复活变形。为保证路基安全,对该滑坡进行了治理设计工作,具体工程措施布设如下。a.抗滑桩:布置于一级平台,段落起讫桩号为 K144+615～K144+699,桩径 2.0 m×1.5 m,设计桩长为 20 m,桩间距 6 m,共计 15 根。b.锚杆框架梁:布置于 K144+505～K144+615、K144+700～K144+755 两段各级坡面,防护总面积约 5900 m²,坡度为 1：0.75,锚杆长度 12 m,框架内镶嵌空心六棱块。c.挡土墙:布设于一级边坡坡脚,段落起讫桩号为 K144+505～K144+755,长度共计 250 m。d.拱形骨架护坡:布置于抗滑桩段落一至三级坡面,采用 C20 片石混凝土浇筑,窗孔内培土植草。

⑧C1ZK93+080～K93+245 段左侧边坡防护工程(C1 方案)(H5 滑坡)。

C1ZK93+080～K93+230 滑坡位于马家岔沟西侧谷坡,该段为黄土沟壑地貌。古滑坡长约 170 m,宽约 140 m,平均厚度约 15 m,总方量约 25 万立方米,为中型黄土滑坡。滑坡滑体土岩性主要为粉质黏土,滑床岩性主要为全～强风化泥岩。根据调查,目前坡体无新近变形迹象,滑坡整体处于稳定状态。C1 方案线路位于滑坡前缘以半填半挖形式通过,设计标高较沟心高 5～10 m,路基填方将对滑坡形成一定反压作用,有助于滑坡整体稳定。左侧开挖形成挖方边坡,最大坡高近 20 m。

由于滑体土结构松散,开挖形成的高边坡稳定性较差,为保证挖方边坡稳定,对该段进行防护设计。具体工程措施布置如下。a.抗滑桩:布置于一级平台,段落起讫桩号为 C1ZK93+080～K93+224,桩径采用 2.0 m×1.5 m,设计桩长 18m,共计 25 根。b.挡土墙:布置于一级边坡坡脚,段落起讫桩号为 C1ZK93+080～K93+245,长度共计 165 m。c.拱形骨架护坡:布置于一至三级坡面,坡度采用 1：1,孔窗内植草绿化。

⑨C4ZK93+020～K93+280 段左侧边坡防护工程(C4 方案)(H5 滑坡)。

C4ZK93+020～K93+280 滑坡位于马家岔沟西侧谷坡,与 C1 方案 C1ZK93+080～K93+245 段左侧滑坡为同一滑坡。C4 方案线路位于滑坡前缘以半填半挖形式通过,设计标高较沟心高 5～10 m,路基填方将对滑坡形成一定反压作用,有助于滑坡整体稳定。左侧开挖形成挖方边坡,最大坡高近 20 m。

由于滑体土结构松散,开挖形成的高边坡稳定性较差,为保证挖方边坡稳定,对该段进行防护设计。具体工程措施布置如下。a.抗滑桩:布置于一级平台,段落起讫桩号为 C4ZK93+027～K93+219,桩径采用 2.0 m×1.5 m,设计桩长 20 m,共计 33 根。b.挡土墙:布置于一级边坡坡脚,段落起讫桩号为 C4ZK93+020～K93+230,长度共计 210 m;c.拱形骨架护坡:布置于一至三级坡面,坡度采用 1：1,孔窗内植草绿化。

(2)湿陷性黄土。

根据地勘报告,本项目湿陷性黄土主要为位于河谷二级阶地及黄土梁峁区的第四系上更新统风积新黄土(Q_3^{eol})及位于河谷一级阶地区的粉质黏土(Q_4^{1al+pl})。

河谷一级阶地上分布的粉质黏土(Q_4^{1al+pl})厚度一般不大,具湿陷性,局部具自重湿陷性,地基湿陷等级一般为非自重Ⅰ(轻微)～Ⅱ(中等)级。上更新统风积新黄土(Q_3^{eol})均具湿陷性和自重湿陷性,湿陷性土层厚度一般为5～15 m,湿陷等级多为自重Ⅱ(中等)～Ⅲ(严重)级,沿线局部路段地基湿陷等级为Ⅳ(很严重)级。全线湿陷性黄土路段长为13.28 km。

①设计原则。

a.设置完善的路基、路面排水系统;对路基范围和附近坑、穴回填夯实;填方路基坡脚外易积水路段,设置防渗复合土工膜隔水墙。

b.湿陷性黄土地基的处理应根据黄土湿陷等级、处理深度要求、施工条件及材料来源,并经技术经济比较后确定。由于路线主要沿河谷沟道内布设,且沟道较为狭窄,冲击碾压不易施工,因此确定全线湿陷性黄土地基主要采用灰土垫层、灰土挤密桩和强夯进行处理。

②地基处治方案。

a.湿陷性黄土挖方路段:超挖路床范围设置灰土垫层,上路床(30 cm)采用8%灰土,下路床(50 cm)采用5%灰土。

b.Ⅰ级和Ⅱ级非自重湿陷性黄土的填方路段:路基清表后,于基底填筑8%灰土垫层,厚度40 cm。同时在填方路基坡脚外易积水路段,设置复合土工膜隔水墙。

c.Ⅱ级及以上自重湿陷性黄土的填方路段:首先采用强夯处理,不宜强夯的采用灰土挤密桩处理。强夯采用能级为1200 kN·m,夯击3遍,最后一遍采用低能量满夯,夯点按等边三角形布置,夯点间距为4 m。灰土挤密桩桩径为40 cm,桩心距100 cm,成等边三角形布设,消石灰与土的体积配合比为2:8,同时在桩顶设置30 cm厚12%的灰土垫层。

(3)淤积土(过湿土)。

①淤积土分布范围。

沿线淤积土路段全长约7.63 km,详见表3.28。

表 3.28　淤积土段落一览表

序号	段落分布	路程桩号	长度/m	厚度/m	备注
1	磨子沟段	K88+725～K89+340	615	5～10	冲洪积土
2	油粉沟段	K112+740～K113+000	260	6～13	冲洪积土
3	油粉沟段	K113+080～K113+260	180	10～15	冲洪积土
4	油粉沟段	K113+260～K114+210	950	6～12	冲洪积土
5	油粉沟段	K114+210～K114+380	170	10～15	冲洪积土
6	油粉沟段	K114+380～K116+360	1980	6～12	冲洪积土
7	老虎沟段	K118+090～K119+050	960	3～12	冲洪积土
8	佛道坪段	K124+388～K124+500	112	5～10	冲洪积土
9	佛道坪段	K124+600～K124+867	267	5～10	冲洪积土
10	佛道坪段	K125+213～K125+677	464	5～10	冲洪积土
11	万花段	K127+710～K128+470	760	5～10	冲洪积土

序号	段落分布	路程桩号	长度/m	厚度/m	备注
12	万花段	K129+883～K130+020	137	6～10	冲洪积土
13	万花段	K130+020～K130+475	455	6～12	冲洪积土
14	驸马沟段	K131+330～K131+430	100	5～8	冲洪积土
15	柳花峪段	C6K146+250～C6K146+470	220	6～10	冲洪积土

②地基处治方案。

对于淤积层厚度小于等于 3 m 的路段,将路基底部的淤积土全部挖除,且挖除宽度应超出路基坡脚外不小于 1 m,然后分层回填砂砾或隧道弃渣,并碾压密实,保证压实度不小于 94%(重型)。

对于淤积层厚度大于 3 m 的路段,选用水泥搅拌桩、预应力混凝土管桩、水泥粉煤灰碎石桩(CFG桩)、碎石挤密桩等方案,并进行技术经济比较。水泥粉煤灰碎石桩(CFG 桩)和碎石挤密桩造价高,且沿线不生产碎石,需远运;水泥搅拌桩工程费用较低,处理深度有限;预应力混凝土管桩对管桩的生产工艺和设备有严格的要求,一般采用工厂预制生产管桩,现场进行桩体打入施工,工程费用较高,但可较大地提高地基承载力,地基加固质量也可得到有效保证。从造价和施工工艺等方面综合考虑,最终确定当淤积土层厚度小于 15 m 时主要采用水泥搅拌桩进行地基处理,当淤积土层厚度大于 15 m 时采用预应力混凝土管桩进行处理。

水泥搅拌桩桩径为 50 cm,桩心距 125 cm,成等边三角形布设,搅拌桩应深入淤积土层底部以下不小于 1 m,并在桩体顶部铺设 30 cm 厚砂砾垫层。管桩采用预应力混凝土薄壁管桩(PTC-400(60)),直径 40 cm,壁厚 6 cm,混凝土强度等级 C60,桩间距为 300 cm;桩顶现浇混凝土桩帽,通过填芯混凝土与管桩连接,桩帽为正方形,边长 140 cm;管桩宜以较厚均匀碎石(砂、粉)土层、全风化或强风化岩层作桩端持力层,桩端进入持力层的深度应不小于 50 cm;管桩桩帽顶设置 30 cm 厚碎石垫层,并在碎石垫层中部铺设单层钢塑格栅。

当淤积层厚度较大且路堤填土较高时,对路基与桥梁方案做了简要对比。以 K112+770～K113+000 段为例:该段位于张岔沟内淤积坝上游,沟道较为开阔、平坦,路基平均填高 6 m,淤积土层厚度为6～13 m。当采用路基方案时,路基右侧因压占张岔沟做了相应改移;当采用桥梁方案时,因地形较为平坦,路基填高变化不大,按全幅通长做桥设计,桥梁孔数跨径为 4×20 m+4×20 m+3×20 m,全长 226 m,上部结构采用预应力混凝土简支变连续箱梁,下部结构桥台采用肋板台,桥墩采用柱式墩,墩台采用桩基础。主要工程量及造价见表 3.29。

表 3.29　K112+770～K113+000 段路基、桥梁方案主要工程量及造价表

序号	指标名称		单位	路基方案	桥梁方案
1	土方	填方(开山石)	km³	50.533	
		挖方	km³	0.696	0.696
2	占地		hm²	1.93	1.13
3	路面面积	水泥混凝土	km²		
		沥青混凝土		7.06	

序号	指标名称		单位	路基方案	桥梁方案
4	排水	浆砌片石	km³		
		混凝土		0.285	
5	防护	挡土墙长	m	230.00	
		浆砌片石	km³	3.00	
		混凝土		0.61	
6	地基处理	8%灰土垫层	km³		
		砂砾垫层	km³	4.98	
		灰土挤密桩	km		
		强夯	km²		
		水泥搅拌桩	km	107.84	
7	改沟长度		m	221.1	
8	桥梁长度		m		226
9	总造价		万元	1272.2	1882.5

由表 3.29 可得出,采用路基方案可节省工程造价 610.3 万元,约占桥梁方案总造价的 32.4%。本段沟道较为开阔、平坦,张岔沟平时流量较小,采用路基方案施工过程中不存在临时排水困难问题,且对沟道两侧山坡基本上无影响,因此综合考虑后推荐采用路基方案。

4. 防护

根据项目所在地的气候、水文、地形、地质及筑路材料分布情况,采取工程防护与植物防护相结合的综合措施,防治路基病害,确保路基稳定,并与周围环境景观相协调,做到工程建设与环境保护的和谐统一。

(1)填方路段防护形式。

当填方边坡高度小于 3 m 时,坡面采用植草护坡。当互通立交内环匝道采用较缓的边坡坡度时,均采用植草护坡。

边坡高度不小于 3 m 的一般路段采用 C20 混凝土拱形骨架植草护坡,骨架内培土植草;边坡高度不小于 8 m 时,边坡采用阶梯形,平台宽 2 m,采用 C20 现浇混凝土加固,第二级坡度为 1∶1.75,采用拱形骨架植草护坡防护。

在邻河和鱼塘路段,根据设计洪水位,并考虑到浪高、雍水高及 0.5 m 的安全高度,对路基边坡采用 M7.5 浆砌片石实体护坡。

在邻近结构物或距陡坎较近时,为减小占地、拆迁量,采用 M7.5 浆砌片石仰斜式路肩墙或路堤墙;在半路半桥路段,在路基邻桥梁一侧采用 M7.5 浆砌片石衡重式路肩墙。

(2)挖方路段防护形式。

土质挖方边坡高度 $H \leqslant 10$ m 的路段,挖方边坡坡度采用 1∶1,一坡到顶,其中 3 m$<H \leqslant 10$ m 的路段,边坡采用拱形骨架护坡,$H \leqslant 3$ m 的路段,边坡采用植草护坡。

黄土挖方 $H>10$ m 的路段,路基边坡采用宽台陡坡形式,坡脚设置 C20 混凝土预制块护面墙防护,以上各级边坡均采用植草护坡。当 10 m$<H\leqslant 30$ m 时,每级边坡高度为 5 m,边坡坡度为 1∶0.5,边坡平台宽 3 m;当 $H>30$ m 时,根据地勘资料,综合工程地质对比法与力学分析法确定边坡形式,每级边坡高度为 5 m,边坡坡度为 1∶0.5,边坡平台一般宽 3 m 并间隔一定高度设置 5～10 m 的大平台,综合坡度为 1∶1～1∶1.33,安全系数均大于 1.25。

对于边坡底部为第三系红黏土(N_2)的路段,由于红黏土具弱膨胀性,采用放缓边坡形式,边坡坡度为 1∶1,每级边坡高度为 10 m,平台宽 3 m,各级边坡均采用拱形骨架护坡。

对于岩质边坡,根据岩质边坡风化程度,分别采用不同的防护形式。对于强风化砂岩夹页岩路段,当自然坡面相对较缓时,岩质边坡坡度采用 1∶0.8,并用窗孔式护面墙防护,土质边坡坡度采用 1∶1,并用拱形骨架护坡防护;当自然坡面较陡时,岩质边坡坡度采用 1∶0.5,并用锚杆框架梁防护,上覆黄土边坡采用宽台陡坡形式,每级边坡高度为 5 m,边坡坡度为 1∶0.5,边坡平台宽 3 m,采用植草防护。对于中风化砂岩夹页岩路段,采用柔性主动防护系统防护,边坡坡度为 1∶0.5,每级边坡高度不大于 10 m。

5. 取土、弃土方案

本项目主线路基填方为 354.65 万立方米,立交、服务区填方为 122.95 万立方米,填方合计为 477.60 万立方米;主线路基挖方为 630.73 万立方米,立交、服务区挖方为 114.11 万立方米,隧道挖方为 529.15 万立方米,挖方合计 1273.99 万立方米;全线总弃方为 796.39 万立方米。

(1)取土方案。

本项目路基采用纵向调运路基挖余方和隧道弃渣填筑,未设置取土场。

(2)弃土方案。

本项目弃方量较大,共设置弃土场 18 处。现弃土场主要位于沿线支沟中。弃土时应分层弃置并适当压实,弃土后应整平、覆土进行复耕、植草或种树绿化;在弃土场沟口处设置压实度≥90%的碾压素土弃土坝,并设置 M7.5 浆砌片石挡土墙;沿弃土场中间或边缘位置设置 M7.5 浆砌片石排水沟,并根据汇水面积按一百年一遇流量设计,三百年一遇流量复核,以确定排水沟断面尺寸,同时在沟底均设置盲沟排水。

(3)节约用地措施。

弃土场主要选用沿线支沟,未占用耕地,弃土后进行整平、覆土并进行复耕、植草和种树。

第 4 章　路面设计

4.1 路面基层设计

路面基层,是指在路基(或垫层)表面上用高质量材料按照一定的技术措施分层铺筑而成的层状结构,其材料与质量的好坏直接影响路面的质量和使用性能。按照使用材料,路面基层分为碎(砾)石基层和无机结合料稳定基层。

碎(砾)石基层,是由各种集料(砾石、碎石)和土进行掺配后修筑而成的基层。其中,级配碎砾石基层是按照最佳级配原理进行设计,用大小不同的材料按一定比例配合逐渐填充空隙,并用黏土黏结,故经过压实后能形成密实的结构。

在低等级公路和中低交通量公路上,碎(砾)石材料也可作为路面使用,通常包括水结碎石、泥结碎石、级配碎(砾)石和干压碎石路面等,具有投资不高、可以随交通量的增加而分期改善的优点。但其平整度差,易扬尘,泥结碎石路面雨天易泥泞。

碎(砾)石材料颗粒的直径大致为 0~75 mm,按直径大小划分为 6 类,即:粗碎石(50~75 mm)、中碎石(35~50 mm)、细碎石(25~35 mm)、石碴(15~25 mm)、石屑(5~15 mm)、米石(0~5 mm)。其中,前 3 种用作集料,石碴和石屑用作嵌缝料,米石作为封面料。

在粉碎或原状松散的土中掺入一定量的无机结合料(包括水泥、石灰或工业废渣等)和水,经拌和得到的混合料在压实与养生后,其抗压强度符合规定要求的材料称为无机结合料稳定材料,以此修筑的路面(基层)称为无机结合料稳定路面(基层)。它具有稳定性好、抗冻性能强、结构本身自成板体的优点。由于无机结合料稳定材料的刚度介于柔性路面材料和刚性路面材料之间,常称此为半刚性材料,以此修筑的基层或底基层亦称为半刚性基层(底基层)。不同的无机结合料与土拌和可得到不同的稳定材料,如石灰土、水泥土、水泥砂砾、石灰粉煤灰碎石等。此处"土"是广义的名称,包括各类不含粒料(即碎、砾石)的土,也包括各种含粒料的土,以及各种集料。

无机结合料稳定类材料的主要特点如下:
①具有一定的抗拉强度;
②环境温度对半刚性材料强度的形成和发展有很大影响;
③强度和刚性都随龄期增长,刚性材料为柔性材料的数倍,但又明显小于水泥混凝土;
④干缩性和温缩性大;
⑤稳定细粒土时,抗冲刷能力差;
⑥耐磨性差。

4.1.1 碎、砾石路面(基层)

1. 碎、砾石路面(基层)强度构成

碎、砾石路面(基层)材料属于松散介质范畴材料,其结构强度形成的特点如下:
①矿料颗粒之间的联结强度,一般比矿料颗粒本身强度小得多;
②在外力作用下,材料首先将在颗粒之间产生滑动和位移,使其失去承载能力而遭到破坏。

碎、砾石路面结构强度构成的关键是颗粒间的联结强度(注意不是黏结强度)。联结强度即是由材料的黏结力 c 和内摩阻角 φ 所表征的内摩阻力 τ,一般以库伦公式表示,见式(4.1):

$$\tau = c + \sigma\tan\varphi \tag{4.1}$$

式中:σ——剪切面上的法向应力(kPa)。

因此,由材料的黏结力和内摩阻角所表征的内摩阻力所决定的颗粒之间的联结强度,即构成了路面材料的结构强度。

(1)纯碎石材料。

纯碎石材料是按嵌挤原则产生强度,它的抗剪强度主要决定于剪切面上的法向应力和材料内摩阻角($c\approx0,\tau=\sigma\tan\varphi$),由下列 3 项因素构成:

①粒料表面的相互滑动摩擦;

②因剪切时体积膨胀而需克服的阻力;

③因粒料重新排列而受到的阻力。

单一粒料在另一有粗糙面但表面平整的粒料上滑动,其摩阻角大多在 30°以下;许多粒料相互紧密接触,沿某一剪切面相互变位时,因体积膨胀和粒料重新排列而多消耗的功,可使摩阻角增至 50°。

纯碎石粒料摩阻角的大小主要取决于石料的强度、形状、尺寸、均匀性、表面粗糙度以及施工时的压实程度。当石料强度高、形状接近正立方体、有棱角、尺寸均匀、表面粗糙、压实度高时,则内摩阻力大。

纯碎石材料具有透水性好、不易冰冻、不易压实的特点。

(2)土-碎(砾)石混合料。

①土-碎(砾)石混合料材料强度构成。

这类材料含土量小时,主要靠颗粒之间通过压实而得到嵌挤(锁结)作用;含土量较多时,按照密实原则形成强度(细料提供的黏结作用)。

②与强度和刚度相关的因素。

材料的强度主要取决于密实度、颗粒形状和颗粒大小的分配,特别是以粗集料和细集料的比例最为重要。

③组成状态。

按分布情况的不同,土-集料的混合料可分为 3 种不同的物理状态。

第一种(嵌挤原则):仅含有少量或者不含细料(含粒径小于等于 0.075 mm 的颗粒),强度与稳定性主要依靠颗粒之间摩阻力获得,密实度较低,但透水性好,不易冰冻,施工压实困难。

第二种(骨架密实原则):含有适量的细料填满集料间的孔隙,这类混合料仍靠集料间的摩阻力获取其强度与稳定性,但抗剪强度、密实度有所提高,透水性降低,施工时易于压实。

第三种(密实原则):细料含量过多,粗集料悬浮其中,施工时很易压实,但其密实度较低,实际上不透水,易冰冻,其强度与稳定性受水的影响很大。

④细粒含量对 CBR 和密实度的影响。

试验表明,随压实功能增加,碎砾石材料的密实度和 CBR 值均增加,且均存在一个最佳的细料含量。同时,细料成分对碎石集料的 CBR 影响一般比对砾石集料的影响小,在最佳细粒含量时,碎石的 CBR 要大于砾石的 CBR(碎石的内摩阻力大)。

碎砾石材料的密实度和 CBR 随粗料粒径的增大而增大,最佳细粒含量随粒径增大而减小(粒径大时局部相对运动涉及的面大)。最佳细料含量越多,混合料的强度和稳定性越低(粗料减少,嵌缝力减小)。

当细粒土含量少时，其塑性指数对强度的影响很小；当细粒土含量增加时，其塑性指数的影响便越来越大。因此，对于细料含量多的混合料，必须限制细料的塑性指数。

由上述分析可知，只有在已知粒径分配的情况下，密实度才可以作为衡量强度和稳定性的依据。细料含量偏多的混合料强度和稳定性大大低于细料含量偏低的原因，正如第三种（密实原则）物理状态所示的情况，强度和稳定性受结合料的影响很大，而在第一种（嵌挤原则）物理状态的情况下，强度和稳定性受结合料的影响很小，大部分取决于大颗粒之间的接触。

室内试验和工地实践都表明，集料为碎石时，由于颗粒嵌挤作用的增强，其强度和稳定性较圆滑砾石集料为好，渗透系数也高，更易排水。此外，细粒土的物理性质对混合料的强度和稳定性也有很大影响，特别是集料颗粒间的接触破坏时影响更大。因此，对于细料含量多的混合料，必须限制细料的塑性指数。

2. 碎、砾石材料的应力-应变特性

碎、砾石材料的应力-应变特性具有明显的非线性特征，即弹性模量 E_r 随偏应力 σ_d 的增大而减小，随侧压力的增大而增大。根据大量试验，碎、砾石材料的回弹模量值可以用式（4.2）表示（三轴试验）：

$$E_r = K_1\theta^{K_2} \tag{4.2}$$

式中：θ——三向主应力之和（kPa）；

K_1，K_2——回归常数，同材料性质有关。

通过试验可知，应力重复次数、荷载作用时间及频率对回弹模量的影响甚小。

碎、砾石材料的模量同材料的级配、颗粒形状、表面构造、密实度和含水量等有关，一般密实度越高，模量值越大，棱角多、表面粗糙者有较高模量，一般为 $100\sim700$ MPa。泊松比取决于主应力或偏应力和平均法向应力的比值，一般可取 $0.3\sim0.35$。

碎、砾石混合料在重复应力作用下的塑性变形累积规律为：当应力作用次数达到 10^4 时，形变基本不发展；但当应力较大，超过材料的耐久疲劳应力，达到一定次数时，形变随作用次数而迅速发展，最终导致破坏。当偏应力较大时，塑性变形量随作用次数增加而不断增长，直至破坏。材料级配差，塑性变形大（空隙率大，粒料被压碎，空隙率变小，变形增大）；细料含量小于最大密实含量时，塑性变形小（粗料的压实性差）。

3. 水结碎石路面

水结碎石路面是用大小不同的轧制碎石从大到小分层铺筑，经洒水碾压后而成的一种结构层。其强度是由碎石之间的嵌挤作用及碾压时所产生的石粉与水形成的石粉浆的黏结作用而形成的。由于石灰岩或白云岩石粉的黏结力较强，因此是水结碎石的常选石料。水结碎石路面厚度一般为 $10\sim16$ cm。

水结碎石路面的材料基本要求为：碎石应具有较高的强度（Ⅱ级以上）、韧性和抗磨耗能力；碎石应具有棱角且近于立方体，长条扁平的石料不超过 10%；碎石应干净，不含泥土杂物。碎石最大粒径不得超过压实厚度的 0.8 倍。

水结碎石，一般情况应全幅施工，如遇特殊情况需要半幅施工，纵向接缝处理必须仔细，以保证路面质量。摊铺时，不论分一层或两层均应按压实系数 $1.25\sim1.3$ 一次摊铺，必须仔细找平。

水结碎石的碾压质量与石料性质、形状、层厚、压路机类型和重量、碾压行程次数，以及洒水与铺撒嵌缝料的适时与否等因素有关。

当用水结碎石做路面基层时，其所用材料质量、规格要求、施工程序和操作工艺皆与水结碎石路面相同,但不需加铺米石或石屑封面,以增进其与面层的结合。

4. 泥结碎石路面

泥结碎石路面是以碎石作为骨料、泥土作为填充料和黏结料,经压实修筑成的一种结构。泥结碎石路面厚度一般为 8～20 cm;当总厚度等于或超过 15 cm 时,一般分两层铺筑,上层厚 6～10 cm,下层厚 9～14 cm。泥结碎石路面的力学强度和稳定性不仅有赖于碎石的相互嵌挤作用,同时也有赖于土的黏结作用。泥结碎石路面虽用同一尺寸石料修筑,但在使用过程中由于行车荷载的反复作用,石料会被压碎而向密实级配转化。

泥结碎石路面的材料基本要求为:石料等级宜不低于Ⅳ级;长条、扁平状颗粒宜不超过 20%;所用黏土应具有较高的黏性,塑性指数以 12～15 为宜,黏土内不得含腐殖质或其他杂物。黏土用量一般不超过混合料总重的 15%～18%。

泥结碎石层施工方法有灌浆法、拌和法及层铺法 3 种。实践证明灌浆法(泥浆中水∶土＝1∶0.8～1∶1)具有较高的强度和稳定性,因而目前采用较多。

泥结碎石亦能用作路面的基层,但其水稳定性较差,当用作沥青路面基层时一般只适用于干燥路段。泥结碎石作为基层时,主层矿料的粒径宜不小于 40 mm,并不大于层厚的 0.7 倍。嵌缝料应与主层矿料的最小粒径相衔接。土的塑性指数以 10～12 为宜,含土量宜不大于混合料总重的 15%。

5. 级配碎砾石路面(基层)

级配碎砾石路面(基层)是由各种集料(砾石、碎石)和土,按最佳级配原理修筑而成的路面层或基层。由于级配碎砾石是用大小不同的材料按一定比例配合,逐渐填充空隙,并用黏土黏结的,其经压实后能形成密实的结构。级配碎砾石路面的强度由摩阻力和黏结力构成,具有一定的水稳性和力学强度。

级配碎砾石路面厚度一般为 8～16 cm,当厚度大于 16 cm 时应分两层铺筑,下层厚度为总厚度的 0.6 倍,上层厚度为总厚度的 0.4 倍。如基层和面层为同样类型的结构,其总厚度在 16 cm 以下时,可分两层摊铺,一次碾压。

级配碎砾石路面(基层)材料要求:所用材料主要为天然砾石或较软的碎石,其形状以接近立方体或圆球形为佳,石料强度应不低于Ⅳ级(30～60 MPa);为防止冻胀和湿软,应注意控制小于 0.6 mm 细料的含量和塑性指数;在中湿和潮湿路段用作沥青路面的基层时,应在级配砾石中掺石灰,细料含量可适当增加,掺入的石灰剂量为细料含量的 8%～12%。

根据《公路路面基层施工技术细则》(JTG/T F20—2015)规定,级配要求按表 4.1 进行控制。

表 4.1　级配碎石或砾石的推荐级配范围　　　　　　　　　　　　　(单位:%)

筛孔尺寸/mm	G-A-1	G-A-2	G-A-3	G-A-4	G-A-5
37.5	100	—	—	—	—
31.5	100～90	100	100	—	—
26.5	93～80	100～90	95～90	100	100
19	81～64	86～70	84～72	88～79	100～95
16	75～57	79～62	79～65	82～70	89～82
13.2	69～50	72～54	72～57	76～61	79～70
9.5	60～40	62～42	62～47	64～49	63～53

筛孔尺寸/mm	G-A-1	G-A-2	G-A-3	G-A-4	G-A-5
4.75	45～25	45～25	40～30	40～30	40～30
2.36	31～16	31～16	28-19	28-19	28～19
1.18	22～11	22～11	20～12	20～12	20～12
0.6	15～7	15～7	14～8	14～8	14～8
0.3	—	—	10～5	10～5	10～5
0.15	—	—	7～3	7～3	7～3
0.075	5～2	5～2	5～2	5～2	5～2

注：对无塑性的混合料，小于 0.075 mm 的颗粒含量宜接近高限。

（1）用于高速公路和一级公路基层时，级配宜符合表 4.1 中级配 G-A-4 或 G-A-5 的规定。

（2）用于高速公路和一级公路底基层时，级配宜符合表 4.1 中级配 G-A-3 或 G-A-4 的规定。

（3）用于二级及二级以下公路的基层、底基层时，级配宜符合表 4.1 中级配 G-A-1 或 G-A-2 的规定。

天然砂砾基层所用的砂砾材料，虽无严格要求，但为了保证其干稳性及便于稳定成型，对于颗粒组成应予适当控制。综合各地使用经验，其颗粒组成中，大于 20 mm 的粗骨料要占 40％以上；最大粒径宜不大于压实厚度的 0.7 倍，并不得大于 100 mm；小于 0.5 mm 的细料含量应小于 15％；细料塑性指数不得大于 4。

天然砂砾基层施工的关键在于洒水碾压。砂砾摊铺均匀后，先用轻型压路机稳压几遍，接着洒水并用中型压路机碾压，边压边洒水，反复碾压至稳定成型。由于天然砂砾基层的颗粒组成不属最佳级配，且缺乏黏结料，故其整体性较差，强度不高。为了提高其整体性和强度，可根据交通量和公路线形（如弯道、陡坡）情况，在其表面嵌入碎石或铺碎石过渡层。

4.1.2 无机结合料稳定材料物理力学特性

无机结合料稳定材料的物理力学特性包括应力-应变关系、疲劳特性、收缩（温缩和干缩）特性等。

1. 无机结合料稳定材料的应力-应变特性

无机结合料稳定路面的重要特点之一是强度和模量随龄期的增长而不断增长，逐渐具有一定的刚性性质。一般规定水泥稳定类材料设计龄期为 3 个月，石灰或二灰稳定类材料设计龄期为 6 个月。

半刚性材料应力应变特性的试验方法主要有顶面法、粘贴法、夹具法和承载板法等；试件有圆柱体试件和梁式（分大、中、小梁）试件；试验内容为抗压强度、抗压回弹模量、劈裂强度和劈裂模量、抗弯拉强度和抗弯拉模量等。

无机结合料稳定材料的应力-应变特性与原材料的性质、结合料的性质和剂量及密实度、含水量、龄期、温度等有关，同时其应力-应变关系呈现出非线性特性。

2. 无机结合料稳定材料的疲劳特性

材料的抗压强度是材料组成设计的主要依据，但由于无机结合料稳定材料的抗拉强度远小于其抗压强度，因此材料的抗拉强度是路面结构设计的控制指标。

抗拉强度试验方法有直接抗拉试验、间接抗拉试验和弯拉试验。常用的疲劳试验有弯拉疲劳试验和劈裂疲劳试验。在一定的应力条件下,材料的疲劳寿命取决于以下因素。

①材料的强度和刚度。强度越大,刚度越小,其疲劳寿命就越长。

②由于材料的不均匀性,疲劳方程与材料试验的变异性有关。不同的保证率(达到疲劳寿命时出现破坏的概率)得出的疲劳方程也不同。

③试验方法、试验操作的水平。

通过回归分析,可得到描述应力比和作用次数关系的疲劳方程(双对数或单对数)。

3. 无机结合料稳定材料的干缩特性

干燥收缩是无机结合料稳定材料因内部含水量变化而引起的体积收缩现象。其基本原理为:混合料的水分不断减少,由此发生的毛细管作用、吸附作用、分子间力的作用、材料矿物晶体或凝胶体间层间水的作用和碳化收缩作用等引起无机结合料稳定材料体积收缩。

描述材料干缩特性的指标主要有干缩应变、干缩系数、干缩量、失水量、失水率和平均干缩系数等。干缩系数是某失水量时,试件单位失水率的干缩应变;平均干缩系数 α_d 是某失水量时,试件的干缩应变与试件的失水率之比;失水量是试件失去水分的质量(g);失水率是试件单位质量的失水量(%);干缩量是水分损失时试件的收缩量(10^{-3} mm)。

干缩应变 ε_d 是水分损失引起试件单位长度的收缩量,计算见式(4.3):

$$\varepsilon_d = \frac{\Delta l}{l} \tag{4.3}$$

α_d 计算见式(4.4):

$$\alpha_d = \frac{\varepsilon_d}{\Delta w} \tag{4.4}$$

式中:Δl——含水量损失 Δw 时,试件的整体收缩量;

l——试件的长度。

无机结合料稳定材料的干缩特性与结合料的类型、剂量、被稳定材料的类别、粒料含量、小于 0.6 mm 的细颗粒的含量、试件含水量和龄期等有关。

(1)材料品种、含水量与平均干缩系数关系。

试验表明:开始时含水量较大,随着水分的蒸发,干缩系数逐渐增大,在各自最大的分子吸湿含水量附近,平均干缩系数达到最大值,然后迅速减少。

结论:材料中结合水的蒸发,特别是扩散层水的蒸发,对干缩系数有重要的影响。

(2)制件含水量与干缩应变的关系。

混合料制件含水量越大,则材料的干缩应变越大。含水量增加 1%,干缩应变增加 23.5% ~ 80.1%。因此,控制施工时材料的含水量对于减少干缩应变具有十分重要的意义。

(3)粒料含量与平均干缩系数关系。

粒料含量多的混合料,其平均干缩系数小。因此,控制粒料含量对减少混合料的干缩应变同样具有重要的意义。

(4)龄期与平均干缩系数关系。

随龄期的增加,平均干缩系数减小,表明结构强度的形成对材料干缩系数有一定的制约作用。

(5)无机结合料剂量对干缩结果的影响。

无机结合料剂量增加,干缩系数增大。因此,在保证一定强度的前提下,控制剂量对于减少材料的干缩应变效果明显。

4. 无机结合料稳定材料的温度收缩特性

无机结合料稳定材料由固相(组成其空间骨架的原材料的颗粒和其间的胶结物)、液相(存在于固相表面与空隙中的水和水溶液)和气相(存在于空隙中的气体)组成,所以其外观胀缩性(温度收缩)是三相不同温度收缩性综合效应的结果。一般气相大部分与大气连通,故其影响可以忽略。固相中砂砾以上颗粒的温度收缩系数较小;粉粒以下颗粒,特别是黏土矿物的温度收缩性较大。

液相通过扩张作用、表面张力作用和冰冻作用3个作用过程,对温度收缩性产生影响。

材料温缩指标主要有温缩应变、温缩系数、温缩量和平均温度收缩系数。

温缩应变 ε_t 是温度变化引起的试件单位长度变化量,见式(4.5):

$$\varepsilon_t = \frac{\Delta l}{l} \tag{4.5}$$

式中:Δl——温度变化引起的试件变化量;

l——试件的长度。

平均温度收缩系数 $\overline{\alpha_t}$ 是某温度时,试件的温度应变与试件的温度变化之比,见式(4.6):

$$\overline{\alpha_t} = \frac{\varepsilon_t}{\Delta T} \tag{4.6}$$

式中:ε_t——试件的温度应变;

ΔT——试件的温度变化。

无机结合料稳定材料温度收缩的大小与结合料类型和剂量、被稳定材料的类别、粒料含量、龄期等有关。

(1)饱水状态下,温度收缩系数在高温区($T > 10$ ℃)变化不大;而在低温区,在其相应的冰点附近出现负收缩(膨胀)现象。水泥砂砾出现在 0 ℃附近,其余材料均发生在 -10 ℃附近。

(2)含水量对温度收缩系数影响极大,饱水、风干状态(1/5 最佳含水量)最小,约在最佳含水量与半风干(1/2 最佳含水量)区间,温度收缩系数在 $T = -10 \sim 0$ ℃最大。

(3)当含水量低于风干含水量时,一般在 $T = -10 \sim 0$ ℃有极小值,随后又有不同程度的回升。

(4)粒料含量与干缩系数和温缩系数的关系:随着粒料含量的增加,干缩系数和温缩系数均减小。

(5)经过一定龄期的养生,无机结合料稳定材料基层上铺筑沥青面层后,基层内相对湿度略有增大,使材料的含水量趋于平衡,这时无机结合料稳定材料基层的变形以温度收缩为主。

4.1.3 石灰稳定材料基层

1. 概述

石灰稳定材料基层是以石灰为结合料,通过加水和被稳定材料共同拌和形成的混合料,包括石灰碎石土、石灰土等。

石灰剂量是石灰质量占全部土颗粒干质量的百分率,即石灰剂量=石灰质量/干土质量。

石灰稳定类材料适用于各级公路路面的底基层,可用作二级和二级以下公路的基层,但不应用作高等级公路的基层。

2. 强度形成原理

在被稳定材料中掺入适量的石灰,并在最佳含水量下拌匀压实,使石灰与被稳定材料发生一系列的物理、化学作用。一般有 4 个方面作用:离子交换作用、结晶硬化作用、火山灰作用、碳酸化作用。

(1) 离子交换作用(初期变化的原因)。

被稳定材料的微小颗粒具有一定的胶体性质,它们一般都带有负电荷,表面吸附着一定数量的钠、钾、氢等低价阳离子。石灰是一种强电解质,加入石灰和水后,石灰中的钙离子与被稳定材料的钠、氢、钾离子产生离子交换作用,原来的钠(钾)土变成钙土,颗粒表面所吸附的离子由一价变成了二价,减少了颗粒表面吸附水膜的厚度,使土粒相互之间更为接近,分子引力随之增加,许多单个土粒聚成小团粒,组成一个稳定结构。其结果是被稳定材料的塑性下降,φ 值提高。

$$CaO + H_2O \Leftrightarrow Ca(OH)_2 \tag{4.7}$$

$$Ca(OH)_2 \rightarrow Ca^{2+} + 2(OH)^- \tag{4.8}$$

$$R^+ + Ca(OH)_2 \Leftrightarrow Ca^{2+} + 2ROH \tag{4.9}$$

(2) 结晶硬化作用。

熟石灰 $Ca(OH)_2$ 与水作用生成熟石灰结晶网格,为一种胶凝物质,具有水硬性并能在固体和水两相作用下硬化。

$$Ca(OH)_2 + nH_2O \rightarrow Ca(OH)_2 \cdot nH_2O \tag{4.10}$$

(3) 火山灰作用。

熟石灰的游离 Ca^{2+} 与被稳定材料中的活性氧化硅 SiO_2 和氧化铝 Al_2O_3 作用,生成含水的硅酸钙和铝酸钙的化学反应就是火山灰作用,其同样为胶凝物质,具有水硬性,并能在固体和水两相环境下发生硬化。

$$xCa(OH)_2 + SiO_2 + nH_2O \rightarrow xCaO \cdot SiO_2(n+1)H_2O \tag{4.11}$$

$$xCa(OH)_2 + Al_2O_3 + nH_2O \rightarrow xCaO \cdot Al_2O_3(n+1)H_2O \tag{4.12}$$

胶凝物质在土粒的外围形成一层稳定保护膜,填充颗粒空隙,使颗粒间产生结合料,减少颗粒间的空隙与透水性,提高密实度,这是石灰稳定材料获得强度和水稳定性的基本原因,但这种作用较为缓慢。

(4) 碳酸化作用(形成后期强度的原因)。

被稳定材料中的 $Ca(OH)_2$ 与空气中的二氧化碳 CO_2 作用生成 $CaCO_3$,是一种坚硬的结晶体,它和其生成的复杂盐类把土粒胶结起来,从而大大提高了混合料的强度和整体性。

$$Ca(OH)_2 + CO_2 \rightarrow CaCO_3 + H_2O \tag{4.13}$$

石灰对被稳定材料性质带来的影响主要表现在下述 3 方面。

①塑性:由于离子交换作用,形成团粒结构,被稳定材料的塑性指数可下降很多。塑性指数的减小主要是由于塑限的提高。

②压实性:石灰的掺加,使被稳定材料的最佳含水量增加而最大密实度降低。这主要是由于被稳定材料中的水分有一部分消耗于石灰水化,因而不能用于减少颗粒间的摩擦力。石灰拌和后间隔一段时间再压实,将使混合料的塑性变化较多,对压实是不利的。

③强度:石灰对被稳定材料的影响,最主要的是提高强度。

通过石灰与被稳定材料的一系列的相互作用,在初期表现为混合料的结团、塑性降低、最佳含水量增加和最大密实度减少等;后期主要表现为结晶结构的形成,从而提高其板体性、强度和稳定性。

3. 强度影响因素

（1）土质。

各种成因的土都可以用石灰来稳定，但生产实践说明，黏性土较好，其稳定的效果显著，强度也高。

①混合料的强度随土中黏粒含量的增加和塑性指数的增大而增加（化学活动性增强，有利于石灰与土的相互作用），但黏粒不宜过多，否则不易粉碎、拌和，反而影响强度。

②石灰土的强度随土的 pH 值的增大而增大（在碱性较大时，有利于硅铝矿物等的解离，从而促进石灰与土之间的火山灰等化学反应的进行）。

③石灰土的强度有随土中 $CaCO_3$ 含量的增大而增大的趋势（使土的黏聚力得到加强）。

④石灰土的强度随土中有机质含量的增多而减小（有机质一般呈现酸性反应）。

一般采用塑性指数为 15～20 的黏性土。

（2）灰质。

石灰应是生石灰粉或消石灰粉，对于高速公路或一级公路宜采用磨细的消石灰粉。

①钙质石灰比镁质（高镁质）石灰的初期强度高（特别是剂量小时），后期效果差异不大（在剂量大时，镁质石灰优于钙质石灰）。

②石灰等级（CaO＋MgO 的含量）越高，稳定效果越好。

③石灰的细度越大，稳定效果越好。生石灰反应比消石灰快。高速公路和一级公路用石灰质量应不低于Ⅱ级技术要求，二级公路用石灰质量应不低于Ⅲ级技术要求，并要尽量缩短石灰的存放时间。

（3）石灰剂量。

石灰剂量对石灰稳定材料强度影响显著。石灰剂量较低（小于 3％）时，石灰主要起稳定作用，土的塑性、膨胀、吸水量减小，使土的密实度、强度得到改善。随着石灰剂量的增加，材料的强度和稳定性均提高。超过一定范围时，过多的石灰在土的空隙中以自由灰的形式存在，将导致材料的强度下降。

生产实践中常用的剂量为 8％～14％（黏性土、粉性土）或 9％～16％（砂性土）。剂量的确定应根据结构层技术要求进行混合料组成设计。

（4）含水量。

水是石灰稳定材料的重要组成部分。它促使其发生物理化学变化，形成强度；便于拌和与压实，并且有利于养生。不同土质的石灰稳定材料有不同的最佳含水量，通过标准击实试验确定。

（5）密实度。

石灰稳定材料的强度随密实度的增加而增长，实践证明，密实度每增减 1％，强度约增减 4％。而密实的石灰稳定材料，其抗冻性、水稳定性较好，缩裂现象也少。

（6）龄期。

石灰稳定材料的强度具有随龄期呈现指数规律增长的特点。其强度与龄期关系可表示为式(4.14)：

$$R_t = R_i t^{\beta} \tag{4.14}$$

式中：R_t——t 个月龄期抗压强度；

R_i——一个月龄期抗压强度；

β——系数，为 0.1～0.5。

（7）养生条件。

养生条件主要指温度与湿度。养生条件不同，其强度也有差异。

①高温时,物理化学反应、硬化、强度增长快;反之,强度增长慢,负温时甚至不增长,因此要求施工时最低温度在 5 ℃以上,并在第一次重冰冻(−5～−3 ℃)到来之前的 1～1.5 个月完成。

②在一定潮湿条件下养生,强度的形成和增长较快(覆盖薄膜、麻袋)。

4. 石灰稳定类基层的应用

石灰稳定类材料不但具有较高的抗压强度,而且具有一定的抗弯强度,且强度随龄期逐渐增加,一般可以用于各类路面的基层或底基层。

但石灰稳定材料因其水稳定性较差不宜用作高速公路或一级公路的基层,必要时可以用作底基层。当低等级公路采用高级路面时,也不宜用石灰稳定材料做基层;在冰冻地区的潮湿路段以及其他地区的过分潮湿路段,也不宜采用石灰稳定材料做基层。

5. 石灰稳定材料混合料设计

石灰稳定材料的组成设计包括:根据抗压强度标准,确定最佳的石灰剂量和混合料的最佳含水量。

(1)强度标准。

根据《公路路面基层施工技术细则》(JTG/T F20—2015)的规定,石灰稳定材料的强度标准应根据公路等级及层位确定,在规定温度保湿养生 6 d、浸水 1 d 条件下的 7 d 无侧限抗压强度如表 4.2 所示。

表 4.2　石灰稳定材料的强度和压实度标准

使用层次	高速公路和一级公路		二级及以下公路	
	强度/MPa	压实度/(%)	强度/MPa	压实度/(%)
基层	—	—	≥0.8[a]	中、粗粒土 97,细粒土 93
底基层	≥0.8	中、粗粒土 96,细粒土 95	0.5～0.7[b]	中、粗粒土 95,细粒土 93

注:①石灰土强度达不到表 4.2 规定的抗压强度标准时,可添加部分水泥,或改用另一种塑性指数较小的土,不宜用石灰稳定,宜改用水泥稳定。②[a]在低塑性材料(塑性指数小于 7)地区,石灰稳定砾石土和碎石土的 7 d 龄期无侧限抗压强度应大于 0.5 MPa(100 g 平衡锥测液限)。③[b]低限用于塑性指数小于 7 的黏性土,且低限值宜仅用于二级及以下公路。高限用于塑性指数大于 7 的黏性土。

(2)混合料的设计步骤。

①制备不同石灰剂量的石灰稳定材料混合料。

②确定混合料的最佳含水量和最大干压实密度(用重型击实标准试验或振动压实方法),至少做 3 个不同石灰剂量混合料的击实试验,即最小剂量、中间剂量和最大剂量,一般取 5 个剂量。

③按最佳含水量与工地预期达到的压实密度制备试件,进行强度试验时,做平行试验的试件数量应符合规定。

④试件在规定温度(北方冰冻地区为(20±2) ℃,南方非冰冻地区为(25±2) ℃)下保湿养生 6 d、浸水 1 d,进行无侧限抗压强度试验。

室内试验结果的平均抗压强度 $\overline{R}$ 应满足式(4.15):

$$\overline{R} \geqslant \frac{R_{\mathrm{d}}}{1 - Z_{\mathrm{a}} C_{\mathrm{v}}} \tag{4.15}$$

式中:R_{d}——设计抗压强度;

C_{v}——结果的偏差系数;

Z_{a}——保证率系数,高速公路和一级公路保证率为 95%,取值 1.645,二级和二级以下公路保证率 90%,取值 1.282。

4.1.4 水泥稳定材料基层

1. 概述

水泥稳定材料是以水泥为结合料,通过加水与被稳定材料共同拌和形成的混合料,包括水泥稳定级配碎石、水泥稳定级配砾石、水泥稳定石屑、水泥稳定土、水泥稳定砂等。水泥稳定类基层具有良好的整体性、足够的力学强度、抗水性和耐冻性,可以适应各种不同的气候条件与水文地质条件,其初期强度较高,且随龄期增长而增长,所以应用范围很广。

2. 强度形成原理

在被稳定材料中掺入水泥后会发生多种复杂的作用,从而改变被稳定材料的性质,主要包括如下各项。

化学作用:如水泥颗粒的水化、硬化作用,有机物的聚合作用,以及水泥水化产物与黏土矿物之间的化学作用等。

物理-化学作用:如黏土颗粒与水泥及水泥水化产物之间的吸附作用,微粒的凝聚作用,水及水化产物的扩散、渗透作用,水化产物的溶解和结晶作用等。

(1)水泥的水化作用。

在水泥稳定材料中,首先发生的是水泥自身的水化反应,从而产生出具有胶结能力的水化产物,这是水泥稳定土强度的主要来源。

硅酸三钙:

$$2C_3S + 6H_2O \rightarrow C_3S_2H_3 + 3CH \tag{4.16}$$

硅酸二钙:

$$2C_2S + 4H_2O \rightarrow C_3S_2H_3 + CH \tag{4.17}$$

铝酸三钙:

$$C_3A + 6H_2O \rightarrow C_3AH_6 \tag{4.18}$$

铁铝酸四钙:

$$C_4AF + 7H_2O \rightarrow C_4AFH_7 \tag{4.19}$$

水泥水化生成的水化产物(主要是硅酸三钙和硅酸二钙),在混合料的孔隙中相互交织搭接,将被稳定材料颗粒包覆连接起来,使其逐渐丧失了原有的塑性等性质,并且随着水化产物的增加,混合料也逐渐坚固起来。

(2)离子交换作用。

Ca^{2+} 的电价高于 K^+、Na^+ 等离子,因此与电位离子的吸引力较强,从而取代了 K^+、Na^+,成为反离子。同时,Ca^{2+} 也因双电层电位的降低,运动速度加快,因而使电动电位减小、双电层的厚度减薄,使黏土颗粒之间的距离减小,相互靠拢,导致土的凝聚,从而改变土的塑性,使土具有一定的强度和稳定性。这种作用就称为离子交换作用。

(3)化学激发作用。

土的矿物组成基本上都属于硅铝酸盐,当黏土颗粒周围介质的 pH 值增加(碱性增加)到一定程度时,黏土矿物中的部分 Al_2O_3 和 SiO_2 的活性将被激发出来,与溶液中的 Ca^{2+} 反应生成新的矿物,这些矿物同样具有胶凝能力,包裹着黏土颗粒表面,与水泥的水化产物一起,将黏土颗粒凝结成一个整体。因此,氢氧化钙对黏土矿物的激发作用,进一步提高了水泥稳定材料的强度和稳定性。

（4）碳酸化作用。

水泥水化生成的 $Ca(OH)_2$ 还可以进一步与空气中的 CO_2 发生碳化反应并生成碳酸钙晶体。它和生成的复杂盐类把土粒胶结起来,从而提高混合料的强度和整体性。碳酸钙生成过程中产生体积膨胀,也可以对土的基体起到填充和加固作用。

3. 影响强度的因素

（1）土质。

土的类别和性质是影响水泥稳定材料强度的重要因素,各类砂砾土、砂土、粉土和黏土均可用水泥稳定,但稳定效果不同。试验和生产实践证明,用水泥稳定级配良好的碎(砾)石和砂砾,效果最好,不但强度高,而且水泥用量少;其次是砂性土;再次是粉性土和黏性土;重黏土难以粉碎和拌和,不宜单独用水泥来稳定,因此,一般要求土的塑性指数不大于 17。

土质对强度的影响主要包括如下。

①强度随土中黏粒含量的增加和塑性指数的增大而降低,特别是干缩和温缩变形大。

②强度随土中 $CaCO_3$ 含量的增大而增大。

③强度随土中有机质含量的增多而减小。

④稳定级配良好的集料效果优于稳定级配不好的集料。

⑤小于 0.075 mm 的颗粒含量越多,水泥稳定混合料的强度越小。

（2）水泥成分和剂量。

水泥矿物成分是决定水泥稳定材料强度的主导因素。通常情况下,硅酸盐水泥的稳定效果好,而铝酸盐水泥较差。随着水泥分散度的增大,其化学活性程度和硬化能力也有所增长,使水泥稳定材料的强度得到提高。一般不采用快硬水泥或早强水泥(施工的时间要求)。

试验表明:水泥稳定材料的强度随水泥剂量的增加而增长。但过多的水泥用量,虽获得强度的增加,在经济上却不一定合理,存在一个经济用量。应该注意,过多的水泥,在效果上不一定显著,且容易开裂。试验和研究证明,水泥剂量为 4%～8% 较为合理。因此,水泥剂量应根据技术和经济两个方面的因素综合确定。

（3）含水量。

含水量对水泥稳定材料的强度影响很大。当含水量不足时,水泥不能在混合料中完全水化和水解,发挥不了水泥对土的稳定作用,影响强度形成。同时,含水量小,达不到最佳含水量,也影响水泥稳定材料的压实度。因此,使含水量达到最佳含水量的同时,也要满足水泥完全水化和水解作用的需要。

水泥稳定材料的含水量-密实度关系与素土一样,对于一定的压实功能,存在一个能达到最大密实度的最佳含水量。相应于最大密实度的最佳含水量不是相应于强度最高的含水量。对于砂性土,最高强度含水量较最佳密实度的含水量小,对于黏性土则相反。

（4）施工工艺过程。

水泥、土和水拌和得均匀,且在最佳含水量下充分压实,使之干密度最大,其强度和稳定性就高。水泥稳定材料从开始加水拌和到完成压实的延迟时间要尽可能最短,一般要在 6h 以内。若时间过长,则水泥凝结,在碾压时不但达不到压实度要求,而且也会破坏已结硬水泥的胶凝作用,反而使水泥稳定材料的强度下降。在水泥终凝时间达不到规定要求时,可以使用一定剂量的缓凝剂,但缓凝剂的品种和具体数量应根据试验确定。

水泥稳定材料需湿法养生,以满足水泥水化形成强度的需要。养生温度越高,强度增长得越快,因此,要保证水泥稳定材料养生的温度和湿度条件。

4. 材料要求及混合料组成设计

(1) 材料要求。

①土。

采用水泥稳定,被稳定材料的液限应不大于40%,塑性指数不大于17。塑性指数大于17时,宜采用石灰稳定或水泥、石灰综合稳定。

根据《公路路面基层施工技术细则》(JTG/T F20—2015)的规定,水泥稳定材料的推荐级配范围按表4.3控制,其中土的均匀系数应大于5。

表4.3 水泥稳定材料的推荐级配范围 （单位:%）

筛孔尺寸/mm	高速公路和一级公路的底基层或二级公路的基层	高速公路和一级公路的底基层	二级公路的基层	二级及二级以下公路的底基层
	C-A-1	C-A-2	C-A-3	C-A-4
53	—	—	100	100
37.5	100	100	90～100	—
31.5	90～100			
26.5	—		66～100	
19	67～90	—	54～100	—
9.5	45～68	—	39～100	—
4.75	29～50	50～100	28～84	50～100
2.36	18～38		20～70	
1.18	—		14～57	
0.6	8～22	17～100	8～47	17～100
0.075	0～7	0～30	0～30	0～50

注:表4.3中水泥稳定材料不包括水泥稳定级配碎石或砾石。

②水泥。

宜选用初凝时间大于3 h、终凝时间大于6 h且小于10 h的硅酸盐水泥,强度等级为32.5或42.5。

(2) 混合料组成设计。

根据《公路路面基层施工技术细则》(JTG/T F20—2015)的规定,强度标准如表4.4所示。

表 4.4　水泥稳定材料的强度标准　　　　　　　　　　　　　　　　（单位：MPa）

结构层	公路等级	极重、特重交通	重交通	中交通
基层	高速公路和一级公路	5.0～7.0	4.0～6.0	3.0～5.0
	二级及二级以下公路	4.0～6.0	3.0～5.0	2.0～4.0
底基层	高速公路和一级公路	3.0～5.0	2.5～4.5	2.0～4.0
	二级及二级以下公路	2.5～4.5	2.0～4.0	1.0～3.0

注：①公路等级高或交通荷载等级高或结构安全性要求高时，推荐取上限强度标准；②表中强度标准指的是 7d 龄期无侧限抗压强度的代表值。

应根据指定的配比（包括最佳含水量和最大干密度），在水泥稳定碎石层施工前 10～15d 进行现场试配。按指定的水泥剂量为中档，另增上下浮动 1％的水泥剂量两个档次，采用同一种集料级配按《公路工程无机结合料稳定材料试验规程》（JTG E51—2009）规定的方法，采用重型击实标准试验或振动压实方法，对每种水泥剂量做平行试验的试件数量应不少于 9 个，如该组试验结果的偏差系数大于 15％，则应重做试验，并找出原因，加以解释。

试件在规定温度下保湿养生 6d、浸水 1d 后，进行无侧限抗压强度试验，并计算试验结果的平均值和偏差系数 C_v。

平均抗压强度 R 应满足式（4.20）要求：

$$R \geqslant \frac{R_d}{1 - Z_a C_v} \tag{4.20}$$

式中：Z_a——保证率系数，高速公路和一级公路保证率为 95％，取值 1.645，二级和二级以下公路保证率 90％，取值 1.282。其余符号意义同前。

工地实际采用的水泥剂量应较室内试验确定的剂量多，为 0.5％～1.0％。

4.1.5　工业废渣稳定材料基层

1. 概述

随着工业的发展，常有大量工业废渣需要处理。利用这些废渣修路，既可解决城市中筑路材料来源的困难，又可为工厂解决废渣的堆放和处理问题，具有较大的经济意义。

公路上常用的工业废渣有：各种石灰下脚料、火力发电厂的粉煤灰和煤渣、钢铁厂的高炉渣和钢渣、化肥厂的电石渣以及煤矿的煤矸石等。

粉煤灰和煤渣中含有较多的二氧化硅、氧化钙或氧化铝等活性物质。活性二氧化硅和氧化铝本身在水中不会结硬，但在饱和的 $Ca(OH)_2$ 溶液中会产生火山灰反应，生成水化硅酸钙和铝酸钙凝胶。

以水泥或石灰为结合料，以钢渣、煤渣、矿渣等为主要被稳定材料，通过加水拌和形成的混合料即为工业废渣稳定材料。它具有水硬性、缓凝性、强度高、稳定性好、成板体的优点，且强度随龄期不断增加，抗水、抗冻、抗裂且收缩性小，能适应各种气候环境和水文地质条件等，常用作高级或次高级路面的基层或底基层。

2. 材料要求

（1）水泥、石灰：应符合规范的规定。

（2）粉煤灰：主要成分是二氧化硅、三氧化二铝、三氧化二铁，其总含量要求超过 70％，烧失量小于

20%,含水量不宜超过 35%,比表面积宜大于 2500 m²/g(或通过 0.075 mm 筛孔的大于 70%)。

(3)煤矸石、煤渣、高炉矿渣、钢渣及其他冶金矿渣等工业废渣用于修筑基层或底基层时,使用前应崩解稳定。

(4)对石灰粉煤灰稳定材料,根据《公路路面基层施工技术细则》(JTG/T F20—2015),其级配按表 4.5 控制。

表 4.5　石灰粉煤灰稳定材料级配范围　　　　　　　　　　　　(单位:%)

筛孔尺寸/mm	高速公路和一级公路				二级及二级以下公路			
	稳定碎石		稳定砾石		稳定碎石		稳定砾石	
	LF-A-1S	LF-A-2S	LF-A-IL	LF-A-2L	LF-B-1S	LF-B-2S	LF-B-1L	LF-B-2L
37.5	—	—	—	—	100	—	100	—
31.5	100	—	100	—	100～90	100	100～90	100
26.5	95～91	100	96-93	100	94～81	100～90	95～84	100～90
19	85～76	89～82	88～81	91～86	83～67	87～73	87～72	91～77
16	80～69	84～73	84～75	87～79	78～61	82-65	83～67	86～71
13.2	75～62	78-65	79～69	82～72	73～54	75～58	79～62	81～65
9.5	65～51	67～53	71～60	73～62	64～45	66～47	72～54	74～55
4.75	45～35	45～35	55～45	55～45	50～30	50～30	60～40	60～40
2.36	31～22	31～22	39～27	39～27	36～19	36～19	44～24	44～24
1.18	22～13	22～13	28～16	28～16	26～12	26～12	33～15	33～15
0.6	15～8	15～8	20～10	20～10	19～8	19～8	25～9	25～9
0.3	10～5	10～5	14～6	14～6	—	—	—	—
0.15	7～3	7～3	10～3	10～3	—	—	—	—
0.075	5～2	5～2	7～2	7～2	7～2	7～2	10～2	10～2

①用于高速公路和一级公路基层时,石灰粉煤灰总质量宜大于混合料质量的 15%,且不大于 20%,被稳定材料公称最大粒径应不大于 26.5 mm,级配宜符合表 4.5 中 LF-A-2L 和 LF-A-2S 的规定。

②用于高速公路和一级公路底基层时,各档被稳定材料总质量宜不小于 80%,级配宜符合表 4.5 中 LF-A-1L 和 LF-A-1S 的规定。对极重、特重交通荷载等级,级配宜符合表 4.5 中 LF-A-2L 和 LF-A-2S 的规定。

③用于二级及二级以下公路基层时,被稳定材料的公称最大粒径应不大于 31.5 mm,其总质量宜不小于 80%,并符合表 4.5 中 LF-B-2L 和 LF-B-2S 的规定。

④用于二级及二级以下公路底基层时,各档被稳定材料总质量宜不小于 70%,并符合表 4.5 中 LF-

B-1L 和 LF-B-1S 的规定。对极重、特重交通荷载等级,可选择符合表 4.5 中 LF-B-2L 和 LF-B-2S 规定的材料。

（5）对水泥粉煤灰稳定材料,根据《公路路面基层施工技术细则》(JTG/T F20—2015),其级配按表 4.6 控制。

表 4.6　水泥粉煤灰稳定材料推荐级配范围　　　　　　　　　　　　　（单位:%）

筛孔尺寸/mm	高速公路和一级公路				二级及二级以下公路			
	稳定碎石		稳定砾石		稳定碎石		稳定砾石	
	CF-A-1S	CF-A-2S	CF-A-1L	CF-A-2L	CF-B-1S	CF-B-2S	CF-B-1L	CF-B-2L
37.5	—	—	—	—	100	—	100	—
31.5	100	—	100	—	100～90	100	100～90	100
26.5	95～90	100	95～91	100	93～80	100～90	94～81	100～90
19	84～72	88～79	85～76	89～82	81～64	86～70	83～67	87～73
16	79～65	82～70	80～69	84～73	75～57	79～62	78～61	82～65
13.2	72～57	76～61	75～62	78～65	69～50	72～54	73～54	75～58
9.5	62～47	64～49	65～51	67～53	60～40	62～42	64～45	66～47
4.75	40～30	40～30	45～35	45～35	45～25	45～25	50～30	50～30
2.36	28～19	28～19	33～22	33～22	31～16	31～16	36～19	36～19
1.18	20～12	20～12	24～13	24～13	22～11	22～11	26～12	26～12
0.6	14～8	14～8	18～8	18～8	15～7	15～7	19～8	19～8
0.3	10～5	10～5	13～5	13～5	—	—	—	—
0.15	7～3	7～3	10～3	10～3	—	—	—	—
0.075	5～2	5～2	7～2	7～2	5～2	5～2	7～2	7～2

　　①用于高速公路和一级公路基层时,水泥粉煤灰总质量宜大于混合料质量的 12%,且不大于 18%,各档被稳定材料总质量宜不小于 85%,其公称最大粒径应不大于 26.5 mm,级配宜符合表 4.6 中 CF-A-2L 和 CF-A-2S 的规定。

　　②用于高速公路和一级公路底基层时,各档被稳定材料总质量宜不小于 80%,级配宜符合表 4.6 中 CF-A-1L 和 CF-A-1S 的规定。对极重、特重交通荷载等级,级配宜符合表 4.6 中 CF-A-2L 和 CF-A-2S 的规定。

　　③用于二级及二级以下公路基层时,被稳定材料的公称最大粒径应不大于 31.5 mm;其总质量宜不小于 80%,级配宜符合表 4.6 中 CF-B-2L 和 CF-B-2S 的规定。

　　④用于二级及二级以下公路底基层时,各档被稳定材料总质量宜不小于 75%,级配宜符合表 4.6 中 CF-B-1L 和 CF-B-1S 的规定,对极重、特重交通荷载等级,级配宜符合表 4.6 中 CF-B-2L 和 CF-B-2S 的规定。

3. 混合料组成设计

工业废渣混合料的组成设计内容包括:根据《公路路面基层施工技术细则》(JTG/T F20—2015),按

表 4.7 和表 4.8 的强度标准,通过试验确定各组成材料比例(均为质量比),确定混合料的最佳含水量。

表 4.7　石灰粉煤灰稳定材料的强度标准　　　　　　　　　　　（单位:MPa）

结构层	公路等级	极重、特重交通	重交通	中、轻交通
基层	高速公路和一级公路	≥1.1	≥1.0	≥0.9
	二级及二级以下公路	≥0.9	≥0.8	≥0.7
底基层	高速公路和一级公路	≥0.8	≥0.7	≥0.6
	二级及二级以下公路	≥0.7	≥0.6	≥0.5

表 4.8　水泥粉煤灰稳定材料的强度标准　　　　　　　　　　　（单位:MPa）

结构层	公路等级	极重、特重交通	重交通	中、轻交通
基层	高速公路和一级公路	4.0～5.0	3.5～4.5	3.0～4.0
	二级及二级以下公路	3.5～4.5	3.0～4.0	2.5～3.5
底基层	高速公路和一级公路	2.5～3.5	2.0～3.0	1.5～2.5
	二级及二级以下公路	2.0～3.0	1.5～2.5	1.0～2.0

石灰粉煤灰稳定材料、石灰煤渣稳定材料、水泥粉煤灰稳定材料、水泥煤渣稳定材料的推荐比例参见相关规范。

4.2　沥青路面设计

4.2.1　沥青路面设计标准和设计参数

1. 沥青路面设计标准

(1)沥青路面结构的目标可靠度。

沥青路面结构的目标可靠度和目标可靠指标不低于表 4.9 的规定。

表 4.9　沥青路面结构的目标可靠度和目标可靠指标

公路等级	高速公路	一级公路	二级公路	三级公路	四级公路
目标可靠度/(%)	95	90	85	80	70
目标可靠指标 β	1.65	1.28	1.04	0.84	0.52

(2)路面使用性能设计指标。

①沥青混合料层容许永久变形量如表 4.10 所示。

表 4.10　沥青混合料层容许永久变形量　　　　　　　　（单位:mm）

基层类型	沥青混合料层容许永久变形量	
	高速公路、一级公路	二级、三级公路
无机结合料稳定类基层、水泥混凝土基层和底基层为无机结合料稳定类的沥青混合料基层	15	20
其他基层	10	15

②季节性冻土地区沥青面层低温开裂指数要求如表 4.11 所示。

表 4.11　季节性冻土地区沥青面层低温开裂指数要求

公路等级	高速公路、一级公路	二级公路	三级、四级公路
低温开裂指数 CI/条,不大于	3	5	7

注:竣工验收时 100 m 调查单元内横向裂缝条数,贯穿全幅的裂缝按 1 条计,未贯穿长度超过一个车道宽度的裂缝按 0.5 条计,不超过一个车道宽度的裂缝不计入。

③抗滑技术要求。高速公路、一级公路以及山岭重丘区二级和三级公路的路面在交工验收时,其抗滑技术指标应满足表 4.12 的要求。

表 4.12　抗滑技术指标

年平均降雨量/ mm	交工检测指标值	
	横向力系数 SFC_{60}(车速 60 km/h)	构造深度 TD/mm
>1000	≥54	≥0.55
500~1000	≥50	≥0.50
250~500	≥45	≥0.45

2. 沥青路面的设计参数

路面材料应根据公路等级、交通荷载等级、气候条件、各结构层功能要求和当地材料特性等,在技术经济论证基础上进行设计并确定材料设计参数。

高速公路和一级公路的施工图设计阶段宜采用水平一,其他设计阶段可采用水平二或水平三;二级及二级以下公路可采用水平二或水平三。

(1)路基顶面回弹模量。

路基顶面回弹模量应符合表 4.13 的规定。不满足要求时,应采取改变填料、设置粒料类或无机结合料稳定类路基改善层,或者采用石灰或水泥处理等措施提高路基顶面回弹模量。

表 4.13　路基顶面回弹模量　　　　　　　　　　　　　　　　　（单位：MPa）

交通荷载等级	极重	特重	重	中等、轻
回弹模量,不小于	70	60	50	40

（2）粒料类材料。

①基层、底基层级配碎石的 CBR 应符合表 4.14 的规定。

表 4.14　基层、底基层级配碎石 CBR

结构层	公路等级	极重、特重交通	重交通	中等、轻交通
基层	高速公路、一级公路	≥200	≥180	≥160
	二级及二级以下公路	≥160	≥140	≥120
底基层	高速公路、一级公路	≥120	≥100	≥80
	二级及二级以下公路	≥100	≥80	≥60

级配砾石或天然砂砾用于基层时,CBR 应不小于 80。级配砾石或天然砂砾用于底基层时,对极重、特重和重交通荷载等级,CBR 应不小于 80;对中等交通荷载等级,CBR 应不小于 60;对轻交通荷载等级,CBR 应不小于 40。

②粒料层的回弹模量。粒料层的回弹模量在结构验算时应采用粒料回弹模量乘以湿度调整系数后得到,湿度调整系数可在 1.6～2.0 范围内选取。最佳含水率和与压实度要求相应的干密度条件下的粒料回弹模量应依据相应的水平确定。

水平一:采用重复加载三轴压缩试验测定,取回弹模量试验结果的平均值。

水平二:按粒料类型和层位参照表 4.15 确定粒料回弹模量。

表 4.15　粒料回弹模量取值范围　　　　　　　　　　　　　　　（单位：MPa）

材料类型和层位	最佳含水率和与压实度 要求相应的干密度条件下	经湿度调整后
级配碎石基层	200～400	300～700
级配碎石底基层	180～250	190～440
级配砾石基层	150～300	250～600
级配砾石底基层	150～220	160～380
未筛分碎石层	180～220	200～400
天然砂砾层	105～135	130～240

注:材料性能好、级配好或压实度大时取高值,反之取低值。

（3）无机结合料稳定类材料。

无机结合料稳定类材料弯拉强度和弹性模量应按相应的水平确定。

水平一:采用中间段法单轴压缩试验测定。

水平二:参照表 4.16 确定弯拉强度和弹性模量。

表 4.16　无机结合料稳定类材料弯拉强度和弹性模量取值范围　　　　（单位：MPa）

材料	弯拉强度	弹性模量
水泥稳定粒料、水泥粉煤灰稳定粒料、石灰粉煤灰稳定粒料	1.5～2.0	18000～28000
	0.9～1.5	14.000～20000
水泥稳定土、水泥粉煤灰稳定土、石灰粉煤灰稳定土	0.6～1.0	5000～7000
石灰土	0.3～0.7	3000～5000

注：结合料用量高、材料好、级配好或压实度大时取高值，反之取低值。

结构验算时，无机结合料稳定类材料弹性模量应乘以结构层模量调整系数 0.5。

（4）沥青混合料类材料。

沥青混合料动态压缩模量应按有关规定，依据相应的水平确定。

水平一：沥青混合料动态压缩模量应符合《公路工程沥青及沥青混合料试验规程》（JTG E20—2011）的有关规定，取平均值，试验温度选用 20 ℃，面层沥青混合料加载频率采用 10 Hz，基层沥青混合料加载频率采用 5 Hz。

水平二：采用式（4.21）计算确定沥青混合料动态压缩模量，适用于采用道路石油沥青和常规级配的沥青混合料。

$$\lg E_a = 4.59 - 0.02f + 2.58G^* - 0.041V - 0.03\text{VCA}_\text{DRC} - 2.65 \times 1.1^{\lg f}G^* \cdot$$
$$f^{-0.06} - 0.05 \times 1.52^{\lg f}\text{VCA}_\text{DRC} \cdot f^{-0.21} + 0.0031f \cdot P_a + 0.0024V \qquad (4.21)$$

式中：E_a——沥青混合料动态压缩模量（MPa）；

　　　f——试验频率（Hz）；

　　　G^*——60 ℃、10 rad/s 下沥青动态剪切复数模量（kPa）；

　　　P_a——沥青混合料的油石比（%）；

　　　V——压实沥青混合料的空隙率（%）；

　　　VCA_DRC——捣实状态下粗集料的松装间隙率（%）。

水平三：参照表 4.17 确定沥青混合料动态压缩模量。

表 4.17　常用沥青混合料 20 ℃条件下动态压缩模量取值范围　　　　（单位：MPa）

沥青混合料类型	沥青种类			
	70 号道路石油沥青	90 号道路石油沥青	110 号道路石油沥青	SBS 改性沥青
SMA10、SMA13、SMA16	—	—	—	7500～12000
AC10、AC13	8000～12000	7500～11500	7000～10500	8500～12500
AC16、AC20、AC25	9000～13500	8500～13000	7500～12000	9000～13500
ATB25	7000～11000	—	—	—

注：1. ATB25 为 5Hz 条件下动态压缩模量，其他沥青混合料为 10Hz 条件下动态压缩模量。

2. 沥青黏度大、级配好或空隙率小时取高值，反之取低值。

（5）泊松比。

各类材料的泊松比如下。

路基:0.40。

粒料:0.35。

无机结合料:0.25。

密级配沥青混合料:0.25。

开级配沥青混合料、半开级配沥青混合料:0.40。

沥青路面设计包括新建沥青路面设计与沥青路面改建设计,因篇幅关系,下文仅详细阐述新建沥青路面设计的内容。

4.2.2　新建沥青路面设计

1. 沥青路面结构验算的设计指标

路面结构力学指标计算应采用双圆均布垂直荷载作用下的弹性层状连续体系理论。

路面结构组合应先初拟方案,并进行路面结构验算,再结合工程经验和经济分析选定路面结构方案。对于二级及二级以下公路,当交通荷载等级为中等、轻水平时,可依据所在地区经验结构合理选择路面设计方案。

（1）设计指标。

路面结构验算应根据路面结构组合,参照表4.18选择设计指标。

表 4.18　不同结构组合路面的设计指标

基层类型	底基层类型	设计指标
无机结合料稳定类	粒料类	无机结合料稳定层层底拉应力、沥青混合料层永久变形量
	无机结合料稳定类	
沥青混合料类	粒料类	沥青混合料层层底拉应变、沥青混合料层永久变形量、路基顶面竖向压应变
	无机结合料稳定类	沥青混合料层永久变形量、无机结合料稳定层层底拉应力
粒料类	粒料类	沥青混合料层层底拉应变、沥青混合料层永久变形量、路基顶面竖向压应变
	无机结合料稳定类	沥青混合料层层底拉应变、沥青混合料层永久变形量、无机结合料稳定层层底拉应力
水泥混凝土	—	沥青混合料层永久变形量

注:季节性冻土地区应增加沥青面层低温开裂验算和防冻厚度验算。在沥青混合料层与无机结合料稳定层间设置粒料层时,应验算沥青混合料层疲劳开裂寿命。

（2）沥青路面结构验算的力学响应及其竖向位置。

路面结构验算时,各设计指标应选用表4.19规定的竖向位置处的力学响应,选取合适的计算点位置,计算其最大力学响应量。

表 4.19　设计指标对应的力学响应及其竖向位置

设计指标	力学响应	竖向位置
沥青混合料层层底拉应变	沿行车方向的水平拉应变	沥青混合料层层底
无机结合料稳定层层底拉应力	沿行车方向的水平拉应力	无机结合料稳定层层底
沥青混合料层永久变形量	竖向压应力	沥青混合料层各分层顶面
路基顶面竖向压应变	竖向压应变	路基顶面

2. 路面结构验算流程

(1) 调查分析交通参数,确定交通荷载等级。

(2) 根据路基土类型、地下水水位高度确定路基干湿类型和湿度状况,确定路基顶面回弹模量及必要的路基改善措施。

(3) 根据设计要求,收集所在地区的常用路面结构组合和材料性质要求,分析影响路面结构设计的其他因素,初拟路面结构组合与厚度方案,选取设计指标。

(4) 确定各结构层模量等设计参数,并按规定检验粒料的 CBR,无机结合料稳定类材料的无侧限抗压强度,沥青低温性能要求,沥青混合料的低温破坏应变、动稳定度、贯入强度和水稳定性等。

(5) 收集工程所在地区气温资料,确定各设计指标对应的温度调整系数或等效温度。

(6) 采用多层弹性体系理论程序计算各设计指标的力学响应量。

(7) 进行路面结构验算,验算结果应符合规定;不符合时,调整路面结构方案重新验算,直到符合规定为止。

(8) 对通过结构验算的路面结构进行技术经济分析,选定路面结构方案。

(9) 计算设计路面结构的验收弯沉值。

3. 沥青混合料层疲劳开裂验算

沥青混合料层的疲劳开裂寿命,应根据路面结构分析得到的沥青混合料层层底拉应变,按式(4.22)计算。

$$N_{f1} = 6.32 \times 10^{15.96-0.29\beta} k_a k_b k_{T1}^{-1} \left(\frac{1}{\varepsilon_a} \right)^{3.97} \left(\frac{1}{E_a} \right)^{1.58} (\text{VFA})^{2.72} \tag{4.22}$$

式中:N_{f1}——沥青混合料层疲劳开裂寿命(轴次);

　　　β——目标可靠指标,根据公路等级查表 4.9;

　　　k_a——季节性冻土地区调整系数,查表 4.20;

　　　k_b——疲劳加载模式系数,按式(4.23)计算。

$$k_b = \left[\frac{1 + 0.3 E_a^{0.43} (\text{VFA})^{-0.85} e^{0.024h_a-5.41}}{1 + e^{0.024h_a-5.41}} \right]^{3.33} \tag{4.23}$$

表 4.20　季节性冻土地区调整系数 k_a

冻区	重冻区	中冻区	轻冻区	其他地区
冻结指数 $F/(\text{℃} \cdot \text{d})$	$\geqslant 2000$	$2000 \sim 800$	$800 \sim 50$	$\leqslant 50$
k_a	$0.60 \sim 0.70$	$0.70 \sim 0.80$	$0.80 \sim 1.00$	1.00

式中：E_a——沥青混合料 20 ℃时的动态压缩模量（MPa）；

VFA——沥青混合料的沥青饱和度（%），根据混合料设计结果或有关规定确定；

h_a——沥青混合料层厚度（mm）；

k_{T1}——温度调整系数；

ε_a——沥青混合料层层底拉应变（$\times 10^{-6}$），按式（4.24）计算。

$$\varepsilon_a = p\,\bar{\varepsilon}_a \tag{4.24}$$

$\bar{\varepsilon}_a$ 计算见式（4.25）：

$$\bar{\varepsilon}_a = f\left(\frac{h_1}{\delta}, \frac{h_2}{\delta}, \cdots, \frac{h_{n-1}}{\delta}; \frac{E_2}{E_1}, \frac{E_3}{E_2}, \cdots, \frac{E_0}{E_{n-1}}\right) \tag{4.25}$$

式（4.24）、式（4.25）中：$\bar{\varepsilon}_a$——理论拉应变系数；

p——标准轴载的轮胎接地压强（MPa）；

δ——当量圆半径（mm）；

E_0——路基顶面回弹模量（MPa）；

$h_1, h_2, \cdots, h_{n-1}$——各结构层厚度；

$E_1, E_2, \cdots, E_{n-1}$——各结构层模量（MPa）。

沥青混合料层疲劳开裂寿命应大于设计使用年限内设计车道的当量设计轴载累计作用次数，否则，应调整路面结构方案，重新验算，直至满足要求。

4. 无机结合料稳定层疲劳开裂寿命验算

无机结合料稳定层疲劳开裂寿命应根据路面结构分析得到的各无机结合料稳定层层底拉应力，按式（4.26）计算：

$$N_{f2} = k_a k_{T2}^{-1}\, 10^{a - b\frac{\sigma_t}{R_s} + k_c - 0.57\beta} \tag{4.26}$$

式中：N_{f2}——无机结合料稳定层疲劳开裂寿命（轴次）；

k_{T2}——温度调整系数；

R_s——无机结合料稳定材料弯拉强度（MPa）；

a, b——疲劳破坏模型参数，查表 4.21 确定；

k_c——现场综合修正系数，按式（4.27）计算确定（c_1、c_2、c_3 等相关系数查表 4.22）；

σ_t——无机结合料稳定层层底拉应力（MPa），按式（4.28）计算。

表 4.21 无机结合料稳定层疲劳破坏模型参数

材料类型	a	b
无机结合料稳定粒料	13.24	12.52
无机结合料稳定土	12.18	12.79

$$k_c = c_1 \mathrm{e}^{c_2(h_a + h_b)} + c_3 \tag{4.27}$$

式中：h_a、h_b——沥青混合料层和计算点以上无机结合料稳定层厚度。

表 4.22　现场综合修正系数 k_c 的相关参数

面层类型	新建路面结构层或改建工程既有路面结构层		改建工程加铺层	
材料类型	无机结合料稳定粒料	无机结合料稳定土	无机结合料稳定粒料	无机结合料稳定土
c_1	14.0	35.0	18.5	21.0
c_2	-0.0076	-0.00156	-0.01	-0.0125
c_3	-1.47	-0.83	-1.32	-0.82

$$\sigma_t = p\,\overline{\sigma_t} \tag{4.28}$$

$\overline{\sigma_t}$ 计算见式(4.29)：

$$\overline{\sigma_t} = f\left(\frac{h_1}{\delta}, \frac{h_2}{\delta}, \cdots, \frac{h_{n-1}}{\delta}; \frac{E_2}{E_1}, \frac{E_3}{E_2}, \cdots, \frac{E_0}{E_{n-1}}\right) \tag{4.29}$$

式中：$\overline{\sigma_t}$——理论拉应力系数。其余符号意义同前。

无机结合料稳定层疲劳开裂寿命应大于设计使用年限内设计车道的当量设计轴载累计作用次数，否则，应调整路面结构方案，重新验算，直至满足要求。

5. 沥青混合料层永久变形量验算

应按下列要求对各沥青混合料层进行分层，分别计算各分层的永久变形量：表面层，采用 $10\sim20$ mm 为一分层；第二层沥青混合料层，每一分层厚度应不大于 25 mm；第三层沥青混合料层，每一分层厚度应不大于 100 mm；第四层及其以下沥青混合料层，作为一个分层。

根据标准条件下的车辙试验，得到各层沥青混合料的车辙试验永久变形量，按式(4.30)计算各分层的永久变形量和沥青混合料层总的永久变形量：

$$R_a = \sum_{i=1}^{n} R_{ai} \tag{4.30}$$

R_{ai} 计算见式(4.31)：

$$R_{ai} = 2.31 \times 10^{-8} k_{Ri} T_{pef}^{2.93} P_i^{0.48} N_{e3}(h_i/h_0) R_{0i} \tag{4.31}$$

式(4.30)、式(4.31)中：R_a——沥青混合料层永久变形量(mm)；

R_{ai}——第 i 层永久变形量(mm)；

n——分层数；

T_{pef}——沥青混合料层永久变形等效温度(℃)；

N_{e3}——设计使用年限内或通车至首次针对车辙维修的期限内，设计车道上当量设计轴载累计作用次数；

h_i——第 i 分层厚度(mm)；

h_0——车辙试验试件的厚度(mm)；

R_{0i}——第 i 分层沥青混合料在试验温度为 60 ℃，压强为 0.7 MPa，加载次数为 2520 次时车辙试验永久变形量(mm)；

k_{Ri}——综合修正系数,按式(4.32)计算;

P_i——沥青混合料层第 i 分层顶面竖向压应力(MPa),按式(4.33)计算。

$$k_{Ri} = \big[(-1.35 \times 10^{-4} h_a^2 + 8.18 \times 10^{-2} h_a - 14.50) +$$
$$(8.78 \times 10^{-7} h_a^2 - 1.50 \times 10^{-3} h_a + 0.90) \cdot z_i\big] \cdot 0.9731^{z_i}$$

(4.32)

式中:z_i——沥青混合料层第 i 分层深度(mm),第一分层取为 15 mm,其他分层为路表距分层中点的深度;

h_a——沥青混合料层厚度(mm),$h_a > 200$ mm 时,取 200 mm。

$$P_i = p \, \overline{p_i}$$

(4.33)

$\overline{p_i}$ 计算见式(4.34):

$$\overline{p_i} = f\left(\frac{h_1}{\delta}, \frac{h_2}{\delta}, \cdots, \frac{h_{n-1}}{\delta}; \frac{E_2}{E_1}, \frac{E_3}{E_2}, \cdots, \frac{E_0}{E_{n-1}}\right)$$

(4.34)

式中:$\overline{p_i}$——理论压应力系数。

验算所得的沥青混合料层永久变形量应满足容许永久变形量要求,否则,应调整沥青混合料设计,直至满足要求。

满足沥青混合料层容许永久变形量要求的沥青混合料,尚应满足标准车辙试验的动稳定度要求,其永久变形量 R_0 对应的稳定度可用作沥青混合料的质量要求和施工控制指标。标准车辙试验温度为 60 ℃,压强为 0.7 MPa,试件厚度为 50 mm,加载次数为 2520 次时沥青混合料的动稳定度 DS(次/mm),按式(4.35)计算:

$$DS = 9365 R_0^{-1.48}$$

(4.35)

6. 路基顶面竖向压应变验算

路基顶面的容许竖向压应变应按式(4.36)计算确定:

$$[\varepsilon_z] = 1.25 \times 10^{4-0.1\beta} (k_{T3} N_{e4})^{-0.21}$$

(4.36)

式中:$[\varepsilon_z]$——路基顶面的容许竖向压应变(10^{-6});

N_{e4}——设计使用年限内设计车道上的当量设计轴载累计作用次数;

k_{T3}——温度调整系数。

按规定选取计算点,根据弹性层状体系理论,按式(4.37)计算路基顶面竖向压应变。路基顶面竖向压应变应小于容许压应变值,否则,应调整路面结构方案,重新验算,直至满足要求。

$$\varepsilon_z = p \, \overline{\varepsilon_z}$$

(4.37)

$\overline{\varepsilon_z}$ 计算见式(4.38):

$$\overline{\varepsilon_z} = f\left(\frac{h_1}{\delta}, \frac{h_2}{\delta}, \cdots, \frac{h_{n-1}}{\delta}; \frac{E_2}{E_1}, \frac{E_3}{E_2}, \cdots, \frac{E_0}{E_{n-1}}\right)$$

(4.38)

式中:$\overline{\varepsilon_z}$——理论竖向压应变系数。

7. 沥青面层低温开裂指数验算

季节性冻土地区沥青面层,应按式(4.39)验算其低温开裂指数 CI:

$$CI = 1.95 \times 10^{-3} S_t \lg b - 0.075(T + 0.07 h_a) \lg S_t + 0.15$$

(4.39)

式中:CI——沥青面层低温开裂指数;

T——路面低温设计温度(℃),为连续 10 年年最低气温平均值;

S_t——在路面低温设计温度加 10 ℃试验温度条件下,表面层沥青弯曲梁流变试验加载 180s 时蠕变劲度(MPa);

h_a——沥青结合料类材料层厚度(mm);

b——路基类型参数,对砂 $b=5$,对粉质黏土 $b=3$,对黏土 $b=2$。

沥青面层低温开裂指数值应满足表 4.11 的要求,否则,应改变所选用的沥青材料,直至满足要求。

8. 防冻厚度验算

季节性冻土地区路基为中湿或潮湿状态时,应按式(4.40)计算公路多年最大冻深:

$$Z_{\max} = abcZ_d \tag{4.40}$$

式中:$Z_{\max}$——公路多年最大冻深(mm);

Z_d——大地多年最大冻深(mm),根据调查资料确定;

a——大地冻深范围内路基、路面各层材料热物性系数,查表 4.23 确定;

b——路基湿度系数,查表 4.24 确定;

c——路基断面形式系数,根据表 4.25 按内插法确定。

表 4.23　路基、路面各层材料热物性系数

路基材料	黏质土	粉质土	粉土质砂	细粒土质砂、黏土质砂	含细粒土质砾(砂)
热物性系数	1.05	1.10	1.20	1.30	1.35
路面材料	水泥混凝土	沥青结合料类	级配碎石	二灰或水泥稳定粒料	二灰土及水泥土
热物性系数	1.40	1.35	1.45	1.40	1.35

表 4.24　路基湿度系数

干湿类型	干燥	中湿	潮湿
湿度系数	1.0	0.95	0.90

表 4.25　路基断面形式系数

填挖形式和高(深)度/m	路基填土高度					路基挖方深度			
	0	<2	2~4	4~6	>6	<2	2~4	4~6	>6
断面形式系数	1.0	1.02	1.05	1.08	1.10	0.98	0.95	0.92	0.90

路面结构厚度小于规定的最小防冻厚度时,应增设防冻层,使其满足最小防冻厚度要求。

9. 设计路面结构的验收弯沉值

(1)路基顶面验收弯沉值 l_g(0.01 mm)按式(4.41)计算:

$$l_g = \frac{176pr}{E_0} \tag{4.41}$$

式中：p——落锤式弯沉仪承载板施加荷载（MPa）；

r——落锤式弯沉仪承载板半径（mm）；

E_0——平衡湿度状态下路基顶面回弹模量。

（2）宜采用落锤式弯沉仪进行路基验收，落锤式弯沉仪荷载为 50 kN，荷载盘半径为 150 mm。路基顶面实测代表弯沉值应符合式（4.42）的要求：

$$l_0 \leqslant l_g \tag{4.42}$$

式中：l_0——路段内实测的路基顶面弯沉代表值（0.01 mm），以 1～3 km 为一评定路段，按式（4.43）计算：

$$l_0 = (\overline{l_0} + \beta \cdot s)K_1 \tag{4.43}$$

式中：$\overline{l_0}$——路段内实测路基顶面弯沉平均值（0.01 mm）；

s——路段内实测路基顶面弯沉标准差（0.01 mm）；

K_1——路基顶面弯沉湿度影响系数，根据当地经验确定。

（3）路表验收弯沉值 l_a，应根据设计路面结构，采用弹性层状体系理论按式（4.44）计算。路面结构层参数应与路面结构验算时相同。路基顶面回弹模量应采用平衡湿度状态下路基顶面回弹模量乘以模量调整系数 k_l。

$$l_a = p\,\overline{l_a} \tag{4.44}$$

$\overline{l_a}$ 计算见式（4.45）：

$$\overline{l_a} = f\left(\frac{h_1}{\delta}, \frac{h_2}{\delta}, \cdots, \frac{h_{n-1}}{\delta}; \frac{E_2}{E_1}, \frac{E_3}{E_2}, \cdots, \frac{k_l E_0}{E_{n-1}}\right) \tag{4.45}$$

式中：$\overline{l_a}$——理论弯沉系数；

k_l——路基顶面回弹模量调整系数，无机结合料稳定类基层沥青路面和水泥混凝土基层沥青路面，取 0.5；粒料类基层沥青路面和沥青结合料类基层沥青路面，当采用无机结合料稳定底基层时，取 0.5，否则取 1.0；

E_0——平衡湿度状态下路基顶面回弹模量。

（4）路面交（竣）工时应对路表弯沉值进行检测。落锤式弯沉仪中心点弯沉代表值应符合式（4.46）的要求：

$$l_0 \leqslant l_a \tag{4.46}$$

式中：l_0——路段内实测的路表弯沉代表值（0.01 mm），以 1～3 km 为一评定路段，按式（4.47）计算：

$$l_0 = (\overline{l_0} + \beta \cdot s)k_1 k_3 \tag{4.47}$$

式中：$\overline{l_0}$——路段内实测路表弯沉平均值（0.01 mm）；

s——路段内实测路表弯沉标准差（0.01 mm）；

k_1——路表弯沉湿度影响系数，根据当地经验确定；

k_3——路表弯沉温度影响系数，按式（4.48）确定：

$$k_3 = e^{\left[9\times10^{-6}\,(\ln E_0 - 1)\,h_a + 4\times10^{-3}\right]\,(20-T)} \tag{4.48}$$

式中：T——弯沉测定时沥青结合料类材料层中点实测或预估温度（℃）。其余符号意义同前。

4.3　水泥混凝土路面设计

4.3.1　水泥混凝土路面的设计参数

1. 水泥混凝土路面的设计强度和弯拉弹性模量

水泥混凝土板的计算是以抗弯拉强度作为控制指标的,因此对路面用混凝土首先要满足抗弯拉强度的要求。水泥混凝土的抗弯拉强度一般应通过试验确定。当然,为保证路面具有较高的耐磨性、耐久性及抗冻性,也不可忽视对抗压强度的要求。

水泥混凝土的设计强度以 28 d 龄期的弯拉强度控制。各交通荷载等级要求的混凝土弯拉强度标准值不得低于表 4.26 的规定。

表 4.26　水泥混凝土弯拉强度标准值　（单位：MPa）

交通分级	极重、特重、重	中等	轻
水泥混凝土的弯拉强度标准值	≥5.0	4.5	4.0
钢纤维混凝土的弯拉强度标准值	≥6.0	5.5	5.0

既然混凝土板的计算是以抗弯拉强度作为控制指标,因此在计算中所采用的混凝土弹性模量,也应根据抗弯试验求得。试验表明,混凝土的弹性模量与其应力有关,弯拉应力越接近极限抗弯拉强度,弹性模量越小。由于混凝土路面板不允许产生裂缝,故不应采用接近极限强度时的弹性模量值。设计路面板时所用的混凝土抗弯拉弹性模量值以试验室实测值为准。水泥混凝土设计参数经验参考值如表 4.27~表 4.29 所示。

表 4.27　水泥混凝土强度和弹性模量经验参考值

弯拉强度/MPa	1.5	2.0	2.5	3.0	3.5	4.0	4.5	5.0	5.5
抗压强度/MPa	7	11	15	20	25	30	36	42	49
抗拉强度/MPa	0.89	1.21	1.53	1.86	2.20	2.54	2.85	3.22	3.55
弹性模量/GPa	15	18	21	23	25	27	29	31	33

表 4.28　水泥混凝土线膨胀系数经验参考值（$\times 10^{-6}$/℃）

粗集料类型	石英岩	砂岩	砾石	花岗岩	玄武岩	石灰岩
水泥混凝土线膨胀系数	12	12	11	10	9	7

表 4.29　水泥混凝土面层与基层间摩擦系数经验参考值

基层材料	取值范围	代表值
级配碎石、级配砾石或碎砾石	0.5~4.0	2.5
沥青混凝土、沥青碎石	2.5~15	7.5
无机结合料稳定粒料	3.5~13	8.9

续表

基层材料	取值范围	代表值
贫混凝土、碾压混凝土	3.0～20	8.5

2. 水泥混凝土面板的厚度要求

各安全等级路面的材料性能和结构尺寸参数的变异水平可分为低、中、高三级。应按公路等级以及所采用的施工技术和所能达到的施工质量控制和管理水平，通过调研确定变异水平等级和相应的变异系数，高速公路、一级公路的变异水平等级宜为低级，二级公路的变异水平等级应不大于中级。确实有困难时可按表4.30规定的主要设计参数变异系数范围选择相应的变异系数。

表4.30 变异系数 c_v 的变化范围

变异水平等级	低	中	高
水泥混凝土弯拉强度	$0.05 \leqslant c_v \leqslant 0.10$	$0.10 < c_v \leqslant 0.15$	$0.15 < c_v \leqslant 0.20$
基层顶面当量回弹模量	$0.15 \leqslant c_v \leqslant 0.25$	$0.25 < c_v \leqslant 0.35$	$0.35 < c_v \leqslant 0.55$
水泥混凝土面层厚度	$0.02 \leqslant c_v \leqslant 0.04$	$0.04 < c_v \leqslant 0.06$	$0.06 < c_v \leqslant 0.08$

普通水泥混凝土、钢筋混凝土、碾压混凝土、钢纤维混凝土、连续配筋混凝土面层所需厚度，可参照表4.31所示范围初步拟定。

表4.31 水泥混凝土面层厚度的参考范围

交通等级	极重	特重				重			
公路等级		高速	一级		二级		高速	一级	二级
变异水平等级	低	低	中	低	中	低	中	低	中
面层厚度/mm	≥320	280～320	260～300	240～280			230～270	220～260	

交通等级	中等				轻			
公路等级	二级		三、四级			三、四级		
变异水平等级	高	中	高	中	高		中	
面层厚度/mm	220～250	210～240		200～230	190～220		180～210	

极重、特重或重交通荷载时，其最小厚度为180 mm；中等或轻交通荷载时，其最小厚度为160 mm。钢纤维混凝土面层的厚度按钢纤维掺量确定，钢纤维体积率为0.60%～1.0%时，其厚度为普通混凝土面层厚度的65%～75%。复合式路面沥青上面层的厚度一般为25～80 mm。

3. 路基回弹模量

理论分析表明，不论用哪一种地基假设，地基强弱对板内应力影响都不大，但这个结论的基本前提是：认为地基和路面板始终保持完全接触，共同变形。实际上保持这个条件是很困难的，因为基础（土基加基层）并非完全弹性体，在荷载反复作用下，基础的塑性累积变形越来越大，而且这种变形多发生在行车概率较大的面板横向接缝下的基础表面，原因是板边受荷时板下基础承受的压力分布呈半盆形状态，与板中相比荷载应力更加集中，单位压力较大。路基回弹模量及其湿度调整系数如表 4.32 和表 4.33 所示。

表 4.32　路基回弹模量 （单位：MPa）

土组	取值范围	代表值
级配良好砾（GW）	240～290	250
级配不良砾（GP）	170～240	190
含细粒土砾（GF）	120～240	180
粉土质砾（GM）	160～270	220
黏土质砾（GC）	120～190	150
级配良好砂（SW）	120～190	150
级配不良砂（SP）	100～160	130
含细粒土砂（5P）	80～160	120
粉土质砂（SM）	120～190	150
黏土质砂（SC）	80～120	100
低液限粉土（ML）	70～110	90
低液限黏土（CL）	50～100	70
高液限粉土（MH）	30～70	50
高液限黏土（CH）	20～50	30

注：1. 对于砾和砂，D_0（通过率为 60% 时的颗粒粒径）大时，模量取高值；D_0 小时，模量取低值。

2. 对于其他含细粒的土组，小于 0.075 mm 颗粒含量大和塑性指数高时，模量取低值；反之，模量取高值。

表 4.33　路基湿度调整系数

土组	路床顶距地下水水位的距离/m					
	1.0	1.5	2.0	2.5	3.0	4.0
细粒质砾（GF） 土质砾 （GM、GC）	0.81～0.88	0.86～1.00	0.91～1.00	0.96～1.00	—	—
细粒质砂（SF） 土质砂 （SM、SC）	0.80～0.86	0.83～0.97	0.87～1.00	0.90～1.00	0.94～1.00	—
低液限粉土（ML）	0.71～0.74	0.75～0.81	0.78～0.89	0.82～0.97	0.86-1.00	0.94～1.00

土组	路床顶距地下水水位的距离/m					
	1.0	1.5	2.0	2.5	3.0	4.0
低液限 黏土（CL）	0.70～0.73	0.72～0.80	0.74～0.88	0.75～0.95	0.77～1.00	0.81～1.00
高液限 粉土（MH）、 高液限 黏土（CH）	0.70～0.71	0.71～0.75	0.72～0.78	0.73～0.82	0.73～0.86	0.74～0.94

注：1. 小于 0.075 mm 颗粒含量大和塑性指数高时，调整系数取低值；反之，调整系数取高值。

2. 当表中调整系数最大值为 1.00 时，调整系数取高值。

4. 路面基层材料的回弹模量

研究表明，在荷载、板厚和使用年限相同时，刚度越小的基层，其塑性累积变形越严重。板下基础出现塑性变形累积的结果，使面板局部失去支承，车辆荷载应力增大，当它达到和超过混凝土抗力时，路面板就会断裂。因此，基础的强弱实际上会影响路面的使用寿命。这一结论已被国内外大量实践所证实。所以，现今大多数国家都重视研究刚性路面下基层的问题，并对基础的刚度提出定量或定性的要求。基层和底基层材料回弹模量经验参考值如表 4.34～表 4.36 所示。

表 4.34　粒料类基层和底基层材料回弹模量经验参考值　　　　（单位：MPa）

材料类型	取值范围	代表值
级配碎石（基层）	200～400	300
级配碎石（底基层）	180～250	220
未筛分碎石	180～220	200
级配砾石（基层）	150～300	250
级配砾石（底基层）	150～220	190
天然砂砾	105～135	120

表 4.35　无机结合料类基层和底基层材料回弹模量经验参考值　　　　（单位：MPa）

材料类型	7d 浸水抗压强度	试件模量	收缩开裂后模量	疲劳破坏后模量
水泥稳定类	3.0～6.0	3000～14000	2000～2500	300～500
	1.5～3.0	2000～10000	1000～2000	200～400
石灰、粉煤 灰稳定类	≥0.8	3000～14000	2000～2500	300～500
	0.5～0.8	2000～10000	1000～2000	200～400
石灰稳定类	≥0.8	2000～4000	800～2000	100～300
	0.5～0.8	1000～2000	400～1000	50～200

材料类型	7d浸水抗压强度	试件模量	收缩开裂后模量	疲劳破坏后模量
开级配水泥稳定碎石(CTPB)	≥0.4	1300～1700		—

表 4.36　沥青结合料类基层材料回弹模量经验参考值

材料类型	条件	取值范围/MPa
沥青混凝土(AC-10)		4700～5600
沥青混凝土(AC-16)	20 ℃,10Hz,90A、110A,空隙率7%,沥青用量6%	4500～5400
沥青混凝土(AC-25)		4000～5000
密级配沥青碎石(ATB-25)		3500～4200
开级配沥青稳定碎石(ATPB)	20 ℃,沥青用量2.5%～3.5%	600～800

5. 水泥混凝土面层的板底地基当量回弹模量

（1）新建公路的板底地基当量回弹模量可按式（4.49）计算确定：

$$E_t = E_0 \left(\frac{E_x}{E_0}\right)^\alpha \tag{4.49}$$

式中：E_t——板底地基当量回弹模量（MPa）；

E_0——路床顶综合回弹模量（MPa）；

α——与粒料层总厚度 h 有关的回归系数，按式（4.50）计算；

E_x——粒料层的当量回弹模量（MPa），按式（4.51）计算。

$$\alpha = 0.86 + 0.26\ln h_x \tag{4.50}$$

$$E_x = \sum_{i=1}^{n}(h_i^2 E_i) / \sum_{i=1}^{n}h_i^2 \tag{4.51}$$

式（4.50）、式（4.51）中：E_i、h_i——第 i 结构层的回弹模量（MPa）与厚度（m）；

h_x——粒料层的总厚度（m），按式（4.52）计算。

$$h_x = \sum_{i=1}^{n}h_i \tag{4.52}$$

（2）在旧沥青混凝土路面上铺筑水泥混凝土面层时，原沥青混凝土路面顶面的地基综合当量回弹模量可根据落锤式弯沉仪（荷载 50 kN、承载板半径 150 mm）的中心点弯沉的测定结果按式（4.53）计算确定，或根据贝克曼梁（后轴重 100 kN 的车辆）的弯沉测定结果按式（4.54）计算确定：

$$E_t = 18621/\omega_0 \tag{4.53}$$

$$E_t = 13739\omega_0^{-1.04} \tag{4.54}$$

式中：ω_0——路段代表回弹弯沉值（0.01 mm），按式（4.55）计算；

E_t——地基综合当量回弹模量（MPa）。

$$\omega_0 = \bar{\omega} + 1.04S_w \tag{4.55}$$

式中：$\bar{\omega}$——路段弯沉平均值(0.01 mm)；

  S_w——路段弯沉的标准差(0.01 mm)。

4.3.2　水泥混凝土路面板厚度的计算方法

根据公路的使用任务、性质和要求，结合当地气候、水文、土质、材料、施工技术、实践经验以及环境保护要求等，通过技术经济分析确定水泥混凝土路面设计方案。

水泥混凝土路面设计包括结构组合、材料组成、接缝构造和钢筋配置等。水泥混凝土路面结构还需按规定的安全等级和目标可靠度，承受预期的交通荷载作用，并与所处的自然环境相适应，满足预定的使用性能要求。

水泥混凝土路面板厚的确定，与多种因素有关，如混凝土的弹性模量与抗弯拉强度、土基与基层的力学性质、路面设计使用年限、交通量及其组成等。设计板厚的方法，在世界上也有很多种，所依据的设计标准不尽相同，概括起来有两种：一种是以使用年限末期混凝土出现疲劳开裂为临界状态；另一种是以混凝土板的使用特性在使用期期末下降到行车所不允许的程度为标准。我国采用了前一种标准。现将其设计方法扼要介绍如下。

1. 力学模型

(1) 弹性地基单层板模型，适用于粒料基层上混凝土面层和旧沥青路面加铺混凝土面层。面层板底面以下部分按弹性地基处理。

(2) 弹性地基双层板模型，适用于无机结合料类基层或沥青类基层上混凝土面层和旧混凝土路面上加铺分离式混凝土面层；面层和基层或者新旧面层作为双层板，基层底面以下或者旧面层底面以下部分按弹性地基处理。

(3) 复合板模型，适用于两层不同性能材料组成的面层或基层复合板。旧混凝土路面上加铺结合式混凝土面层，两层不同性能材料组成的层间黏结的面层，作为弹性地基上的单层板或者弹性地基上双层板的上层板；无机结合料类基层或沥青类基层与无机结合料类底基层组成的基层，作为弹性地基上双层板的下层板。

混凝土面层板的临界荷位位于纵缝边缘中部。基层板的临界荷位与面层板相同。

2. 弹性地基单层板荷载应力

设计轴载在面层板临界荷位处产生的荷载疲劳应力按式(4.56)确定：

$$\sigma_{pr} = k_r k_f k_c \sigma_{ps} \tag{4.56}$$

式中：σ_{pr}——设计轴载在面层板临界荷位处产生的荷载疲劳应力(MPa)；

  k_r——考虑接缝传荷能力的应力折减系数，采用混凝土路肩时，$k_r = 0.87 \sim 0.92$(路肩面层与路面面层等厚时取低值，减薄时取高值)；采用柔性路肩或土路肩时，$k_r = 1.0$；

  k_c——考虑计算理论与实际差异以及动载等因素的综合系数，高等级公路的为1.15，一级公路的为1.10，二级公路的为1.05，三、四级公路的为1.00；

  k_f——考虑设计基准期内荷载应力累计疲劳作用的疲劳应力系数，按式(4.57)计算确定；

  σ_{ps}——设计轴载在四边自由板的临界荷位处产生的荷载应力(MPa)，按式(4.59)计算确定。

$$k_f = N_c^\lambda \tag{4.57}$$

式中: N_c——设计基准期内设计轴载累计作用次数;

λ——材料疲劳指数,普通混凝土、钢筋混凝土、连续配筋混凝土,$\lambda = 0.057$;碾压混凝土和贫混凝土,$\lambda = 0.065$;钢纤维混凝土 λ 按式(4.58)计算确定:

$$\lambda = 0.053 - 0.017 \rho_f \frac{l_f}{d_f} \tag{4.58}$$

式中: ρ_f——钢纤维的体积率(%);

l_f——钢纤维的长度(mm);

d_f——钢纤维的直径(mm)。

$$\sigma_{ps} = 1.47 \times 10^{-3} r^{0.70} h_c^{-2} P_s^{0.94} \tag{4.59}$$

其中,r 的计算见式(4.60):

$$r = 1.21 (D_c/E_t)^{\frac{1}{3}} \tag{4.60}$$

其中,D_c 的计算见(5.61):

$$D_c = \frac{E_c h_c^3}{12(1 - v_c^2)} \tag{4.61}$$

式(4.59)~式(4.61)中: r——混凝土面层板的相对刚度半径(m);

E_c、h_c、v_c——混凝土面层板的弯拉弹性模量(MPa)、厚度(m)和泊松比;

D_c——水泥混凝土面层板的截面弯曲刚度(MN·m);

E_t——板底地基当量回弹模量(MPa);

P_s——设计轴载的单轴重。

最重轴载在面层板临界荷位处产生的最大荷载应力,按式(4.62)计算:

$$\sigma_{p,max} = k_r k_c \sigma_{pm} \tag{4.62}$$

其中,σ_{pm} 的计算见式(4.63):

$$\sigma_{pm} = 1.47 \times 10^{-3} r^{0.70} h_c^{-2} P_m^{0.94} \tag{4.63}$$

式(4.62)、式(4.63)中: $\sigma_{p,max}$——最重轴载在面层板临界荷位处产生的最大荷载应力(MPa);

σ_{pm}——最重轴载在四边自由板的临界荷位处产生的最大荷载应力(MPa),与式(4.59)计算一致,只是把式中的设计轴载 P_s 改为最重轴载 P_m(以单轴计,kN);

P_m——最重单轴载(kN)。

3. 弹性地基单层板温度应力

面层板临界荷位处的温度疲劳应力按式(4.64)确定:

$$\sigma_{tr} = k_t \sigma_{t,max} \tag{4.64}$$

式中: σ_{tr}——面层板临界荷位处的温度疲劳应力(MPa);

$\sigma_{t,max}$——最大温度梯度时混凝土面层板产生的最大温度应力(MPa),按式(4.65)确定;

k_t——考虑温度应力累计疲劳作用的疲劳应力系数,按式(4.69)确定。

$$\sigma_{t,max} = \frac{\alpha_c E_c h_c T_g}{2} B_l \tag{4.65}$$

式中: α_c——混凝土的线膨胀系数(1/℃);

T_g——最大温度梯度,查表 4.37 取用;

B_l——综合温度翘曲应力和内应力作用的温度应力系数(℃/m),计算见式(4.66)。其余符号意义同前。

表 4.37　最大温度梯度 T_g

公路自然区划	Ⅱ、Ⅴ	Ⅲ	Ⅳ、Ⅵ	Ⅶ
最大温度梯度/(℃/m)	83～88	90～95	86～92	93～98

$$B_l = 1.77e^{-4.48h_c}C_l - 0.131(1 - C_l) \qquad (4.66)$$

式中:C_l——混凝土面层板的温度翘曲应力系数,其计算见式(4.67):

$$C_l = 1 - \frac{\sinh t\cos t + \cosh t\sin t}{\cos t\sin t + \sinh t\cosh t} \qquad (4.67)$$

式中:t——设计基准期(a),其计算见式(4.68):

$$t = \frac{l}{3r} \qquad (4.68)$$

式中:l——面层板的板长(m),即横缝间距;

r——混凝土面层板的相对刚度半径(m)。

$$k_t = \frac{f_r}{\sigma_{t,max}}\left[a_t\left(\frac{\sigma_{t,max}}{f_r}\right)^{b_t} - c_t\right] \qquad (4.69)$$

式中:f_r——水泥混凝土弯拉强度标准值(MPa);

a_t、b_t、c_t——回归系数,按所在地区的公路自然区划查表 4.38 确定。其余符号意义同前。

表 4.38　回归系数 a_t、b_t 和 c_t

系数	公路自然区划					
	Ⅱ	Ⅲ	Ⅳ	Ⅴ	Ⅵ	Ⅶ
a_t	0.828	0.855	0.841	0.871	0.837	0.834
b_t	1.323	1.355	1.323	1.287	1.382	1.270
c_t	0.041	0.041	0.058	0.071	0.038	0.052

4. 弹性地基双层板荷载应力

设计轴载在面层板或上面层板的临界荷位处产生的荷载疲劳应力按式(4.70)确定[与式(4.56)一致],其中,荷载疲劳应力、应力折减系数、综合系数的确定方法与单层板相同。

$$\sigma_{pr} = k_r k_f k_c \sigma_{ps} \qquad (4.70)$$

式中:σ_{ps}——设计轴载在上层板的临界荷位处产生的荷载应力(MPa),按式(4.71)计算确定:

$$\sigma_{ps} = \frac{1.45 \times 10^{-3}}{1 + D_b/D_c}r_g^{0.65}h_c^{-2}P_s^{0.94} \qquad (4.71)$$

式中:r_g——双层板的总相对刚度半径(m),按式(4.72)计算;

D_b——下层板的截面弯曲刚度(MN·m),按式(4.73)计算。

$$r_g = 1.21\left[(D_c + D_b)/E_t\right]^{\frac{1}{3}} \qquad (4.72)$$

$$D_b = \frac{E_b h_b^3}{12(1 - v_b^2)} \qquad (4.73)$$

式中：E_b、h_b、v_b——下层板的弯拉弹性模量（MPa）、厚度（m）和泊松比。

贫混凝土或碾压混凝土基层板或下面层板的荷载疲劳应力按式（4.74）计算，其中，荷载疲劳应力、应力折减系数、综合系数的确定方法与单层板相同。

$$\sigma_{bpr} = k_r k_c \sigma_{bps} \tag{4.74}$$

式中：σ_{bpr}——下层板的荷载疲劳应力（MPa）；

σ_{bps}——设计轴载在下层板临界荷位处产生的荷载应力（MPa），其计算见式（4.75）：

$$\sigma_{bps} = \frac{1.41 \times 10^{-3}}{1 + D_c/D_b} r_g^{0.68} h_b^{-2} P_s^{0.94} \tag{4.75}$$

5. 弹性地基双层板温度应力

上层板的温度疲劳应力 σ_{tr}、最大温度翘曲应力 $\sigma_{t,max}$、综合温度翘曲应力和内应力作用的温度应力系数 B_l 的计算式与单层板的相同，应分别按式（4.64）、式（4.65）、式（4.66）计算，式（4.66）中的温度翘曲应力系数 C_l 应按式（4.76）确定。下层板的温度疲劳应力不需计算分析。

$$C_l = 1 - \left(\frac{1}{1+\xi}\right)\frac{\sinh t \cos t + \cosh t \sin t}{\cos t \sin t + \sinh t \cosh t} \tag{4.76}$$

式中：t——设计基准期（a），按式（4.77）计算；

ξ——与双层板结构有关的参数，按式（4.78）计算。

$$t = \frac{l}{3r_g} \tag{4.77}$$

$$\xi = -\frac{(k_n r_g^4 - D_c)r_\beta^3}{(k_n r_\beta^4 - D_c)r_g^3} \tag{4.78}$$

式中：r_β——层间接触状况参数（m），按式（4.79）计算；

k_n——面层与基层之间竖向接触刚度，上下层之间不设沥青混凝夹层或隔离层时按式（4.80）计算，设沥青混凝土夹层或隔离层时，k_n 取 3000 MPa/m。

$$r_\beta = \left[\frac{D_c D_b}{(D_c + D_b)k_n}\right]^{\frac{1}{4}} \tag{4.79}$$

$$k_n = \frac{1}{2}\left(\frac{h_c}{E_c} + \frac{h_b}{E_b}\right)^{-1} \tag{4.80}$$

6. 水泥混凝土板厚度的计算流程

水泥混凝土板厚度的计算流程如下。

（1）交通量计算，确定交通等级，并进行行车道路面结构的组合设计，初拟路面结构，包括路床、垫层、基层和面层的材料类型和厚度，按水泥混凝土面层厚度建议范围，依据交通等级、公路等级和所选变异水平等级初选混凝土板厚度。

（2）按照初拟路面结构的组合情况，选择相应的结构分析模型。

（3）分别计算混凝土面层板（单层板或双层板的面层板）的最重轴载产生的最大荷载应力、设计轴载产生的荷载疲劳应力、最大温度梯度产生的最大温度应力及温度疲劳应力。

（4）当荷载疲劳应力与温度疲劳应力之和与可靠度系数的乘积小于且接近于混凝土弯拉强度标准值，同时，最大荷载应力与最大温度应力之和与可靠度系数的乘积，小于混凝土弯拉强度标准值时，则初选厚度可作为混凝土板的计算厚度。

（5）贫混凝土或碾压混凝土基层或者双层板的下面层板，需计算其荷载疲劳应力，并验算荷载疲劳应力与可靠度系数的乘积是否小于其材料的弯拉强度标准值。

（6）若不能同时满足要求，则应改选混凝土面层板厚度或（和）调整基层类型或（和）厚度，重新计算，直到同时满足要求。

（7）计算厚度加 6 mm 磨损厚度后，应按 10 mm 向上取整，作为混凝土面层的设计厚度。

4.4　路面排水设计

4.4.1　路面表面排水

路面表面排水的主要任务是迅速把降落在路面和路肩表面的降水排走，以免造成路面积水而影响行车安全。路面表面排水设计应遵循下列原则。

（1）降落在路面上的雨水，应通过路面横向坡度向两侧排走，避免行车道路面范围内出现积水。

（2）在路线纵坡平缓、汇水量不大、路堤较低且边坡坡面不会受到冲刷的情况下，应采用在路堤边坡上设置横向漫坡的方式排除路面表面水。

（3）在路堤较高，边坡坡面未做防护而易遭受路面表面水流冲刷，或者坡面虽已采取防护措施但仍有可能受到冲刷时，应沿路肩外侧边缘设置拦水带，汇集路面表面水，然后通过泄水口和急流槽排离路堤。

（4）设置拦水带汇集路面表面水时，拦水带过水断面内的水面，在高速公路及一级公路上不得漫过右侧车道外边缘，在二级及二级以下公路上不得漫过右侧车道中心线。

（5）路堑地段路面表面水应通过横向排流的方式汇集于边沟内。

当路基横断面为路堑时，横向排流的表面水汇集于边沟内。当路基横断面为路堤时，可采用两种方式排除路面表面水：一种是让路面表面水以横向漫流形式向路堤坡面分散排放；另一种方式是在路肩外侧边缘放置拦水带，将路面表面水汇集在拦水带同路肩铺面（或者路肩和部分路面铺面）组成的浅三角形过水断面内，然后通过相隔一定间距设置的泄水口和急流槽集中排放至路堤坡脚外。两种排水方式的选择，主要依据表面水是否对路堤坡面造成冲刷危害。在汇水量不大，路堤不高，路线纵坡平缓，坡面耐冲刷能力强的情况下，应优先采用横向漫流分散排放的方式。而在表面水有可能冲刷路堤坡面的情况下，则采用将路面表面水汇集在拦水带内，通过泄水口和急流槽集中排放的方式。由于修筑拦水带和急流槽需增加工程投资，因而，需对投资的经济性进行分析和比较：是采用有效的坡面防护措施，而不设拦水带和急流槽经济，还是修筑拦水带和急流槽而降低对坡面防护工程的要求合算。

拦水带可由沥青混凝土现场浇筑，或者由水泥混凝土预制块铺砌而成。采用水泥混凝土预制块拦水带时，应避免预制块影响路面内部水的排泄。拦水带的顶面应略高于过水断面的设计水面高（水深）。

拦水带泄水口的间距应根据过水断面水面漫盖宽度的要求和泄水口的泄水能力计算确定，宜为 25～50 m；高速公路、一级公路车道较多时，宜采用较小的泄水口间距。

拦水带的泄水口可设置成开口（喇叭口）式。设在纵坡坡段上的泄水口为提高泄水能力，宜做成不对称的喇叭口，喇叭口上游方向与下游方向的长度之比宜不小于 3∶1，上游方向渐变段最小半径宜不小于 900 mm，下游方向最小半径宜不小于 600 mm，并在硬路肩边缘的外侧设置逐渐变宽的低凹区。

在纵坡坡段上的开口式泄水口,其泄水量随开口长度、低凹区的宽度和下凹深度以及过水断面的纵向坡度和横向坡度而变化,具体计算可参考《公路排水设计规范》(JTG/T D33—2012)。

4.4.2 中央分隔带排水

中央分隔带排水是高速公路及一级公路地表排水的重要内容,应根据分隔带宽度、绿化和交通安全设施的形式和分隔带表面的处理方式等因素选择不同的排水方式。我国《公路排水设计规范》(JTG/T D33—2012)将中央分隔带排水划分为 3 种类型。

(1)宽度小于 3 m 且表面采用铺面封闭的中央分隔带排水,降落在分隔带上的表面水排向两侧行车道,其坡度与路面的横坡度相同;在超高路段上,可在分隔带上侧边缘处设置缘石或泄水口,或者在分隔带内设置缝隙式圆形集水管或碟形混凝土浅沟和泄水口,以拦截和排泄上侧半幅路面的表面水。缘石过水断面的泄水口可采用开口式、格栅式或组合式;碟形混凝土浅沟的泄水口采用格栅式。格栅铁条应平行于水流方向,孔口的净泄水面积应占格栅面积的一半以上,泄水口间距和截流量以及断面尺寸等可通过计算选取。

(2)宽度大于 3 m 且表面未采用铺面封闭的中央分隔带排水,降落在分隔带上的表面水汇集在分隔带中央的低洼处,并通过纵坡排流到泄水口或横穿路界的桥涵水道中。分隔带的横向坡度不得陡于 1∶6;分隔带的纵向排水坡度,在过水断面无铺面时不得小于 0.25%,有铺面时不得小于 0.12%。当水流速度超过地面的最大允许流速时,应在过水断面宽度范围内对地面土进行防冲刷处理,做成三角形或 U 形断面的水沟。防冲刷层可采用石灰或水泥稳定土,或者采用浆砌片石铺砌,层厚 10~15 cm。当中央分隔带内的水流流量过大或流速超过允许范围处,或者在分隔带低凹区的流水汇集处,应设置格栅或泄水口,并通过排水管引排到桥涵或路界外。格栅可以同周围地面齐平,也可适当降低,并在其周围一定宽度范围内做成低凹形,以增加泄水能力。

(3)表面无铺面且未采用表面排水措施的中央分隔带,降落在分隔带上的表面水下渗,由分隔带内的地下排水设施排除。常用的纵向排水渗沟应隔一定间距通过横向排水管将渗沟内的水排出路界。渗沟周围包裹反滤织物(土工布),以免渗入水携带的细粒将渗沟堵塞。渗沟上的回填料与路面结构的交界面铺设涂双层沥青的土工布隔渗层。排水管可采用直径 70~150 mm 的塑料管。

中央分隔带排水渗沟宜设置在通信管道之下,渗沟顶面与回填土之间应设置反滤层,渗沟两侧及底部应设置防水层。

在我国,通常采用较窄的中央分隔带,仅在中间设预留车道时才采用宽的中央分隔带。各地在选用排水设施类型时,并未拘泥于以分隔带宽度限值作为唯一的依据,而是结合地区和工程需要确定,形式是多样的。因此,上述分类中的宽度标准并不是绝对的。

4.4.3 路面内部排水

水可以通过路面接缝、裂缝、路面表面和路肩渗入路面,或是由高水位地下水、截断的含水层和当地泉水进入路面结构,被围封在路面结构内的水分产生的有害影响可归纳如下。

(1)浸湿各结构层材料和路基土,易造成无黏结粒状材料和路基土的强度降低。

(2)使混凝土路面产生唧泥,随之出现错台、开裂和整个路肩破坏。

(3)进入空隙的自由水在行车荷载的作用下,会形成高孔隙水压力和高流速的水流,引起路面基层的细颗粒产生唧泥,使路面失去支撑。

(4) 在冰冻深度大于路面厚度的地方,高地下水位会造成冻胀,并在冻融期间降低承载能力。

(5) 水使冻胀土产生不均匀冻胀。

(6) 与水经常接触将使沥青混合料松散剥落,影响沥青混凝土耐久性。

当路基土为低透水性(渗透系数不大于 10^{-5} cm/s),而两侧路肩外也由这种土填筑时,路面结构便类似于被安置在封闭的槽式"浴盆"内,进入路面结构内的水分,无法向下或向两侧迅速渗出,长时间积滞在路面结构内部。特别是位于凹形竖曲线底部、低洼河谷地、曲线超高断面内侧,以及立体交叉的下穿路段的路面结构,由于地表径流或地下水汇集,进入结构内的自由水不仅数量大,而且停滞时间久。

大量的路面损坏状况调查和路面使用经验表明,进入路面结构内的自由水是造成或加速路面损坏的重要原因。国外的一些对比分析和试验段观察结果表明,设有排水基层的路面,其使用寿命要比未设的提高 30%(沥青混凝土路面)和 50%(水泥混凝土路面)左右。因而,采用内部排水设施所增加的资金投入,可以很快从路面使用性能的提高、使用寿命的增加和养护工作的减少中得到补偿。

美国在 20 世纪 60 年代末和 70 年代初通过调查和经验总结,认识到了路面内部排水的重要性,在 1973 年由联邦公路局组织制订了路面结构内部排水系统设计指南,以引导和推动公路部门采用路面内部排水措施。到 1996 年,经过 20 余年的使用经验和研究成果的积累,进一步在 AASHTO 路面结构设计指南中,把排除渗入路面结构内水分所需的时间和一年内路面结构处于水饱和状态的时间比例作为指标,在路面设计中作为一项设计因素予以考虑。目前在美国,路面内部排水系统已成为一项常用的措施,一些州针对路面通用结构断面做了相应的规定。

我国《公路排水设计规范》(JTG/T D33—2012)建议遇有下列情况时,应设置路面内部排水系统。

(1) 年降水量为 600 mm 以上的湿润多雨地区,路床由渗透系数不大于 10^{-4} mm/s 的细粒土填筑的高速、一级公路或重要的二级公路。

(2) 路基两侧有滞水,可能渗入路面结构内。

(3) 重冰冻地区,路床为粉性土的潮湿路段。

(4) 现有公路路面改建或路基改善工程,需排除积滞在路面结构内的水。

同时规定,路面内部排水系统设计应符合下列要求。

(1) 路面内部排水系统中各项排水设施的泄水能力均应大于渗入路面结构内的水量,且下游排水设施的泄水能力应超过上游排水设施的泄水能力。

(2) 渗入水在路面结构内的最大渗流时间,冰冻地区应不超过 1 h,其他地区应不超过 2 h(重交通)~4 h(轻交通)。渗入水在路面结构内的渗流路径长度宜不超过 45~60 m。

(3) 各项排水设施不应被渗流从路面结构、路基或路肩中带来的细料堵塞,以保证系统的排水能力不随时间推移而很快丧失。

路面结构表面水渗入路面结构的水量,按路面类型分别由式(4.81)和式(4.82)计算:

水泥混凝土路面:

$$Q_i = I_c \left(n_z + n_h \frac{B}{L} \right) \tag{4.81}$$

沥青路面:

$$Q_i = I_a B \tag{4.82}$$

式中:Q_i——纵向每延米路面结构表面水的渗入量$[m^2/(d \cdot m)]$;

I_c——每延米水泥混凝土路面接缝或裂缝的表面水设计渗入率$[m^3/(d \cdot m)]$,可按$0.36 m^3/(d \cdot m)$取用;

I_a——每平方米沥青路面的表面水设计渗入率$[m^3/(d \cdot m^2)]$,可按 0.15 $m^3/(d \cdot m^2)$取用;

B——单向坡度路面的宽度(m);

L——水泥混凝土路面的横缝间距(即板长)(m);

n_z——B 长度范围内纵向接缝和裂缝的条数(包括路面与路肩之间的接缝);

n_h——L 长度范围内横向接缝和裂缝的条数。

进入路面结构内的自由水,可通过向路基下部渗流而逐渐排走。渗流的速度随路基土的渗透性和地下水位的高度而异,可以利用达西渗流定律,以不同渗透性的路基土的排水时间进行计算分析。自由水在排水层内的渗流时间按式(4.83)～式(4.85)计算:

$$t = \frac{L_s}{3600 v_s} \tag{4.83}$$

$$L_s = B \sqrt{1 + \frac{i_z^2}{i_h^2}} \tag{4.84}$$

$$v_s = \frac{1}{n_e} k_b \sqrt{i_z^2 + i_h^2} \tag{4.85}$$

式中:t——渗流时间(h);

L_s——渗流路径长(m);

v_s——渗流速度(m/s);

k_b——透水材料的渗透系数(m/s);

n_e——透水材料的有效空隙率;

B——排水层的宽度(m);

i_z——路线纵坡;

i_h——路面横坡。

4.4.4 边缘排水系统

边缘排水系统由沿路面边缘设置的透水性填料集水沟、纵向排水沟、横向出水管和过滤织物组成。该系统将渗入路面结构内的自由水,先沿路面结构层间空隙或某一透水层次横向流入纵向集水沟和排水管,再由横向出水管排引出路基。这种方案常用于基层透水性小的水泥混凝土路面,特别适用于改善排水状况不良的旧水泥混凝土路面。水泥混凝土面层板的边缘和角隅处,由于温度和湿度梯度引起的翘曲变形作用以及地基的沉降变形,常出现板底面同基层顶面的脱空。下渗的路表水易积聚在这些脱空内,促使唧泥和错台等损坏出现。设置边缘排水系统,便于将面层—基层—路肩界面处积滞的自由水排离路面结构。而对于排水状况不良的旧水泥混凝土路面,采用边缘排水设施方案,可以在不改变原路面结构的情况下改善其排水状况,从而提高原路面的使用性能和使用寿命。然而,自由水在路面结构层内沿层间渗流的速率要比向下渗流的速率慢许多倍,并且部分自由水仍有可能被阻封在路面结构内,因而,边缘排水系统的渗流时间较长,路面结构处于潮湿状态的时间要比一般排水层排水系统长许多。

纵向排水管通常选用聚氯乙烯(PVC)或聚乙烯(PE)塑料管。排水管设三排槽口或孔口,其开口总面积不小于 $42 \text{ cm}^2/$ 延米。管径按设计流量由水力计算确定,通常在 $70 \sim 150 \text{ mm}$ 范围内选用。排水管的埋设深度,应保证不被车辆或施工机械压裂,并应超过当地的冰冻深度,在非冰冻地区,新建路面时,排水管管底通常与基层底面齐平;改建路面时,管中心应低于基层顶面。排水管的纵向坡度宜与路线纵坡相同,但不得小于 0.25%。

横向出水管选用不带槽或孔的聚氯乙烯塑料管,管径与排水管相同。其间距和安全位置由水力计算并考虑邻近地面高程和公路纵横断面情况确定,一般在 $50 \sim 100 \text{ m}$ 范围内选用。出水管的横向坡度宜不小于 5%。埋设出水管所开挖的沟,需用低透水材料回填。出水管的外露端头用镀锌铁丝网或格栅罩住。出水口的下方应铺设水泥混凝土防冲刷垫板或者对泄水道的坡面进行浆砌片石防护,以防止水流冲刷路基边坡和影响植物生长。出水水流应尽可能排引至排水沟或涵洞内。

透水性填料由水泥处治开级配粗集料组成,其空隙率为 $15\% \sim 20\%$。粗集料最大粒径不大于 40 mm,粒径 4.75 mm 以下的细粒含量应不超过 16%,粒径 2.36 mm 以下的细粒含量应不超过 6%。为避免带孔排水管被堵塞,透水性填料中通过率为 85% 的粒径应比排水管槽口宽或孔口直径大 $1 \sim 1.2$ 倍。水泥处治集料的配合比,应按透水性要求和施工的要求,通过试配确定。

集水沟底面的最小宽度,对新建路面,应不小于 30 cm;对改建路面,应能保证排水管两侧各有至少 5 cm 宽的透水填料。透水填料的底面和外侧围以反滤织物(土工布),以防垫层、基层和路肩内的细粒侵入而堵塞填料空隙或管孔。反滤织物可选用由聚酯类、尼龙或聚丙烯材料制成的无纺织物,能透水,但细粒土不能随水透过。

4.4.5 排水基层的排水系统

基层排水系统是直接在面层下设置透水性排水基层,在其边缘设置纵向集水沟和排水管以及横向出水管等,组成排水基层排水系统,采用透水性材料做基层,使渗入路面结构内的水分先通过竖向渗流进入排水层,然后横向渗流进入纵向集水和排水管,再由横向出水管排引出路基。这种排水系统,由于自由水进入排水层的渗流路径短,在透水性材料中渗流的速率快,其排水效果要比边缘排水系统要好。一般在新建路面时采用此方案,排水基层设在面层下,作为路面结构的基层或基层的一部分,共同承受车辆荷载的作用。

排水层也可采用横贯路基整个宽度的形式,不设纵向集水沟和排水管以及横向出水管。渗入排水层内的自由水,横向渗流,直接排泄到路基坡面外。这种形式便于施工,但其主要缺点是排水层在坡面出口处易生长杂草或被其他杂物堵塞,从而在使用几年后便不再能排泄渗入水,而集中积滞在排水层内的自由水反而使路面结构特别是路肩部分,更易出现损坏。

在一些特殊地段,如连续长纵坡坡段、曲线超高过渡段和凹形竖曲线段等,排水层内渗流的自由水有可能被堵封或者渗流路径超过 $45 \sim 60 \text{ m}$。在这些地段,应增设横向排水管以拦截水流,缩短渗流长度。

排水层的透水性材料可以采用经水泥或沥青处治,或者未经处治的开级配碎石集料。未经水泥或沥青处治的碎石集料,在施工摊铺时易出现离析,在碾压时不易压实稳定,并且易在施工机械行驶下出现推移变形,因而一般情况下不建议采用作为排水基层。

排水基层的集料应选用洁净、坚硬的碎石,其压碎值不得大于 28%。采用沥青处治时,最大公称粒径宜为 16 mm;采用水泥处治时,最大公称粒径宜为 19 mm;最大公称粒径不得超过层厚的 2/3。粒径 4.75 mm 以下细料的含量不得大于 10%。混合集料级配应满足透水性要求,且渗透系数不得小于 300 m/d。水泥处治碎石集料的水泥用量不得少于 160 kg/m³,其 7 d 浸水抗压强度不得低于 3 MPa。沥青处治碎石集料的沥青用量可为集料烘干质量的 2.5%～4.5%。材料的透水性同集料的颗粒组成情况有关,空隙率大的组成材料,其渗透系数也大,需通过透水试验确定。

纵向集水沟布置在路面横坡的下方。行车道路面采用双向坡路拱时,在路面两侧都设置纵向集水沟。集水沟的内侧边缘可设在行车道面层边缘处,但有时为了避免排水管被面层施工机械压裂,或者避免路肩铺面受集水沟沉降变形的影响,将集水沟向外侧移出 60～90 cm。路肩采用水泥混凝土铺面时,集水沟内侧边缘可外移到路肩面层边缘处。

排水基层下必须设置不透水垫层或反滤层,以防止表面水向下渗入垫层,浸湿垫层和路基,同时防止垫层或路基土中的细粒进入排水基层而造成堵塞。

排水垫层按路基全宽设在其顶面。过湿路基中的自由水上移到排水垫层内后,向两侧横向渗流。路基为路堤时,水向路基坡面外排流;路基为路堑或半路堑时,挖方坡脚处须设置纵向集水沟、排水管和横向排水管。

排水垫层一方面要能渗水,另一方面要防止渗流带来的细粒堵塞透水材料。为此,在材料级配组成上要满足关于透水和反滤要求,这些要求的应用示意如图 4.1 所示。图 4.1 中,5 为路基土的级配曲线,D_{15}、D_{50}、D_{85} 分别表示通过率为 15%、50%、85% 的粒径。所示的阴影部分 6,即为符合这些要求的排水垫层级配范围。

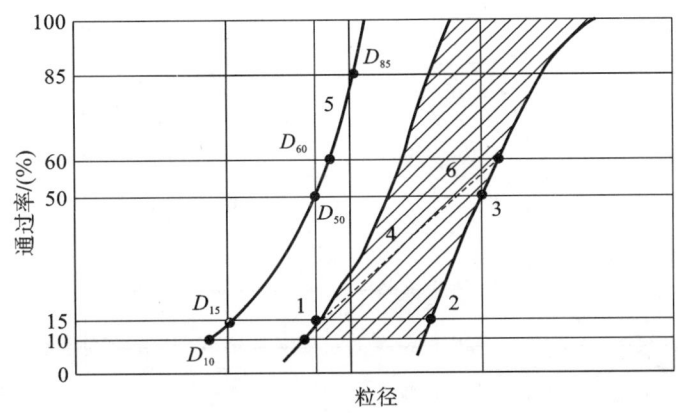

图 4.1　符合渗透和反滤要求的材料设计标准

注:1—不小于 $5D_{15}$;2—不大于 $5D_{85}$;3—不大于 $25D_{50}$;
4—$(D_{60}/D_{10}) \leqslant 20$;5—路基土级配曲线;6—符合上述要求的排水垫层级配范围。

排水基层厚度应根据所需排放的水量和基层材料的渗透系数计算确定,并满足最小厚度的要求。采用沥青处治碎石时,最小厚度不得小于 60 mm;采用水泥处治碎石时,最小厚度不得小于 80 mm;采用级配碎石时,最小厚度不得小于 120 mm。排水基层的宽度应根据面层施工需要确定,宜超出面层宽度 300～900 mm。

渗入水在路面结构内的最大渗流时间,冰冻地区应不超过 1 h,其他地区应不超过 2 h。

4.5 陕西省高速公路西咸北环线路面设计案例

4.5.1 项目概况

1. 项目背景

省级高速公路西咸北环线是陕西省"2367"高速公路网规划的重要联络线,是环绕西咸新区,串联卫星城市和重要城镇的交通运输大通道。项目的建设,对于完善以西安为中心的高速公路网布局、缓解区域交通压力、强化西咸新区综合交通枢纽地位,推进实现西安咸阳一体化、打造"现代田园都市"的西咸新区、建设西安国际化大都市、落实国务院《关中—天水经济区发展规划》、加快实施新一轮西部大开发均具有十分重要的意义。

2. 设计标准

根据相关工程可行性研究报告结论,项目设计速度为 120 km/h,采用双向六车道高速公路设计标准,整体式路基宽度为 34.5 m,分离式路基宽度为 17 m;其中,西吴至沣渭段与在建的西宝高速公路共线 9 km(利用),采用双向八车道,路基宽度 42.0 m。设计荷载公路-Ⅰ级,其余技术指标按《公路工程技术标准》(JTG B01—2014)执行。主要技术指标见表 4.39。

表 4.39 主要技术指标表

序号	指标名称	单位	标准值	采用值
1	公路等级		高速公路	高速公路
2	设计速度	km/h	120	120
3	路基宽度	m	34.5	34.5
4	行车道宽度	m	6×3.75	6×3.75
5	平曲线一般最小半径	m	1000	2200
6	不设超高圆曲线最小半径	m	5500	5500
7	最大纵坡	%	3.0	3.0
8	最小坡长	m	300	420
9	凸形竖曲线最小半径	m	17000	17000
10	凹形竖曲线最小半径	m	6000	12000
11	设计荷载等级		公路-Ⅰ级	公路-Ⅰ级
12	桥涵设计洪水频率		特大桥 1/300,其余 1/100	特大桥 1/300,其余 1/100

4.5.2　路面设计

1. 设计依据

①《公路沥青路面设计规范》(JTG D50—2017)。

②《公路水泥混凝土路面设计规范》(JTG D40—2011)。

③《公路沥青路面施工技术规范》(JTG F 40—2004)。

④《公路路面基层施工技术细则》(JTG/T F20—2015)。

⑤《陕西省沥青路面车辙防治指导意见》(DB JTJ/T—002—2005)。

⑥《陕西省交通厅关于高速公路建设项目沥青路面加厚等问题的通知》(陕交函〔2009〕136号)。

⑦《陕西省公路建设工程质量工作要点》(陕西省交通运输厅,2009年10月)。

⑧《省级高速公路西咸北环线工程可行性研究报告》(2011年3月),以下简称《工可研》。

2. 设计交通量

路面竣工后第一年为2015年,使用末年为2029年,设计标准轴载BZZ—100。

(1)交通量预测。

《工可研》提供的交通量预测情况见表4.40。

表 4.40　交通量预测表(小客车) （单位:辆/日）

路段	年度				
	2015 年	2020 年	2025 年	2030 年	2034 年
零口枢纽—渭南高新	28099	38786	50997	60327	68483
渭南高新—新市	26875	36864	48278	56978	64529
新市—高陵北枢纽	26041	35853	47066	55626	63145
高陵北枢纽—高陵西	27590	40450	55075	65915	72822
高陵西—永乐东	28031	40940	55615	66617	73501
永乐东—永乐西枢纽	27133	39348	53364	64300	71359
永乐西枢纽—泾阳	22346	32024	43155	53189	61967
泾阳—太平	22997	33003	44510	54930	63992
太平—马庄北枢纽	23822	34248	46201	56705	65642
马庄北枢纽—马庄西枢纽	21894	31286	42068	50504	57638
马庄西枢纽—店张	16714	24216	32890	40473	48358
店张—茂陵	16113	23311	31643	39008	46703
茂陵—西吴枢纽	15556	22475	30492	37544	45048
西吴枢纽—沣渭枢纽	31404	46044	56867	70181	79854
沣渭枢纽—大王	13615	21368	26324	33451	40908
大王—户县东枢纽	13182	20679	25467	32360	39610

车型比重构成情况见表4.41。

表 4.41　车型比重构成表　　　　　　　　　　　　　　　　　　　（单位：%）

车型	年度				
	2015 年	2020 年	2025 年	2030 年	2034 年
大型客车	3.1	2.5	1.9	1.3	1.1
小型客车	33.9	34.7	35.5	36.3	36.6
小型货车	9.2	9.4	9.6	9.8	9.9
中型货车	5.0	4.0	3.0	1.9	1.5
大型货车	9.3	9.5	9.7	10.0	10.1
拖挂车	39.5	39.9	40.3	40.7	40.8

交通量年平均增长率见表 4.42。

表 4.42　交通量年平均增长率　　　　　　　　　　　　　　　　　　　（单位：%）

路段	年段			
	2015—2020 年	2020—2025 年	2025—2030 年	2030—2034 年
零口枢纽—渭南高新	6.66	5.63	3.42	3.22
渭南高新—新市	6.52	5.54	3.37	3.16
新市—高陵北枢纽	6.60	5.59	3.40	3.22
高陵北枢纽—高陵西	7.95	6.37	3.66	2.52
高陵西—永乐东	7.87	6.32	3.68	2.49
永乐东—永乐西枢纽	7.72	6.28	3.80	2.64
永乐西枢纽—泾阳	7.46	6.15	4.27	3.89
泾阳—太平	7.49	6.16	4.30	3.89
太平—马庄北枢纽	7.53	6.17	4.18	3.73
马庄北枢纽—马庄西枢纽	7.40	6.10	3.72	3.36
马庄西枢纽—店张	7.70	6.31	4.24	4.55
店张—茂陵	7.67	6.30	4.27	4.60
茂陵—西吴枢纽	7.64	6.29	4.25	4.66
西吴枢纽—沣渭枢纽	7.95	4.31	4.30	3.28
沣渭枢纽—大王	9.43	4.26	4.91	5.16
大王—户县东枢纽	9.42	4.25	4.91	5.18

（2）轴次换算（采用设计代表车型）。

交通量预测以小客车为标准车型，各汽车代表车型的车辆折算系数分别为：小客车 1.0、中型车 1.5、大型车 2.0、拖挂车 3.0。将预测交通量按上述折算系数换算为代表车型计算标准轴载（BZZ—100）。

根据《陕西省人民政府关于进一步强化车辆超限超载治理工作的通告》，凡在公路上行驶的载货类汽车：二轴货车的车货总质量不超过 20t、四轴货车的车货总质量不超过 40t。考虑本项目实际情况，30％特大、大货车及拖挂车按超载计算轴次，超载质量按上述规定的最大值计算，代表车型参数见表 4.43。

表 4.43　设计代表车型参数表

| 车型 | 代表车型 | 轴重/kN | | 后轴数 | 后轮组数 | 备注 |
		前	后			
大客车	黄海 DD680	49	91.5	1	双	
中货车	东风 EQ140	23.7	69.2	1	双	
小货车	跃进 131	20.2	38.2	1	双	
大货车	黄河 JN150	49	101.6	1	双	
		63.7	130	1	双	考虑超载
拖挂车	五十铃 EXR181	60	100	3	双	
		60	113	3	双	考虑超载

（3）计算路面累计当量轴次及设计弯沉值。

路面累计当量轴次、设计弯沉值及交通分级情况见表 4.44。

表 4.44　路面累计当量轴次、设计弯沉值及交通分级情况

路段	累计当量轴次 Ne/万次	设计弯沉值/(1/100 mm)	交通分级
零口枢纽—渭南高新	5777.1	16.8	特重
渭南高新—新市	5482.1	17.0	特重
新市—高陵北枢纽	5335.3	17.1	特重
高陵北枢纽—高陵西	6068.3	16.7	特重
高陵西—永乐东	6141.0	16.6	特重
永乐东—永乐西枢纽	5918.1	16.7	特重
永乐西枢纽—泾阳	4841.1	17.4	特重
泾阳—太平	4990.5	17.3	特重
太平—马庄北枢纽	5170.2	17.2	特重
马庄北枢纽—马庄西枢纽	4694.4	17.5	特重
马庄西枢纽—店张	3638.7	18.4	特重
店张—茂陵	3532.1	18.6	特重
茂陵—西吴枢纽	3403.0	18.7	特重
西吴枢纽—沣渭枢纽	5614.3	16.9	特重
沣渭枢纽—大王	2997.5	19.2	特重
大王—户县东枢纽	2900.7	19.3	特重

3. 路面结构方案比选论证

（1）路面筑路材料。

①上面层用碎石料场共 2 处。

a. 华县柳枝镇（莲花寺）碎石料场：岩性主要为花岗片麻岩、角闪岩、角闪片岩等，石料品质优良，储量丰富，日产成品碎石 3300～4000 t，运输便利。该料场曾为渭蒲、郑洛等多条高速公路提供上面层碎石用料。

b. 陕西嘉兴建设（涝峪口）碎石料场：岩性主要为斜长岩，质地坚硬，储量丰富，日生产量 800～1000 t，运输便利。该料场曾为西汉和西兴等高速公路供应上面层碎石用料。

②中、下面层、基层、底基层碎石料场共 5 处。

a. 蓝田终南广源采石厂：岩性为花岗岩，运输便利。该料场曾为西蓝商等高速公路提供碎石用料。

b. 富平蓝月亮石料场：岩性主要为石灰岩，石料品质优良，储量丰富，日产成品碎石约 5000 m³，运输便利。该料场曾为西潼、青兰、西铜等多条高速公路提供中、下面层和基层、底基层碎石用料。

c. 泾阳口镇秦盾石料场：岩性为石灰岩，储量丰富，日生产总量约 3000 m³，运输便利。该料场曾为咸旬高速公路供料。

d. 泾阳县蒋路乡友谊石料场：该石料场附近沿山坡脚一带分布多家料场，岩性主要为石灰岩，质地坚硬，储量丰富，日生产总量 5000～6000 m³，运输便利。该料场曾为西铜高速公路供料。

e. 泾阳县王桥镇岳家坡村石料场：岩性主要为石灰岩，质地坚硬，储量丰富，日生产总量约 1.5 万吨，运输便利。该料场曾为西铜高速公路供料。

③沿线粉煤灰料源丰富，料场共有 4 处，主要是分布在项目区周边的大型热电厂。

a. 蒲城电厂粉煤灰：位于蒲城县东陈镇南白起寺村南蒲城电厂灰沟，储量丰富，曾为渭蒲高速公路提供用料，运输便利。

b. 华阴秦岭电厂粉煤灰：位于华阴市罗敷镇，曾为西潼改扩建工程项目供料，运输便利。

c. 陕西正元粉煤灰：位于咸阳市渭城区正阳镇渭河热电厂北侧，储量丰富，运输便利。

d. 陕西华元电力实业有限公司粉煤灰：位于户县余下镇，储量丰富，运输便利。

（2）路面结构方案比选。

参照陕西省近年已建、在建高速公路的路面结构，结合沿线筑路材料供应情况，拟定以下不同的路面结构方案，进行比选论证，如表 4.45 所示。

表 4.45　拟定上面层、基层、底基层路面结构方案

项目	方案 Ⅰ	方案 Ⅱ	方案 Ⅲ	方案 Ⅳ
上面层	SMA-13		AC-13	普通水泥混凝土
基层、底基层	二灰稳定碎石	水泥稳定碎石		

①柔性路面与刚性路面比选（沥青路面和水泥混凝土路面）。

路面方案 Ⅰ、Ⅱ、Ⅲ 为沥青路面结构，方案 Ⅳ 为水泥混凝土路面。刚性路面从经济方面具有明显的优越性，并且设计使用寿命长，但从行车舒适角度考虑，刚性路面纵横向接缝密集，噪声大。水泥混凝土路面施工工期较长、抗变形能力较差，后期养护、维修难度较大，本项目路基多为细粒土填筑，路基填料

虽经过掺灰处理,但在不利季节若发生路基病害,则会导致水泥混凝土面板断裂。

根据陕西省高速公路路面现状,在铺筑柔性路面方面积累了丰富的经验,对后期的养护、维修来说较为有利,技术也更趋成熟,且与本项目相接高速公路均为沥青路面。综合考虑,本项目路面仍采用沥青路面结构。

②沥青路面上面层比选(SMA-13、AC-13)。

本地区年平均降雨量 582 mm,集中于每年 7—9 月,本项目设计速度 120 km/h,路面上面层对抗滑、热稳定性以及孔隙率等有较高要求。

路面方案Ⅰ和Ⅱ上面层采用 SMA-13,具有较好的抗滑性、热稳定性及水稳定性,良好的耐久性和表面功能,密水性较好。SMA 路面耐久性好,故养护工作少,使用寿命长,综合经济效益和环境效益好,但对粗、细集料质量及加工工艺要求高,施工质量较难控制。路面方案Ⅲ采用 AC-13 作为上面层,特点是便于施工,缺点是其孔隙率相对大、抗水损害能力相对较差。虽然 SMA 的工程造价略高于 AC,但是它良好的抗滑性能和耐久性更加适应本项目车辆组成具有重车多、吨位大的特点,从整个寿命周期费用来看,SMA 更加经济。本项目上面层采用 SMA-13 结构。

③半刚性基层、底基层比选(石灰、粉煤灰稳定碎石与水泥稳定碎石)。

石灰、粉煤灰稳定碎石与水泥稳定碎石,二者都具有良好的板体性、水稳性,与路面下面层黏结的整体性较好,二灰稳定碎石具有较好的水硬性、缓凝性、板体性、一定的抗裂性,但抗磨性差,强度形成受温度和湿度影响较大。而水泥稳定碎石初期强度高,抗渗度和抗冻性较好。二灰稳定碎石造价略低于水泥稳定碎石,故本项目路面推荐采用二灰稳定碎石基层、底基层。结合粉煤灰料场的分布和供应能力、运输条件和运距等情况,在局部路段推荐采用水泥稳定碎石基层、底基层。

综上所述,本次设计路面结构推荐采用细粒式沥青玛蹄脂碎石上面层＋中粒式沥青混凝土中面层＋粗粒式密级配沥青碎石＋石灰、粉煤灰稳定碎石(水泥稳定碎石)基层、底基层路面结构方案。

经逐段计算各特征路段的累计当量轴次和设计弯沉值,通过分析、合并,以高陵西至永乐东段交通量作为零口枢纽—马庄西段的设计交通量,以马庄西至店张段交通量作为马庄西枢纽—终点段的设计交通量,分别按上述两段累计当量轴次和设计弯沉值计算路面厚度,并做经济比较,如表 4.46 所示。

表 4.46　路面结构方案经济比较一览表

项目	方案Ⅰ	方案Ⅱ	方案Ⅲ	方案Ⅳ
上面层	4 cmSMA-13	4 cmSMA-13	4 cmAC-13	28 cm 普通水泥混凝土
中面层	6 cmAC-20	6 cmAC-20	6 cmAC-20	
下面层	12 cmATB-30	12 cmATB-30	12 cmATB-30	
基层	40 cm 二灰稳定碎石	40 cm 水泥稳定碎石	40 cm 水泥稳定碎石	40 cm 水泥稳定碎石
底基层	20 cm 二灰稳定碎石	20 cm 水泥稳定碎石	20 cm 水泥稳定碎石	20 cm 水泥稳定碎石

项目	方案Ⅰ	方案Ⅱ	方案Ⅲ	方案Ⅳ
造价/(元/m²)	384.24	393.86	379.41	290.58
推荐方案	推荐	推荐		

4. 公路分区

公路自然区划为Ⅲ4区,沥青路面使用性能气候分区为1-3-2区。

5. 推荐的路面结构方案

根据路面结构方案比选论证结果及路面厚度计算,确定本项目路面结构如下。

(1) 主线路面结构。

①K0+000～K76+995段行车道。

上面层:4 cm细粒式沥青玛蹄脂碎石(SMA-13SBS改性沥青)。

中面层:6 cm中粒式沥青混凝土(AC-20SBS改性沥青)。

下面层:12 cm粗粒式密级配沥青碎石(ATB-30)。

基层:40 cm二灰稳定碎石(石灰∶粉煤灰∶碎石=6∶14∶80)。

底基层:20 cm二灰稳定碎石(石灰∶粉煤灰∶碎石=6∶14∶80)。

总厚82 cm。

其中,K58+850～K76+995段基层、K58+850～K76+995段基层及底基层均为水泥稳定碎石(水泥含量分别为5%、4%)。

②K76+995～K121+776段行车道。

上面层:4 cm细粒式沥青玛蹄脂碎石(SMA-13SBS改性沥青)。

中面层:6 cm中粒式沥青混凝土(AC-20SBS改性沥青)。

下面层:12 cm粗粒式密级配沥青碎石(ATB-30)(或级配碎石)。

基层:36 cm水泥稳定碎石(水泥计量5%)。

底基层:18 cm水泥稳定碎石(水泥计量4%)。

总厚76 cm。

其中,K107+118～K121+776段基层、底基层均为石灰、粉煤灰稳定碎石(石灰∶粉煤灰∶碎石=6∶14∶80)。

沥青层之间撒布SBR改性乳化沥青粘层,沥青层与无机结合料之间设置SBS改性热沥青同步碎石下封层和高渗透石油乳化沥青透层。

③硬路肩。

一般路段、超高路段内侧硬路肩下面层:12 cm级配碎石。

超高路段外侧硬路肩下面层:12 cm二灰稳定碎石(或水泥稳定碎石)。

其余各层与主线行车道路面结构相同。

④桥面铺装。

上面层:4 cm细粒式沥青玛蹄脂碎石(SMA-13SBS改性沥青)。

下面层:6 cm中粒式SBS改性沥青混凝土(AC-20)。

封层:橡胶沥青同步碎石封层(不计厚度)。

总厚 10 cm。

为提高沥青混合料的黏结性、可塑性、耐磨性和相对稳定性,在泾河特大桥(纵坡 1.7%)桥面铺装下面层,K61+095～K61+700(上塬路段,纵坡 1.7%)、K91+500～K93+500 段(下塬路段,纵坡 3.0%)主线路面中面层掺加含量为0.3%的海泡石组合纤维以提高沥青混合料的路用性能。

(2)其他路面结构。

①立交匝道路面结构。

a.枢纽立交匝道。

枢纽立交匝道由于起转换主流交通作用,故其路面仍采用与主线完全相同的路面结构。

b.互通式立交匝道路面推荐方案结构。

上面层:4 cm 细粒式沥青玛蹄脂碎石(SMA-13SBS 改性沥青)。

中面层:6 cm 中粒式沥青混凝土(AC-20SBS 改性沥青)。

下面层:12 cm 级配碎石。

上基层:20 cm 二灰(水泥)稳定碎石。

下基层:20 cm 二灰(水泥)稳定碎石。

总厚 62 cm。

为提高沥青混合料的黏结性、可塑性、耐磨性和相对稳定性,立交匝道路面中面层掺加含量为0.3%的海泡石组合纤维以提高沥青混合料的路用性能。基层、底基层路面结构与主线统一。

②服务区匝道、收费广场路面结构。

面层:26 cm 水泥混凝土面层。

基层:20 cm 二灰(水泥)稳定碎石。

底基层:20 cm 二灰(水泥)稳定碎石。

总厚 66 cm。

其中,服务区匝道面层采用普通水泥混凝土,收费广场面层采用钢纤维水泥混凝土,基层、底基层路面结构与主线统一。

③互通式立交连接线路面结构。

a.渭南高新互通式立交连接线(一级公路)。

上面层:5 cm 中粒式沥青混凝土(AC-16)。

下面层:7 cm 中粒式沥青混凝土(AC-20)。

基层:36 cm 二灰稳定碎石。

底基层:18 cm 二灰稳定碎石。

总厚 66 cm。

b.永乐东互通式立交、茂陵互通式立交连接线(二级公路)。

上面层:4 cm 细粒式沥青混凝土(AC-16)。

下面层:5 cm 中粒式沥青混凝土(AC-20)。

基层:18 cm 二灰(水泥)稳定碎石。

底基层:36 cm 二灰(水泥)稳定碎石。

总厚 63 cm。

基层、底基层路面结构与主线统一。

④被交道路路面结构。

a. 被交二级路路面结构。

上面层：4 cm 细粒式沥青混凝土(AC-13)。

下面层：5 cm 中粒式沥青混凝土(AC-20)。

基层：20 cm 二灰(水泥)稳定碎石。

底基层：20 cm 二灰(水泥)稳定碎石。

总厚 49 cm。

基层、底基层路面结构与主线统一。

b. 被交三级路路面结构。

面层：4 cm 中粒式沥青混凝土(AC-20)。

基层：20 cm 水泥稳定碎石。

底基层：20 cm 水泥稳定碎石。

总厚 44 cm。

c. 被交四级路及下挖式通道路面结构。

面层：20 cm 普通水泥混凝土。

基层：18 cm 水泥稳定碎石。

底基层：18 cm 级配砂砾。

总厚 56 cm。

6. 路面材料设计参数

路面材料设计参数见表 4.47。

表 4.47　路面材料设计参数表

材料名称	20 ℃抗压模量/MPa	15 ℃抗压模量/MPa	劈裂强度/MPa
细粒式沥青玛蹄脂碎石(SMA-13)	1200	1600	1.6
中粒式沥青混凝土(AC-20)	1100	1600	1.0
密级配沥青碎石(ATB-30)	1000	1200	0.8
水泥稳定碎石基层	1300(90 d)	0.5(90 d)	
二灰稳定碎石基层	1300(90 d)	0.5(90 d)	
水泥稳定碎石底基层	1000(90 d)	0.5(90 d)	
二灰稳定碎石底基层	1000(90 d)	0.5(90 d)	

7. 路面排水

(1) 一般路段。

当路基填土高度 $h < 1.0$ m 时，路面排水采用横向散排形式；当路基填土高度满足 1.0 m≤h≤

3.0 m时,路面采用集中排水,土路肩边部设置纵向集水沟,间距 50 m 左右设置一道出水口(根据路线纵坡经水力计算确定出口间距),通过边坡急流槽将路面汇水排至路堤边沟中;当路基填土高度 $h>3$ m 时,路堤边坡设置骨架护坡,路面通过骨架护坡分散排水。

（2）超高路段。

超高路段中央分隔带设置宽浅的碟形排水沟,宽 3.0 m(同中央分隔带宽度),中部深度 10 cm,排水沟采用 C25 现浇混凝土加固。排水沟每间隔 50～100 m 设置一道窨井、HDPE 横向排水管将超高段路面汇水排至路侧边沟中,窨井间距根据路线纵坡经水力计算确定,在纵坡平缓段或凹曲线底部缩短相应间距。

第 5 章 桥梁设计

5.1 基础设计

5.1.1 浅基础设计

1. 天然地基上浅基础设计的内容

天然地基上浅基础的设计包括下述各项内容。

（1）选择基础的材料、类型，进行基础平面布置。

（2）选择基础的埋置深度。

（3）确定地基承载力设计值。

（4）确定基础的底面尺寸。

（5）必要时进行地基变形与稳定性验算。

（6）进行基础结构设计（按基础布置进行内力分析、截面计算，以满足构造要求）。

（7）绘制基础施工图，提出施工说明。

基础施工图应清楚表明基础的布置、各部分的平面尺寸和剖面，注明设计地面或基础底面的标高。如果基础的中线与建筑物的轴线不一致，应加以标明。如建筑物有地下管线等设施，也应标示清楚。至于所用材料及其强度等级等方面的要求和规定，应在施工说明中提出。

上述天然地基上浅基础设计的各项内容是互相关联的。设计时可按上述顺序首先选择基础材料、类型和埋深，然后逐步进行计算。如发现前面的选择不妥，则需修改设计，直至各项计算均符合要求且各数据前后一致为止。

如果地基软弱，为了减轻不均匀沉降的危害，在进行基础设计的同时，还需从整体上对建筑设计和结构设计采取相应的措施，并对施工提出具体要求。

2. 基础设计方法

基础的上方为上部结构的墙、柱，基础底面以下则为地基土体。基础承受上部结构的作用并对地基表面施加压力（基底压力），同时地基表面对基础产生反力（地基反力）。两者大小相等，方向相反。基础所承受的上部荷载和地基反力应满足平衡条件。地基土体在基底压力作用下产生附加应力和变形，而基础在上部结构和地基反力的作用下则产生内力和位移，地基与基础互相影响、互相制约。进一步说，地基与基础之间除荷载的作用外，还与它们抵抗变形或位移的能力有着密切关系。而且，基础和地基也与上部结构的荷载和刚度有关，即地基、基础和上部结构都是互相影响、互相制约的。它们原来互相连接或接触的部位在各部分荷载、位移和刚度的综合影响下，一般仍然保持连接或接触，墙（柱）底端位移、该处基础的变位和地基表面的沉降相一致，满足变形协调条件。上述概念可称为地基-基础-上部结构的相互作用。为了简化计算，在工程设计中，通常把上部结构、基础和地基三者分离开来，分别对三者进行计算：视上部结构底端为固定支座或固定铰支座，不考虑荷载作用下各墙（柱）端部的相对位移，并按此进行内力分析；而对基础与地基，则假定地基反力与基底压力呈直线分布，分别计算基础的内力与地基的沉降。这种传统的分析与设计方法称为常规设计法。

这种设计方法，对于良好均质地基上刚度大的基础和墙（柱）布置均匀、作用荷载对称且大小相近的上部结构来说是可行的。在这些情况下，按常规设计法计算的结果与进行地基-基础-上部结构相互作用分析的差别不大,可满足结构设计可靠度的要求,并已经过大量工程实践的检验。

基底压力一般并非呈直线(或平面)分布,它与土的类别性质、基础尺寸和刚度及荷载大小等因素有关。在地基软弱、基础平面尺寸大、上部结构的荷载分布不均等情况下,地基的沉降和受力将受到基础和上部结构的影响,而基础和上部结构的内力和变位也将调整。如按常规设计法计算,墙(柱)底端的位移、基础的挠曲和地基的沉降将各不相同,三者变形不协调,且不符合实际。而且,地基不均匀沉降所引起的上部结构附加内力和基础内力变化未能在结构设计中加以考虑,因此也不安全。只有进行地基-基础-上部结构的相互作用分析才能进行合理设计,做到既降低造价又能防止建筑物遭受损坏。目前,这方面的研究工作已取得进展,人们可以根据某些实测资料和借助电子计算机,进行某些结构类型、基础形式和地基条件的相互作用分析,并在工程实践中运用相互作用分析的成果或概念。

3. 浅基础常用类型及适用条件

根据受力条件及构造,天然地基上浅基础的分类如下。

(1)刚性基础。

基础在外力(包括基础自重)作用下,基底的地基反力为 σ,此时基础的悬出部分相当于承受着强度为 σ 均布荷载的悬臂梁,在荷载作用下,基础的悬出部分将产生弯曲拉应力和剪应力。当基础圬工具有足够的截面使材料的容许应力大于由地基反力产生的弯曲拉应力和剪应力时,基础的悬出部分不会出现裂缝,这时基础内不需配置受力钢筋,这种基础称为刚性基础,刚性基础是桥梁、涵洞和房屋等建筑物常用的基础类型。其形式有刚性扩大基础、单独柱下刚性基础、条形基础等。

刚性基础常用的材料主要有混凝土、粗料石和片石,混凝土是修筑基础最常用的材料,它的优点是强度高,耐久性好,可浇筑成任意形状的砌体,混凝土强度等级一般不宜小于 C15。对于大体积混凝土基础,为了节约水泥用量,可掺入不多于砌体体积 25% 的片石(称为片石混凝土)。

刚性基础的特点是稳定性好,施工简便,能承受较大的荷载。它的主要缺点是自重大,并且当持力层为软弱土时,对扩大基础面积有一定限制,需要对地基进行处理或加固后才能采用,否则会因所受的荷载压力超过地基强度而影响建筑物的正常使用。所以,对于荷载较大或上部结构对沉降差较敏感的建筑物,当持力层的土质较差又较厚时,刚性基础作为浅基础是不合适的。

(2)柔性基础。

基础在基底反力作用下,在基础的悬出部分上产生的弯曲拉应力和剪应力若超过了基础圬工的强度极限值,为了防止基础在基础的悬出部分处开裂甚至断裂,可重新设计刚性基础尺寸,并在基础中配置足够数量的钢筋,这种基础称为柔性基础。柔性基础主要用钢筋混凝土浇筑,常见的形式有柱下扩展基础、条形和十字形基础筏板及箱形基础。其整体性能较好,抗弯刚度较大。

4. 浅基础的构造

(1)刚性扩大基础。

将基础平面尺寸扩大以满足地基强度要求,这种刚性基础又称为刚性扩大基础。其平面形状常为矩形,其每边扩大的尺寸一般为 0.20~0.50 m。作为刚性基础,每边扩大的最大尺寸应受到材料刚性角的限制。当基础较厚时,可在纵、横两个断面上都做成台阶形,以减小基础自重,节省材料。它是桥涵及其他建筑物常用的基础形式。

(2)单独和联合基础。

单独和联合基础是立柱式桥墩和房屋建筑常用的基础形式之一。它的纵、横断面均可砌筑成台阶式,但柱下单独基础用石或砖砌筑时,应在柱子与基础之间用混凝土墩连接。个别情况下,当柱下基础用钢筋混凝土浇筑时,其断面也可浇筑成锥形。

（3）条形基础。

条形基础分为墙下和柱下条形基础。墙下条形基础是挡土墙下或涵洞下常用的基础形式。其横断面可以是矩形,或将一侧筑成台阶形。如挡土墙很长,为了避免沿墙长方向因沉降不匀而开裂,则可根据土质和地形予以分段,设置沉降缝。有时为了增强柱下基础的承载能力,将同一排若干柱子的基础联合起来,就形成了柱下条形基础。其构造与倒置的 T 形截面梁相类似,沿柱子排列方向的断面可以是等截面的,也可以在柱位处加腋。在桥梁基础设计时,一般做成刚性基础,个别的也可做成柔性基础。

如地基土很软,基础在宽度方向需进一步扩大面积,同时要求基础具有空间的刚度来调整不均匀沉降,可在柱下纵、横两个方向均设置条形基础,成为十字形基础。这是房屋建筑常用的基础形式,也是一种交叉条形基础。

5. 地基容许承载力的确定

地基容许承载力的确定一般有以下四种方法:

（1）在土质基本相同的条件下,参照邻近建筑物地基容许承载力确定;

（2）根据现场荷载试验的荷载(或荷载、强度)P 和沉降量 S 的关系曲线确定;

（3）按地基承载力理论公式计算确定;

（4）按现行规范提供的经验公式计算确定。

按照我国《公路桥涵地基与基础设计规范》(JTG 3363—2019)提供的经验公式和数据来确定地基容许承载力的步骤和方法如下:

（1）确定土的分类名称;

（2）确定土的状态;

（3）确定土的容许承载力。

当基础最小边宽超过 2 m 或基础埋深超过 3 m,且 $h/b \leqslant 4$ 时,一般地基上(除冻土和岩石外)的容许承载力$[\sigma]$可按式(5.1)计算:

$$[\sigma] = [\sigma_0] + K_1 \gamma_1 (b-2) + K_2 \gamma_2 (h-3) \tag{5.1}$$

式中:$[\sigma_0]$——当基础最小边宽 $b \leqslant 2$ m,埋置深度 $h \leqslant 3$ m 时的地基土容许承载力(kPa),可直接从规范中查取;

b——基础验算剖面底面最小边宽(或直径)(m),当 $b < 2$ m 时,取 $b=2$ m;当 $b > 10$ m 时,按 10 m 计算;

h——基础底面的埋置深度(m),对于受水流冲刷的基础,从一般冲刷线算起;对于不受水流冲刷的基础,从天然地面算起;对于位于挖方内的基础,从开挖后地面算起;当 $h < 3$ m 时,取 $h=3$ m;

γ_1——基底下持力层土的天然重度(kN/m³),如持力层在水面以下且为透水性土,则应取用浮重度;

γ_2——基底以上土的重度(如为多层土则用换算重度)(kN/m³),如持力层在水面以下且为不透水性土,则无论基底以上土的透水性质如何,应一律采用饱和重度;如持力层为透水性土,则应一律采用浮重度;

K_1,K_2——按持力层土类确定的基础宽度和深度方面的修正系数。

式(5.1)等号右边第二项是基础在剖面底面宽度大于 2 m 时地基容许承载力的提高值,第三项是基础埋深超过 3 m 时地基容许承载力的提高值。

6. 刚性扩大基础的设计与计算

浅基础设计时,应首先充分考虑基底持力层稳定的最小深度、严寒地区的冻结深度、桥台施工难易程度、河流的冲刷深度等因素,以此拟订基础埋置深度,然后拟订可靠的基础尺寸方案进行验算。根据《公路桥涵地基与基础设计规范》(JTG 3363—2019),桥涵墩台基础(不包括桩基础)基底埋置深度应符合下列规定。

(1) 当墩台基底设置在不冻胀土层中时,基底埋深可不受冻深的限制。

(2) 上部为超静定结构的桥涵基础,其地基为冻胀土层时,应将基底埋入冻结线以下不小于 0.25 m处。

(3) 当墩台基础设置在季节性冻胀土层中时,基底的最小埋置深度可按《公路桥涵地基与基础设计规范》(JTG 3363—2019)中的相关公式进行计算。

(4) 非岩石河床桥梁墩台基底埋置深度安全值可按表 5.1 确定。

表 5.1　基底埋置深度安全值　　　　　　　　　　　　　　　(单位:m)

桥梁类别	总冲刷深度				
	0	5 m	10 m	15 m	20 m
大桥、中桥、小桥(不铺砌)	1.5	2	2.5	3	3.5
特大桥	2	2.5	3.5	4	4.5

(5) 岩石河床墩台基底最小埋置深度可参考《公路工程水文勘测设计规范》(JTG C30—2015)附录C 确定。

(6) 位于河槽的桥台,当其最大冲刷深度小于桥墩总冲刷深度时,桥台基底的埋置深度应与桥墩基底相同。当桥台位于河滩时,对不稳定河流,桥台基底高程应与桥墩基底高程相同;对稳定河流,桥台基底高程可按照桥台冲刷结果确定。

刚性扩大基础设计与计算的主要内容包括:基础埋置深度的确定,刚性扩大基础尺寸的拟订,地基承载力验算,基底合力偏心距验算,基础稳定性和地基稳定性验算,基础沉降验算。

(1) 基础埋置深度的确定。

在确定基础埋置深度时,必须优先把基础设置在变形较小而强度又较大的持力层上,以保证地基强度满足要求,而且不致产生过大的沉降或沉降差。此外,还要使基础有足够的埋置深度,以保证基础的稳定性,从而确保基础的安全。确定基础的埋置深度时,必须综合考虑以下各种因素的影响。

①地基的地质条件。

覆盖土层较薄(包括风化岩层)的岩石地基,一般应清除覆盖土和风化层后,将基础直接修建在新鲜岩面上;如岩石的风化层很厚,难以全部清除,则基础在风化层中的埋置深度应根据其风化程度、冲刷深度及相应的容许承载力来确定。如岩层表面倾斜,则不得将基础的一部分置于岩层上,而将另一部分置于土层上,以防基础因不均匀沉降而发生倾斜甚至断裂。在陡峭山坡上修建桥台时,还应注意岩体的稳定性。

当基础埋置在非岩石地基上,如受压层范围内为均质土,基础埋置深度除满足冲刷、冻胀等要求外,还应根据荷载大小,由地基土的承载能力和沉降特性来确定(同时考虑基础需要的最小埋置深度)。当地质条件较复杂,如地层由多层土组成等,大、中型桥梁及其他建筑物基础持力层应通过较详细的计算或方案比较后确定。

②河流的冲刷深度。

在有水流的河床上修建基础时,要考虑洪水对基础下地基土的冲刷作用。洪水水流越急,流量越大,洪水的冲刷作用越强,整个河床面被洪水冲刷后要下降,这叫作一般冲刷,被冲下去的深度叫作一般冲刷深度。同时,桥墩的阻水作用使洪水在桥墩四周冲出一个深坑,这叫作局部冲刷。

因此,在有冲刷的河流中,为了防止桥梁墩台基础四周和基底下土层被水流掏空冲走以致倒塌,基础必须埋置在设计洪水最大冲刷线以下不小于1m处。特别是在山区和丘陵地区的河流,更应注意考虑季节性洪水的冲刷作用。

③当地的冻结深度。

在寒冷地区,基础埋置深度的确定应该考虑由于季节性的冰冻和融化对地基土引起的冻胀影响。对于冻胀性土,如土温在较长时间内保持在冻结温度以下,则水分能从未冻结土层不断地向冻结区迁移,而引起地基的冻胀和隆起,这些都可能使基础遭受损坏。为了保证建筑物不受地基土季节性冻胀的影响,除地基为非冻胀性土外,基础底面应埋置在天然最大冻结线以下一定深度处。

④上部结构形式。

上部结构的形式不同,对基础产生的位移要求也不同。对中、小跨度简支梁桥来说,这项因素对确定基础的埋置深度影响不大。但对超静定结构,即使基础发生较小的不均匀沉降,也会使内力产生一定变化。例如,对拱桥桥台,为了减小可能产生的水平位移和沉降差值,有时需将基础设置在埋藏较深的坚实土层上。

⑤当地的地形条件。

当墩台、挡土墙等结构位于较陡的土坡上,在确定基础埋置深度时,还应考虑土坡连同结构物基础一起滑动的稳定性。由于在确定地基容许承载力时,一般是在以地面为水平的情况下确定的,因此当地基为倾斜土坡时,应结合实际情况,予以适当折减并采取相应措施。若基础位于较陡的岩体上,则可将基础做成台阶形,但要注意岩体的稳定性。

⑥保证持力层稳定所需的最小埋置深度。

地表土在温度和湿度的影响下会产生一定的风化,其性质是不稳定的。人类和动物的活动及植物的生长作用也会破坏地表土层的结构,影响其强度和稳定性,所以一般地表土不宜作为持力层。为了保证地基和基础的稳定性,基础的埋置深度(除岩石地基外)应为天然地面或无冲刷河底以下不小于1m。

除此以外,在确定基础埋置深度时,还应考虑对相邻建筑物的影响,如新建建筑物基础比原有建筑物基础深,则施工挖土时有可能影响原有基础的稳定性。施工技术条件(施工设备、排水条件、支撑要求等)及经济技术指标等对基础埋深也有一定影响,这些因素也应考虑。

上述影响基础埋置深度的因素不仅适用于天然地基上的浅基础,其中的有些因素还适用于其他类型的基础(如沉井基础)。

(2)刚性扩大基础尺寸的拟订。

主要根据基础埋置深度确定基础平面尺寸和基础分层厚度。所拟订的基础尺寸应是在可能的最不利荷载组合条件下,保证基础本身能有足够的结构强度,能使地基与基础的承载力和稳定性均满足规定要求,并且是经济合理的。

基础厚度应根据墩、台身结构形式,荷载大小,选用的基础材料等因素来确定。基底标高应按基础埋置深度的要求确定。水中基础顶面一般不高于最低水位,季节性流水的河流或旱地上的桥梁墩台基础则不宜高出地面,以防碰损。这样,基础厚度可按上述要求所确定的基础底面和顶面标高求得。在一般情况下,大、中型桥梁墩台混凝土基础厚度为 1.0~2.0 m。

基础平面形式一般应考虑墩台身底面的形状后确定,基础平面形状常用矩形。基础底面长、宽尺寸与高度有如下的关系,见式(5.2)和式(5.3):

长度(横桥向): $$a = l + 2H\tan\alpha \tag{5.2}$$

宽度(顺桥向): $$b = d + 2H\tan\alpha \tag{5.3}$$

式中:l——墩台身底截面长度(m);

d——墩台身底截面宽度(m);

H——基础高度(m);

α——墩台身底截面边缘至基础边缘线与垂线间的夹角。

刚性扩大基础的剖面一般做成矩形或台阶形,如图 5.1 所示。自墩台身底边缘至基顶边缘距离 c_1 称为襟边,其作用一方面是扩大基底面积以增加基础承载力;另一方面便于调整基础施工时在平面尺寸上可能发生的误差,也为了满足支立墩台身模板的需要。其值应视基底面积的要求、基础厚度及施工方法而定。桥梁墩台基础襟边最小值为 20 cm。

基础较厚(超过 1 m)时,可将基础的剖面浇砌成台阶形。

基础悬出总长度(包括襟边与台阶宽度之和)应使悬出部分在基底反力作用下,在 a-a 截面[见图 5.1(b)]上所产生的弯曲拉力和剪应力不超过基础圬工的强度限值。所以满足上述要求时,就可得到墩台身边缘处的垂线与基底边缘的连线间的最大夹角 $\alpha_{\max}$,称为刚性角。在设计时,应使每个台阶宽度 c_i 与厚度 t_i 保持在一定的比例范围内,使其夹角 $\alpha_i \leqslant \alpha_{\max}$,这时可认为其属于刚性基础,可不必对基础进行弯曲拉应力和剪应力的强度验算,在基础中也可不设置受力钢筋。刚性角 $\alpha_{\max}$ 的数值与基础所用的圬工材料强度有关。

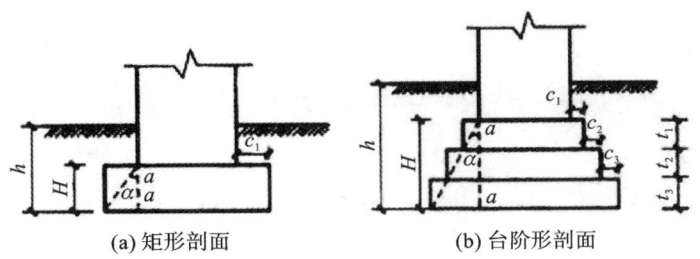

(a) 矩形剖面　　　　　(b) 台阶形剖面

图 5.1　刚性扩大基础剖面图

基础每层台阶高度 t_i 通常为 0.50~1.00 m,在一般情况下各层台阶宜采用相同高度。

(3) 地基承载力验算。

地基承载力验算包括持力层强度验算、软弱下卧层承载力验算和地基容许承载力的确定。

①持力层强度验算。

持力层是指直接与基底相接触的土层。进行持力层承载力验算时要求荷载在基底产生的地基应力

不超过持力层的地基容许承载力。持力层强度验算示意图如图 5.2 所示,其基底应力计算见式(5.4):

$$\left.\begin{array}{c}\sigma_{max}\\\sigma_{min}\end{array}\right\} = \frac{N}{A} \pm \frac{M}{W} \leqslant [\sigma] \tag{5.4}$$

式中:σ_{max},σ_{min}——基底最大、最小应力(kPa);

$\quad\quad N$——基底以上竖向荷载(kN);

$\quad\quad A$——基底面积(m^2);

$\quad\quad M$——作用于墩台上的各外力对基底形心轴的力矩(kN·m),$M = \sum T_i h_i + \sum P_i e_i = N e_0$,其中,$T_i$ 为水平力,h_i 为水平作用点至基底的距离,P_i 为竖向力,e_i 为竖向力 P_i 作用点至基底形心的偏心距,e_0 为合力偏心距;

$\quad\quad W$——基底截面模量(m^3),对矩形基础,$W = \frac{1}{6}ah^2 = \rho A$,$\rho$ 为基底核心半径;

$\quad\quad [\sigma]$——基底处持力层地基容许承载力(kPa)。

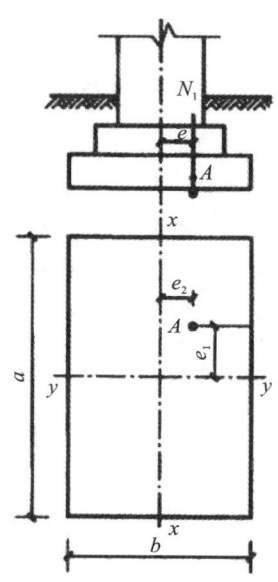

图 5.2　持力层强度验算示意图(偏心竖直力作用在任意点)

对公路桥梁,通常基础横桥向长度比顺桥向宽度大得多,同时上部结构在横桥向的布置常是对称的,故一般由顺桥向控制基底应力计算,但当通航河流或河流中有漂流物时,应计算船舶撞击力或漂流物撞击力在横桥向产生的基底应力,并与顺桥向基底应力比较,取其大者来控制设计。

在曲线上的桥梁,除顺桥向引起的力矩 M_x 外,还有离心力(横桥向水平力)在横桥向产生的力矩 M_y。若桥面上活荷载考虑横向分布的偏心作用,则偏心竖向力对基底两个方向中心轴均有偏心距,并产生偏心力矩 $M_x = N e_x$,$M_y = N e_y$。故对于曲线桥,基底应力应按式(5.5)计算:

$$\left.\begin{array}{c}\sigma_{max}\\\sigma_{min}\end{array}\right\} = \frac{N}{A} \pm \frac{M_x}{W_x} \pm \frac{M_y}{W_y} \leqslant [\sigma] \tag{5.5}$$

式中:M_x,M_y——外力对基底顺桥向中心轴和横桥向中心轴的力矩;

W_x, W_y——基底对 x、y 轴的截面模量。

对式(5.4)和式(5.5)中的 N 值及 M(或 M_x、M_y)值,应按与能产生最大力矩 M_{max} 时的最不利荷载组合相对应的 N 值,和与能产生最大竖向 N_{max} 的最不利荷载组合相对应的 M 值,分别进行基底应力计算,取其大者来控制设计。

②软弱下卧层承载力验算。

当受压层范围内地基由多层土(主要相对于地基承载力有差异而言)组成,且持力层以下有软弱下卧层(其是指容许承载力小于持力层容许承载力的土层)时,还应验算软弱下卧层的承载力。验算时,先计算软弱下卧层顶面 A(在基底形心轴下)的应力(包括自重应力及附加力),其不得大于该处地基土的容许承载力(见图 5.3),见式(5.6):

$$\sigma_{h+z} = \gamma_1(h+z) + \alpha(\sigma - \gamma_2 h) \leqslant [\sigma]_{h+z} \tag{5.6}$$

式中:γ_1——相应于深度为 $h+z$ 以内土的换算重度(kN/m³);

γ_2——深度为 h 范围内土层的换算重度(kN/m³);

h——基底埋置深度(m);

z——从基底到软弱土层顶面的距离(m);

α——基底中心下土中附加应力系数,可按相关土力学教材或规范提供的系数表查用;

σ——由计算荷载产生的基底压应力(kPa),当基底压应力为不均匀分布且 z/b(或 z/d)>1 时,σ 为基底平均压应力;当 z/b(或 z/d)≤1 时,σ 按基底应力图形采用距最大应力边 $b/4 \sim b/3$ 处的压应力(其中,b 为矩形基础的短边宽度,d 为圆形基础直径);

$[\sigma]_{h+z}$——软弱下卧层顶面处的容许承载力(kPa)。

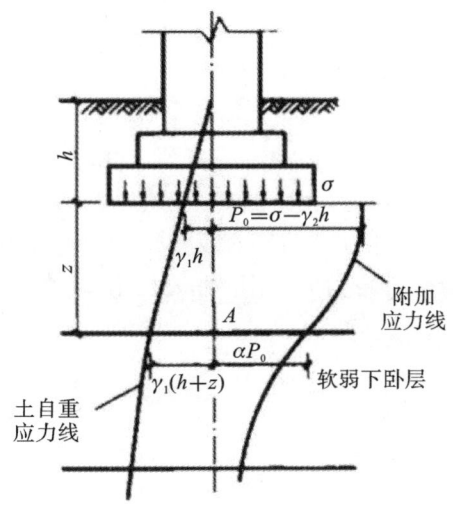

图 5.3　软弱下卧层承载力验算示意图

当软弱下卧层为压缩性强且较厚的软黏土,或上部结构对基础沉降有一定要求时,除承载力应满足上述要求外,还应验算软弱下卧层的基础沉降量。

(4)基底合力偏心距验算。

控制基底合力偏心距的目的是尽可能使基底应力分布得比较均匀,以免基底两侧应力相差过大,使基础产生较大的不均匀沉降,导致墩台发生倾斜,影响正常使用。若使合力通过基底中心,虽然可得到均匀的应力,但这样做非但不经济,而且不可行,所以在设计时应根据有关设计规范的规定按以下原则进行。

对于非岩石地基,以不出现拉应力为原则:当墩台仅受恒荷载作用时,基底合力偏心距 e_0 应不大于基底核心半径 ρ 的 10%(桥墩)和 75%(桥台);当墩台受荷载组合Ⅱ、Ⅲ、Ⅳ作用时,由于一般是短时的,因此对基底偏心距的要求可以放宽,一般只要求基底偏心距 e_0 不超过核心半径 ρ 即可。

对于修建在岩石地基上的基础,可以允许出现拉应力。根据岩石的强度,合力偏心距 e_0 最大可为基底核心半径 ρ 的 1.2~1.5 倍,以保证必要的安全储备(具体规定可参阅有关桥涵设计规范)。

当外力合力作用点不在基底两个对称轴中的任一对称轴上,或基底截面不对称时,可直接按式(5.7)求 e_0 与 ρ 的比值,使其满足规定的要求:

$$\frac{e_0}{\rho} = 1 - \frac{\sigma_{\min}}{N/A} \tag{5.7}$$

式中:符号意义同前,但要注意 N 和 $\sigma_{\min}$ 应在同一种荷载组合情况下求得。

在验算基底偏心距时,应采用与计算基底应力相同的最不利荷载组合。

(5)基础稳定性和地基稳定性验算。

基础稳定性验算包括基础倾覆稳定性验算和基础滑动稳定性验算。此外,对某些土质条件下的桥台、挡土墙,还要验算地基稳定性,以防桥台、挡土墙下地基产生滑动。

①基础稳定性验算。

a.基础倾覆稳定性验算。

基础倾覆或倾斜除有地基的强度和变形原因外,往往发生在承受较大的单向水平推力而其合力作用点又与基础底面的距离较大的结构物上,如挡土墙或高桥台受侧向土压力作用,大跨度拱桥在施工中墩台受到不平衡的推力,以及在多孔拱桥中一孔被毁等,此时在单向恒荷载推力作用下,均可能引起墩台连同基础的倾覆和倾斜。

理论和实践证明,基础倾覆稳定性与合力偏心距有关。合力偏心距愈大,则基础抗倾覆的安全储备愈小,如图 5.4 所示。因此,在设计时,可以用限制合力偏心距 e_0 来保证基础的倾覆稳定性。

设基底截面重心至压力最大一边边缘的距离为 y(对于荷载作用在重心轴上的矩形基础,有 $y=b/2$),如图 5.4 所示,外力合力偏心距为 e_0,则两者的比值 K_0 可反映基础倾覆稳定性的安全度,K_0 称为抗倾覆稳定系数,见式(5.8):

$$K_0 = \frac{y}{e_0} \tag{5.8}$$

其中,e_0 的计算见式(5.9):

$$e_0 = \frac{\sum P_i e_i + \sum T_i h_i}{\sum P_i} \tag{5.9}$$

式中:P_i——各竖直分力;

e_i——各竖直分力 P_i 的作用点与基础底面形心轴间的距离;

T_i——各水平分力;

h_i——各水平分力作用点至基底的距离。

如外力合力不作用在形心轴上[见图 5.4(b)]或基底截面有一个方向不对称,而合力又不作用在形心轴上[见图 5.4(c)],则基底压力最大一边的边缘线应是外包线,如图 5.4(b)、(c)中的 I-I 线。y 值应是通过形心与合力作用点的连线并延长与外包线相交点至形心的距离。

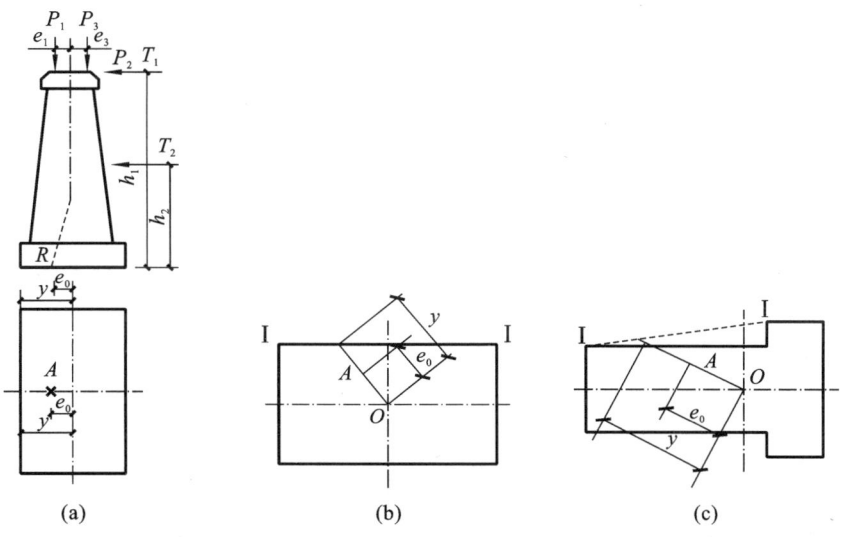

图 5.4　基础倾覆稳定性计算示意图

在不同的设计规范中,不同的荷载组合对抗倾覆稳定系数 K_0 的容许值均有不同要求:一般对主要荷载组合,$K_0 \geqslant 1.5$;对各种附加荷载组合,$K_0 \geqslant 1.1$。

b.基础滑动稳定性验算。

基础在水平推力作用下沿基础底面滑动的可能性即为基础抗滑动安全度,可用基底与土之间的摩擦阻力和水平推力的比值 K_c 来表示,K_c 称为抗滑动稳定系数,见式(5.10):

$$K_c = \frac{\mu \sum P_i}{\sum T_i} \tag{5.10}$$

式中:μ——基础底面(圬工材料)与地基之间的摩擦系数。其余符号意义同前。

验算桥台基础的滑动稳定性时,如台前填土保证不受冲刷,则可同时考虑计入与台后土压力方向相反的台前土压力,其数值可按主动或静止土压力进行计算。按式(5.10)求得的抗滑动稳定系数 K_c 必须大于规范规定的设计容许值,一般根据荷载性质,$K_c \geqslant 1.2$。

修建在非岩石地基上的拱桥桥台基础,在拱的水平推力和力矩作用下,基础可能向路堤方向滑移或转动,此水平位移和转动还与台后土抗力的大小有关。

②地基稳定性验算。

位于软土地基上的较高桥台需验算桥台沿滑裂曲面滑动的稳定性。基底下地基如在不深处有软弱夹层,在台后土推力作用下,基础有可能沿软弱夹层土的层面滑动;在较陡的土质斜坡上的桥台、挡土墙也有发生滑动的可能性。

这种地基稳定性验算方法可按土坡稳定分析方法即圆弧滑动面法来进行验算。在验算时,一般假定滑动面通过填土一侧基础剖面角点。但在计算滑动力矩时,应计入桥台上作用的外荷载(包括上部结构自重和活荷载等)及桥台和基础自重的影响,求出的稳定系数要满足规定的要求值。

以上对地基与基础的验算均应满足设计规定的要求。达不到要求时,必须采取设计措施。如梁桥桥台后土压力引起的倾覆力矩比较大,基础的抗倾覆稳定性不能满足要求时,可将台身做成不对称的形式。这样可以增加台身自重所产生的抗倾覆力矩,达到提高抗倾覆安全度的目的。如采用这种外形,则在砌筑台身时,应及时在台后填土并夯实,以防台身向后倾覆和转动;也可在台后一定长度范围内填碎石、干砌片石或填石灰土,以增大填料的内摩擦角,减小土压力,从而达到通过减小倾覆力矩来提高抗倾覆安全度的目的。

拱桥桥台在拱脚水平推力作用下,基础的滑动稳定性不能满足要求时,可以在基底四周做成如图5.5(a)所示的齿槛。这样,基底与土间的摩擦滑动变为土的剪切破坏,从而提高了基础的抗滑力。如仅受单向水平推力,也可将基底设计成如图5.5(b)所示的倾斜形,以减小滑动力,同时增加在斜面上的压力。由图5.5(b)可见,滑动力随着α角的增大而减小,从安全角度考虑,α角不宜大于$10°$,同时要保持基底以下土层在施工时不受扰动。

当高填土的桥台基础或土坡上的挡土墙地基可能出现滑动或在土坡上出现裂缝时,可以增加基础的埋置深度或改用桩基础,以提高墩台基础下地基的稳定性;或者在土坡上设置地面排水系统,拦截和引走滑坡体以外的地表水,以减少因渗水而引起土坡滑动的不稳定因素。

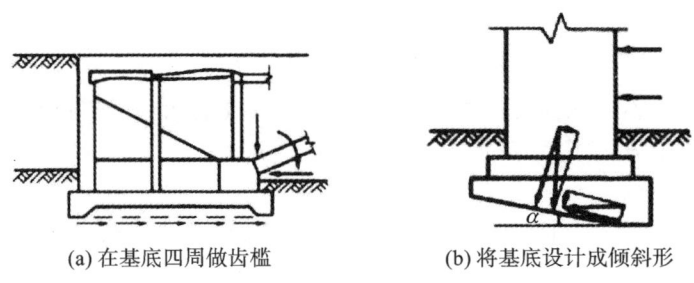

(a) 在基底四周做齿槛　　　　(b) 将基底设计成倾斜形

图 5.5　基础抗滑动措施

(6) 基础沉降验算。

基础的沉降验算内容包括沉降量、相邻基础沉降差、基础由于地基不均匀沉降而发生的倾斜等。

基础的沉降主要由竖向荷载作用下土层的压缩变形引起。沉降量过大将影响结构物的正常使用和安全,应加以限制。在确定一般土质的地基容许承载力时,已考虑这一变形因素,所以修建在一般土质条件上的中、小型桥梁的基础,只要满足了地基的强度要求,地基(基础)的沉降也就满足要求。但对于下列情况,则必须验算基础的沉降量,使其不大于规定的容许值:

①修建在地质情况复杂、地层分布不均或强度较小的软黏土地基及湿陷性黄土上的基础;

②修建在非岩石地基上的拱桥、连续梁桥等超静定结构的基础;

③当相邻基础下的地基土强度有显著不同或相邻跨度悬殊而必须考虑其沉降差时;

④对于跨线桥、跨线渡槽要保证桥(或槽)下净空高度时。

地基土的沉降可根据土的压缩特性指标按《公路桥涵地基与基础设计规范》(JTG 3363—2019)中的单向应力分层总和法(用沉降计算经验系数修正)计算。对于公路桥梁,基础上结构重力和土重力的作用是沉降的主要影响因素,汽车等活荷载作用时间短暂,对沉降影响小,所以在沉降计算中不予考虑。

在设计时,为了防止偏心荷载使同一基础两侧产生较大的不均匀沉降,进而导致结构物倾斜和造成墩台顶面发生过大的水平位移等后果,对于较低的墩台,可用限制基础上合力偏心距的方法来解决;对于结构物较高,土质又较差或上部为超静定结构物的情况,则须验算基础的倾斜,从而保证将建筑物顶面的水平位移控制在容许范围以内,具体计算见式(5.11)。

$$\Delta = l\tan\theta + \delta_0 \leqslant [\Delta] \tag{5.11}$$

式中:l——自基础底面至墩台顶的高度(m);

θ——基础底面的转角,$\tan\theta = \dfrac{s_1 - s_2}{b}$,其中,$s_1$、$s_2$ 分别为基础两侧边缘中心处按分层总和法求得的沉降量,b 为验算截面的底面宽度;

δ_0——在水平力和弯矩作用下,墩台自身的弹性挠曲变形在墩台顶所引起的水平位移;

$[\Delta]$——根据上部结构要求,设计规定的墩台顶容许水平位移值(cm),《公路圬工桥涵设计规范》(JTG D61—2005)规定$[\Delta] = 0.5\sqrt{L}$,其中,L 为相邻墩台间最小跨径长度,以 m 计,跨径小于 25 m 时仍以 25 m 计算。

5.1.2　桩基础设计

1. 桩基础的构造

不同材料及类型的桩基础具有不同的构造特点。为了保证桩的质量和桩基础的正常工作能力,在设计桩基础时应满足其构造的基本要求。现仅将目前国内桥梁工程中常用的桩与桩基础的构造特点及要求简述如下。

(1) 各种基桩的构造。

基桩的构造包括桩的几何形状、几何尺寸、采用的材料、对材料的强度等级要求及含筋率高低等方面。

①混凝土桩。

a.桩身混凝土强度等级:钻(挖)孔灌注桩、沉桩混凝土强度等级应不低于 C25,管桩填芯混凝土强度等级应不低于 C15。

b.钢筋混凝土沉桩的桩身应按运输、沉入和使用各阶段内力要求通长配筋。桩的两端和接桩区箍筋或螺旋筋须加密,其间距可取 40~50 mm。

c.钻(挖)孔灌注桩应按桩身内力大小分段配筋。当内力计算表明不需配筋时,应在桩顶 3.0~5.0 m 内设构造钢筋。

桩内主筋直径应不小于 16 mm,各桩的主筋数量应不少于 8 根,其净距应不小于 80 mm 且应不大于 350 mm。

如配筋较多,可采用束筋。组成束筋的单根钢筋直径应不大于 36 mm;对于组成束筋的单根钢筋根数,当其直径不大于 28 mm 时应不多于 3 根,当其直径大于 28 mm 时应为 2 根。束筋成束后等代直径 $d_e = \sqrt{n}d$。其中,n 为单束钢筋根数,d 为单根钢筋直径。

钢筋保护层厚度应不小于 60 mm。

闭合式箍筋或螺旋筋直径应不小于主筋直径的 1/4,且应不小于 8 mm,其间距应不大于主筋直径的 15 倍且应不大于 300 mm。

钢筋笼骨架上每隔 2.0～2.5 m 设置直径为 16～32 mm 的加劲箍一道。

钢筋笼四周应设置凸出的定位钢筋、定位混凝土块,或采用其他定位措施。

钢筋笼底部的主筋宜稍向内弯曲,用来导向。

d.钢筋混凝土预制桩的分节长度应根据施工条件确定,并应尽量减少接头数量。接头强度不应低于桩身,接头法兰盘不应凸出桩身,在沉桩时和使用过程中接头不应松动和开裂。

e.桩端嵌入非饱和状态强风化岩的预应力混凝土敞口管桩,应采取有效的预防渗水软化桩端持力层的措施。

f.河床岩层有冲刷时,钻孔灌注桩有效深度应考虑岩层最低冲刷标高。

②钢桩。

a.钢桩可采用管形或 H 形,其材质应符合现行国家有关规范、标准的规定。

b.钢桩焊接接头应采用等强度连接。使用的焊条、焊丝和焊剂应符合现行国家有关规范、标准的规定。

c.钢桩的端部形式应根据桩所穿越的土层、桩端持力层性质、桩的尺寸、挤土效应等因素综合考虑确定。

钢管桩可采用下列桩端形式:敞口带加强箍(带内隔板、不带内隔板)、敞口不带加强箍(带内隔板、不带内隔板);闭口平底、锥底。

H 形钢桩可采用下列桩端形式:带端板;不带端板、锥底、平底(带扩大翼、不带扩大翼)。

d.钢桩的防腐处理应符合下列规定。

海水环境中,钢桩的单面年平均腐蚀速度可按表 5.2 取值,有条件时也可现场实测确定。其他条件下,在平均低水位以上,年平均腐蚀速度可取 0.06 mm/年;在平均低水位以下,年平均腐蚀速度可取 0.03 mm/年。

表 5.2　海水环境中钢桩单面年平均腐蚀速度

部位	年平均腐蚀速度/(mm/年)	部位	年平均腐蚀速度/(mm/年)
大气区	0.05～0.10	水位变动区、水下区	0.12～0.20
浪溅区	0.20～0.50	泥下区	0.05

注:1.表中年平均腐蚀速度适用于 pH 值为 4～10 的环境条件,对有严重污染的环境,年平均腐蚀速度应适当增大。2.对水质含盐量层次分明的河口或年平均气温高、波浪大和流速大的环境,其对应部位的年平均腐蚀速度应适当增大。

钢桩防腐处理可采用外表面涂防腐层,增加腐蚀余量和阴极保护等方法;当钢管桩内壁同外界隔绝时,可不考虑内壁防腐。

(2)承台和横系梁的构造。

①承台的厚度宜为桩直径的 1.0～2.0 倍且不小于 1.5 m,混凝土强度等级应不低于 C25。

②当桩中心距不大于 3 倍桩直径时,承台受力钢筋应均匀布置于全宽度范围内;当桩中心距大于 3 倍桩直径时,受力钢筋应均匀布置于距桩中心 1.5 倍桩直径范围内,在此范围以外应布置配筋率不小于 0.1% 的构造钢筋。

钢筋净距应考虑浇筑混凝土时振捣器可以顺利插入。对于各主筋间横向净距和层与层之间的竖向净距,当钢筋为三层及三层以下时,应不小于 30 mm,并不小于钢筋直径;当钢筋为三层以上时,应不小于 40 mm,并不小于钢筋直径的 1.25 倍。对于束筋,此处直径采用等代直径。普通钢筋最小混凝土保护层厚度(钢筋外缘至混凝土表面的距离)应不小于钢筋公称直径。对于基础、桩基承台,当基坑底面有垫层或侧面有模板(受力主筋),环境条件为Ⅰ类时,最小保护层厚度取 40 mm,环境条件为Ⅱ类时,最小保护层厚度取 50 mm,环境条件为Ⅲ、Ⅳ类时,最小保护层厚度取 60 mm;当基坑底面无垫层或侧面无模板(受力主筋),环境条件为Ⅰ类时,最小保护层厚度取 60 mm,环境条件为Ⅱ类时,最小保护层厚度取 75 mm,环境条件为Ⅲ、Ⅳ类时,最小保护层厚度取 85 mm。

③如承台仅有一个方向的受力钢筋,在垂直于该各层受力钢筋方向,应设直径不小于 12 mm、间距不大于 250 mm 的构造钢筋。

④承台的顶面和侧面应设置表层钢筋网,每面在两个方向的截面面积均宜不小于 400 mm²/m,钢筋间距应不大于 400 mm。在桩身顶端的承台平面内应设一层钢筋网,在每米长度内(每一方向)设钢筋网 1200~1500 mm²,钢筋直径采用 12~16 mm。当基桩桩顶主筋伸入承台连接时,上述钢筋不得截断。当桩顶直接埋入承台连接时,应在每根桩的顶面设 1~2 层钢筋网。

⑤承台竖向连系钢筋的直径应不小于 16 mm。

⑥承台的桩中距大于或等于桩直径的 3 倍时,宜在两桩之间,距桩中心各 1 倍桩直径的中间区段内设置吊筋。其直径应不小于 12 mm,间距应不大于 200 mm。

⑦当用横系梁加强桩之间的整体性时,横系梁的高度可取为桩直径的 80%~100%,宽度可取为桩直径的 60%~100%。混凝土的强度等级应不低于 C25。纵向钢筋截面面积应不小于横系梁截面面积的 0.15%;箍筋直径应不小于 8 mm,间距应不大于 400 mm。

(3)桩与承台、横系梁的连接。

桩与承台、横系梁的连接应符合下列要求。

①桩顶直接埋入承台连接:当桩径(或边长)小于 0.6 m 时,埋入长度应不小于 2 倍桩径(或边长);当桩径(或边长)为 0.6~1.2 m 时,埋入长度应不小于 1.2 m;当桩径(或边长)大于 1.2 m 时,埋入长度应不小于桩径(或边长)。

②桩顶主筋伸入承台连接:桩身嵌入承台内的深度可采用 100 mm,伸入承台内的桩顶主筋可做成喇叭形(与竖直线间夹角约为 150°)。伸入承台内的主筋长度,对于光圆钢筋,应不小于 30 倍钢筋直径(设弯钩);对于带肋钢筋,应不小于 35 倍钢筋直径(不设弯钩)。

③对于大直径灌注桩,当采用一柱一桩时,可设置横系梁或将桩与柱直接连接。

④管桩与承台连接时,伸入承台内的纵向钢筋如采用插筋,则数量应不少于 4 根,直径应不小于 16 mm,锚入承台长度宜不少于 35 倍钢筋直径,插入管桩顶填芯混凝土的长度宜不小于 1.0 m。

⑤横系梁的主钢筋应伸入桩内,其长度应不小于 35 倍主筋直径。

2. 桩基础的配筋

(1)盖梁配筋。

盖梁的抗弯配筋主要由裂缝宽度控制,抗剪设计时可以通过多设箍筋,让混凝土与箍筋承担更大的比例,使配筋自由度更大。盖梁配筋还要注意"强剪弱弯"的原则,大部分梁体破坏是由抗剪能力不足造成的,抗弯钢筋只需满足要求即可,而抗剪钢筋一般留有一定富余。

(2)桩基配筋。

对于桩基各截面的配筋,从理论上来说应根据桩内弯矩包络图进行计算布置。通常根据最大负弯矩处进行配筋,从桩顶一直伸到最大负弯矩一半处以下一定锚固长度位置,减少一半配筋再一直伸至弯矩为 0 处以下一定锚固长度位置,再以下为素混凝土。对于软基,桩主筋最好穿过软土层。在桩基变形较大的情况下,计算应同时考虑桩土特性及受力条件,以整体体系来分析桩的受力模式。当桩基水平变形量超出 m 法(Matlock 法)的限制范围时,地基土抗力系数宜采用实测值。由于 m 法的基本假定与大变形量桩基受力模式存在偏差,故也可以考虑其他更接近于该类桩基受力模式的计算方法进行对比计算。

3. 桩基础设计方案选择与验算内容

(1)桩基础设计方案选择。

桩基础设计方案选择包括确定桩基中桩的排数(单排桩或是多排桩)、桩基类型(高桩承台或是低桩承台、摩擦桩或是柱桩、钻孔桩或是打入桩)、承台标高、桩的尺寸(桩径及桩长)、桩的根数与布置等内容,分述如下。

①单排桩或多排桩的选择。

一个桩基础设置为单排桩或是多排桩,主要取决于上部结构传来的荷载大小,就简支梁桥而言,主要取决于跨度大小。通常,铁路简支梁桥,在中等以上跨度时皆为多排桩,只在较小跨度时才可能采用单排桩,而且常与桥墩合为一体构成排架桩墩,公路桥梁较多地采用单排桩。但这也与桩的类型(钻、挖孔桩或是打入桩)、桩的承载能力等因素有关。例如钻、挖孔桩桩身截面较大,下端嵌固条件又较好时,选用单排桩的机会就多。

单排桩与多排桩相比,多排桩桩基的稳定性好,抗弯矩能力大,能承受较大的水平荷载,可使墩顶水平位移减小。但多排桩将使承台尺寸增大,工程数量增多,也使阻水面积增大,设计时应根据具体条件选定。

②承台底面标高的确定。

高桩承台的位置较高,可减少墩台圬工数量,且设在施工水位以上时还可避免水下作业,施工较为方便。然而在水平力的作用下,由于承台及基桩露出土面,减少了承台及桩的自由段侧面的土抗力,对基桩受力情况不利,桩身内力和位移都将大于低桩承台,在稳定性方面也较差。故在选用时应根据荷载情况、施工难易以及桩的刚度等方面综合考虑。对常年有水、冲刷较深,或水位较高、施工困难时,常选择高桩承台方案;处于旱地上、浅水岸滩或季节性河流的墩台,当冲刷不深、施工不是很困难时,选用低桩承台方案,有利于提高基础的稳定性。对于受水平力较小的小跨度桥梁和柔性墩等,选择高桩承台很可能是较为理想的方案。

当高、低承台方案选定后,在确定承台底面标高时,按照《铁路桥涵地基和基础设计规范》(TB 10093—2017)应满足以下要求。

a. 低桩承台底面位于冻结线以下不少于 0.25 m(非冻胀土层不受此限)。

b. 高桩承台底面在水中时,应位于最低冰层底面以下不少于 0.25 m,在通航或通筏河流中,承台底面应适当降低。

此外,当作用在桩基的水平力和弯矩较大,或桩侧土质较差时,为减小桩身所受弯矩、剪力,可考虑适当降低承台底面标高;为节省墩身圬工数量,则可考虑适当提高承台底面位置。

③桩的尺寸、桩的根数及桩的布置。

桩的尺寸包括桩径和桩长。在一定的荷载条件(指对某一验算项目而言的,简化至承台底部截面重心处的一组最不利荷载组合:轴向力合力 $\sum N$、弯矩合力 $\sum M$ 及剪力合力 $\sum P$)下,桩径、桩长及根数三者间是互相关联的。例如,较大的桩径由于桩的承载能力较强、刚度较大,可减少桩的根数或桩长;加长摩擦桩长度的同时可减少桩的根数等。

桩径的确定通常受施工条件、桩材来源等因素的制约。例如采用钻孔桩,当前多使用直径为 1.0 m 或更大的桩,采用打入式的预制钢筋混凝土管桩时,多用直径 55 cm 以下的成品管桩。

确定桩长和桩的根数,对于柱桩,桩长主要取决于基岩的埋置深度,即桩长为已确定值,因而可根据外荷载大小和单桩容许承载能力等因素去求算所需桩的根数。荷载愈大,单桩承载能力愈低,则所需桩数愈多。对于摩擦桩,当覆盖层较厚、各土层的物理力学性质无显著变化时,可参照跨度相同的既有设计资料先拟定桩的根数,再根据荷载大小、土层的有关力学指标计算出所需桩长。如果土层的物理力学性质差异较大,则应根据土层的分布情况,先拟定桩长,即首先考虑桩底设置在较坚实的土层上。

初拟桩长后,可根据桩的尺寸、土层的承载能力等条件,求得单桩容许承载力 $[P]$,然后再估算桩数即可进行力学验算。

在具体设计中,对有一定经验的设计者,常可参照既有设计中条件大体相近的墩台,初拟出桩径、桩长、桩的根数以及平面布置等设计方案,再经力学验算,逐步调整有关尺寸(对摩擦桩通常是调整桩长),直至满足要求为止。

为使设计简化、减少施工差错,要求在同一桩基中采用直径、材料相同的桩;除山区外,在同一桩基内不宜采用长度相差过大的桩。

(2) 桩基础的力学计算图式及主要验算内容。

当桥梁墩台桩基承台底部截面形心处受上部传来的荷载 $\sum N$、$\sum M$、$\sum P$ 时,如图 5.6(a)所示,承台和基桩都将产生竖向位移、横向位移和转角。对于每根桩来说,在桩顶处有如图 5.6(b)所示的剪力 Q_i 及轴力 N_i 和弯矩 M_i 的作用。如果不考虑轴力 N_i 所引起的对桩身任意截面的附加弯矩,每根桩的受力、变位可分解为图 5.6(c)、(d)两个图式分别进行计算。

图 5.6(c)中,桩顶处受有轴力 N_i 的作用,将使土层对桩周产生摩阻力及对桩尖产生支承阻力。图 5.6(d)中,由于桩顶处有剪力 Q_i 及弯矩 M_i 的作用,桩身将产生挠曲变形,桩身各点将有横向位移,因而土面以下的桩身将受土的被动抗力 σ_x(常称土的弹性抗力)。桩在 Q_i、M_i 及 σ_x 的作用下,桩身各截面都将承受弯矩和剪力。由此可见,桩基中每根桩是一个承受具有复杂分布规律的侧向力 σ_x 的压弯构件。

基于上述的受力分析,对桩基础通常要从两个方面进行检算:其一是强度方面,不仅要求每根桩具有足够的承载能力,而且要求整个桩基也要具有足够的承载能力;其二是变形方面,要求在外荷载作用下,桩基变位所引起的墩台顶位移不致危及桥梁的正常使用。其主要验算项目如下。

① 验算单桩轴向承载力。即求出作用于桩基中每根桩的轴力 N_i,其中的最大轴力 N_{imax} 应不大于单桩轴向容许承载力 $[P]$。

② 验算桩身材料强度。对钢筋混凝土钻(挖)孔桩而言,即为桩身的配筋计算。根据桩顶轴力 N_i、弯矩 M_i 及土抗力 σ_x,计算桩身任意截面处的桩身弯矩、剪力及轴力,再按《铁路桥涵混凝土结构设计规范》(TB 10092—2017)"偏心受压构件"的规定验算桩身材料强度或配筋。

③ 桩基承载力计算。通常将桩基视为实体基础,在承台底部截面形心处合力 $\sum N$、$\sum P$、$\sum M$ 的作用下,验算桩尖标高处的地基承载力。

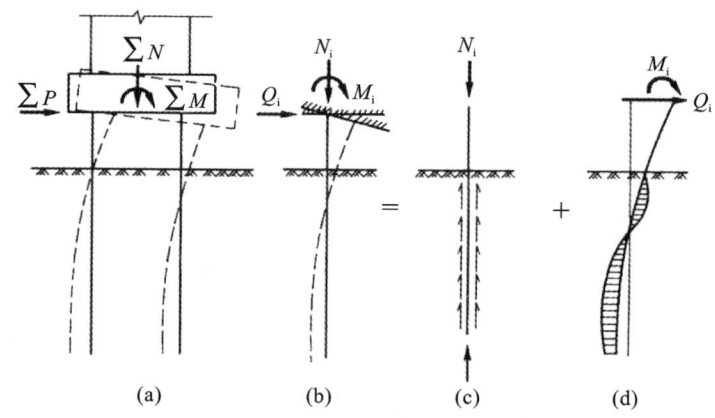

图 5.6　桩基与桩的受力、变形示意图

④验算墩顶水平位移。即由承台板的水平位移、转角以及墩台身弹性变形等所求得的墩台顶水平位移,应不大于《铁路桥涵地基和基础设计规范》(TB 10093—2017)规定的容许值。

此外,有时须验算桩尖以下土层的应力和桩侧土的横向弹性抗力。

进行上述各项验算时,应分别选用各自相应的最不利荷载组合。

5.1.3　沉井基础设计

1. 沉井基础的尺寸拟定

(1) 根据墩台身尺寸拟定。

类似刚性扩大基础尺寸拟定方法,只是襟边的要求不同。沉井结构的襟边要求不小于沉井全高的1/50,且不小于 200 mm,浮式沉井另加 200 mm。沉井顶部需设置围堰时,其襟边宽度应满足安装墩台身模板的需要。

(2) 根据地基土容许承载力确定。

按地基容许承载力推算出的基底平面尺寸,一般要比墩台身底截面尺寸大得多,要求墩台身边缘尽可能支承在井壁上或顶盖板的支承面上,一般空心沉井不允许墩台身边缘全部坐落在取土井孔内。

一般还要求:在确定沉井平面形状和尺寸时,力求结构简单对称、受力合理、施工方便;矩形沉井的长边和短边之比,一般宜不大于 3,以保证下沉时的稳定性和基底应力的均匀。

(3) 沉井高度确定。

沉井高度为基顶标高与基底标高之差。沉井井顶标高与扩大基础顶面标高确定要求相同;基底标高按持力层确定。

(4) 沉井各结构细部尺寸拟定。

沉井各结构部分的细部尺寸,按前面构造要求初拟尺寸,经验算调整确定。

2. 沉井施工过程结构验算

(1) 沉井下沉的自重验算。

一般情况,沉井顺利下沉的重量应大于下沉时土对井壁的摩阻力,即式(5.12):

$$Q > T \tag{5.12}$$

式中:Q——沉井重力,如为不排水下沉,应扣除水的浮力;

T——土对沉井外壁的总摩阻力,按下式计算,即 $T = \sum f_i h_i u_i$;h_i,u_i 为沉井穿过第 i 层土的厚度(m)和该段沉井的周长(m);

f_i——第 i 层土与井壁单位面积的摩阻力,应根据实践经验或实测资料确定。

如不满足式(5.12)要求时,可加大井壁厚度以增加自重,否则应考虑施工中的临时助沉措施或助沉设计。

(2) 第一节(底节)沉井竖向挠曲的抗裂验算。

第一节沉井在抽垫木时,可将支承垫木确定在沉井受力最有利的位置处,使沉井在支点处产生的负弯矩与跨中产生的正弯矩基本相等或相近。而在下沉过程中沉井支点位置应按排水和不排水两种情况分别考虑。

①排水下沉。

由于排水下沉挖土可人为控制,沉井最后支承点始终可控制在最有利位置上,同抽垫木时一样,支承点在长边 $0.7L$(L 为长边的长度)处。圆形沉井支承在相互垂直直径的 4 个支点上。

②不排水下沉。

由于水下挖土无法控制,可按最不利情况确定支承点,即为支承在短边角点处(产生最大正弯矩)或支承在长边中点处(产生最大负弯矩)。圆形沉井支承在直径上两个支点上,按圆环梁计算弯矩验算其抗裂性。

(3) 沉井刃脚的竖向和水平向强度验算。

沉井刃脚在下沉过程中,有时切入土中,有时悬空(刃脚下土被挖空),是沉井受力最大、最复杂的部分。为了简化计算,现都将刃脚分别作为悬臂作用和水平框架作用两种不利状态考虑。

①刃脚计算中的水平力分配。

实际上,作用于刃脚上的外侧水平力,是由刃脚的悬臂作用和水平框架作用共同分担承受的,这就存在一个水平力分配的问题。刃脚沿竖直方向视为悬臂梁,其悬臂长度等于斜面部分的高度。当隔墙的底面距刃脚底面为 500 mm,或大于 500 mm 而有垂直埂肋时,作用于悬臂部分的水平荷载应乘以悬臂作用折减系数 α,α 计算见式(5.13)。

$$\alpha = \frac{0.1 l_1^4}{h_k^4 + 0.05 l_1^4} \tag{5.13}$$

式中:l_1——支承在隔墙间的井壁最大计算跨径(m);

h_k——刃脚的高度(m)。

刃脚水平方向计算可视为闭合框架,当满足上述要求,隔墙参与框架作用,刃脚悬臂的水平力乘以分配系数 α 时,作用于框架上的水平力应乘以框架作用折减系数 β,β 计算见式(5.14)。

$$\beta = \frac{h_k^4}{h_k^4 + 0.05 l_2^4} \tag{5.14}$$

式中:l_2——支承于隔墙间的井壁最小计算跨径(m),其余符号意义同前。

当不满足前述水平力分配条件要求时,则悬臂和水平框架分别按全部水平力进行计算。

②刃脚竖向内力计算。

一般取刃脚为竖向单宽悬臂梁进行受力分析,悬臂固着于井壁下部,梁的跨度就是刃脚的高度。

a. 刃脚向外挠曲计算。

此种情况刃脚下沉的最不利状态为内斜面:沉井下沉途中,刃脚内侧切入土中约 1.0 m,在地面(或岛面)已接高一节沉井,此时,刃脚因受井孔内土体的侧向土压力而在根部产生向外弯曲的最大弯矩。

刃脚所受各力:刃脚外侧的主动土压力及水压力、土对刃脚外侧摩阻力、刃脚下土的反力及刃脚自重等。

作用于刃脚外侧单位宽度上的土压力及水压力合力为 P_{e+w},土压力 e_i 按朗金主动土压力公式计算,见式(5.15):

$$e_i = \gamma_i h_i \tan^2\left(45° - \frac{\varphi}{2}\right) \tag{5.15}$$

式中:γ_i——h_i 高度内土的平均容量,在水位以下采用浮容重;

h_i——计算位置至地面的距离。

水压力的计算式见式(5.16):

$$W_i = \gamma_w \cdot h_{iw} \tag{5.16}$$

式中:γ_w——水的密度;

h_{iw}——计算位置至水面的距离。

为不使计算的土压力与水压力过大,《公路桥涵地基与基础设计规范》(JTG 3363—2019)规定:作用于井壁外侧的计算土压力和水压力的总和不大于静水压力的 70%。

刃脚下土的反力,取单宽井壁计算,竖向反力 R 计算见式(5.17):

$$R = G - T_0 \tag{5.17}$$

式中:G——单宽井壁自重,如不排水施工应扣除浮力;

T_0——作用于单宽井壁上的总摩阻力,由式(5.18)和式(5.19)计算,取其小者,即:

$$T_0 = f_i \cdot A \tag{5.18}$$

$$T_0 = 0.5E \tag{5.19}$$

式中:A——沉井侧面与土接触的单位宽度上的总面积(m^2),$A = 1 \times h_i = h_i$(h_i 为沉井穿过第 i 层土的厚度,以 m 计);

E——作用于单位宽度井壁上的主动土压力。其余符号意义同前。

为计算刃脚底反力在斜面上的水平分力 H,令 $R = V_1 + V_2$,V_1 为作用踏面上的竖向反力,其应力均匀分布,V_2 为作用斜面上的竖向分力,其应力按三角形分布。a 为刃脚踏面底宽度,b 为切入土中 1.0 m 刃脚斜面的水平投影,$b = \cot\alpha$(α 为刃脚斜面与水平面所成的夹角),则有 $\frac{V_2}{V_1} = \frac{b}{2a}$,$V_2 = R - V_1$,得式(5.20)和式(5.21):

$$V_1 = \frac{2a}{2a+b}R \tag{5.20}$$

$$V_2 = \frac{b}{2a+b}R \tag{5.21}$$

则有式(5.22):

$$H = V_2 \tan(\alpha - \delta) \tag{5.22}$$

式中:δ——土与刃脚斜面间的外摩擦角,可取 $\delta = \varphi$,φ 为土的内摩擦角。

作用在刃脚外侧单位宽度上的摩阻力 T_1,也按式(5.23)和式(5.24)计算,但取其大者。

$$T_1 = f_i \cdot A' \tag{5.23}$$

$$T_1 = 0.5E' \tag{5.24}$$

式中：A'——刃脚外侧面与土接触的单位宽度上的总面积（m²），$A' = 1 \times h_i' = h_i'$（$h_i'$ 为刃脚斜面的高度，以 m 计）；

E'——刃脚外侧单位宽度主动土压力。其余符号意义同前。

单位宽度刃脚自重 g 计算见式（5.25）：

$$g = \frac{\lambda + a}{2} h_k \cdot \gamma_k \tag{5.25}$$

式中：λ——井壁厚度；

γ_k——钢筋混凝土刃脚容重，不排水施工应扣除浮力。其余符号意义同前。

根据以上各力对刃脚根部中点求出弯矩 M、剪力 Q 及轴力 N，然后进行强度验算和配筋设计。一般刃脚钢筋配筋率不宜小于 0.1%，悬臂部分的竖直钢筋应伸入悬臂根部以上 $0.5l_1$ 的高度，并在悬臂全高按剪力和构造设置箍筋。

b. 刃脚向内挠曲计算。

此种情况刃脚下沉的最不利状态为：沉井已沉至（接近）设计标高，刃脚踏面下土已挖空，尚未浇筑封底混凝土，此时刃脚外侧作用最大的土压力和水压力，产生向内弯曲的最大弯矩。刃脚所受各力：刃脚外侧的主动土压力及水压力、土对刃脚外侧摩阻力、刃脚自重等。

作用于刃脚外侧单位宽度井壁上的主动土压力及水压力、刃脚自重等计算同前。计算的外侧土压力和水压力应按规定考虑悬臂作用折减系数 α。水压力按下列情况计算：不排水下沉时，井壁外侧水压力值按 100% 计算，内侧水压力值按 50% 计算，也可按施工中可能出现的水头差计算；排水下沉时，在不透水的土中，可按静水压力的 70% 计算，在透水性土中，可按静水压力的 100% 计算。

作用在刃脚外侧单位宽度上的摩阻力，仍按 $T_1 = fh_k$ 和 $T_1 = 0.5E$ 来计算，但应取其小者。最后强度验算和配筋计算与向外挠曲相同。

③刃脚的水平内力计算。

刃脚在水平面内产生最大内力的沉井下沉最不利状况为：沉井已沉至设计标高，刃脚踏面下的土已挖空，尚未浇筑封底混凝土。这时刃脚是作为一个封闭的水平框架计算，受有最大的均布水平力。当刃脚作为单宽悬臂梁计算已考虑水平力悬臂作用折减系数 α 时，作用于水平框架上的水平力应乘以折减系数 β。

关于框架内力计算，有很多设计计算手册可供参考，因篇幅关系，在此不再赘述。

算出控制截面上的弯矩 M、轴力 N 和剪力 Q 后，可根据内力设计刃脚的水平钢筋。当框架跨度很小时，水平钢筋可不必按正负弯矩进行弯起，而按正负弯矩的需要布置成内外两圈钢筋。

（4）井壁计算。

井壁计算同刃脚一样，也分竖向验算和水平向验算两种情况。

①井壁竖向拉力验算。

沉井下沉过程中，当刃脚下的土已挖空，而上层土摩阻力较大，可能将沉井箍住，此时沉井处于悬吊状态，这样在下部沉井自重作用下井壁处于受拉状态，需要验算井壁的竖向拉力，是否需要配置竖向受拉钢筋，以及沉井分节之间的锚固钢筋长度。

a. 根据地质条件可明确判断软硬土层位置时。

此时,上层土较坚硬,摩阻力也大,沉井最大拉力 S_{max} 发生在硬土层与软土层的界面处,即有式(5.26):

$$S_{max} = Q'_{max} - T' \tag{5.26}$$

式中:Q'_{max}——硬土与软土交界面处以下部分沉井的最大重力;

T'——土层界面处以下井壁与土之间的摩阻力。

b. 当沉井周围土质较均匀时。

此时不能明确判断产生最大摩阻力土层位置,可近似地假定井壁上的摩阻力沿井壁为倒三角分布,也就是说,按某深度累积总摩阻力等于该深度以下的三角形面积[即地面处 $\tau = \dfrac{2F}{h}$,τ 为变阶处的摩阻力(kPa),h 为沉井总高(m),F 为沉井顶面摩阻力(kPa)]。

取单宽井壁计算,单宽井壁自重为 q,距刃脚底面 x 变阶处的井壁拉力 S_x 计算见式(5.27):

$$S_x = q\frac{x}{h} - \frac{1}{2}\tau_x x = q\frac{x}{h} - \frac{\tau x^2}{2h} \tag{5.27}$$

式中:S_x——距刃脚底面 x 变阶处的井壁拉力(kN);

τ_x——距刃脚底面 x 变阶处的摩阻力(kPa);

x——刃脚底面至变阶处(或验算截面)的高度(m)。

由于沉井呈悬吊状态,摩阻力大于沉井自重,即有式(5.28):

$$\frac{1}{2}h\tau \geqslant q \tag{5.28}$$

按 $\tau = \dfrac{2q}{h}$ 代入式(5.27)得式(5.29):

$$S_x = \frac{qx}{h} - q\frac{x^2}{h^2} \tag{5.29}$$

求最大拉力,可令 $S_x'(x) = 0$,得式(5.30):

$$\frac{S_x}{x} = \frac{q}{h} - \frac{2q}{h^2}x = 0 \tag{5.30}$$

求得式(5.31):

$$x = \frac{1}{2}h \tag{5.31}$$

得式(5.32):

$$S_{max} = \frac{q}{h} \cdot \frac{h}{2} - \frac{q}{h^2}\left(\frac{h}{2}\right)^2 = \frac{q}{4} \tag{5.32}$$

根据计算得到的 S_{max} 就可以计算井壁是否需设竖向受拉钢筋。对于不排水下沉,由于浮力作用,井壁受到的竖向拉力很小,可不进行此项验算。

沉井节与节接缝处拉力,要根据实际下沉情况计算。现在的一般计算都是假定接缝处混凝土不承受拉力而由接缝处的钢筋承受,此时钢筋的抗拉安全系数可采用1.25,同时须验算钢筋的锚固长度。

②井壁水平内力计算。

沉井在下沉过程中,井壁始终承受着水平方向的土压力和水压力作用,而且这种水平压力是由上到下随深度增加的。所以其计算的最不利下沉状况是:沉井已沉至设计标高,刃脚下土已挖空尚未封底时。计算图式与刃脚水平方向内力计算相同,也是按平面封闭框架计算,井壁上的土压力和水压力计算时,不考虑折减系数。

井壁水平受力计算,其水平框架首先选取刃脚根部以上,高度取刃脚根部厚度 λ 的框架,它受有井壁外侧作用的最大土压力和水压力,同时在该框架的均布荷载中,还要考虑刃脚作为悬臂作用(向内挠曲),通过刃脚固端传来的水平剪力。

当分节浇筑且各节井壁厚度不同时,在各变断面处,取高 1.0 m 的框架计算,控制该厚度井壁受力。

采用泥浆润滑套下沉的沉井,泥浆压力要大于土压力和水压力,所以井壁压力应按泥浆压力(即泥浆容重乘以泥浆高度)计算。采用空气幕下沉的沉井,其井壁压力计算与普通沉井的相同。

(5)内隔墙的验算。

主要验算底节沉井内隔墙。要根据内隔墙与井壁的相对刚度来确定内隔墙与井壁的连接。

一般当隔墙厚度小于井壁厚度很多,两者的抗弯刚度相差很大时,可将隔墙视为两端铰支于井壁上的梁来计算。当两者抗弯刚度相差不大时,隔墙与井壁可视为固接梁来计算。

底节沉井隔墙最不利状态是隔墙下的土已挖空,其作用的荷载除底节隔墙自重外,尚应考虑灌注第二节沉井时内隔墙混凝土的重力作用。排水下沉的沉井一般隔墙挖有过人孔,减弱了隔墙截面抗弯能力,此时隔墙还可能受有由于刃脚悬臂作用(向外挠曲)而传来的附加弯矩,致使隔墙下缘产生很大的拉力而极易产生裂缝拉坏。我国一座桥梁沉井基础,就是由于隔墙设计没有考虑附加弯矩而造成隔墙开裂,使整个沉井裂成几块,造成严重施工事故。

(6)混凝土封底层验算及沉井顶盖板计算。

①混凝土封底层验算。

沉井封底混凝土在施工封底时,主要承受沉井自重作用产生的基底均布反力和向上的水压力(浮力),不排水施工,则可不考虑水压力;若使用阶段不用混凝土或圬工填塞井孔,要考虑营运阶段基础承受的最大设计反力来验算封底层厚度,如有其他填塞物(如水、砂石等),可计入其对封底混凝土的压重作用。

封底混凝土的厚度,主要由板的中心弯矩控制。一般按支承于凹槽或隔墙底面刃脚斜面上的周边支承双向板计算,荷载按均布考虑。周边支承的双向板(矩形沉井)承受均布荷载的最大弯矩计算,见式(5.33)。

$$弯矩 = 均布荷载作用下周边支撑板计算系数 \times ql^2 \tag{5.33}$$

式中:q——均布荷载集度;

l——均布荷载作用的长度范围。

弯矩系数是按泊松比 $\mu = 0$ 的一种实际上并不存在的假想材料计算而得的。实际上混凝土和钢筋混凝土 $\mu = \dfrac{1}{6}$,其最后计算弯矩应按式(5.34)和式(5.35)计算:

$$M_{x(\mu)} = M_x + \mu M_y \tag{5.34}$$

$$M_{y(\mu)} = M_y + \mu M_x \tag{5.35}$$

式中:$M_{x(\mu)}$、$M_{y(\mu)}$——标准弯矩(kN·m);

M_x、M_y——设计弯矩(kN·m);

μ——泊松比。

周边支承的圆板在均布荷载作用下,板中心点弯矩见式(5.36):

$$M = \frac{qd^3}{16}(3+\mu) \tag{5.36}$$

式中:M——设计弯矩(kN·m);

d——圆板计算直径(取刃脚斜面一半计)(m)。

除按上面板中心点弯矩确定板厚外,尚应考虑在井孔范围内封底混凝土沿刃脚斜面高度截面上的剪力验算。如不满足要求,应增加封底混凝土厚度以加大抗剪面积。

②沉井顶盖板计算。

对于不是混凝土或圬工填实的沉井,要在井顶修筑钢筋混凝土顶盖板。顶盖板同封底混凝土一样,可看作支承在井壁和隔墙上的双向板或圆板计算。其计算可分下述两种情况。

a. 当墩身底面积有相当大的部分支承在井壁上时,顶盖板按只承受浇筑墩身混凝土的均布荷载来计算板的内力;同时,还应验算墩身承受全部最不利作用的作用下支承墩身的井壁和隔墙的抗压强度。

b. 当墩身底面全部位于井孔之内时,除按前面第一种情况的规定计算外,还应按最不利作用组合验算墩身边缘处的抗剪强度。

3. 浮运沉井浮运时的稳定性验算

薄壁浮运沉井作为一个浮体,其在浮运过程中的稳定性,是沉井安全施工的必要条件。

(1)正浮状态稳定性验算。

正浮状态就是要求浮体处于一个正常稳定的浮运状态,其表现在稳定方面的必要条件见式(5.37):

$$\rho - y > 0 \tag{5.37}$$

式中:ρ——浮运沉井处于正浮状态下的定倾半径,即定倾中心至浮心的距离;

y——沉井重心至浮心的高差,重心在浮心之上时为正;重心在浮心之下为负,浮心是浮运沉井吃水部分体积的重心。

当处于绝对的水平状态时,浮心位于沉井的对称轴上。但沉井在浮运过程中总是要产生倾斜的,此时浮心的位置就要发生变化。浮运沉井在倾斜且保证稳定的状态下,沉井的对称轴也必然随之产生倾斜,浮心的垂直线和沉井的对称轴线的交点称为定倾中心,只有该点位于沉井重心之上时浮体才处于稳定状态。浮心与定倾中心的连线为定倾半径。

①y的计算。

以钢筋混凝土薄壁沉井为例,说明y的计算方法,以验算浮运沉井的稳定性。

从底板算起的吃水深度见式(5.38):

$$h_0 = \frac{V_0}{A_0} \tag{5.38}$$

式中:V_0——沉井底板以上部分排水体积,$V_0 = V - V_1 - V_2$;V为总排水体积(按沉井重量为排开水的重量计出),V_1为底板以下刃脚体积,V_2为底板以下隔墙体积;

A_0——沉井吃水线截面面积,倾斜角度很小,不考虑其影响,直接用吃水线处沉井水平截面面积。

以y_1来表示浮心位置距隔墙底的距离,则浮心位置距刃脚底距离为$h_3 + y_1$,应用各排水体积重心对刃脚底的体积矩(即各排水体积与体积重心至刃脚底距离的乘积)来求得浮心位置。有式(5.39):

$$h_3 + y_1 = \frac{M_{\mathrm{I}}}{V} \tag{5.39}$$

M_0、M_1、M_2 分别为各排水体积 V_0、V_1、V_2 的体积矩，M_{I} 为总排水体积矩，计算见式(5.40)~式(5.43)：

$$M_0 = V_0 \left(h_1 + \frac{h_0}{2} \right) \tag{5.40}$$

$$M_1 = V_1 \cdot \frac{h_1}{3} \cdot \frac{2\lambda' + a}{\lambda' + a} \tag{5.41}$$

$$M_2 = V_2 \left(\frac{h_4}{3} \cdot \frac{2\lambda_1 + a_1}{\lambda_1 + a_1} + h_3 \right) \tag{5.42}$$

$$M_{\mathrm{I}} = M_0 + M_1 + M_2 \tag{5.43}$$

式(5.40)~式(5.43)中：h_1——底板至刃脚踏面的距离；

h_3——隔墙底距刃脚踏面的距离；

h_4——底板下的隔墙高度；

λ'——底板下井壁的厚度；

λ_1——隔墙厚度；

a_1——隔墙底面宽度；

a——刃脚踏面的宽度。

重心的位置引用上面同样的方法求得。重心位置距刃脚踏面距离为 y_2，则有式(5.44)：

$$y_2 = \frac{M_{\mathrm{II}}}{V} \tag{5.44}$$

式中：M_{II}——沉井各部分体积与其重心至刃脚踏面距离的乘积。最后计算得式(5.45)：

$$y = y_2 - (h_3 + y_1) \tag{5.45}$$

② ρ 的计算。

定倾半径 ρ 为定倾中心到浮心的距离，可由式(5.46)计算：

$$\rho = \frac{I}{V_0} \tag{5.46}$$

式中：I——吃水截面积对该截面上的倾斜轴线的惯性矩，按沉井轮廓面积计算，对矩形沉井为 $I = \frac{1}{12}LB^3$，L、B 为矩形截面的长、宽边；

V_0——沉井排水体积。

对于带钢气筒的浮运沉井，其 I 值的计算很复杂，要按沉井轮廓面积，并考虑气筒布置和连通情况(各气筒互不连通时，I 值为最大)，以及各阶段沉井入水深度计算。

(2) 倾斜角度验算。

实际上，浮式沉井在浮运过程中总要受到牵引力、流水压力、风力等作用，所以沉井必然要产生倾斜，这是不可避免的。在沉井稳定性验算时，除应满足 $(\rho - y) > 0$ 外，尚要求控制倾斜角度。按式(5.47)验算：

$$\varphi = \arctan \frac{M}{\gamma_{\mathrm{w}} V_0 (\rho - y)} \leqslant 6° \tag{5.47}$$

式中：φ——沉井浮体稳定倾斜角；

  M——各种外力对浮心产生的外力矩（kN·m）；

  V_0——排水体积（m²）；

  γ_w——水的容重，取 10 kN/m³；

  ρ——定倾半径（m）；

  y——沉井重心至浮心距离（m）。

（3）井壁出水高度验算。

在沉井浮运验算中，一般还要验算沉井倾斜后露出水面的高度，以保证沉井在拖运中的安全。其验算式为式（5.48）：

$$h = H - h_0 - h_1 - B\tan\varphi \geqslant [h] \tag{5.48}$$

式中：H——浮运时沉井高度；

  h_0——由底板算起的吃水深度；

  h_1——底板至刃脚踏面距离；

  B——矩形或圆端形沉井的宽度；

  $[h]$——浮运发生最大倾斜时，井顶出水高度的安全值，一般取 0.5～1.0 m；其余符号意义同前。

5.2　墩台设计

5.2.1　墩台的一般构造与要求

1. 桥墩的一般构造与要求

（1）重力式桥墩。

①梁桥重力式桥墩。

a. 墩帽。

墩帽位于桥墩顶部，是桥墩顶端的传力部分。它通过支座承托着上部结构，并将墩两侧桥跨上的恒载和活载传到墩身上，应力较集中。因此，对墩帽的强度要求较高，一般采用 C20 以上的混凝土或钢筋混凝土。

墩帽平面尺寸的合理确定在桥墩设计中至关重要，将直接影响着墩身的平面尺寸和材料的选用。墩帽尺寸除满足摆放支座的要求外，还应考虑施工架梁、更换支座等临时设施的要求。墩帽的平面尺寸由顺桥向宽度和横桥向宽度组成。《公路桥涵设计通用规范》（JTG D60—2015）规定，对于特大、大跨径桥梁，墩帽的厚度不得小于 50 cm；对于中、小跨径的桥梁，墩帽的厚度不得小于 40 cm；墩帽顶面常做成 10%的排水坡。墩帽的四周较墩身出檐 5～10 cm，并在其上做成沟槽形滴水。

墩帽的具体平面尺寸应根据上部构造形式、支座布置情况、架设上部结构施工方法的要求而决定。墩帽的平面尺寸首先应满足桥梁支座布置的要求，可按下式确定。

顺桥向的墩帽宽度 b 计算公式为式（5.49）：

$$b \geqslant f + \frac{a}{2} + \frac{a'}{2} + 2c_1 + 2c_2 \tag{5.49}$$

式中:a、a'——各桥跨结构支座垫板顺桥向宽度;

c_1——顺桥向支座垫板至墩身边缘最小距离(cm);

c_2——檐口宽度,一般为 5~10 cm;

f——相邻两跨支座的中心距,计算见式(5.50)。

$$f \geqslant e_0 + e_1 + e'_1 \geqslant \frac{a}{2} + \frac{a'}{2} \tag{5.50}$$

式中:e_0——伸缩缝,中小桥为 2~5 cm,大跨径桥梁按温度变化及施工放样、安装构件出现的误差等决定,温度变化引起的变位为 $e_0 = lt\alpha$(l 为桥梁的计算长度,t 为温度变化幅度值,可采用当地最高与最低月平均气温及桥跨浇筑完成时的温度计算决定,α 为材料线膨胀系数,钢筋混凝土构造物为 0.000010);

e_1、e'_1——各桥跨结构伸过支座中心线的长度。

一般情况下,墩帽的纵桥向宽度,对于小跨径桥梁不得小于 100 cm,中等跨径桥梁不得小于 120 cm。

横桥向最小宽度 B 计算公式为式(5.51):

$$B = 两侧主梁间距 + 支座横向宽度 + 2c_1 + 2c_2 \tag{5.51}$$

对这个最小距离要求,目的是避免支座过分靠近墩身侧面边线而导致应力集中;另外一个原因是为了提高钢筋混凝土的局部抗压强度及考虑施工误差和预留锚栓孔的要求。墩帽宽度除满足上式的要求外,还应符合墩身顶宽的要求、安装上部结构的要求以及抗震时设防措施所需宽度。

墩帽内应设置构造钢筋,钢筋的直径一般为 8~16 mm,采用间距为 15~20 cm 的网格布置。在支座垫板的局部范围内设置 1~2 层钢筋网,平面分布尺寸约为支座垫板面积的 2 倍,钢筋直径为 8~12 mm,网格间距为 5~10 cm,这样支座传来的集中力能较均匀地分布到墩身上。非严寒地区的小跨径桥,墩帽可以不加构造钢筋。

在同一座桥墩上,当支撑相邻两孔桥跨结构的支座高度不相同时,应在墩顶设置钢筋混凝土制成的支撑垫石来调整。支撑垫石的平面尺寸、配筋数量,可根据桥跨结构压力大小、支座底板尺寸大小、混凝土设计强度和标准强度等确定。一般垫石较支座底板每边大 10~20 cm,垫石厚度为其长度的 1/3~1/2。

当桥面较宽时,为了节省桥墩圬工用量,减轻结构自重,可选用悬臂式钢筋混凝土墩帽。悬臂式墩帽采用 C25 以上混凝土。挑臂的长度和宽度根据上部结构形式、支座的位置及施工荷载的要求确定。悬臂端部的最小高度不小于 30 cm。

b.墩身。

墩身是桥墩的主体。对于大、中桥梁墩身石材等级应不小于 MU40,混凝土等级应不小于 C25,砂浆应不小于 M7.5。对于小桥梁墩身石材不小于 MU30,混凝土不小于 C20,砂浆不小于 M5。重力式桥墩墩身的顶宽,对于小跨径桥宜不小于 80 cm;对于中跨径桥宜不小于 100 cm;对于特大、大跨径桥梁,视上部结构类型而定。侧坡坡度一般为 20:1~30:1(竖:横),小跨径桥的桥墩也可采用直坡。

为了便于水流和漂浮物通过,墩身平面形状可以做成圆端形或尖端形;无水的岸墩或高架桥墩可做成矩形;在水流与桥梁斜交或流向不稳定时,宜做成圆形。混凝土墩身宜设置表层钢筋网,其截面面积在水平方向和竖直方向不小于 250 mm²/m。

c.基础。

基础是介于墩身和地基之间的传力结构。基础的种类很多,这里仅简要介绍重力式桥墩的刚性扩大基础。基础一般采用 C15 以上的片石混凝土或浆砌块石筑成,下部支撑梁一般采用 C20 混凝土,且一般采用圬工混凝土做成。基础的平面尺寸较墩身底截面尺寸略大,四周每边放大的尺寸为 0.25～0.75 m。基础可做成单层的,也可做成 2～3 层台阶式的。做成单层,其厚度一般为 50 cm 左右。台阶或襟边的宽度与高度应有一定的比例,通常其宽度控制在《公路桥涵设计通用规范》(JTG D60—2015)限定的刚性角(30°～40°)以内。

为了保持美观和结构不受碰损,基础顶面一般应设置在最低水位以下不少于 0.5 m;在季节性流水河流或旱地上,则不宜高出地面。为了保证持力层的稳定性和不受扰动,基础的埋置深度,除岩石地基外,应在天然地面或河底以下不少于 1 m 处;如有冲刷,基底埋深应在设计洪水位冲刷线以下不小于 1 m 处;如河床上有铺砌层,基础底面宜设置在铺砌层顶面以下不小于 1 m 处;对于上部结构为超静定结构的桥涵基础,除非冻胀土外,均应将基底埋于冻结线以下不小于 0.25 m 处。

②拱桥重力式桥墩。

a.墩帽的不同。

拱桥重力式桥墩的构造与梁桥桥墩构造基本一致,由于拱桥的受力与梁桥有很大的不同之处,使梁桥桥墩的顶面要设置传力的支座且支座距顶面边缘保持一定的距离;而拱桥桥墩则在顶面的边缘设置呈倾斜面的拱座,直接承受由拱圈传来的压力。由于拱座承受较大的拱圈压力,故一般采用 C20 及以上的整体式混凝土、混凝土预制块或 MU40 以上的块石砌筑。

b.墩身的不同。

从抵御桥墩两侧桥跨结构重力产生的水平推力能力来看,拱桥桥墩的一般形式应分为普通墩和单向推力墩。从桥墩两侧孔径是否相同来看,可分为一般形式的桥墩和交接墩。普通墩墩身的顶宽的要求是,混凝土桥墩可以按拱跨的 1/25～1/15、石砌桥墩可以按拱跨的 1/20～1/10 拟定,但是均不宜小于 80 cm。墩身两侧斜面坡可以为 20∶1～30∶1。单向推力墩应比普通墩的墩身设计要厚实些,而且应适当调整墩身两侧的斜面坡比。

c.墩顶以上的构造。

上承式拱桥的桥面与墩顶顶面具有一段距离,故墩顶以上的结构常采用几种不同形式。对实腹式石拱桥,其墩顶以上部分通常做成与侧墙平齐的形式。对于空腹式石拱桥或双曲拱桥的普通墩,常采用立墙式、立柱加盖梁式或者采用跨越式。对于单向推力墩常采用立墙式或框架式。

为了缩减墩身长度,拱桥墩顶部分也可做成托盘形式。托盘可采用 C20 以上的混凝土,或仅布置构造钢筋。墩身材料可以采用块石、片石或混凝土预制块砌筑,也可用片石混凝土浇筑。

(2)轻型桥墩。

①空心桥墩。

空心桥墩构件混凝土等级为 C20～C30。空心桥墩在构造尺寸上应符合下列规定:a.墩身最小壁厚,对于钢筋混凝土不宜小于 30 cm,对于混凝土不宜小于 50 cm;b.墩身立面侧坡通常为 50∶1～40∶1;c.墩身内应设横隔板或纵、横隔板,以加强墩壁的抗撞能力,但设置横隔板对滑模施工比较困难,目前是尽量不设或少设,对于 40 m 以上的高桥墩,无论壁厚如何,均应按 6～10 m 的间距设置横隔板,以加强墩壁的局部稳定性;d.墩帽下需有一定高度的空心部分以传递墩帽的压力,墩顶实体段以下应设置带门的进入洞或相应的检查设备;e.墩身周围应设置适当的通风孔或泄水孔,孔的直径不小于 20 cm,用以调节壁内外温差和平衡水压力。

②柱式桥墩。

柱式桥墩由盖梁、墩柱及基础组成。盖梁的截面形状为矩形或 T 形,在城市桥梁中常采用倒 T 形。盖梁的宽度依上部结构的形式、支座间距和尺寸等而定,公路桥梁的盖梁高度一般取宽度的 0.8~1.2 倍。悬臂厚度不小于 30 cm。当铁路桥墩的墩高大于 7 m 时,在两柱间距基础顶 3~5 m 处设一横系梁以保证柱的稳定,横系梁高度和宽度均可取柱直径的 0.8~1.0 倍,铁路桥墩的盖梁(墩帽)一般宽为 6 m、高 1.3 m,柱的直径或宽度取 1.5 m,中心距为 2.1 m。公路,尤其是市内立交桥桥墩一般可不设横系梁。

③柔性排架桩墩。

柔性排架桩墩通常采用预制普通钢筋混凝土方桩,一般当桩长在 10 m 以内时,横截面尺寸为 30 cm×30 cm;桩长大于 10 m 时为 35 cm×35 cm;大于 15m 时采用 40 cm×40 cm。桩与桩之间的中距应不小于桩径的 3 倍或 1.5~2.0 m。盖梁一般为矩形截面,单排桩盖梁的宽度为 60~80 cm。盖梁高度对各种跨径和单、双排架桩均采用 40~50 cm。如果采用钻孔灌注桩排架墩,其桩的直径宜不大于 90 cm,桩间距离不小于 2.5 倍的成孔直径,其盖梁的宽度一般比桩径大 10~20 cm,高度应根据受力情况拟定。

④框架墩。

V 形斜撑与水平面的夹角,根据桥下净空要求和总体布置确定,通常大于 45°。斜撑的截面形式可采用矩形、I 形和箱形等。V 形墩的支座可布置在 V 形斜撑的顶部和底部。当支座布置在斜撑的顶部,斜撑是桥墩的一个组成部分;当支座布置在斜撑的底部,或采取斜撑与承台刚接而不设支座时,斜撑与主梁固结,斜撑成为上部结构的一个组成部分,斜撑的受力大小依据结构的图式和主梁与斜撑的刚度比确定。

2. 桥台的一般构造与要求

(1) 重力式桥台。

梁桥和拱桥中常用的重力式桥台为 U 形桥台,下面介绍 U 形桥台的各部分构造。

①台帽。

梁桥台帽的构造与相应的桥墩墩帽有很多共同之处,不同的是台帽顶面只设单排支座,在另一侧则要砌筑挡住路堤填土的矮锥墙,或称背墙。背墙的顶宽,对于片石砌体不得小于 50 cm,对于块石、料石砌体及混凝土砌体宜不小于 40 cm。背墙一般做成垂直的,并与两侧侧墙连接。如果台身放坡,则靠路堤一侧的坡度应与台身一致。在台帽放置支座部分的构造尺寸、钢筋配置及混凝土强度等级可按相应的墩帽构造进行设计。

拱桥桥台只在向河心一侧设置拱座,其构造、尺寸可参照相应桥墩的拱座拟定。对于空腹式拱桥,在前墙顶面上还要砌筑背墙,用来挡住陆地填土和支撑腹拱。

②台身。

台身由前墙和侧墙构成。U 形桥台前墙正面可分为竖直面和斜面,竖直面形式有利于桥下净空,斜面形式多采用 10∶1~20∶1 的斜坡;前墙内侧面为斜面,斜坡取为 6∶1~8∶1。侧墙与前墙结合为一体,兼有挡土墙和支撑墙的作用。侧墙外表面设为竖表面,内侧面为 3∶1~5∶1 的斜坡,其长度视桥台高度、锥坡坡度以及侧墙尾端伸入路堤内的长度而定,侧墙顶宽宜不小于 50 cm。前墙的下缘一般与锥坡下缘相齐,锥坡坡度一般由纵向1∶1逐渐变至横向1∶1.5。锥坡的平面形状为1/4椭圆,用土夯实而成,表面用片石砌筑。任一水平截面的宽度,对于片石砌体不小于该截面至墙顶高度的0.4倍,对于块石、料石砌体或混凝土则不小于0.35倍。侧墙尾端应有不小于75 cm的水平长度伸入路堤内,以保证与路堤有良好的衔接,其尾端竖向除最上端100 cm采用竖直外,以下部分常采用4∶1～8∶1的倒坡。台身宽度通常与路基顶宽相同。

两个侧墙之间应填以渗透性较好的土壤。为了排出桥台前墙后面的积水,应于侧墙间在略高于高水位的平面上铺一层向路堤方向设有斜坡的夯实黏土作为不透水层,并在黏土层上再铺一层碎石,将积水引向设于后台横穿路堤的盲沟内。

(2)轻型桥台。

①梁桥轻型桥台。

a.设有支撑梁的轻型桥台。

这种桥台在桥台之间或桥台与桥墩间设置3～5根支撑梁。台墙厚度宜不小于60 cm,梁(板)端铰接钢销直径应不小于20 mm。支撑梁应设于铺砌层或冲刷层以下,中距宜为2～3 m,采用钢筋混凝土构件,其截面尺寸宜不小于0.2 m×0.3 m(横×竖),截面四角应设置直径不小于12 mm的纵桥向钢筋;如采用钢筋混凝土或块石砌筑,其截面尺寸宜不小于0.4 m×0.4 m。

对于斜交桥,这种轻型桥台的斜交角应不大于15°,且下部支撑梁应按照如下要求布置:两外侧应平行于桥轴线,中间应垂直于台墙。

b.埋置式桥台。

埋置式桥台不需要侧墙,仅附有短小的钢筋混凝土耳墙。台帽部分的内角到护坡表面的距离应不小于50 cm,否则应在台帽两侧设置挡板,用以挡住护坡的填土,并防止土、雪等涌入支撑平台。耳墙与路堤衔接,伸入路堤的长度一般不小于50 cm。

埋置式桥台实质上属于一种实体重力式桥台,桥台的工作原理是靠台身后倾,使重心落在基底截面的形心之后,以平衡台后填土的倾覆力矩,减少恒载产生的偏心距,应注意后倾斜度要适当。下部台身和基础为MU5浆砌块石,上部台身、台帽及耳墙为C15混凝土,台帽和耳墙都配有钢筋。

②拱桥轻型桥台。

a.八字形桥台。

八字形桥台前墙可以是等厚度的,也可以是变厚度的。变厚度台身的背坡为2∶1～4∶1。翼墙肋顶宽一般为0.40 m,前坡为10∶1,后坡为5∶1。为了防止基底向河心活动,基础应有一定的埋置深度。台后填土必须分层夯实,做好防护措施,防止受水流侵蚀冲刷。

b.U字形桥台。

U字形轻型桥台前墙的构造和八字形桥台相同,但侧墙却是拱上侧墙的延伸,侧墙与拱上侧墙之间应设变形缝,以适应桥的可能变位。轻型桥台侧墙的顶宽一般为50 cm,内侧坡度为5∶1,若有人行道,则上端做成等厚直墙,直到与按5∶1内坡相交为止,以下仍用5∶1的坡度。

c.背撑式桥台。

背撑式桥台的背撑顶宽为0.30～0.60 m,厚度也为0.30～0.60 m,背坡为3∶1～5∶1的梯形。背撑式桥台比八字形桥台的稳定性要好,但土方开挖量及圬工体积都会增多。此外,加背的U字形桥台能适用于较大跨径的高桥和宽桥。

（3）组合桥台。

①加筋土桥台。

按照埋置情况,加筋土组合桥台又可分为内置式和外置式两种形式。内置组合式桥台台柱与面板净距宜不小于 40 cm,其值应根据台柱尺寸、筋带种类以及压实方法等条件综合考虑确定。外置组合式桥台台柱与面板净距应不小于 30 cm。外置组合式桥台的桥头搭板与加筋体面板顶部之间留有 5 cm 的间距,并应堵塞。加筋土桥台的台柱与面板采用钢筋混凝土,加筋体的筋带应选用抗老化、耐腐蚀的材料,筋带的截面面积、长度以及加筋体的稳定性,应通过加筋体内部、外部的稳定性分析确定。

另外,加筋土桥台应设置桥头搭板,其设计要求和具体措施详见《公路水泥混凝土路面设计规范》(JTG D40—2011)。

②过梁式框架组合桥台。

框架的长度及过梁的跨径,由地形及土方工程比较确定。组合式桥台越长,梁的材料用量越多,而桥台及挡土墙的材料用量相应地就有所减少。

5.2.2 重力式桥墩计算

在梁桥和拱桥的重力式桥墩计算中,虽然在作用效应组合的内容上稍有不同,但就某个截面而言,这些外力都可以合成为竖向和水平方向合力(表示为 $\sum N$ 和 $\sum H$)及绕该截面 x-x 轴和 y-y 轴的弯矩作用(表示为 $\sum M_x$ 和 $\sum M_y$)。因此,它们的验算内容和计算方法基本相同。

1. 截面承载力验算

重力式桥墩主要用圬工材料建造,一般为偏心受压构件,截面承载能力验算采用承载力极限状态设计。作用于每个截面的外力应按顺桥向和横桥向分别进行作用效应组合,求得相应的纵向力 $\sum N$、水平力 $\sum H$ 和弯矩 $\sum M$。在基本组合作用下,桥墩各控制截面的作用效应组合设计值不大于构件承载力设计值,见式(5.52):

$$\gamma_0 S \leqslant R(f_d, \alpha_d) \tag{5.52}$$

式中:γ_0——结构重要性系数;

S——作用效应组合设计值;

$R(f_d, \alpha_d)$——构件承载力设计值函数,f_d 为材料强度设计值,α_d 为几何参数设计值。

（1）选取验算截面。

强度验算截面通常选取墩身的基础顶面与墩身截面突变处。对于悬臂式墩帽的墩身,应对墩帽交界处的墩身截面进行验算。当桥墩较高时,由于危险截面不一定在墩身底部,需沿墩身每隔 2~3m 选取一个验算截面。

（2）验算截面内力计算。

按照各种组合分别对每个验算截面计算其竖向力、水平力和弯矩,得到相应的纵向力 $\sum N$、水平力 $\sum H$ 和弯矩 $\sum M$。

（3）验算抗压强度。

按轴心或偏心受压构件验算墩身各截面的强度,如不满足要求,需修改墩身截面尺寸重新验算。

（4）截面偏心距验算。

桥墩偏心受压时,验算截面在各种作用效应组合下的偏心距 e 均不应超过《公路桥涵设计通用规

范》(JTG D60—2015)中的容许值。如果超过,可按式(5.53)确定截面尺寸:

$$\gamma_0 N_d \leqslant \varphi \frac{A f_{tmd}}{\dfrac{Ae}{W} - 1} \tag{5.53}$$

式中:γ_0——结构重要性系数,对应于一级、二级、三级设计安全等级分别取用1.1、1.0、0.9;

N_d——轴向力设计值;

A——构件截面面积,对于组合截面应按弹性模量比换算为换算截面面积;

W——单向偏心时,构件受拉边缘的弹性抵抗矩,对于组合截面应按弹性模量比换算为换算截面弹性抵抗矩;

f_{tmd}——构件受拉边层的弯曲抗拉强度设计值;

e——单向偏心时,轴向力偏心距;

φ——砌体偏心受压构件承载力影响系数或混凝土轴心受压构件弯曲系数。

(5)抗剪强度验算。

当拱桥相邻两孔的推力不等时,需要验算拱座底截面的抗剪强度。如果是采用无支架吊装的双曲线拱,以及在裸拱情况下卸落拱架,都应按照该阶段的作用组合进行这项的验算。具体按式(5.54)验算:

$$\gamma_0 V_d \leqslant A f_{vd} + \frac{1}{1.4} \mu_f N_k \tag{5.54}$$

式中:V_d——剪力设计值;

A——受剪截面面积;

f_{vd}——砌体或混凝土抗剪强度设计值;

μ_f——摩擦系数,采用$\mu_f = 0.7$;

N_k——与受剪截面垂直的压力标准值。其余符号意义同前。

2. 桥墩整体稳定性验算

重力式桥墩的稳定性验算,一般包括桥墩的整体稳定性验算和墩顶水平位移验算。但根据《公路桥涵设计通用规范》(JTG D60—2015)中的说明,墩顶水平位移不做验算限制。所以这里只需对其整体稳定性进行验算。

(1)倾覆稳定性验算。

当桥墩处于临界稳定平衡状态时,绕倾覆转动轴A-A取矩,令稳定力矩为正,倾覆力矩为负,则有式(5.55):

$$\sum P_i \cdot (s - e_i) - \sum (H_i \cdot h_i) = 0 \tag{5.55}$$

即有式(5.56):

$$s \cdot \sum P_i - \left[\sum (P_i \cdot e_i) + \sum (H_i \cdot h_i) \right] = 0 \tag{5.56}$$

式中:P_i——作用标准值组合(地震除外)引起的竖向力;

e_i——竖向力P_i对验算截面重心的力臂(平距);

H_i——作用标准值组合(地震除外)引起的水平力;

h_i——水平力H_i对验算截面重心的力臂(垂距);

s——截面形心至验算倾覆转轴 $A\text{-}A$ 的水平距离。

上述方程左边第一项为稳定力矩,第二项为倾覆力矩。因此,抗倾覆稳定性系数 K_0 可以按式 (5.57)验算:

$$K_0 = \frac{M_稳}{M_倾} = \frac{x \sum P_i}{\sum (P_i e_i) + \sum (T_i h_i)} = \frac{x}{e_0} \tag{5.57}$$

式中:$M_稳$——稳定力矩;

$M_倾$——倾覆力矩;

$\sum P_i$——作用于基地竖向作用的总和;

$P_i e_i$——作用在桥墩上各竖向力与它们到基底重心轴距离的乘积;

$T_i h_i$——作用在桥墩上各水平力与它们到基底距离的乘积;

x——基底截面重心到偏心方向截面边缘的距离;

e_0——合外力 R 的竖向分力对基底重心的偏心距。

(2) 滑动稳定性验算。

抗滑动稳定性系数按式(5.58)验算:

$$K_c = \frac{\mu \sum P_i + \sum H_{ip}}{\sum H_{ia}} \tag{5.58}$$

式中:K_c——桥涵墩台基础的抗滑动稳定性系数;

$\sum P_i$——各竖向力的总和;

$\sum H_{ip}$——抗滑动稳定水平力总和;

$\sum H_{ia}$——滑动水平力总和;

μ——基础底面与地基土之间的摩擦系数,通过试验确定。

上述求得的抗倾覆与抗滑动稳定性系数和均不得小于表 5.3 中所规定的最小值。最后还要注意,在验算倾覆稳定性和滑动稳定性时,都要分别按常水位和设计水位两种情况考虑水的浮力。

表 5.3　抗倾覆和抗滑动的稳定性系数最小值

作用组合		验算项目	稳定性系数最小值
试用阶段	永久作用(不计混凝土收缩徐变及水浮力)和汽车、人群的标准值效应组合	抗倾覆	1.5
		抗滑动	1.3
	各种作用(不包括地震作用)的标准值效应组合	抗倾覆	1.3
		抗滑动	1.2
施工阶段	施工阶段中各种作用的标准值效应组合	抗倾覆	1.2
		抗滑动	

3. 墩顶水平位移验算

墩顶过大的水平位移将影响桥跨结构的正常使用,对于高度超过 20 m 的重力式桥墩应验算墩顶水平方向的弹性位移。《公路桥涵设计通用规范》(JTG D60—2015)中规定墩顶端部水平位移的容许极值为式(5.59)：

$$\Delta \leqslant 0.5\sqrt{l} \tag{5.59}$$

式中：l——相邻墩台间最小跨径长度，以 m 计，跨径小于 25 m 时仍按 25 m 计；

Δ——墩顶计算水平位移值，cm。

4. 相邻墩台均匀沉降差

当墩台建在地质情况复杂、土质不均匀及承载力较差的地基上，以及相邻跨径差别较大，需要计算沉降差值或跨线桥净高需预先考虑沉降时，均应计算沉降值。对于建在多层土上的墩台，最终沉降量可由分层总和法计算。《公路桥涵设计通用规范》(JTG D60—2015)中规定相邻墩台均匀沉降差（不包括施工沉降），不应使桥面形成大于 2‰ 的纵坡。对于超静定结构，桥墩台之间的均匀沉降差除需满足桥面纵坡要求，还应满足结构的受力要求。

5. 基底应力和偏心距验算

（1）基底应力验算。

当不考虑嵌固作用时，基础底面岩土的承载力可按下式验算。

①基底只承受轴心荷载时，计算见式(5.50)：

$$P = \frac{N}{A} \leqslant [f_a] \tag{5.60}$$

式中：P——基底平均压应力；

N——《公路桥涵设计通用规范》(JTG D60—2015)中规定的作用效应短期组合在基底产生的竖向力；

A——基底底面面积；

$[f_a]$——修正后的地基承载力容许值。

②基底单向偏心受压时，除满足式(5.60)外还应符合式(5.61)：

$$P_{max} = \frac{N}{A} + \frac{M}{W} \leqslant \gamma_R [f_a] \tag{5.61}$$

式中：P_{max}——基底最大压应力；

M——《公路桥涵设计通用规范》(JTG D60—2015)规定的作用效应短期组合在桥墩上产生的水平力和竖向力对基底重心轴的弯矩；

W——基底底面偏心方向面积抵抗矩；

γ_R——地基承载力容许值抗力系数，按《公路桥涵设计通用规范》(JTG D60—2015)值取为 1.0～1.5。

③基底双向偏心方向受压时，除满足式(5.61)外，还要符合式(5.62)：

$$P_{max} = \frac{N}{A} + \frac{M_x}{W_x} + \frac{M_y}{W_y} \leqslant \gamma_R [f_a] \tag{5.62}$$

式中：M_x、M_y——作用于基底的水平力和竖向力绕 x 轴、y 轴对基底的弯矩；

W_x、W_y——基底底面偏心方向边缘绕 x-x 轴、y-y 轴的面积抵抗矩。

当设置在基岩上的基底承受单向偏心荷载，其偏心距 e_0 超过核心半径 ρ 时，可仅按受压区计算基底最大压应力。基底为矩形截面的最大压应力 P_{max} 按式(5.63)计算：

$$P_{\max} = \frac{2N}{3ad} = \frac{2N}{3\left(\dfrac{b}{2} - e_0\right)a}$$ (5.63)

式中：a——垂直于 b 边基础底面的边长；

b——偏心方向基底底面的边长；

d——N 作用点至基底受拉边缘的距离；

e_0——N 作用点距截面重心的距离。

当设置在基岩上的基底承受双向偏心压应力，且 $e_0/\rho > 1.0$ 时，可仅按受压区计算基底压应力，墩台基底最大压应力可按《公路桥涵设计通用规范》(JTG D60—2015)确定。

（2）基底偏心距验算。

为了均匀分布恒载基底应力，避免基底最大压应力 $\sigma_{\max}$ 和最小压应力 $\sigma_{\min}$ 相差过大，导致基底不均匀沉降，影响桥墩正常使用，在设计过程中应对基底偏心距加以限制，在基础纵向、横向荷载偏心距 e_0 要满足表 5.4 的要求。

表 5.4　墩台基础合力偏心距限制

荷载情况	地基条件	合力偏心距	备注
墩台仅承受永久作用标准值效应组合	非岩石地基	$e_0 \leq 0.1\rho$	拱桥、刚构桥墩台，合力作用点应尽量保持在基底重心附近
	非岩石地基	$e_0 \leq 0.75\rho$	
墩台承受作用标准值效应组合或偶然作用（地震作用除外）标准值效应组合	非岩石地基	$e_0 \leq \rho$	拱桥单向推力墩不受限制，但 $e_0 > \rho$ 时应考虑应力重分布，要符合《公路桥涵设计通用规范》(JTG D60—2015)中对抗倾覆稳定性系数的要求
	较破碎～极破碎岩石地基	$e_0 \leq 1.2\rho$	
	完整、较完整岩石地基	$e_0 \leq 1.5\rho$	

根据表 5.4 可得式(5.64)和式(5.65)：

$$\rho = \frac{W}{A}$$ (5.64)

$$e_0 = \frac{\sum M}{N}$$ (5.65)

式中：ρ——墩台基底底面的核心半径；

W——墩台基础底面的截面模量；

A——墩台基础底面面积；

N——作用于基础底面合力的竖向分力；

$\sum M$——作用于墩台的水平力和竖向力对基底形心轴的弯矩。

5.2.3　柱式桥墩计算

柱式桥墩的计算包括盖梁计算和柱身计算两部分。

1. 盖梁计算

桩柱式桥墩通常按钢筋混凝土构件设计。桩柱钢筋伸入盖梁内与盖梁的钢筋绑扎在一起,因此,盖梁与桩柱连接成刚架结构。对于双柱式桥墩,当盖梁的刚度与桩柱的线刚度(EI/l)之比大于 5 时,为了简化计算可忽略节点不均衡弯矩的分配和传递,一般可按简支梁或悬臂梁进行计算和配筋,多根桩柱的盖梁可按连续梁计算。当盖梁计算跨径 l 与梁高 h 之比,对于简支梁当 $2.0 < l/h \leqslant 5.0$、连续梁 $2.5 < l/h \leqslant 5.0$ 时称为"短梁",此时盖梁应按深受弯构件计算。当跨高之比 $l/h > 5.0$ 时,或桥墩承受较大横向力时,盖梁和桩柱应作为横向刚构架整体进行验算。

作用在盖梁上的外力主要考虑上部结构永久作用引起的支反力、盖梁自重、活载和施工吊装荷载以及桥墩沿纵向的水平力。最不利活载加载,首先可根据所计算盖梁处上部结构支反力影响线确定活载最大支反力,其次是根据该梁内力影响线决定活载最不利横向布置。

盖梁在施工过程中,荷载的不对称性很大,各截面将产生较大的内力,因此应根据当时的架桥施工方案做出最不利荷载工况。盖梁的配筋验算方法与钢筋混凝土梁配筋类同,根据弯矩包络图配置受弯钢筋,根据剪力包络图来配置斜筋和箍筋,在配筋时还应计算各控制截面扭矩所需要的箍筋及纵向钢筋。

2. 墩身计算

(1) 荷载计算。

桥墩桩柱的荷载有上部结构恒载和盖梁恒载的反力、桩柱自重及活载。按最不利作用效应组合在桥上布置各种活载,然后求得最大桩柱反力。桥墩的水平力有支座摩阻力和车辆制动力等。

(2) 内力计算。

桩柱式墩按桩基础的有关内容计算桩柱的内力和桩的埋入深度,对于单柱式桥墩,计算弯矩还要考虑两个方向弯矩的合力。纵、横向弯矩合力值为式(5.66):

$$\sum M = \sqrt{M_x^2 + M_y^2}$$

(5.66)

式中:M——弯矩合力;

　　　M_x——横向弯矩;

　　　M_y——纵向弯矩。

(3) 配筋验算。

在最不利组合内力作用下,可先配筋然后按钢筋混凝土偏心受压构件进行验算。圆截面柱的截面配筋计算按钢筋混凝土偏心受压构件计算。

(4) 抗裂验算。

钢筋混凝土圆形和环形截面偏心受压构件的最大裂缝宽度计算,应根据截面受拉区最外缘钢筋应力 σ_{ss} 进行抗裂性验算,当 $\sigma_{ss} \leqslant 24$ MPa 时,可不需验算裂缝宽度。

①抗裂性验算判断见式(5.67):

$$\sigma_{ss} = \left[59.42 \frac{N_s}{\pi r^2 f_{cu,k}} \left(2.80 \frac{\eta_s e'_0}{r} - 1.0 \right) - 1.65 \right] \rho^{-\frac{2}{3}}$$

(5.67)

式中：σ_{ss}——由作用频遇组合产生的开裂截面纵向受拉钢筋的应力；

$\qquad N_s$——作用短期效应组合计算的最不利竖向力；

$\qquad f_{cu,k}$——边长为 150 mm 的混凝土立方体抗压强度标准值；

$\qquad e'_0$——竖向力 N_s 的偏心距；

$\qquad \eta_s$——使用阶段的偏心距增大系数，计算见式(5.68)；

$\qquad r$——圆形截面半径；

$\qquad \rho$——纵向受拉钢筋配筋率或纵向钢筋配筋率。

$$\eta_s = 1 + \frac{l}{\dfrac{4000e_0}{h_0}}\left(\frac{l_0}{h}\right)^2 \tag{5.68}$$

式中：e_0——竖向力 N_d 的偏心距；

$\qquad l$——受弯构件的计算跨径或受压构件节点间的长度；

$\qquad l_0$——受压构件的计算长度；

$\qquad h$——截面高度；

$\qquad h_0$——截面有效高度。其余符号意义同前。

当 $\dfrac{l_0}{h} \leqslant 14$ 时，$\eta_s = 1.0$。

②钢筋混凝土圆柱截面最大裂缝宽度 W_{fk} 计算见式(5.69)：

$$W_{fk} = C_1 C_2\left[0.03 + \frac{\sigma_{ss}}{E_s}\left(0.004\frac{d}{\rho} + 1.52\right)\right] \tag{5.69}$$

式中：C_1——钢筋表面形状系数，光面钢筋取 1.0，带肋钢筋取 1.0；

$\qquad C_2$——作用长期效应影响系数，$C_2 = 1 + 0.5(M_1/M_s)$，其中 M_1、M_s 分别是按长期效应组合和短期效应组合计算的弯矩值；

$\qquad d$——竖向钢筋直径；

$\qquad E_s$——普通钢筋的弹性模量。其余符号意义同前。

钢筋混凝土圆柱最大裂缝宽度应满足一般钢筋混凝土构件的最大裂缝宽度限值要求。

5.2.4　桥台计算

1. 重力式桥台计算

(1) 计算荷载。

桥台计算时考虑的荷载基本上与桥墩的一样，主要有以下几点不同之处：桥台需考虑台后填土的侧压力和车辆荷载引起的土侧压力；台后的土侧压力一般按主动土压力计算；车辆荷载引起的土侧压力可按土体破坏棱体上布置的车辆荷载换算为等价土层来计算所增加的土压力，同样按主动土压力计算；桥台计算不需考虑风力、流水压力、冰压力、船只和漂浮物的撞击力。

(2) 作用效应组合。

重力式桥台的计算、验算内容与重力式桥墩基本一致，包括台身截面强度验算、地基应力及桥台稳定性验算等，但对于桥台只需进行顺桥向验算。故桥台在进行荷载布置及组合时，只需考虑顺桥方向。

①梁桥重力式桥台的荷载布置及作用效应组合。为了求得重力式桥台在最不利作用效应组合的受

力情况,首先根据车辆荷载沿纵桥向不同的布置形式,按各种可能出现的荷载进行最不利荷载组合。梁桥桥台验算时车辆荷载的三种布置情况如下:

a.仅在桥跨结构上布置车辆荷载;

b.仅在台后破坏棱体上布置车辆荷载;

c.在桥跨和台后破坏棱体上同时布置车辆荷载。

具体是哪一种荷载组合控制设计,要结合验算的具体内容经过分析比较后才能确定。

②拱桥重力式桥台的荷载布置及作用效应组合。拱桥桥台通常按下列两种情况布载并进行作用效应组合。

a.桥跨满布活载使拱脚水平推力 H_p 达到最大值,温度回升,制动力向路堤方向,台后按压实土考虑土侧压力,使桥台有向路堤方向偏移的趋势。

b.台后破坏棱体上有活载,制动方向沿桥跨方向,且桥跨上无活载,温度下降,台后按未压实土考虑土侧压力,使桥台有向桥跨方向偏移的趋势。

(3)验算内容。

桥台只做纵向的验算,U 形桥台验算项目与实体式桥墩基本相同,需验算台身强度、截面偏心距及桥台整体稳定性(抗倾覆稳定和抗滑动稳定)。验算方法及公式与实体式桥墩相同。当验算台身砌体强度时,如桥台截面各部分尺寸满足上述构造形式,则把桥台的翼墙和前墙作为整体来考虑受力。否则前墙应按独立的挡土墙计算。

2. 设有支撑梁的轻型桥台的计算特点

梁桥轻型桥台是按四铰刚度理论进行计算的。桥梁上部结构及桥孔下面的支撑梁作为桥台的上下支撑,保持两台不向河中偏移。桥台作为上下端均为简支的竖梁,承受台后的水平土压力,同时由于翼墙与桥台连成整体,所以桥台应按在弹性地基上的短梁进行验算。

轻型桥台计算主要有以下三方面:①桥台(顺桥向)在侧向土压力作用下台身作为竖梁进行截面承载能力极限状态验算;②桥台(包括基础)在竖向荷载作用下横桥向作为一根弹性地基短梁进行截面承载能力极限状态验算;③基础底面地基应力验算。

(1)桥台作为竖梁时的强度验算。

按单位宽度验算在水平土压力作用下台身截面应力。桥台的最不利作用效应组合是桥上无车辆荷载、台背填土破坏棱体上有车辆荷载。在这种荷载组合下台身截面有较大弯矩,因而进行控制设计。

①验算截面处竖向力 N。

截面处竖向力 N 计算见式(5.70)。

$$N = N_1 + N_2 + N_3 \tag{5.70}$$

式中:N_1——桥跨结构恒载在单位宽度桥台上的支点反力;

N_2——单位宽度台帽的自重;

N_3——验算截面以上单位宽度台身的自重。

②台后主动土压力计算。

按《公路桥涵设计通用规范》(JTG D60—2015)中的规定进行计算。

③台身内力计算。

a.计算跨径。台身按上下铰接的简支梁计算,对于有台背的桥台,由于上部结构与台背间隙已用砂

浆、小石子填实,保证了有可靠的支撑作用。因此台身受弯的计算跨径 H_1 计算见式(5.71):

$$H_1 = H_0 + \frac{d}{2} + \frac{c}{2} \tag{5.71}$$

式中:H_0——桥跨结构与支撑梁间净距;

d——支撑梁高度;

c——桥台背墙高度。

对于受剪的计算跨径取 H_0。

b. 土压力引起的弯矩和剪力(近似取中点计算)。

台身跨中截面的弯矩 M 计算见式(5.72):

$$M = \frac{1}{8} P_2 H_1^2 + \frac{1}{16} P_1 H_1^2 \tag{5.72}$$

台帽顶部截面的剪力 Q 计算见式(5.73):

$$Q = \frac{1}{2} P'_2 H_0 + \frac{1}{3} P'_1 H_0 \tag{5.73}$$

支撑梁顶面的剪力 Q' 计算见式(5.74):

$$Q' = \frac{1}{2} P'_2 H_0 + \frac{2}{3} P'_1 H_0 \tag{5.74}$$

式中:P_1、P_2——受弯计算跨径处的土压力强度;

P'_1、P'_2——受剪计算跨径处的土压力强度。

④截面强度验算。

按《公路桥涵设计通用规范》(JTG D60—2015)中有关公式进行跨中截面的抗压强度和支点截面的抗剪强度验算。

(2) 桥台在本身平面内的弯曲验算。

轻型桥台可以看作一段平直薄墙,在竖向荷载作用下会发生弯曲,如图 5.7 所示。当桥台长度 $L>a/1.2$ 时,把桥台当作支撑在弹性地基上的无限长的梁计算;当 $L<a/4$ 时,把桥台当作支撑在弹性地基上的刚性梁计算;当 $a/4 \leqslant L \leqslant a/1.2$ 时,把桥台当作支撑在弹性地基上的短梁计算。而轻型桥台的长度大多为 $a/4 \sim a/1.2$。因此,这里仅对短梁的计算进行说明。

梁上一段对称均布荷载在梁跨中产生的最大弯矩 $M_{1/2}$ 可按式(5.75)计算:

$$M_{1/2} = \frac{q}{2\beta^2} \left[\frac{\mathrm{ch}\beta L - 1}{\mathrm{sh}\beta L + \sin\beta L} \mathrm{ch}\beta a \sin\beta a + \frac{1 - \cos\beta L}{\mathrm{sh}\beta L + \sin\beta L} \mathrm{sh}\beta a \cos\beta a - \mathrm{sh}\beta a \sin\beta a \right] \tag{5.75}$$

式中:L——桥台长度;

a——桥台中心线至分布荷载边缘的距离;

β——特征系数,$\beta = \sqrt[4]{k/4EI}$(k 为土的弹性抗力系数,一般由试验确定,无试验资料可按规范或手册取值,E、I 分别为桥台的弹性模量和截面惯性矩)。

(3) 基底应力验算。

桥台的基底应力等于桥台自重引起的和桥跨结构恒载及活载引起的应力的总和。桥台自重引起的基底应力可按台墙因自重不会导致发生弯曲的假定计算。荷载引起的基底最大应力 σ 可按式(5.76)求得:

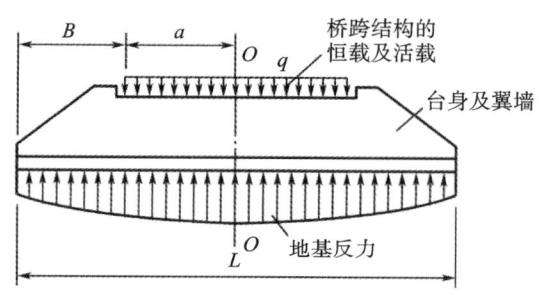

图 5.7　桥台受力图式

注:B—桥台边缘至分布荷载边缘距离;a—桥台中心线至分布荷载边缘距离;

O-O—桥台中心线;q—桥跨结构的恒载及活载;L—桥台长度。

$$\sigma = \frac{q}{b}\left[\frac{\mathrm{ch}\beta L + 1}{\mathrm{sh}\beta L + \sin\beta L}\mathrm{sh}\beta a\cos\beta a + \frac{1 + \cos\beta L}{\mathrm{sh}\beta L + \sin\beta L}\mathrm{ch}\beta a\sin\beta a + 1 - \mathrm{ch}\beta a\cos\beta a\right] \qquad (5.76)$$

式中:b——基础宽度。其余符号意义同前。

3. 拱桥组合式桥台计算特点

拱桥的组合式桥台由前台和后座组成,前台的桩基或沉井基础承受拱的竖向力,后座的主动土压力及后座基底的摩阻力来平衡拱的水平推力。考虑到主拱水平推力向后传递时有向下扩散的影响,后座基底标高应低于拱脚截面底缘的标高。前台台身与后座两部分间必须密切贴合,以适应两者不均匀沉降。这种桥台适用于在软土地基上修建拱桥,实践证明效果较好,解决了拱桥的推力问题,为采用竖直桩修建拱桥桥台提供了方法。

考虑到拱桥桥台一般不发生水平位移,然而组合式桥台前台桩基或沉井的水平位移值均涉及土的特性和土抗力,难以进行准确计算,组合式桥台一般按上述受力特点采用静力平衡法进行计算。该计算方法简单,结果偏安全。

5.3　梁桥设计

5.3.1　混凝土简支梁桥的构造与设计要点

简支梁桥(simply-supported beam bridge)属于静定结构,它受力明确,构造简单,施工方便,是中小跨度桥梁中应用最广泛的桥型。简支梁桥的结构尺寸易于设计成系列化和标准化,这就有利于在工厂内或工地上广泛采用工业化制造,组织大规模预制(pre-cast)生产,并利用起重设备或架桥机进行架设。采用预制装配式的施工方法,可以节约模板及支架材料,降低劳动强度,提高质量,缩短工期,显著加快建桥速度。因此,国内外中小跨径的桥梁,绝大部分采用装配式的简支混凝土梁、钢梁或结合梁。

1. 截面形式

从梁的截面(section)形式来区分,混凝土简支梁桥可以分为三种类型:板桥、肋板式梁桥和箱形梁桥。

(1)板桥。

板桥(slab bridge)的承重结构就是矩形截面的钢筋混凝土或预应力混凝土板,其主要特点是构造简单,施工方便,而且建筑高度较小。从力学性能上分析,位于受拉区的混凝土材料不但不能发挥作用,反而增大了结构的自重,当跨度稍大时就显得笨重而不经济,故简支板桥的跨径一般不大,通常在 10 m左右。

整体式板桥在车辆荷载作用下除了沿跨径方向引起弯曲受力外,在横向也发生挠曲变形,因此它是一块双向受力的弹性薄板,其受力钢筋需沿纵、横两个方向布置。

有时为了减轻结构重力,也可做成留有圆洞的空心板(voided slab)桥或将受拉区稍加挖空的矮肋式板桥。

在小跨径(一般不超过 8 m)梁桥中广泛使用的装配式板桥由几块预制的实心板条拼连而成,从结构受力性能上分析,在荷载作用下,它不是双向受力的整体宽板,而是一系列单向受力的窄板式梁,板与板之间凭借企口缝(板与板之间的连接构造)传递剪力而共同受力。对于每块窄板而言,它主要沿跨径方向承受弯曲与扭转。

装配式板桥也可做成在横截面中性轴附近被显著挖空的空心板桥,以达到减轻自重和加大跨径的目的。

装配-整体组合式板桥利用一些小型预制构件安装就位后作为底模,在其上再浇筑混凝土结合成整体。在缺乏起重设备的情况下,这种板桥能收到较好的效果,但应用十分有限。

(2) 肋板式梁桥。

在横截面内形成明显肋状结构的梁桥称为肋板式梁桥,或简称肋梁桥。这类桥以梁肋(或称腹板)与顶部的钢筋混凝土桥面板结合在一起作为承重结构。由于肋与肋之间处于受拉区的混凝土得到很大程度的挖空,结构重力显著减轻。特别对于仅承受正弯矩作用的简支梁来说,这既充分利用了扩展的混凝土桥面板的抗压能力,又有效地发挥了集中布置在梁肋下部的受拉钢筋的作用,从而使结构构造与受力性能达到较理想的配合。与板桥相比,对于梁肋较高的肋梁桥来说,由于混凝土抗压和钢筋受拉所形成的力偶臂较大,因而肋梁桥也具有更大的抵抗弯曲荷载的能力。目前,中等跨径(20~40 m)的梁桥,通常采用肋板式梁桥。

肋板式梁桥的横截面又分为Ⅱ形和 T 形两种基本类型。

① Ⅱ形截面。

公路Ⅱ形梁桥横截面的特点是:截面形状稳定,横向抗弯刚度大,梁的堆放、装卸和安装都方便,各Ⅱ形梁之间用穿过腹板的螺栓连接。但这种构件的制造较复杂;梁肋被分成两片薄的腹板,通常用钢筋网来配筋,难以做成刚度较大的钢筋骨架。设计经验证明,跨度较大时Ⅱ形梁桥的混凝土和钢筋用量都比 T 形梁桥的大,而且构件也重。故Ⅱ形梁桥一般只用于跨径为 6~12 m 的小跨径桥梁,应用有限。

② T 形截面。

由若干个 T 形截面梁组成的桥,统称为 T 形梁桥(T-girder)。

在设计整体式 T 形梁桥时,鉴于梁肋尺寸不受起重安装机具的限制,故可以根据钢筋混凝土体积最小的经济原则来确定截面尺寸。对于桥面不宽的双车道的公路桥梁,只要建筑高度不受限制,往往以建造双主梁桥较为合理,主梁的间距可按桥梁全宽的 55%~60% 布置。有时为减小桥面板的跨径,还可在两主梁之间增设内小纵梁。

考虑到起重设备的能力和预制安装的方便,装配式肋梁桥一般采用主梁间距在 2.0 m 以内的多梁式结构。通常,在每一预制 T 形梁上沿纵向设置若干(等 T 形梁架设就位后再相互连接用的)横隔板。

(3) 箱形梁桥。

横截面呈一个或几个封闭箱形的梁桥称为箱形梁桥(box girder bridge)。这种结构除了梁肋和上部翼缘板,在底部还有扩展的底板,因此它能提供承受正、负弯矩的混凝土受压区。箱形梁桥的另一重要特点是,在一定的截面面积下能获得较大的抗弯惯性矩,而且抗扭刚度也特别大,在偏心活载作用下各梁肋的受力比较均匀。因此,箱形截面适用于较大跨径的悬臂梁桥和连续梁桥,也可用于全截面均参与受力的预应力混凝土简支梁桥。显然,对于普通钢筋混凝土的简支梁桥来说,底板除增加重力外并无其他益处,故不宜采用。

下面举例一些美国中小跨度公路梁桥的常用截面形式,一般有:承重结构为 Ⅰ 形钢板梁,上铺现浇或预制的混凝土桥面板;承重结构为钢箱或预制混凝土箱与现浇混凝土桥面板;承重结构为槽形钢梁或预制混凝土梁与现浇混凝土桥面板;承重结构为整体现浇混凝土多箱室;承重结构为整体现浇混凝土 T 形梁;承重结构为空心或多室混凝土箱带桥面铺装;承重结构为预制的多室混凝土箱,配横向后张(post-tensioned)预应力;承重结构为预制混凝土 Ⅱ 形截面带桥面铺装;承重结构为预制混凝土双 T 形截面(即 Ⅱ 形),配横向后张预应力;承重结构为预制混凝土 T 形截面,配横向后张预应力。在所有钢梁与混凝土桥面板结合形成的梁桥中,都需采用剪力连接器或剪力键(shear key),保证钢筋混凝土之间的可靠连接。

2. 分块方式

装配式梁桥按何种方式划分成预制拼装单元,是直接影响到结构受力、构件预制、运输和架设以及拼装接头的施工等许多因素的问题,而且这些因素往往又彼此影响、相互矛盾。例如,要加大安装构件的尺寸以减少接头数量并增强结构的整体性,就会要求很强的运输、起重能力;而为了减小构件的重量,就会增加构件和接头的数目,或增加现浇混凝土的工作量等。同时,块件的划分方式也与所选用的横截面形式紧密相关。

在装配式梁桥设计中,块件的划分一般应遵循以下原则。

①块件的重量应当符合当地现有的运输工具和起吊设备的承载能力,而块件的尺寸及运输则应满足建筑限界的要求。

②结构的构造应当简单,并且尽可能少用接头。接头必须耐久可靠,具有足够的刚度以保证结构的整体性。

③为了便于制造以及日后的更换,块件形状和尺寸应力求标准化。

钢筋混凝土和预应力混凝土梁桥常用的分块方式有纵向竖缝划分、纵向水平缝划分和纵、横向竖缝划分三种方式。

(1) 纵向竖缝划分。

这种划分方式在简支梁桥中应用最为普遍。在这种结构中,作为主要承重构件的各片主梁,包括相应行车道板,都是整体预制的,接头和接缝仅布置在次要构件——横隔梁(板)和行车道板(或道砟槽板)内。结构部分均为预制拼装,不需要现浇混凝土。这种划分方法使主梁受力可靠,施工也方便;不足之处是构件的尺寸和重量往往都很大,可能会增加运输与安装上的困难。

(2) 纵向水平缝划分。

为了进一步减轻拼装构件的起吊重量和尺寸,便于集中预制和运输吊装,还可以用纵向水平缝将桥梁的全部梁肋与桥面板分割开来,再借助纵横向的竖缝将板划分成平面呈矩形的预制构件。施工时先架设梁肋,再安装预制板,最后在接缝内或连同在板上现浇一部分混凝土使结构连成整体,这样的装配式梁桥通常称为组合式梁桥。

组合式梁桥由于在主要承重结构的梁肋与翼板之间存在混凝土施工接缝,故会削弱梁板之间抵抗弯曲剪应力的能力。因此,为了使组合式梁可靠地整体受力,必须保证结合面的抗剪强度,通常以适当加大肋顶宽度和借助肋内的伸出钢筋来达到该目的。施工时,结合面应按规定做接缝处理。

(3)纵、横向竖缝划分。

为使装配式梁的预制块件进一步减小尺寸和减轻重量,可将用纵向竖缝划分的主梁再通过横向竖缝划分成较小的梁段。显然,对于这样的预制梁段,由于没有普通钢筋穿过接缝,就必须对架设就位后的梁段用预应力钢筋串联,通过施加预应力来保证所有接缝具有足够的连接强度,使梁整体受力。这种横向分段预制的装配式梁也称串联梁。

串联梁的主要优点是块件尺寸小、重量轻,可以成批预制后运至桥位处。不足之处是施工麻烦,梁段就位时需要落地支架或架空托架。在预制时均应按预应力钢筋设计位置留出孔道,工字形块件还应标示出为横向预应力钢筋留置的孔道。施工时,将梁段在工地组拼台上或在桥位处支架上正确就位,并在梁段接触面上涂上薄层(厚度通常在 1 mm 以下)环氧树脂,待逐段拼装完成后便穿入预应力钢筋进行张拉,使梁连成整体。箱形截面的梁段,其分段方式常用于预制拼装的大跨度预应力混凝土连续梁桥或连续刚构桥中。

3. 结构布置

(1)板桥。

①整体式板桥。

如前所述,整体式板桥的横截面一般都设计成等厚度的矩形截面,有时为了减轻自重也可将受拉区稍加挖空做成矮肋式板桥。对于修建在城市内的宽桥,为了防止因温度变化和混凝土收缩而引起的纵向裂缝,以及减小活载产生的横向弯矩,也可以将板沿桥中轴线断开,将一桥设计为并列的两桥。为了减小墩台的宽度,可将人行道做成悬臂形式从板的两侧挑出。

整体式板桥的跨径通常与板宽相差不大,在车辆荷载作用下实际处于双向受力状态。因此,除了配置纵向受力钢筋以外,还要在板内设置垂直于主钢筋的横向分布钢筋,一般在单位长度上不得少于单位板宽上主钢筋面积的 15%,间距应不大于 25 cm。考虑到车辆在偏近板边行驶时,参与受力的板宽要比中间的少,除在板中间的 2/3 范围内按计算需要量进行配筋外,在两侧各 1/6 的范围内应比中间的增加 15%。整体式板的主拉应力较小,按计算可以不设弯起的斜钢筋,但习惯上仍然将一部分主钢筋按 30° 或 45° 的角度,在跨径 1/6~1/4 处弯起。

②装配式板桥。

装配式板桥的横截面形式主要有实心板和空心板两种。为了使装配式板块组成整体,共同承受车辆荷载,在板件之间必须设置横向连接构造,常用的连接方法有企口混凝土铰接和钢板焊接连接。

a.实心板桥。

这种板桥跨径不大,通常在 8 m 以内。

b.空心板桥。

跨度较大的矩形板桥,再采用实心截面就显得不合理,因此有必要将截面中部挖空,做成空心板

（void slab），不但能减轻自重，而且能充分利用材料。通常，钢筋混凝土空心板的适用跨度在 10 m 左右，预应力混凝土空心板桥的适用跨度在 20 m 左右。

图 5.8 所示为几种常用空心板的开孔型式，其中（a）型和（b）型开成单个较宽的孔，截面挖空率大，重量轻，但顶板需配置横向受力钢筋以承担车轮荷载。（a）型略微弯曲，可以节省材料，但模板复杂。（c）型挖空成两个圆孔，用无缝钢管作芯模，施工较方便，但挖空率较小，自重较大。（d）型的芯模由两个半圆和两块侧模板组成，当板的厚度改变时，只需更换两块侧模板。不论采用何种开孔型式，空心板的顶板和底板厚度都不得小于 8 cm。为了保证抗剪强度，应在截面内按计算需要配置弯起钢筋和箍筋。

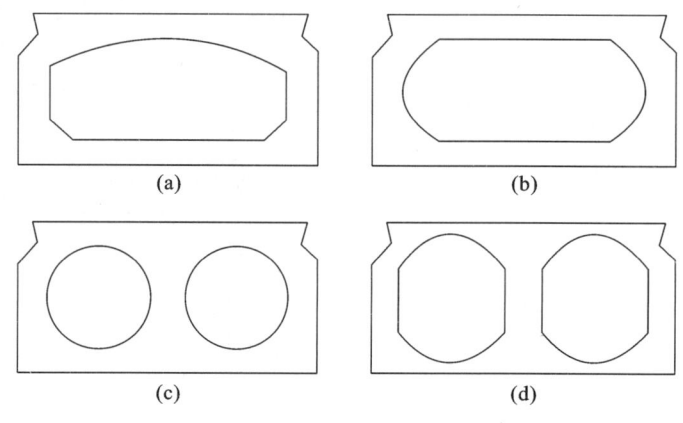

图 5.8　空心板开孔型式

（2）肋板式梁桥。

①装配式钢筋混凝土简支梁桥。

国内外所建造的装配式钢筋混凝土简支梁桥，以 T 形梁桥最为普遍。我国制定了标准跨径为 10 m、13 m 和 16 m 三种公路桥梁设计标准。

典型的装配式 T 形梁桥上部构造由几片 T 形截面的主梁并列在一起装配连接而成。T 形梁的顶部翼板构成行车道板，与主梁梁肋垂直相连的横隔梁以及 T 梁翼板的边缘，均设焊接钢板连接构造将各主梁连成整体，这样就能使作用在行车道板上的局部荷载分布给各片主梁共同承受。

a.主梁布置。

对于设计给定的桥面宽度（包括行车道和人行道宽度），主要问题是如何选定主梁的间距（或片数），这涉及材料用量、吊装重量和翼板的刚度等因素。通常，对于跨径较大的桥梁，如果建筑高度不受限制，适当加大主梁间距（减少主梁片数），则钢筋混凝土的用量会少些。但此时桥面板的跨径增大，悬臂翼缘板端部较大的挠度对引起桥面接缝处纵向裂缝的可能性也大些。同时，构件重量的增大也使运输和架设工作趋于复杂。

钢筋混凝土 T 形梁的主梁间距一般为 1.5～2.2 m。我国在编制装配式 T 形梁桥设计标准时，曾选用 10 m 和 20 m 两种跨径，按净－7＋2×1.0 m 的桥面净空，对翼板宽度为 1.6 m 的五梁式以及翼板宽度为 2.0 m 的四梁式进行了分析比较。结果表明，在梁高相同的情况下，两者在材料用量方面相差不大。鉴于五梁式的翼板刚度较大和当时的施工设备条件，并考虑到标准设计尺寸模数化的要求，最后统一采用了主梁间距为 1.60 m 的五梁式设计。

b. 横隔梁布置。

横隔梁在装配式 T 形梁桥中起着保证各根主梁相互连接成整体的作用,横隔梁刚度愈大,桥梁的整体性愈好,在荷载作用下各主梁就能更好地共同工作。但横隔梁使主梁模板工作复杂。

我国在 20 世纪 60 年代中后期曾尝试建过一些无横隔梁的 T 形梁桥。实践表明,这种梁桥较易出现翼板接缝处的纵向裂缝,而且主梁梁肋的裂缝也比有横隔梁的 T 形梁多,桥梁振动明显。通过调查分析,比较一致地认为:T 形梁端横隔梁是必须设置的,它不但有利于制造、运输和安装阶段构件的稳定性,而且能显著加强全桥的整体性;有中横隔梁的梁桥,荷载横向分布比较均匀,且可以减轻翼板接缝处的纵向开裂现象。故当 T 形梁的跨径稍大时(一般在 13 m 以上时),宜根据跨度、荷载、行车道板构造等情况,沿跨径方向增设 1~5 道横隔梁。

图 5.9 所示为常用的主梁中横隔梁的连接构造。在横隔梁靠近下部边缘的两侧和顶部的翼缘板内,均预埋有焊接钢板;将焊接钢板预先与横隔梁内的受力钢筋焊接,以固定其位置。当 T 形梁安装就位后,在预埋钢板上再加焊盖接钢板,将各 T 形梁连成整体。为了简化接头的现场施工,也可不采用焊接方式而改用螺栓接头,为此预埋钢板和盖接钢板上需预制螺栓孔。这种接头具有拼装迅速的优点,但也存在螺栓容易松动的不足。

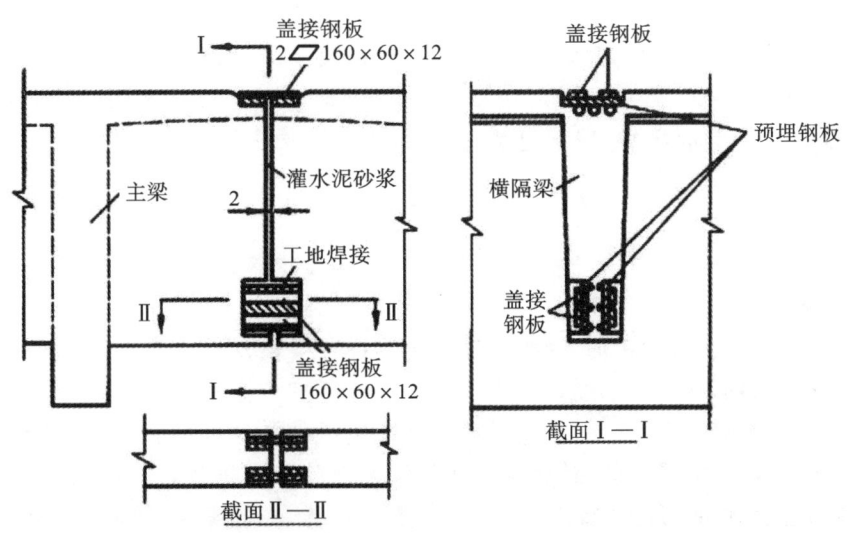

图 5.9　公路装配式 T 形梁桥横隔梁接头构造(单位:mm)

②装配式预应力混凝土简支梁桥。

当跨径超过 20 m 左右时,装配式钢筋混凝土简支梁桥不但钢材耗量大,而且混凝土开裂现象也比较严重,影响结构的耐久性。因此,当跨径大于 20 m 时,应采用预应力混凝土结构。

公路上预应力混凝土简支梁桥跨径已做到 50 m,部分桥梁甚至超过了 60 m。我国已为 20~50 m 跨径后张法装配式预应力混凝土简支梁桥编制了设计标准。

预应力混凝土简支梁桥的横截面类型,基本上与钢筋混凝土梁桥相似,通常也做成 T 形、Ⅱ形、I 形。它与钢筋混凝土 T 形梁桥的区别在于:主梁间距比较大,一般为 1.8~2.5 m,以节省材料用量。若在桥面板施加横向预应力,主梁间距还可适当加大。此外,预应力混凝土简支 T 形梁的梁肋下部要加宽做成马蹄形,以便布置预应力钢束和满足承受很大预压力的需要。为了配合钢束的起弯,在梁端要布置钢束锚头和安放张拉千斤顶,在靠近支点处腹板要加厚至与马蹄同宽,加宽范围最好达一倍梁高(离锚固端)左右,这样就形成了沿纵向腹板厚度发生变化、马蹄部分也逐渐加高的变截面 T 形梁。

沿纵向的横隔梁布置,基本上与钢筋混凝土梁桥的相同。但当主梁跨度较大、梁较高的情况下,为了减轻重量也可将横隔梁的中部挖空。

(3)预应力混凝土简支梁的构造特点。

当混凝土简支梁桥跨度增加时,就需要采用预应力混凝土梁。与钢筋混凝土梁相比,预应力混凝土梁主要有以下优点:

①采用高强度钢筋,可节约一定的普通钢筋;

②预加压应力可大幅度提高梁体的抗裂性,并增加了梁的耐久性;

③由于利用高标号混凝土,截面尺寸减小,梁体自重减轻,可以增大跨越能力,也有利于运输和架设;

④混凝土全截面受压,充分发挥了混凝土抗压性能的优势,也提高了梁的刚度。

在结构布置上,预应力混凝土简支梁与普通钢筋混凝土简支梁并无大的不同。预应力混凝土梁的截面形式通常也有板式、Ⅱ形、T 形和箱形,其块件划分方式也与钢筋混凝土梁相同。与同等跨度的钢筋混凝土梁相比,预应力混凝土梁的主要不同之处是:截面尺寸减小;高跨比减小;为了满足预应力钢筋的布置和承压要求,梁肋下部通常加宽做成马蹄形;在靠近支点处腹板也要加厚至与马蹄同宽。

对公路预应力混凝土 T 形梁桥,我国已为 25 m、30 m、35 m 和 40 m 跨径编制了设计标准(后张法)。

4. 钢筋构造

(1)钢筋类型。

对于钢筋混凝土梁而言,梁内钢筋可分为两大类:

①根据受力要求,通过计算确定的"受力钢筋",主要指沿梁轴方向布置的、承受弯曲拉应力的主筋,以及承受腹板内主拉应力的斜筋和箍筋;

②根据构造要求布置的钢筋,称为"构造钢筋",其中包括制造时为便于钢筋骨架绑扎成型和固定主要钢筋位置的"架立筋",以及难以通过计算确定而凭经验设置的辅助筋。

(2)预应力混凝土梁的钢筋构造特点。

预应力混凝土梁内钢筋可分为预应力钢筋和非预应力钢筋两类。非预应力钢筋(包括非预应力受力钢筋和构造钢筋)的构造与普通钢筋混凝土梁中钢筋的构造相同,此处不赘述。以下主要说明预应力钢筋的构造特点。

①预应力筋的纵向布置。

预应力筋纵向布置有好几种形式,所有形式的共同之处是主筋在跨中均靠近梁下缘布置,以对混凝土梁下缘施加压应力来抵消荷载引起的拉应力。

直线布筋构造最简单,但仅适用于小跨度梁,尤其是先张法制造的梁。其缺点是在支点附近处梁的上缘会出现过高的拉应力,可能导致开裂。为了减小梁端部由于预加力引起的负弯矩预应力,可将力筋在梁间适当位置截断,此时,将预应力筋在横隔梁处平缓弯出梁体,进行张拉和锚固。

预应力混凝土简支梁桥上采用最多的两种布筋方式如下:当预应力钢束的根数不多,能全部在梁端锚固时,为使张拉工序简便,通常都将预应力筋全部引至梁端锚固,这样布置的预应力筋弯起角 α 不大(一般在 20°以下),对减小摩阻损失有利;然而,对钢束根数较多的情况,或者当预应力混凝土梁的梁高受到限制,以致不能全部在梁端锚固时,就必须将一部分预应力筋锚固于梁顶,这样的布置方式使张拉作业的操作较为繁复,预应力筋的弯起角也较大(达 25°～30°),增大了摩阻引起的预应力损失,但能缩短力筋长度,节约钢材,也有利于提高梁的抗剪能力。

在实际设计中,考虑到梁在跨中区段弯矩变化平缓且剪力也不大,故通常在跨度的三分点到四分点之间开始将预应力筋弯起。起弯的曲线形状可以采用圆弧形、抛物线或悬链线。在曲线的矢跨比不大时,三者的形状很接近。圆弧线施工放样简便,弯起角度较大,可得到较大的预剪力,故通常都在梁中部保持一段水平直线后并按圆弧弯起;悬链线的预应力筋(或制孔器)可利用其自重下垂达到规定线形,定位方便,但它在端部的起弯角度较小。预应力筋弯起的曲率半径,当采用钢丝束、钢绞线时一般不小于4 m。

②预应力筋的锚固。

在先张法预应力混凝土梁中,预应力筋靠混凝土的握裹力锚固在梁体内;而在后张法梁中,则通过各类锚具锚固在梁端。

混凝土梁桥中常用后张法。在后张法锚固区,锚具垫板对混凝土作用有很大的压力,因承压面积不大,应力非常集中。锚板下的混凝土块不仅承受很大的压应力,还承受较大的拉应力(在与锚板平行的面内)。因此,为防止锚板下混凝土劈裂,必须配置足够的钢筋予以加强。锚具在梁端的布置应遵循"分散""均匀"的原则,尽量减小局部应力。一般而言,集中、过大的锚具可能不如分散、小型的有利。此外,锚具应在梁端对称于竖轴布置,锚具之间应留有足够的净距,能安装张拉设备,方便对称施工作业。

5. T 形梁截面尺寸的选定

在确定了主梁分块方式和截面形式之后,就需要拟订梁的截面尺寸。截面尺寸包括梁高、主梁梁肋尺寸、横隔梁尺寸、主梁翼板尺寸以及下翼缘尺寸等。

(1)梁高。

梁高(depth)的确定应通过多方面的比较,它取决于经济、梁重、建筑高度以及运输条件等因素,设计时还要考虑梁的标准化,提高互换性。

公路普通钢筋混凝土梁高跨比的经济范围为 1/16～1/11;预应力混凝土梁的高跨比为 1/25～1/15,通常随跨度增大而取较小值。对于建筑高度受严格限制的情况,主梁高度就要适当减小。

(2)主梁梁肋尺寸。

主梁高度与梁肋间距、荷载大小、建筑高度、运输条件等有关。经济性分析表明,钢筋混凝土简支 T 形梁梁高与跨径之比(俗称高跨比)的经济范围为 1/16～1/11,预应力混凝土简支 T 形梁的高跨比为 1/18～1/16,跨径大者取用偏小的比值。对于建筑高度受到严格限制的情况,主梁高度需适当减小,但同时要增多钢筋用量,必要时还须增加主梁的片数。

主梁梁肋宽度,应从抗剪强度、梁肋的屈曲稳定、预应力筋布置和不致使振捣混凝土发生困难等方面考虑。钢筋混凝土简支 T 形梁常用的梁肋宽度为 15～18 cm,具体要根据梁内主筋直径和钢筋骨架的片数而定;预应力混凝土 T 形梁,因混凝土所受预压应力和预应力筋弯起能起到抵消部分荷载剪力的作用,梁肋中的主拉应力较小,其宽度一般由构造和施工要求决定,但不小于 14 cm,一般为 20～30 cm。

　　主梁梁肋厚度取决于最大主拉应力和主筋布置要求。由于支座处剪力比跨中大,故由主拉应力决定梁肋厚度时,跨中区段可以减薄。梁肋变截面位置可由主拉应力小于容许值及斜筋布置要求加以确定。为了减轻构件重量,在满足受力要求的情况下,梁肋应尽量做得薄一些,但需保证梁肋屈曲稳定条件,也不致使混凝土发生振捣困难。公路混凝土桥常用的梁肋厚度为 15～18 cm,视梁内主筋的直径和钢筋骨架的片数而定。

　　(3) 横隔梁尺寸。

　　跨中横隔梁的高度应保证具有足够的抗弯刚度,通常可做成主梁高度的 3/4 左右。梁肋下部呈马蹄形加宽时,横隔梁延伸至马蹄的加宽处。

　　为便于安装和检查支座,端横隔梁底部与主梁底缘之间宜留有一定的空隙,但从梁体在运输和安装阶段的稳定要求来看,端横隔梁又宜做成与主梁同高,如何取舍,可视具体施工情况来定。

　　横隔梁的肋宽通常采用 12～16 cm,且宜做成上宽下窄和内宽外窄的楔形,以便脱模。

　　(4) 主梁翼板尺寸。

　　装配式 T 形梁翼板的宽度视主梁间距而定,钢筋混凝土 T 形梁预制时,翼板的宽度应比主梁中距小 2 cm,以便在安装过程中易于调整 T 形梁的位置和制作上的误差;预应力混凝土 T 形梁因部分翼缘板采用现浇方式,故可按设计尺寸预制。

　　翼板厚度应满足强度和构造最小尺寸的要求。根据受力特点,翼板通常都做成变厚度,即端部较薄,向根部逐渐加厚。为了保证翼板与梁肋连接的整体性,翼板与梁肋衔接处的厚度应不小于主梁高度的 1/10,当该处设有承托时,翼缘厚度可计入承托加厚部分厚度,当承托底坡度大于 1/3 时,取 1/3。翼板端部厚度应不小于 10 cm,当预制 T 形梁之间采用横向整体现浇连接时,其悬臂端厚度应不小于 14 cm。

　　(5) 下翼缘尺寸。

　　钢筋混凝土简支 T 形梁,一般下翼缘与肋板等宽。预应力混凝土 T 形梁的下缘,为了满足布置预应力束筋及承受张拉阶段压应力的要求,应扩大做成马蹄形。马蹄的尺寸大小必须满足预加力阶段的强度要求。马蹄形面积不宜过小,否则容易在施工中和使用阶段形成水平纵向裂缝,特别是在马蹄斜坡部分。马蹄形面积一般应占截面总面积的 10%～20%,马蹄总宽度为肋宽的 2～4 倍,并注意马蹄部分(特别是斜坡区)管道保护层宜不小于 60 mm;下翼缘高度加 1/2 斜坡区高度为梁高的 15%～20%,斜坡宜陡于 45°。当然,下翼缘也不宜过大、过高,过大的下马蹄,会降低截面形心,减小预应力筋的偏心距。

　　6. 装配式桥梁的横向连接

　　(1) 装配式板桥的横向连接。

　　为使装配式板形成整体,共同承受车辆荷载,必须设置强度足够的横向连接。装配式板常用的连接方法有企口混凝土铰连接和钢板焊接连接两种。

　　①企口混凝土铰连接。

　　企口混凝土铰的型式有圆形、菱形和漏斗形 3 种。铰缝的构造处理有两种:a. 装配板梁安装就位后,用与板梁同等混凝土强度等级的细集料混凝土填入铰内,捣实后即形成混凝土铰;b. 在铰缝内设置钢筋骨架,与预制板内伸出的钢筋绑扎在一起,再浇筑混凝土形成企口铰。实践证明,一般混凝土铰已能保证传递横向剪力,使各块板共同参与受力。

为了保证铰缝内混凝土能用插入式振捣器振捣密实,铰缝的上口宽度不能太小,一般在 8～10 cm,铰槽深度约为预制板高的 2/3。

②钢板焊接连接。

由于企口混凝土铰需要现场浇筑混凝土,且混凝土达到设计强度后才能通车。为了加快工程进度,亦可采用钢板焊接连接。它的构造是:用一块钢盖板 N1 焊在相邻两构件的预埋钢板 N2 上。连接构造的纵向中距通常为 80～150 cm,根据受力特点,在跨中部分布置较密,向两端支点处逐渐减疏。

除了在板与板之间必须设置横向连接构造,在铰接板顶面还应铺设厚度不小于 8 cm 的现浇混凝土层,使各块板连成整体。

(2)装配式 T 形梁的连接。

①钢板式接头。

采用钢板连接的构造,上缘接头钢板设在 T 形梁翼板上,下缘接头钢板设置在横隔梁梁肋的两侧。焊接钢板预先与横隔梁的受力钢筋焊接在一起做成安装骨架,当 T 形梁安装就位后,即可在横隔梁的预埋钢板上再加焊钢盖板使其连成整体。端横隔梁的焊接钢板接头构造与中横隔梁的相同,但由于其外侧(靠近墩台一侧)不好施焊,焊接接头只设于内侧。这种接头强度可靠,焊接后立即就能承受荷载,但现场要有焊接设备,而且有时需要在桥下进行仰焊,施工较困难。此外,钢板容易锈蚀是钢板式接头的最大弊病。

②扣环式接头。

扣环接头是一种强度可靠、整体性好的接头形式。T 形梁预制时,分别将翼板和横隔板中的钢筋伸出,T 形梁安装就位后,先将横隔板中伸出的钢筋相互搭接,然后就地浇筑混凝土将横隔梁连接成整体。然后再布置桥面板内的纵向钢筋和横向扣环钢筋,就地浇筑混凝土,将翼板连接成整体。目前预应力混凝土 T 形梁桥已普遍采用这种连接方式。翼板和横隔梁接缝宽度与梁肋间距有关,通常为 0.20～0.60 m。

(3)桥面板的企口铰连接。

采用钢板式连接的钢筋混凝土 T 形梁桥,翼板之间的整体性差,只能作为悬臂板处理。为了改善挑出翼板的受力状态,通常将悬臂板端部连接起来做成企口铰接。标准装配式 T 形梁设计中所采用的连接方式为:主梁翼缘板内伸出连接钢筋,交叉弯制后,在接缝处安放局部的 $\phi6$ 钢筋网,并将它们浇筑在桥面混凝土铺装层内。或者将翼板的顶层钢筋伸出,并弯转套在一根长钢筋上,以形成纵向铰,这种接头构造连接钢筋较多,施工相对比较困难。

5.3.2　连续体系梁桥的构造与设计要点

随着交通运输特别是高等级公路的迅速发展,要求行车平顺舒适,多伸缩缝的悬臂梁桥和 T 形刚构桥就不能满足这个要求,这使得超静定结构连续梁桥以其结构刚度大、变形小、伸缩缝少和行车平稳舒适等突出优点而得到了迅速的发展。普通钢筋混凝土连续梁桥的适用跨径为 15～30 m,当跨径进一步增大时,结构自重产生的弯矩迅速增大,难以避免混凝土开裂,导致材料无法充分利用,于是广泛采用预应力混凝土连续梁桥。这是因为预应力结构通过高强钢筋对混凝土预压,不仅充分发挥了高强材料的特性,而且提高了混凝土的抗裂性,促使结构轻型化,因而预应力混凝土结构具有比钢筋混凝土结构大得多的跨越能力。

1. 预应力混凝土连续体系梁桥的主要类型及受力特点

1) 等截面连续梁桥

(1) 跨径布置。

等截面连续梁桥可选用等跨和不等跨两种布置方式。

长桥、选用顶推法施工或者简支-连续施工的桥梁,多采用等跨布置,这样做结构简单,模式统一。等跨布置的跨径大小主要取决于经济分孔和施工的设备条件。当标准跨径不能满足通航或桥下交通要求而需要加大个别跨的跨径时,常常不需改变高度,而是采用增加钢束和调整截面尺寸的方式予以解决,使桥梁外观仍保持等截面布置。这样做既使桥梁的立面协调一致,又能减少构件及模板的规格。

当标准跨径较大时,有时为减少边跨正弯矩,将边跨跨径取小于中跨的结构布置,一般边跨与中跨跨长之比为 0.6～0.8。

(2) 力学特点及构造特点。

超静定结构的连续梁在恒载和活载作用下,支点截面设计负弯矩一般比跨中截面设计正弯矩大,但在跨径不大时这个差值不是很大,可以考虑采用等截面形式,并采取一定的构造措施来调节,从而简化主梁的构造。

边跨与中跨之比应不小于 0.6,高跨比一般为 $1/25 \sim 1/15$;在顶推施工的等截面连续梁桥中梁高与顶推跨径之比一般为 $1/17 \sim 1/12$。

(3) 优缺点及适用范围。

等截面连续梁一般适用于以下情况。

①桥梁一般采用中等跨径,以 40～60 m 为宜(国外也有达到 80 m 跨径者)。这样可以使主梁构造简单,施工快捷。

②立面布置以等跨径为宜,也可以采用不等跨布置。

③适用于有支架施工、逐孔架设施工、移动模架施工及顶推法施工。

当连续梁的跨径较大时,宜采用悬臂法施工,这样主梁支点截面的负弯矩将比跨中截面的正弯矩大得多,若主梁仍采用等截面布置,从受力上讲就显得不太合理,且不经济,这时,以采用变截面连续梁桥更为有利。

2) 变截面连续梁桥

(1) 跨径布置。

主梁采用变截面形式的大跨径预应力混凝土梁桥,立面一般采用不等跨布置。但多于三跨的连续梁桥,除边跨外,其中间各跨一般采用等跨布置。当采用多于两跨的连续梁桥时,其边跨跨长一般为中跨跨长的 $60\% \sim 80\%$。三跨连续梁用得最为广泛,当采用箱形截面的三跨连续梁时,边孔跨径甚至可减少至中孔的 $50\% \sim 70\%$。有时为了满足城市桥梁或跨线桥的交通要求而需增大中跨跨径时,可将边跨跨径设计成仅为中跨的 50% 或更小,在此情况下,端支点上将出现较大的负反力,故必须在该位置设置能抵抗拉力的支座或压重以消除负反力。

连续梁桥连续超过五跨时的内力情况虽然与五跨的相差不大,但连续过长会增大温度变化的附加影响,造成梁端伸缩量很大,需设置大位移量的伸缩缝,因此连续孔数一般不超过五跨。当需要在宽阔的河流或旱谷上修建很多孔连续梁时,通常可按 3～5 孔为一联分联布置,联与联的衔接处,像简支梁桥一样,通过两排支座支承在一个桥墩上。为了使边跨与中跨的梁高和配筋接近协调一致,连续梁桥各孔跨径的划分,通常按照边跨与中跨跨中最大弯矩趋近于相等的原则来确定,因此也要布置成对称于中央孔的不等跨径。

(2) 力学特点及构造特点。

主跨跨径接近或大于 70 m 的大跨径预应力混凝土梁桥一般采用变截面形式。原因是大跨度桥梁在恒载和活载作用下,支点截面设计负弯矩一般比跨中截面的设计正弯矩大,因此主梁采用变截面形式才符合受力要求,高度变化基本上与内力变化相适应。当加大靠近支点附近的梁高(即加大了截面惯性矩)做成变截面梁时,还能进一步降低跨中的设计弯矩。比如,在满布均布荷载 $g=10$ kN/m 的作用下,三种不同的支点梁高(1.50 m、2.50 m 和 3.50 m)所对应的跨中弯矩分别为 800 kN·m、460 kN·m 和 330 kN·m,也就是说将支点梁高局部地从 1.50 m 加大至 3.50 m 时,跨中最大弯矩比等高梁降低一半多。一般来说,加大支点附近梁高是合理的,因为这样做既对恒载引起的截面内力影响不大,也与桥下通航的净空要求无甚妨碍,并且还能适应抵抗支点处很大剪力的要求。这也是连续体系梁桥比简支梁桥,甚至比悬臂梁桥能跨越更大跨度的原因。

梁底立面曲线可采用折线、圆弧线和抛物线等,用得较多的是二次抛物线,因为二次抛物线的变化规律与连续梁的弯矩变化规律基本接近。采用折线形截面变化布置可使桥梁的构造简单,施工方便。在大跨度预应力混凝土连续梁桥中,除截面高度变化外,还可将截面的底板、顶板和腹板做成变厚度,以满足主梁内各截面的不同受力要求。

变截面连续梁中,支点截面梁高与最大跨径之比一般为 1/18～1/16。跨中截面梁高通常为支点截面梁高的 1/2.5～1/1.5。

(3) 优缺点及适用范围。

①当连续梁的主跨跨径达到 70 m 及其以上时,从结构受力和经济的角度出发,主梁采用变截面布置符合梁的内力变化规律。

②采用变截面布置适合悬臂法施工(悬臂浇筑和悬臂拼装两种),施工阶段的主梁内力与运营阶段的主梁内力基本一致。

③采用变截面的结构外形美观,可节省材料并增大桥下净空高度。

大跨度预应力混凝土连续梁桥采用悬臂法施工时,存在墩梁临时固结和体系转换的工序,结构稳定性应予以重视,施工较为复杂;此外,主墩需要布置大型橡胶支座,存在养护上甚至更换上的麻烦。

3)连续刚构桥

预应力混凝土连续刚构桥是连续梁桥与 T 形刚构桥的组合体系,也称墩梁固结的连续梁桥。连续刚构桥常用于大跨、高墩的结构中,桥墩纵向刚度较小,在竖向荷载作用下,基本上属于一种无推力的结构,而上部结构具有连续梁的一般特点,具有较好的技术经济性。

(1) 跨径布置。

连续刚构桥的主梁在纵桥向大都采用不等跨变截面的结构布置形式,以适应主梁内力的变化。主梁底部的线形基本上与变截面连续梁桥相类似,可以是曲线形、折线形、曲线加直线形等,具体应根据主梁内力的分布情况,按照等载强比原则选定。

①分孔比例问题。

国内外已建成的连续刚构桥,边跨和中跨的跨径比值在 0.5～0.692 之间,大部分比值在 0.55～0.58 之间。这说明变截面连续刚构桥的边跨比值范围要比变截面连续梁桥的边跨比值范围 0.6～0.8

要小。

理论分析研究证明，由于墩梁固结，边跨的长短对中跨恒载弯矩调整的影响很小，而边、主跨跨径之比在 0.54~0.56 时，不仅可以使中墩内基本没有恒载偏心弯矩，而且可以在边跨悬臂端用导梁支承于边墩上，进行边跨合龙，从而取消落地支架，施工也十分方便。

②主梁截面高度。

大跨度连续刚构桥主梁一般采用箱形截面，箱梁根部截面的高跨比一般为 1/20~1/15，其中大部分为 1/18 左右，也有少数桥梁达到或低于 1/20。跨中截面梁高通常为支点截面梁高的 1/3.5~1/2.5，略小于连续梁的跨中梁高，这是由于连续刚构桥墩梁固结，活载作用于中跨时，与相同跨径的连续梁相比，连续刚构跨中正弯矩较小的缘故。

③墩身尺寸。

连续刚构桥为墩梁固结，对温度变化、预应力、混凝土的收缩徐变等因素产生的次内力相当敏感。如果墩的相对刚度大，则以上因素引起的次内力相当大，同时使基础墩身纵向两侧受力极不平衡，因此墩身尺寸的拟定主要应考虑墩身与主梁之间的刚度比以减少次内力。墩身高度主要由桥面标高、桥梁建筑高度、桥下净空高度、主梁端高度等因素决定。而墩柱纵向厚度一般采用高度的 1/15~1/8。墩柱较高时用较小的比值，墩柱较矮时则用较大的比值。

（2）力学特点及构造特点。

与其他桥梁相比，大跨度连续刚构桥结构的特点主要为：墩、梁、基础三者固结连为一体共同受力，其墩身形式、高度等都对结构受力有影响。

①主梁。

预应力混凝土连续刚构桥主要适用于高桥墩的情况，主梁与桥墩固结，跨中不设铰。此时桥墩采用柔性薄壁型，其作用如同摆柱，以适应预应力、混凝土收缩徐变和温度变化等引起的纵向位移。连续刚构桥主梁的受弯性能基本上与连续梁相似，但连续刚构桥以墩梁固结、中跨梁体受主墩约束而区别于普通连续梁桥。当主墩纵向较柔，对主梁的嵌固作用较小时，则两者具有相似的结构行为，当主墩刚度较大时，荷载产生的内力大都限于本跨内，对相邻跨内力影响较小。

②桥墩。

大跨度连续刚构桥的桥墩不仅应满足施工、运营等各阶段支承上部结构重量和稳定性等方面的要求，而且桥墩的柔度应适应由于温度变化、混凝土收缩、徐变以及制动力等因素引起的水平位移，以尽量减小这些因素对结构产生的次内力。

a. 竖直双肢薄壁墩。

它是在墩位上用两个相互平行的薄壁与主梁固结的桥墩。竖直双肢薄壁墩可增加桥墩在竖向荷载作用时的刚度，同时其水平抗推能力小，在桥梁纵向允许的变位大，这不仅可以减小上述主梁附加内力，而且由于主梁的负弯矩峰值出现在两肢墩的墩顶，且较单壁墩小一些，故可减小主梁在墩顶截面处的尺寸，充分发挥材料的受力性能，增加桥梁美感，因此，在大跨度预应力混凝土连续刚构桥中是理想的柔性墩。但是双肢薄壁墩占据的宽度较大，防撞设施需保护的范围也较大，这部分增加的费用可能较多。

b. 竖直单薄壁墩。

连续刚构桥中也经常采用竖直单薄壁墩。它在外观上呈"一"字形，其截面形式可以是矩形截面的实心桥墩或箱梁截面的空心桥墩。

一般说来,单薄壁墩特别是箱形截面单薄壁墩的抗扭性能好,能增大通航孔的有效跨径,但其柔性不如双肢薄壁墩大,随着墩身高度的不断增加,单薄壁墩的柔性逐渐增加,允许的纵向变位增大。因此,对于墩身很高的大跨度连续刚构或中等跨径的连续刚构来说,箱形单薄壁墩也是理想的墩身形式之一。

（3）优缺点及适用范围。

综上所述,连续刚构桥的特点是主梁保持连续,梁墩固结,上、下部结构共同承受荷载,减小了墩顶负弯矩。这样既保持了连续梁无伸缩缝、行车平顺的优点,又保持了 T 构不需设大吨位支座的优点,同时避免了连续梁(存在临时固结和体系转换)和 T 构(伸缩缝)两者的缺点,养护工作量小。此外,连续刚构施工稳固性好,减少或避免边跨梁端搭架灌注。

由于预应力技术在近年来发展迅速,连续刚构这种结构近年来得到了较快的发展,可以说连续刚构桥是大跨度桥梁选型中具有竞争能力的桥型之一。我国跨径在 180m 以上的梁桥,均采用连续刚构桥。

但连续刚构桥对地基承载力的要求更高,若地基发生过大的不均匀沉降,连续梁可通过调整墩顶支座的标高,抵消下沉来补救,而连续刚构则做不到。对于大跨度连续刚构,当其主墩抗推刚度过大时,中跨梁体会产生过大的温降拉力而对结构受力不利。此外,梁墩连接处应力复杂也是连续刚构的一个缺点。

2. 横截面形式和尺寸

预应力混凝土连续梁桥的截面形式很多,一般应根据桥梁的总体布置、跨径、宽度、梁高、支承形式和施工方法等方面综合确定。合理地选择主梁的截面形式对减轻桥梁自重、节约材料、简化施工和改善截面受力性能是十分重要的。

目前预应力连续梁桥横截面形式主要有板式、肋梁式和箱形截面。其中,板式、肋梁式截面构造简单、施工方便;箱形截面具有良好的抗弯和抗扭性能,是预应力混凝土连续梁桥的主要截面形式。

（1）板式和 T 形截面。

板式截面分实体截面和空心截面。

矩形实体截面使用较少,曲线形整体截面近年相对使用较多,实体截面多用于中小跨径,且多配以有支架现浇施工,此时跨中板厚为 $(1/28 \sim 1/22)L(L$ 为跨径$)$,支点板厚为跨中的 $1.2 \sim 1.5$ 倍;空心截面常用于跨径 $15 \sim 30$ m 的连续梁桥,板厚一般为 $0.8 \sim 1.5$ m,以有支架现浇为主。肋式截面预制方便,常用于预制架设施工,并在梁段安装后经体系转换为连续梁桥。常用跨径为 $25 \sim 50$ m,梁高取 $1.3 \sim 2.6$ m。

（2）箱形截面。

当连续梁桥的跨径超过 30 m 或更大时,主梁多采用箱形截面,构造布置灵活,适用于有支架现浇施工、逐孔施工、悬臂施工等多种施工方式,常用的箱形截面有单箱单室、单箱双室和分离式双箱单室等几种,以第一种应用得较多。单箱单室截面的顶板宽度一般小于 20 m;单箱双室的约为 25 m;双箱单室的可达 40 m 左右。一般地,等高度箱梁可采用直腹板或斜腹板,变高度箱梁宜采用直腹板。单箱单室截面 $a:b$ 为 $2.5 \sim 3.0(b$ 为悬臂长度,a 为箱室长度$)$时横向受力状态较好。纵向负弯矩区受压底板的厚度对改善全桥受力状态、减小徐变下挠十分重要,因而大跨度连续体系梁桥中,应确保承受负弯矩的内支点区域的箱梁底板有足够的厚度,一般底板厚度与主跨之比宜为 $1/160 \sim 1/130$。跨中区域底板厚度则可按构造要求设计,一般为 $0.22 \sim 0.28$ m,箱梁其余尺寸的拟定可参考其他文献。

3. 预应力筋布置

连续梁主梁的内力主要有三种,即纵向受弯、受剪以及横向受弯。通常所说的三向预应力就是为了抵抗上述三种内力。纵向预应力抵抗纵向受弯和部分受剪,竖向预应力抵抗受剪,横向预应力则抵抗横向受弯。预应力筋数量和布筋位置都需要根据结构在使用阶段的受力状态予以确定,同时,也要满足施工各阶段的受力需要。施工方法不同,施工阶段的受力状态差别很大,因此,结构配筋必须结合施工方法考虑。

(1)纵向预应力筋。

沿桥跨方向的纵向力筋又称为主筋,是用以保证桥梁在恒、活载作用下纵向跨越能力的主要受力钢筋,可布置在顶、底板和腹板中。

预应力混凝土连续梁桥中纵向预应力筋的布置方式多种多样,与所采用的施工方法以及预应力筋的种类等有密切的关系。

①采用顶推法施工的直线形预应力筋布置方式。上、下的通长束使截面接近轴心受压,以抵抗顶推过程中各截面承受的正负弯矩的交替变化。待顶推完成后,再在跨中的底部和支点的顶部增加局部预应力筋,用来满足运营荷载下相应的内力要求。有时按设计还在跨中的顶部和支点附近的底部设置局部的施工临时束,待顶推完成后即予卸除。

②采用先简支后连续施工方法的预应力筋布置方式。待墩上接缝混凝土达到强度后,用设置在接缝顶部的局部预应力筋来建立结构的连续性。

③采用悬臂施工方法的预应力筋布置方式。梁中除了负弯矩区和正弯矩区各需布置顶部和底部预应力筋,在有正、负弯矩交替作用的区段内,顶、底板中均需设置预应力筋。直线布束方式,即顶板预应力筋沿水平布置并锚固在梗肋处,此种布束方式可减少预应力筋的摩阻损失,并且穿束方便,也改善了腹板的混凝土浇筑条件。水平预应力筋的设计和构造仅由弯曲应力决定,而抗剪强度则由竖向预应力筋来提供。顶板预应力筋在腹板内弯曲并下弯锚固在腹板上,以减小外荷载所产生的剪力。此时腹板应具有足够的厚度以承受集中的锚固力。

④整根曲线形通长束锚固于梁端的布置方式。在此情况下,由于预应力筋既长且弯曲次数多,这就显著加大了预应力筋的摩阻损失。此种方式目前应用较少。

预应力筋的布置要考虑到张拉操作的方便。当需要在梁内、梁顶或梁底锚固预应力筋时,应根据预应力筋锚固区的受力特点给予局部加强,以防开裂损坏。

(2)横向预应力筋。

横向预应力筋是用以保证桥梁的横向整体性、桥面板及横隔板横向抗弯能力的主要受力钢筋,一般布置在横隔板或截面的顶板中。由于目前大跨度梁式桥主梁大都采用箱形截面,顶板厚度一般为25～35 cm,在保证大量纵向预应力筋穿过的前提下,所剩的空间位置有限,此时横向预应力筋趋向于采用扁锚体系,以减少布筋所需空间。

(3)竖向预应力筋。

竖向预应力筋布置在腹板中,主要作用是提高截面的抗剪能力。竖向预应力筋在梁体腹板内沿纵向的布置间距可根据竖向剪力的分布而进行调整,靠支点截面位置较密,靠跨中位置较疏。竖向预应力筋比较短,故一般采用高强粗钢筋以减少力筋张拉锚固时的回缩损失,同时在预留孔道内可按后张法工艺施工。

预应力张拉后应及时对管道做压浆处理并封锚,压浆应密实饱满,否则预应力筋锈蚀断裂可能造成灾难性的后果。

4. 设计计算要点

1)恒活载内力计算

下文将以预应力混凝土连续梁桥为例,介绍关于恒载和活载内力的计算方法。预应力混凝土连续梁桥恒载内力的计算与所采用的施工方法有着直接的联系,例如满堂支架法施工的恒载内力和悬臂法施工的恒载内力完全不同。为了正确计算连续梁桥的恒载内力,应该将预应力混凝土梁恒载内力计算和所采用的施工方法联系在一起进行考虑,也就是做施工模拟计算。主桥结构的设计计算一般采用桥梁结构专用计算程序进行。

(1)纵向内力计算。

对连续梁桥的施工阶段进行分解,建立相应的计算模型,用有限元方法计算时作节点和单元划分,其计算荷载应包括恒载(含混凝土收缩、徐变和预应力作用等次内力)、活载、支座强迫位移、温变效应(含整体温度变化和局部温度变化)、汽车制动力、支座摩阻力、风力等,并对结构的内力、位移、应力进行计算分析和验算。

下文分别以应用较多的满堂支架法施工和悬臂法施工的连续梁桥为例,介绍其恒载内力计算方法。

①满堂支架现浇连续梁桥的恒载内力计算。

连续梁桥在满堂支架上现场整体浇筑建造,在穿束张拉并锚固压浆后,拆除支架,因为连续梁桥在建造过程中并无体系转换,而是一次整体浇筑完成,故恒载内力可直接按结构力学中的连续梁进行计算。

②悬臂施工连续梁桥的恒载内力计算。

某 5 跨连续梁桥,跨径为 30 m+3×45 m+30 m,采用悬臂拼装施工,如图 5.10 所示,合龙次序为由边孔对称向中孔依次进行。该桥的施工程序及相应的内力计算如下。

a.悬拼完毕,吊机拆除。

首先在所有桥墩内预埋铁件,安装扇形支架,浇筑墩顶节段。永久支座为盆式橡胶支座,临时支座为混凝土块,设在永久支座两侧,用直径 32 mm 钢筋将墩顶节段临时锚固在桥墩上,以保证从墩顶向墩两侧对称悬臂拼装的稳定性。悬拼完毕时的恒载内力如图 5.10(a)所示。

b.现浇边跨部分。

因为边跨长度大于悬臂拼装长度,所以需在边跨内另立支架,现浇节段与边跨的悬臂拼装段相接。达到强度后拆除 2 号墩、5 号墩上的临时支座,并拆除边跨的支架,此时为一单悬臂的梁式结构,在现浇段自重作用下的恒载内力如图 5.10(b)所示。

c.次边跨合龙。

将边跨的单悬臂梁与 3 号墩(4 号墩)的 T 构通过现浇合龙段合龙。计算单悬臂梁和 T 构在支架、模板重力及合龙段自重作用下的内力[见图 5.10(c)]。

d.合龙段支架模板拆除后,考虑合龙段的上述施工重力从相反方向加在已合龙的结构体系上产生的内力[见图 5.10(d)]。

e.拆除 3 号墩(4 号墩)的临时支座,计算因拆除临时支座所产生的内力[见图 5.10(e)]。

f.中跨合龙。把左半跨与右半跨合龙成 5 跨连续梁。计算合龙段两侧悬臂端在支架、模板重力、合龙段自重作用下的内力[见图 5.10(f)]。

g.合龙段支架模板拆除后,考虑上述施工机具重力以相反的方向加在连续梁上产生的内力[见图 5.10(g)]。

h.连续梁最终的恒载内力[见图 5.10(h)]。

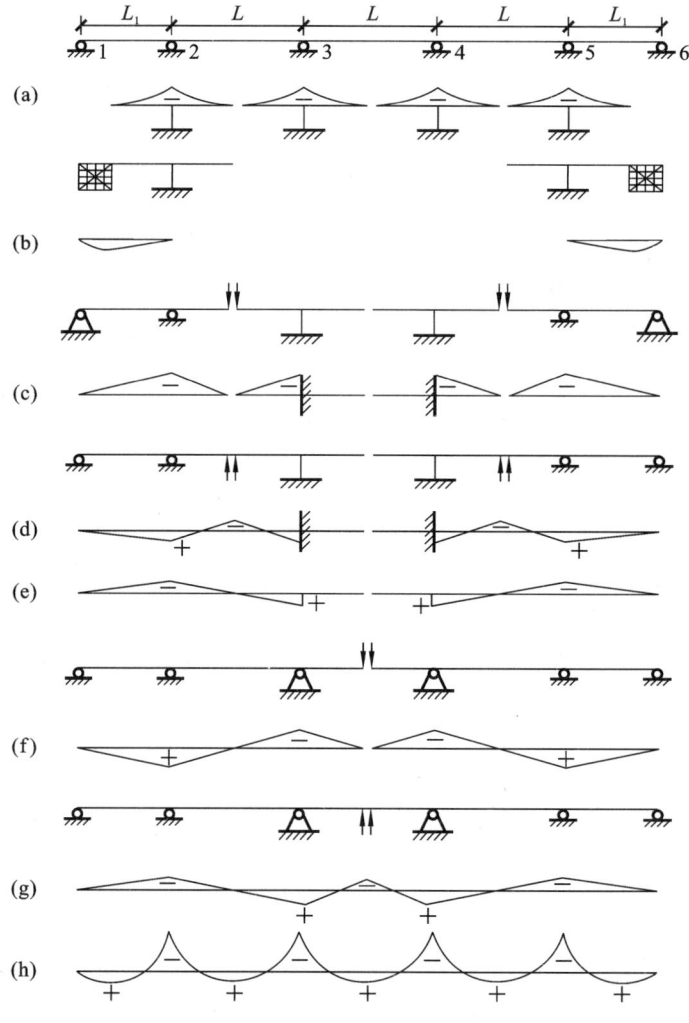

图 5.10 悬臂施工连续梁桥恒载内力计算图式

(2) 活载纵向内力计算。

活载内力为基本可变荷载(包括汽车、履带车、挂车及人群等)在桥梁使用阶段所产生的结构内力。很显然,不管采用何种施工方法,这时结构已成为最终体系——连续梁桥,因此力学计算图式已十分明确,可直接按平面杆系结构进行活载内力计算。

①T 形或工字形截面主梁。

a.计算各主梁(肋)的荷载横向分布系数,确定出具有最大荷载横向分布系数的主梁(肋),然后按平面杆系结构计算和绘制该主梁(肋)的纵桥向内力影响线。

　　b. 将标准荷载乘以该梁的最不利横向分布系数以后,再沿桥梁纵向将它按最不利位置分别在影响线正(负)效应区加载,即可求得绝对值最大的正负活载内力。

　　② 箱形截面主梁。

　　闭口箱形薄壁截面梁的受力特点与一般 T 形梁不同,其精确计算必须采用薄壁杆件结构理论的方法进行求解。当桥面上作用偏心荷载时,整体箱形梁的受力可分为两种情况进行分析:对称荷载作用下的平面弯曲问题和偏载作用下的扭转问题。对于平面弯曲问题,采用一般的材料力学公式就可计算出横截面上的弯曲正应力和弯曲剪应力;对于扭转问题,计算内容较多,计算也较复杂。

　　但设计经验表明:普通钢筋混凝土和预应力钢筋混凝土箱形截面的抗扭刚度很大,由扭转引起的应力一般比平面弯曲引起的应力小得多。从简化计算的目的出发,可偏保守地采用偏心压力法求解活载内力增大系数来计算结构活载内力值大小。对于单箱三室截面,可以近似地把它视作用刚性横梁连接的四榀工字梁,偏载时边梁受力最大。

　　考虑到箱形截面梁一般是按全截面来分析其内力,若截面共由 n 根主梁组成,每根主梁都承担同样大小的荷载,则应将 η_{max} 乘以 n 便得到所谓的活载内力增大系数 ζ,见式(5.77):

$$\zeta = n\eta_{max} \tag{5.77}$$

式中:n——箱梁腹板个数。

　　③ 连续梁桥活载内力计算的一般公式。

　　连续梁桥为超静定结构,活载内力计算以影响线为基础,直接在内力影响线上加载时,其内力计算的一般公式如下。

　　工字梁(按单根梁计算)计算见式(5.78):

$$S_p = (1+\mu)\xi_{纵}\xi_{横}\sum mP_i y_i \tag{5.78}$$

　　箱形梁(按全截面计算)计算见式(5.79):

$$S_p = (1+\mu)\xi_{纵}\xi_{横}K\zeta\sum P_i y_i \tag{5.79}$$

式中:S_p——主梁最大活载内力;

　　$(1+\mu)$——汽车荷载冲击系数,与连续梁影响线加载长度 L 有关,对于预应力混凝土连续梁桥,$(1+\mu) = 1 + 0.3\dfrac{45-L}{40}$,且 $(1+\mu) \leqslant 1.30$。对于挂车和人群荷载,则不计冲击影响;

　　$\xi_{纵}$——汽车荷载纵桥向折减系数;

　　$\xi_{横}$——汽车荷载横桥向折减系数;

　　ζ——箱形梁的活载内力增大系数;

　　m——T 形或工字形截面主梁的荷载横向分布系数;

　　K——车队数;

　　P_i——车辆荷载的轴重;

　　y_i——沿桥跨纵向与荷载位置对应的主梁内力影响线坐标值。

　　(3) 横向内力计算。

　　对于 T 形或工字形截面主梁中的横隔梁内力,可以参考有关规范和专著关于简支梁的横隔梁内力计算方法进行计算,因篇幅关系,这里不一一叙述。

对于箱形截面梁横向内力,一般采用弹性支承平面框架进行计算。首先按规范要求计算沿桥梁纵向的荷载有效分布长度,然后换算成作用于每延米框架上的集中荷载作用。此外计算中还应考虑温度影响力和横向预应力的作用。

2)二次内力计算

超静定结构由于存在多余约束,在各种内外部因素的影响下,结构受到强迫变形后将在多余约束处产生约束反力,从而引起结构附加内力,这部分附加内力一般统称为结构次内力(或称为二次力)。外部因素有预应力、墩台基础沉降、温度变化等,内部因素有混凝土材料的徐变与收缩特性、结构构造与配筋形式等。通常需要计算的次内力包括预应力、温度变化、徐变与收缩、墩台基础沉降等产生的次内力。这里,仅举第一个因素的影响力为例。

当在超静定结构上施加预应力时,如假想梁在中间赘余支点上无约束,则预应力将促使梁发生翘离中间支点的变形。但实际上梁总是固定在中间支点位置上的,这样在其上必然产生一个方向与梁变形相反的二次力 R。这个二次力 R 就使梁内产生了附加的二次弯矩。这就是预应力混凝土连续梁与普通钢筋混凝土连续梁不同的重要力学特点,因此在设计中必须加以考虑。

对于其余因素所引起的二次内力,可参考有关规范和专著,因篇幅关系,这里不一一叙述。

5.4 拱桥设计

5.4.1 拱桥的总体设计

与其他桥型一样,拱桥的总体布置十分重要。在通过必要的桥址方案比较,确定了桥位之后,再根据桥址地形、水文、地质等具体情况,合理地拟定拱桥的长度、结构形式及结构体系、跨径及孔数、桥面高程及主拱圈的矢跨比等,是拱桥总体设计的主要内容。

1. 桥长及分孔

拱桥设计时,应根据桥址地形、水文、地质等具体情况,进行技术、经济、美观等方面的比较,确定两岸桥台台口之间的总长度,再考虑桥梁与两端路线的衔接及桥台的施工等因素,确定桥台的位置和长度,桥梁的全长便确定了。

在桥梁全长确定后,再根据桥址地形、水文、地质及有无通航等具体情况,并结合结构体系、结构形式和施工条件,对拱桥进行分孔,确定选择单孔拱桥还是多孔拱桥。

对于多孔拱桥,分孔方式是总体布置中一个比较重要的问题。如果拱桥跨越的是通航河流,在确定孔数与跨径时,一般分为通航孔和不通航孔两部分,并确定通航孔数。通航孔的桥下净空尺寸应满足航道等级规定的要求,并与航道部门协商,必要时应进行通航论证。通航孔的位置一般布置在常水位时河床最深处或正常航行时的航道上,不应由于桥梁的修建而使航道位置有大的改变。对于变迁性河流,鉴于航道位置可能发生变化,应多设几个通航孔,这样,即使主河道位置变迁,也能保证通航要求。不通航孔或非通航河段,桥孔划分可按经济原则考虑,尽量使上、下部结构的总造价最低。

在拱桥分孔时,应本着经济适用的原则进行。有时为了避开深水区或不良的地质地段(如软土层、溶洞、岩石破碎带等),可根据具体情况将跨径加大。在水下基础结构复杂、施工困难的地方,为了减少基础工程,也可以考虑采用较大跨径。对跨越高山峡谷、水流湍急的河道或宽阔的水库,由于基础及墩台的施工困难或费用太大,可考虑采用大跨径跨越。

在拱桥分孔时,一般拱桥宜采用等跨或分组等跨的分孔方案,并尽量采用标准跨径。这样,施工方便且容易修复,在遇到重大自然灾害或战争时也易于更换修复。同时,采用标准跨径可以改善下部结构的受力并节省材料。

此外,在拱桥分孔时还需注意全桥的造型和美观,特别是建在风景区的拱桥,应从美学上保证桥梁与周围环境相协调。

2. 设计高程和矢跨比

确定拱桥高程是拱桥设计中的一个重要问题。拱桥的高程主要有四个,即桥面高程、拱顶底面高程、起拱线高程、基础底面高程。在拱桥总体布置中,应根据道路、通航、泄洪等具体要求,合理确定这几项高程。

拱桥的桥面高程是指桥面与缘石相接处的高程。桥面高程代表着建桥的高度,特别在平原区,在相同纵坡情况下,桥高会使两端的引桥或引道工程量显著增加,将提高桥梁的总造价。反之,如果桥修矮了,不但有遭受洪水冲毁的危险,而且往往影响桥下通航的正常运行,致使桥梁建成后带来难以挽救的缺陷。

建在山区河流上的拱桥,由于两岸公路路线的位置一般较高、桥面高程一般由两岸线路的纵断面设计所控制。

对跨越平原区河流的拱桥,为了保证桥梁的安全,桥下必须留有足够的泄洪净空,其桥面高程一般由桥下净空所控制。对于有淤积的河床,桥下净空尚应适当加高。对于通航河流,通航孔的最小桥面高度,除满足以上要求外,还应满足对不同航道等级所规定的桥下净空限界的要求。设计通航水位,一般是按照一定的设计洪水频率进行计算,并与航运部门具体协商决定。

因此,拱桥桥面高程一方面由两岸线路的纵断面设计来控制,另一方面要保证桥下净空能满足通航及泄洪要求。设计时应综合考虑有关因素,并与有关部门(航运、防洪、水利等)商定。

拱顶底面的高程在桥面高程确定后,由桥面高程减去拱顶处的建筑高度就可得到。拟定起拱线高程时,为了减小墩台基础底面的弯矩,节省墩台的圬工数量,一般宜选择低拱脚的设计方案。但具体设计时,拱脚的位置可能会受到通航净空、排洪、洪水等条件限制。

对于无铰拱桥,可以将拱脚置于设计水位以下,但通常淹没深度不得超过矢高的 2/3。为了保证漂浮物能通过,在任何情况下,拱顶底面应高出设计洪水位 1.0 m。对于有铰拱桥,拱脚须高出设计洪水位以上 0.25 m。为了防止冰害,有铰或无铰拱拱脚均应高出最高流冰面 0.25 m。

当洪水带有大量漂浮物时,若拱上建筑采用立柱,宜将起拱线高程提高,使主拱圈不要淹没过多,以防漂浮物对立柱的撞击或挂留。有时为了美观的要求,应避免就地起拱,而应使墩台露出地面一定的高度。

拱桥基础底面的高程,主要根据河流的冲刷深度、桥址处地质情况、地基承载能力等因素确定。

当拱顶、拱脚高程确定后,根据跨径即可确定拱的矢跨比。矢跨比是拱桥设计的一个主要特征数据,它不但影响主拱圈内力,还影响拱桥施工方法的选择,它与整个拱桥的造价密切相关。同时,矢跨比也影响整个桥梁的视觉效果及其与周围景观是否协调。

拱的恒载水平推力与垂直反力之比值,随矢跨比的减小而增大。当矢跨比减小时,拱的推力增加,反之则推力减小。众所周知,推力大,相应地在主拱圈内产生的轴向力也大,对主拱圈本身的受力状况是有利的,但对墩台基础不利。同时,矢跨比小,则弹性压缩、混凝土收缩和温度等附加内力均较大,对主拱圈不利。在多孔情况下,矢跨比小的连拱作用较矢跨比大的显著,对主拱圈也不利。然而,矢跨比小却能增加桥下净空,降低桥面纵坡,拱圈的砌筑和混凝土的浇筑比较方便。因此,在设计时,矢跨比的大小应经过综合比较进行选择。

通常,对于砖、石混凝土拱桥和双曲拱桥,矢跨比一般可取 $1/8 \sim 1/4$,不宜小于 $1/8$;钢筋混凝土箱形拱桥的矢跨比一般为 $1/8 \sim 1/5$。一般将矢跨比大于或等于 $1/5$ 的拱称为陡拱,矢跨比小于 $1/5$ 的称为坦拱。

3. 不等跨连续拱的处理

一般情况下,多孔拱桥最好选用等跨分孔的方案。但有时会受地形、地质、通航等条件的限制,或引桥很长,考虑与桥面纵坡协调一致,以及特殊的美观要求,可以考虑用不等跨分孔的办法处理。

由于拱桥采用不等跨,相邻桥孔的恒载推力不相等,使桥墩和基础增加了恒载的不平衡推力,这一不平衡推力导致桥墩和基础受力极为不利。为解决这一问题,通常有两类处理方法:一是采用无推力的系杆拱以避免水平推力对邻跨的影响;二是减小连拱作用,即可以采取以下措施减小不平衡推力,改善桥墩和基础的受力状况。

(1)采用不同的矢跨比。

在跨径一定时,矢跨比与推力大小成反比,因此,在相邻两孔中,大跨径选用矢跨比大的拱,小跨径选用矢跨比小的拱,可使两相邻孔在恒载作用下的水平推力大致相等。

(2)采用不同的拱脚高程。

可以将水平推力大的拱脚放在较低的位置,水平推力相对较小的拱脚放在较高的位置,这样可使两侧水平推力对桥墩基底产生的弯矩得到平衡。

(3)调整拱上建筑的恒载重力。

对于上承式拱桥,可以通过调整相邻两孔拱上建筑的恒载重力,来达到调整水平推力的目的。大跨径用轻质的拱上填料或采用空腹式拱上建筑;小跨径用重质的拱上填料或采用实腹式拱上建筑。

(4)采用不同类型的拱跨结构。

相邻跨可以采用不同类型的拱跨结构,例如大跨采用中承式肋拱,小跨采用上承式板拱,再加上矢跨比等其他设计参数的调整,相邻跨的拱脚水平推力可做较大调整。拱桥的种类繁多,类似调整的方法还有很多,不再一一列举。

5.4.2　拱轴线的选择

拱桥的设计应首先要选择合理的拱轴线,选择拱轴线的原则是要尽可能地降低由于荷载作用产生的拱轴内弯矩数值。最理想的拱轴线是与拱上各种荷载作用下的压力线相吻合,这时拱圈截面只受轴向压力而无弯矩作用,从而能充分利用圬工材料的抗压性能。但事实上是不可能获得这样的拱轴线的,因为除永久作用外,拱圈还是受到可变作用、温度变化和材料收缩等因素的作用。当永久荷载作用压力线与拱轴线吻合时,在可变荷载作用下就不再吻合,然而公路拱桥的永久荷载作用占全部荷载的比重较大。如一座 30m 跨径的双车道公路拱桥,可变荷载大约只是永久荷载的 20%,随着跨径的增大,永久荷载作用占的比重还将增大。因此,以永久荷载作用压力线作为设计拱轴线,可以认为基本上是适宜的。但是,即使仅在永久荷载作用下,拱圈本身的轴线还将因材料的弹性压缩而变形,致使拱圈的实际压力线与原来设计所采用的拱轴线发生偏离。因此在拱桥设计时,要选择一条能够使永久荷载作用下的截面弯矩都是零的拱轴线也是不可能的。

一般而言,拱桥设计中所选择的拱轴线应满足以下几个方面的要求:①尽量减少拱圈截面的弯矩,使主拱圈在计入弹性压缩、均匀温降、混凝土收缩等影响下各主要截面的应力相差不大,且最大限度减小截面拉应力,最好是不出现拉应力;②对于无支架施工的拱桥,应能满足各施工阶段的要求,并尽可能少用或不用临时性施工措施;③线形美观,便于施工。

目前,拱桥常用的拱轴线形有以下几种。

1. 圆弧线

圆弧线拱轴线(见图 5.11)对应于同一深度静水压力下的压力线。圆弧线线形简单,全拱曲率相同,施工方便。拱轴方程见式(5.80):

$$
\left.
\begin{aligned}
y_1 &= R(1-\cos\varphi) \\
x &= R\sin\varphi \\
R &= \frac{l}{2}\left(\frac{1}{4f/l}+\frac{f}{l}\right)
\end{aligned}
\right\}
\tag{5.80}
$$

式中:以图 5.11 展示公式变量含义。

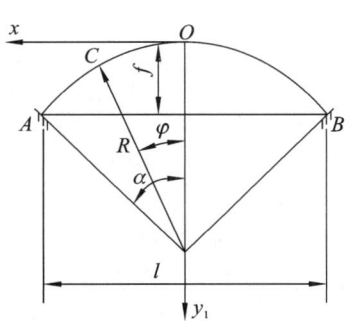

图 5.11　圆弧拱轴线

注:A、B 为拱脚所在的点;O 为拱顶所在的点;C 为拱腹中的一点;
x 为直线与拱顶相切切点的横坐标;y_1 为直线与拱顶相切切点的纵坐标;
f 为净矢高(m);l 为净跨距(m);R 为拱的圆弧半径(m);
α 为拱脚到拱顶的圆心角(°);φ 为拱腹 C 点到拱顶的圆心角(°)。

当计算矢高和计算跨径已知时,根据上述几何关系可计算出各几何量。

圆弧形拱轴线与实际的恒载压力线有偏离,使拱轴各截面受力不够均匀,当矢跨比较小时,两者偏离不大,随着矢跨比的增大,偏离逐渐增大。因此,圆弧拱轴线常用于 20 m 以下的小跨径拱桥和空腹式拱桥的拱式腹拱中。有些大跨度钢筋混凝土拱桥,为简化施工,也有采用圆弧作为拱轴线方案的。

对圆弧线拱,任意截面拱轴切线的水平倾角 φ 见式(5.81):

$$
\varphi = \arcsin\left(\frac{x}{R}\right)
\tag{5.81}
$$

式中:以图 5.11 展示公式变量含义。

2. 抛物线

二次抛物线对应于竖向均匀荷载作用下拱的压力线。对于恒载强度比较接近均布的拱桥,如中承式肋拱桥、矢跨比较小的空腹式钢筋混凝土拱桥、钢筋混凝土桁架拱和刚架拱等轻型拱上结构的拱桥，可以采用二次抛物线作为拱轴线（见图 5.12），其方程见式（5.82）：

$$y_1 = \frac{4f}{l^2}x^2 \tag{5.82}$$

式中：符号意义同前。

对二次抛物线拱，任意截面拱轴切线的水平倾角 φ 见式（5.83）：

$$\varphi = \arctan\left(\frac{\mathrm{d}y_1}{\mathrm{d}x}\right) = \arctan\left(\frac{8f}{l^2}x\right) \tag{5.83}$$

式中：符号意义同前。

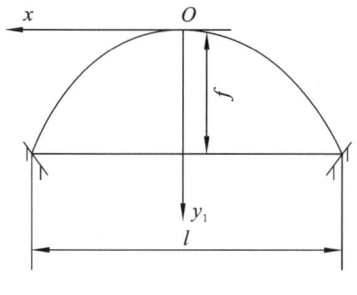

图 5.12　抛物线拱轴线

在某些大跨度拱桥中，由于特殊的拱上建筑布置，为了尽量使拱轴线与恒载压力线相吻合，也采用高次抛物线（四次、六次抛物线）作为拱轴线。

3. 悬链线

实腹式拱桥的恒载集度（单位长度的恒重）由拱顶到拱脚是连续分布并逐渐增大的，其恒载压力线是一条悬链线。因此，一般认为，悬链线是实腹式拱的合理拱轴线。

空腹式拱桥的恒载集度从拱顶到拱脚不再是连续的，它既承受拱轴自重的分布荷载，又承受拱上立柱（横墙）传来的集中荷载，其恒载压力线是一条不平滑的曲线，可采用数值法确定。某些桥梁直接采用恒载压力线作为拱轴线，或与恒载压力线相逼近的连续曲线作为拱轴线。然而这些曲线的计算相当麻烦。目前，普遍的做法还是用悬链线作为空腹式拱的拱轴线，而使拱轴线与恒载压力线在拱顶、两个 1/4 截面和两个拱脚截面五个截面相重合（称为"五点重合法"），这样可利用现存完整的悬链线计算用表来计算各项内力。同时，理论分析证明，拱轴线与恒载压力线的偏离对空腹式主拱的受力是有利的。因此，悬链线是目前大、中跨度拱桥采用最普遍的拱轴线形。

5.5　斜拉桥设计

5.5.1　主梁

主梁直接承受车辆荷载，是斜拉桥主要承重构件之一。由于受拉索的支承作用，其受力性能不仅取决于自身的结构体系，同时与塔的刚度、梁塔连接方式、索的刚度和索形等密切相关，所以主梁设计必须综合考虑梁、塔、索三者之间的关系。由于拉索的支承，斜拉桥主梁具有跨越能力大、梁的建筑高度小和能够借助拉索的预应力对主梁内力进行调整等特点。

1. 主梁截面形式

主梁截面形式应根据跨径、索距、桥宽等不同需要，综合考虑结构的力学要求、抗风稳定性、施工方法等选用。

斜拉桥主梁自重应尽量减小，梁高与主跨之比 h/L 变化范围一般为 $1/100\sim1/50$，对密索体系大跨度斜拉桥,高跨比可小于 1/200。单索面要按抗扭刚度确定梁高。密索布置特别适用于混凝土桥面,此时无需刚度很大的主梁。刚度越大,纵向弯矩越大,因此应选择尽可能柔的桥面系。由此导致很柔断面形式的发展,h/L 甚至达到了 1/500。最佳刚度不仅取决于拉索间距,拉索布置和桥面宽度均是重要影响因素。对于中间悬挂单索面桥,最基本的是要具有较大的抗扭刚度,同时也就具备了较大的横向抗弯刚度。一般来讲,对于钢和混凝土箱梁均应采用封闭的空间框架结构。

(1) 混凝土梁。

混凝土梁的截面形式很多,但常用的截面形式有 3 种。

实体双主梁截面,适用于双索面体系的混凝土主梁截面。两个分离的主梁之间由混凝土桥面板及横梁连接,拉索可直接锚固在主梁中心处。这种梁构造简单,施工方便快捷,也是近年来采用较多的一种主梁截面形式。其缺点是抗扭刚度较小。

分离式的双箱截面形式,其边箱为三角形,两箱之间为整体桥面板,横截面外侧做成风嘴状以减少迎风阻力,端部加厚以锚固拉索。这种截面易于满足抗弯和抗扭的要求,而且具有良好的抗风动力性能,因而特别适用于密索宽桥。

整体箱形截面具有较大的抗弯与抗扭刚度,广泛用于单索面斜拉桥。

(2) 钢梁。

钢梁一般用在跨度大于 500 m 的斜拉桥上,其价格昂贵,后期养护工作量大,抗风稳定性较差;但跨越能力大,施工速度快,质量可靠。常用的钢主梁截面有 I 形、箱形、扁平钢箱形等,这种截面近于流线型,有很好的空气动力性能。

钢主梁的桥面板一般都采用正交异性板,即在桥面板上焊有单向或双向的开口或闭口加劲肋。斜拉桥钢箱梁就是用这种带纵肋的薄板制成的,且沿纵向每隔几米设一道横隔板,横隔板周边开槽以便让箱室薄板上的纵肋不间断地穿过。为了装配方便,常将两块或四块开槽的窄条钢板分别和箱室顶、底板和外腹板匹配,形成和箱室形状相似的框架,然后用一块相对较大的钢板扣在该框架上,通过焊接形成横隔板。横隔板常用 10 mm 或稍厚一点的钢板做成,并设竖向加劲肋以增加其刚度。有些桥也将横隔板用一个横置桁架代替。

(3) 结合梁和混合梁。

结合梁(又称叠合梁)即在钢主梁上用预制或现浇混凝土桥面板代替正交异性钢桥面板,二者的共同作用是用焊于钢梁顶面深入混凝土板中的剪力键来保证的。它除具有与钢主梁相同的优缺点外,还能节约钢材用量且其刚度及抗风稳定性均优于钢主梁。结合梁一般采用钢双主梁,其断面形式常采用实腹开口 I 字形、箱形、Ⅱ 形等。

混合梁斜拉桥是指主梁部分用混凝土(通常布置在边跨,有的还从边跨延长至中跨的一部分),部分用钢梁(通常在中跨或中跨的大部分)。这种桥型特别适用于边跨与主跨比值较小的情况。这样布置,可将边跨结构看作中跨结构的锚固部件。预应力混凝土梁与钢梁的连接位置宜选择在弯矩和剪力较小的地方。这种结构的优点是:

①加大了边跨主梁的刚度和重量,减少了主跨内力和变形;

②可减少或避免边跨端支点出现负反力;

③边跨 PC 梁容易架设,主跨钢梁也可较容易地从主塔开始用悬伸法连续架设;

④减小全桥钢梁长度,节约造价。

2. 主梁主要尺寸

斜拉桥主梁的主要尺寸包括梁高、主梁截面尺寸、横梁尺寸、桥面板尺寸及拉索锚固区局部构造尺寸等。

斜拉桥的梁高除少数在索塔附近变化外,通常采用等高度梁。前面已经叙述了斜拉桥的高跨比,它与主梁的结构体系、截面形式和索距等有关,其宽度取决于行车道、人行道宽度、拉索的布置、横截面布置及抗风稳定性等因素。从提高斜拉桥结构的抗风稳定性考虑,梁宽和主跨跨径的比值宜不小于1/30,与梁高的比值宜不小于8。横梁和桥面板的尺寸可以根据桥面局部荷载按常规的方法确定,由主梁所承受的轴向力及构造要求确定主梁截面面积的大小,进而确定主梁截面的各细部尺寸。

3. 斜拉索在主梁上的锚固构造

(1)斜拉索在钢梁上的锚固。

斜拉索在钢梁上的锚固形式常见的有以下几种:①用一钢管穿过顶板腹板,端头设一承压板固定在底板上,斜拉索通过钢管,其锚头紧压(兜底)承压板;②锚拉板索梁锚固结构;③锚箱方案,它是在梁的腹板上设一和斜拉索轴线一致的斜向钢箱,斜拉索穿过钢箱锚固在钢箱的端板上,不管是哪一种锚固方式,锚节点附近梁的各构件,特别是其腹板常要加厚和加肋,以满足传力的要求;④耳板式锚固点,它是一矩形板前方上端带一耳板,耳板上开孔用销子和拉索的 U 形锚头相连,矩形板紧贴梁的腹板,二者用数列竖排高强螺栓相连。

(2)斜拉索在混凝土梁上的锚固。

斜拉索在混凝土主梁上锚固的梁段,习惯上称为锚固梁段。斜拉索在锚固梁段的锚固方式,根据索面和截面形状的不同而很不一样。选择锚固方式时,要考虑以下几个因素:确保连接可靠;能简捷地把索力传递到全截面;如需在梁端张拉,应具有足够的操作空间;要有防锈蚀能力和避免拉索产生颤振应力腐蚀;便于拉索养护和更换。

顶板设置锚固块的锚固方式一般用于单索面整体箱的锚固构造,斜拉索直接锚固在截面中部箱梁顶板上,并与一对斜撑连接,斜撑作为受拉杆件将索力传递到整个截面。斜拉索在锚固点通过锚固块与主梁截面连接,锚固块构造根据张拉设备与施工要求进行设计。如法国的布鲁东纳(Brotonne)桥,斜拉索直接锚固在箱梁顶板与一对斜拉杆交叉点处的锚固块上。采用这种锚固方式,局部受力非常复杂,在锚固块内设一对交叉布置的箍筋是非常必要的。

在箱梁内设横隔板的锚固方式一般用于双索面分离双箱或单索面整体箱及梁、板组合断面形式中,斜拉索在箱梁内通过锚固板或锚固块与主梁连接。锚固板是与箱梁连成一体的斜向横隔板,其斜度与拉索一致。锚固板厚度应满足锚具排列的构造要求。为减小锚固板体积,可设计成底宽上窄的楔形锚板,拉索通过该锚固板锚固于箱梁底板,锚头可外露,也可缩至底板以内,前者受力好,后者反之。也可以在边箱内部设置与顶板及两侧腹板固结的锚块,靠近顶板并与斜拉索斜度一致,锚头设在箱内。

另外还有:在主梁横截面两侧实体边缘的锚固方式;在箱梁两侧的挑边处锚固,拉索通过预埋于梁中的钢管,锚固在梁底的锚固块上;在箱梁内的锚固形式;加设锚固横梁的方式。

(3)斜拉索在结合梁上的锚固。

结合梁斜拉桥的拉索通常直接锚固在两侧的钢主梁上,以使桥面系获得较大的抗扭刚度。在拉索与结合梁的锚固构造中,对开口工字形钢梁的锚固有两种方式:一是将拉索的锚固构件放在钢主梁顶面;二是将锚固箱布置在工字形钢主梁腹板的侧面,拉索穿过上翼板达到锚固箱,锚固箱与腹板可以采用高强螺栓摩擦连接或焊接连接。对其他形式的钢梁可以采用锚固梁的方式。

5.5.2　斜拉索

斜拉索是斜拉桥的主要受力构件,它也是影响斜拉桥景观最主要的因素之一,其造价常常占到全桥造价的 $1/4\sim1/3$。因此斜拉索在用材、形式及防腐、架设、张拉和锚固等施工工艺方面都应该慎重,尤其是在腐蚀性环境中更要选择好拉索的结构和防护形式。

1. 斜拉索的构造

斜拉索包括钢索、锚固段和过渡段。钢索承受拉力,设置在两端的锚具用来传递力,过渡段埋设在塔和梁的内部,用于密封穿过梁和塔体内的斜拉索,且不与混凝土接触,其中减振器对斜拉索起减振作用。由平行钢绞线索组成的斜拉索在过渡段内呈扩散状,减振器还起夹紧钢索的作用。

过渡段的作用是在塔、梁体内预留孔洞,以能进行穿索、张拉,将钢丝或钢绞线扩散,穿入锚具孔,减少索尤其是索端的振动。过渡段由承压板(锚垫板)、索导管(预留管)及减振装置三部件组成。

2. 斜拉索的横截面

斜拉索由高强度的粗钢筋、钢丝或钢绞线制作,有平行钢筋索、平行钢丝索、钢绞线索、单股钢绞缆、封闭式钢缆等几种。目前国内外用得最多的是由高强钢丝制成的钢丝索和钢绞线索。

平行钢丝索股(parallel wire strand,简称 PWS)是将 $[3n(n-1)+1]$ 根平行的镀锌钢丝顺直无扭转地捆扎成股,截面呈等边六边形。大型的 PWS 可以直接单独用作斜拉索,但大多数情况是每根拉索由多股 PWS 组成。平行钢丝索股由于钢丝未经旋扭,抗拉强度和弹性模量均无损减,与单根镀锌钢丝相同,抗疲劳性能也较好。其缺点是斜拉索刚度较大,不易弯曲,运输与架设困难,易引起弯曲次应力。

用平行钢丝制备斜拉索又分为两种方式:平行钢丝索和半平行钢丝索。

平行钢丝索是将若干根预应力钢丝平行并拢、扎紧,整体穿入聚乙烯套管内,并在张拉结束后压注水泥砂浆防护,就成为平行钢丝索。平行钢丝索截面呈等边六边形,此时钢丝根数为 $[3n(n-1)+1]$,或者选定所需的钢丝数后直接捆扎成索,因此截面内的钢丝根数可以自由地选定。平行钢丝索的各项物理特性与平行钢丝索股基本一致。这种索宜于现场制作。

半平行钢丝索是将若干根预应力钢丝平行并拢,且同心同向作轻度扭绞,扭绞角度为 $2°\sim4°$,再用包带扎紧,最外层直接挤裹聚乙烯索套防护。半平行钢丝索也称为新型 PWS、螺旋形 PWS,或称为半平行钢丝索股。这种索挠曲性能好,可以自由地缠绕在卷筒上进行长途运输,宜在工厂中机械化制作。根据试验得知,当扭绞角小于 $4°$ 时,其弹性模量和疲劳性能一般不受损减。

用钢绞线制备斜拉索的方法也有两种:平行钢绞线索和半平行钢绞线索。

平行钢绞线索是用工厂生产的 7 丝钢绞线按平行钢丝束的排列方法布置成等边六角形截面,即为平行钢绞线索(parallel strand cable,简称 PSC)。这种索可在工地一根根穿束,一根根张拉,这给以后的换索维修带来极大的好处。因为特别是对一些长大索,其整索上盘、运输、就位、张拉、锚固都是比较困难的。

半平行钢绞线构造和制作方法与平行钢绞线相同,只是在索中钢绞线集中排列后再轻度扭绞而成,斜拉索中钢绞线的扭绞方向应与单根钢绞线中的钢丝扭绞方向相反。半平行钢绞线索均在工厂制作好后运往工地,它可以配装冷铸锚。

钢绞线索的弹性模量较小,而且在受力时截面紧缩,非弹性变形较大,用于对斜拉索变形较为敏感的斜拉桥是不利的。因此,在斜拉索使用前通常要进行预张拉,其张拉力一般不超过破断拉力的55%。

3. 斜拉索的防腐

早期修建斜拉桥拉索的防护方法不成熟,常由于腐蚀导致换索。近年换索的斜拉桥大多数是全部更换,换索工程费用相当昂贵,大约为原来建桥总费用的一半,而且常常需要中断交通或者限制交通。现各国对防锈处理都很重视,常用的防锈蚀处理方法是:采用镀锌钢丝或钢绞线;在平行钢丝索或钢绞线外涂油脂或石蜡等防锈脂,外包黑色PE护套,形成2~3道防锈蚀措施。

对平行钢丝索,在外包PE护套前,还要用包带捆紧。对平行钢绞线索,钢绞线做逐根防锈处理,在工厂加工。最后对钢索还可外涂有色漆(树脂类)或外套PE管,形成又一道防锈蚀措施,并形成美观的外形。套管按一定长度分为两半制作,利用榫头楔合成圆筒,将套管纵、横向接缝进行热焊接成全长,圆筒套管内设有定形隔板支垫。外套圆筒除防止钢索意外伤害外,同时有利于改善拉索的气动外形。

斜拉索防护的另一个关键在于锚头。实践证明,锚头难以防止雨水渗漏,因此锚头的密封和泄水措施十分重要。

5.5.3 索塔

梁的自重和活载主要是通过斜拉索经由索塔传给基础和大地的。索塔主要受轴向压力,斜拉索的不平衡水平分力使其发生沿桥梁轴向的弯曲,风力等使其发生横向弯曲。因此,索塔为一压弯构件。地震烈度较高时,在塔上产生的弯矩常控制其塔根截面设计。在施工期间,裸塔抗风稳定性也是设计者关心的问题之一。

1. 索塔所受的荷载

根据索塔所受到的荷载,可以计算其内力,根据内力可以设计出索塔的截面。

索塔上主要作用的荷载有:自重、由拉索传至塔部的主梁的恒载和活载、拉索索力的垂直分力引起的塔柱轴向力和拉索索力的水平分力引起的塔柱弯矩和剪力。此外,温度变化、日照影响、支座沉降位移、风荷载、地震力、混凝土收缩、徐变等都将对塔柱产生轴向力、水平力扭矩和顺桥向、横桥向弯矩。为此,在塔柱受很大轴向压力的情况下,应考虑顺、横桥向双向弯矩的影响,在各个角点进行相应各类工况条件下的应力叠加。特别在大跨度斜拉桥中,由于塔柱中巨大的轴向力和施工可能产生的累计偏差,以及在各类外力的作用下,塔将出现水平位移并导致附加弯矩,因此,要对塔进行验算,确保塔的屈曲稳定性。

塔柱的内力和变形,通常采用小变形理论分析。一般情况下,对恒载、活载等垂直荷载,将梁、索、塔用平面杆件有限元法进行分析。对于风荷载等横向荷载作用,则可将塔作为一个平面框架进行分析。对于结构动力特性和结构抗风、抗震稳定计算,应通过结构空间有限元法,进行专题分析和计算。此外,对于拉索锚固区,塔与主梁连接区的结构分析和应力集中、局部应力的分析,都可采用有限元分析法计算内力和变形。

2. 斜拉索在索塔上的锚固

对于钢斜拉桥,其主塔可以是钢的,也可以是混凝土的,斜拉索在钢塔上的锚固构造相对简单,主要是因为钢材的受压和受拉性能均较好,构造细节容易处理。

为防止混凝土在集中力作用下胀裂,常需在混凝土塔上的斜拉索锚固点周围设置复杂的环向预应力筋。

5.6　悬索桥设计

5.6.1　悬索桥的总体设计

实际设计中,设计者首先要研究地形、地质、水文及接线等条件,从而决定采用何种形式的悬索桥进行总体布置。然后再针对选定的桥式进一步确定悬索桥的跨度比、垂跨比、加劲梁高宽尺寸及其支承约束体系等要素,再进行方案设计的初步估算,概略地计算主要工程数量。

1. 悬索桥的边跨与主跨的跨度比

从总体受力要求来看,边跨与主跨的主缆水平分力在塔顶处应互相平衡,这需要通过边跨与主跨的主缆在塔顶两侧的夹角尽量相近来保证。跨度比受具体桥位处的地形与地质条件制约,其取值的自由度较小,一般为 0.25~0.50。研究表明,若主孔跨度及垂跨比确定,则跨度比越小,单位桥长所需的钢材质量越大,若减小跨度比,可以起到减小加劲梁最大竖向挠度及最大竖向转角的作用。

2. 悬索桥主缆的垂跨比

垂跨比指主缆在主孔内的垂度 f 与主孔的跨度 L 之比。垂跨比的大小对主缆中的拉力有很大的影响,它在较大程度上影响主缆所需截面积与单位桥长的用钢量。在主孔跨度以及边跨与主跨的跨度比皆为定值的情况下,垂跨比还对悬索桥的整体(包括竖向和横向)刚度有明显的影响,垂跨比越小,刚度越大。另外,悬索桥的主缆垂跨比还对结构的振动特性也有一定的影响。因此,在实际设计中,应结合对刚度的要求和主缆用钢量来选取合适的垂跨比,一般悬索桥的垂跨比取值为 1/12~1/9。

3. 悬索桥加劲梁的尺寸拟定

悬索桥加劲梁的高宽尺寸,对大跨度悬索桥而言,一般不存在与跨度的固定的比例关系。加劲梁的宽度一般是由车道宽度及桥面构造的布置等决定的,设计中主要需要根据抗风理论分析和风洞试验来验证所取的加劲梁的宽跨比是否具备优良的动力特性。在理论上,当主孔跨度 L 为定值时,宽跨比越大,结构整体(特别是横向)刚度就越大。通常,桁式加劲梁梁高一般为 6~14 m,箱形加劲梁的梁高一般为 2.5~4.5 m。

4. 悬索桥加劲梁的支承体系

关于加劲梁支承体系的问题,主要是加劲梁在塔墩处是否连续。一般三跨悬索桥中的加劲梁绝大多数是非连续的(称为三跨双铰加劲梁),即每跨加劲梁的两端分别设置支承体系。三跨双铰式加劲梁的布置在结构上是较合理的。但采用非连续的双铰加劲梁时,梁端的角变量和伸缩量以及跨中的最大挠度(包括竖向的和横向的)均较大。加劲梁开始采用连续支承体系是始于 1959 年法国建成的坦卡维尔(Tancarville)桥,这种形式能减少桥面的变形,对整体抗风性、运营平顺性和舒适性均有利。但也存在缺点,主梁连续通过塔柱,使得主梁在主塔柱处的支点负弯矩较大,加大了桥塔处塔柱的间距,加劲梁中还存在附加内力等。

5.6.2　悬索桥的计算理论

1. 弹性理论

1823 年,纳维(Navier)发表了悬索桥的弹性理论。它的建立是使用超静定结构的计算方法,将悬索桥的结构看作主缆与加劲梁的结合体。它只考虑由荷载产生的新的构件内力之间的平衡。其特点是对恒载与活载的作用没有本质上的区别,也就是在计算活载内力时没有计入恒载产生的初始内力已经对悬索桥整体刚度做出的贡献。这种理论是建立在不考虑(忽略)荷载产生的变形会影响内力的大小与方向的基础之上的。因此,弹性理论是基于变形非常微小而可以忽略的计算假设,它只能满足早期跨度较小且加劲梁刚度相对较大的悬索桥的使用,对于大跨度悬索桥按弹性理论计算太保守,偏于安全,浪费材料。

2. 挠度理论

随着跨度的增加,梁的抗弯刚度相对变小,活载产生的结构变形对结构平衡的影响变得不可忽视。1888 年,梅兰(Melan)提出了悬索桥分析的挠度理论。采用挠度理论来计算悬索桥时,考虑原有荷载(如恒载)已产生的主缆轴力对新的荷载(如活载)产生的竖向变形(挠度)将产生一种新的抗力。这就是说,这种计算理论是在变形之后再来考虑内力的平衡。用挠度理论来计算活载内力时,已经计入了恒载内力对悬索桥的刚度起到的提高作用。挠度理论中的计算假定为:

(1) 恒载沿桥梁的纵向是均匀分布的;

(2) 在恒载作用下,主缆索为抛物线形,加劲梁处于无应力状态(吊索之间的局部挠曲应力除外);

(3) 吊杆为竖直,且沿桥跨密布;

(4) 在活载作用下,只考虑吊索有拉力,但不考虑吊索的拉伸和倾斜;

(5) 加劲梁为直线形,并且是等截面;

(6) 只计主缆及加劲梁的竖向变形(挠度),但不考虑它们的纵向变形。

弹性理论与挠度理论相关计算公式分别见式(5.84)和式(5.85)。

弹性理论:

$$\nu = 0, M = M_p = M_p^0 = -H_p \cdot y \tag{5.84}$$

挠度理论:

$$\nu \neq 0, M = M_p = M_p^0 - H_p \cdot y - H \cdot \nu \tag{5.85}$$

式中:ν——主缆的挠度(mm);

M——梁的弯矩(kN·m);

M_p——主梁弯矩(kN·m);

M_p^0——恒载下的主梁弯矩(kN·m);

H_p——恒载下的主缆水平分力(kN);

y——主缆的垂度(mm);

H——主缆拉力的水平分力(kN)。

挠度理论与弹性理论具有不同之处,通过比较主缆在恒载作用时的平衡位置,以及主缆在恒载和活载共同作用时的平衡位置,可知活载作用下主缆的几何形状发生了变化。用挠度理论计算所得的内力比用弹性理论要小得多,根据悬索桥的跨度大小、加劲梁的刚度大小以及活载影响与恒载影响的比例,一般挠度理论的内力计算值比弹性理论减少 1/10～1/2。

在挠度理论基本微分方程中,若省略其二次项,则为线性挠度理论。将挠度理论线性化后,不仅基本微分方程容易求解,而且由于线性化,叠加原理也可以使用,从而使工程中常用的影响线分析方法在此处也可使用。当恒载与活载比值较大时,线性挠度理论具有较好的近似性。

3. 有限位移理论

对于跨度大或加劲梁刚度小的悬索桥,按小变形理论的弹性理论分析,不能反映实际结构的非线性行为。挠度理论考虑了结构的可靠性,在悬索桥结构的计算分析中起了重要作用,但当加劲梁的高跨比小于 1/300 时,采用线性挠度理论分析悬索桥所产生的误差将不容忽略。随着电子计算机技术的发展及其在结构分析中的应用,各种借助电子计算机以有限位移理论为基础的矩阵分析法相继建立,使悬索桥的分析计算更加精确。

基于矩阵位移法的有限元技术更能适应解决复杂结构的受力分析问题,一些有代表性的研究成果逐渐完善和发展了有限位移理论。应用有限位移理论的矩阵位移法,可以综合考虑体系节点位移影响和轴力效应。把悬索桥结构分析方法统一到一般非线性有限元中,这是目前大跨度悬索桥分析计算中普遍采用的方法,也是悬索桥所有分析方法中最精确的方法。

4. 其他方法

(1)"代换梁"法。设想把悬索去掉,在加劲梁上作用代换的竖向荷载及拉力(此拉力不引起加劲梁产生拉力),这个梁即为原悬索桥的加劲梁的"代换梁"。当"代换梁"在外荷载作用下产生挠度时,拉力对"代换梁"就会产生一个弯矩。这个"代换梁"的挠曲微分方程与挠度理论基本微分方程一致。由此可以采用这个"代换梁"来求解悬索桥的内力。

(2)重力刚度法。由于悬索桥加劲梁的弯曲刚度常常远小于具备很大轴力的缆索刚度,如果忽略加劲梁的刚度,而把悬索桥当作一个单纯的索结构进行分析,则分析的结果也不会相差甚远。基于这样的思路对悬索桥进行近似分析的方法,就是重力刚度法。

5. 各种理论的比较

微小变形理论是指包括轴力在内的构件内力按方向不变的假设来进行计算,线性的有限变形理论是指按方向有变化而轴力大小不变的假设来进行计算,轴力大小与方向均假设有变化时称为非线性有限变形理论,将截面内力作用于变形后的方向则被称为高度非线性的大变形理论。

在一般情况下,根据线性关系的有限变形理论来进行计算已有足够的精度。例如在考虑加劲梁的弯矩时,根据线性关系的有限变形理论用影响线来求得的计算值,与在同一位置加载的大变形理论所得结果相比的误差不过是百分之几而已,并且该误差是偏于安全一侧。线性理论也能考虑剪切变形,不足之处是误差比非线性理论大。

当活载产生的主缆轴力较大时(如主孔满跨布置活载),对计算主缆拉力宜采用非线性有限变形理论,除此之外一般均为较小量值,基本上可以不考虑非线性关系。当承受轴力的构件在与轴力成正交的方向发生较大的变形时,一般宜采用大变形理论来进行计算,如:

(1)架设过程中的悬索桥;

(2)竖吊索悬索桥(跨中及端部无短斜索时)在纵向作用荷载时;

(3)主缆体系作用有横向水平荷载时。

第 6 章　隧道设计

6.1 隧道工程勘测设计

隧道工程的勘测设计一般分为两阶段进行，即初测阶段和定测阶段。对于长、大隧道或地形、地质条件复杂的隧道，应采用两阶段勘测；对于地形及地质条件较简单的中、短隧道可以考虑采用一阶段勘测。勘测设计的基本内容如下。

（1）隧道工程调查：调查隧道穿越地段的地质、地貌、环境生态等自然条件，它们与隧道工程有着密切的关系。

（2）隧道线路确定：通过多种方案的比选，确定隧道的平面、纵断面线形。

（3）洞口位置选择：初测为初步设计提供资料，应完成的勘测工作包括隧道所在地区自然条件的调查、隧道工程对周围环境影响的调查、工程地质及水文地质的勘查、地形测量、导线测量等。

定测是根据有关单位批准的初步设计文件及审核意见，在初测基础上进一步核对、落实、深化相关勘测资料，对复杂地质问题给出可靠性结论，为施工图设计提供资料。

6.1.1 隧道工程勘测

1. 自然地理概况调查

自然地理概况主要指隧道所在地区的地形、地貌、气象、水文、用地、灾害及区域性地质等，目的是为规划线路与隧道的关系及进行勘察工作提供条件。一般通过收集当地既有资料的方式进行。相关资料如下。

（1）地形资料。

地形资料指地形图。一般情况下应从国家测绘系统收集到 $1/50000 \sim 1/25000$ 及 $1/5000 \sim 1/1000$ 两种比例尺的地形图，前者主要用于线路规划，后者主要用于隧道方案的比选。地形资料是进行线路选择、隧道方案、用地以及自然环境、地质判断的基本资料。

（2）地质资料。

地质资料指地质图和说明书。一般应从地质部门收集 $1/200000 \sim 1/50000$ 比例尺的地质图。

（3）工程资料。

在隧道附近的土建工程往往可以提供不少资料，如道路边坡的岩石露头和其他土木工程所记录的工程地质与水文地质资料，这些资料可以从施工记录和工程报告总结等文件中得到。

（4）气象资料。

气象资料包括气温、气压、降水、水湿、地温等。可从气象台站和各种资料（如期刊、汇编、年鉴等）处获得。

（5）用地及环境资料。

用地包括工程用地和施工用地，一旦确定了需要的范围后，就应调查在该范围内是否有既有建筑，包括居民住宅、通信设施、排水设施、交通设施等，必须和有关部门处理协商好相关事宜。环境资料包括自然环境、文物古迹、自然保护区、居民环境等，一定要按照国家相关政策加以对待，否则将对隧道工程造成负面影响，甚至形成旷日持久的社会矛盾。

（6）灾害资料。

隧道所在地区历史上的暴雨、台风、地震、滑坡等发生的规模、频度,可通过查阅资料、地方志和对居民访问等方法获得。

将收集到的资料进行汇总和分析,研究其对隧道规划设计、施工与维护管理的影响,并为进一步的调查提供依据。

2. 地质调查

隧道是一种特殊的土木工程,它的最大特点是自始至终与地质有着密不可分的关系,因此彻底弄清地质情况对于隧道施工的顺利进行及结构的合理设计有着极其重要的作用。

1）地质调查主要内容

①工程地质特征。

工程地质特征指地质构造及地层、岩性的状况,着重查清地质构造变动的性质、类型、规模,断层、节理、软弱结构面特征及其与隧道的组合关系,围岩的基本物理力学性质等。

②水文地质特征。

水文地质特征指地下水类型,含水层的分布范围、水量、补给关系,水质及其对混凝土的侵蚀性等。

③不良地质和特殊地质现象。

不良地质和特殊地质现象如崩塌、岩堆、滑坡、岩溶、泥石流、湿陷性黄土、盐渍土、盐岩、多年冻土、雪崩、冰川等,查明其发生的原因及类型和规模,根据其发展的趋势,判明其对隧道的影响程度。

④地震烈度。

按《中国地震烈度区划图》的规定,划分隧道经过地区的地震烈度,必要时应经地震部门鉴定。在地震烈度大于等于 7 度的地震区,搜集调查断裂构造时,应特别注意全新活动断裂和发震断裂。全新活动断裂指在近代地质时期内(约 1 万年)有过较强烈的地震活动,或在近期正在活动,在将来(今后 100 年)可能继续活动的断层。

⑤有害气体和放射性物质。

当测区存在这类物质时,应按劳动保护、环境保护的相关条例查明含量,预测释放程度,当可能超出规定的容许值时,须采取必要的防护措施。

2）地质调查步骤

（1）地形与地质的初步调查。

地形地质初步调查应由有经验的地质工程师以现场踏勘的方式进行,主要由具有相应资格的地质部门进行,调查应查明陡壁、滑坡、崩塌、断层、破碎带、地下水以及其他地质特征。踏勘时结合文献资料和露头情况查明地质概况。调查的范围取决于隧道的规模,一般可在线路中线两侧各 $500\sim2000\mathrm{m}$ 的范围内进行。调查时可以使用 $1/25000\sim1/10000$ 的地形图。

通过调查应掌握所在地区的地形地质的全貌。调查的实际情况应随时标记在地形图上和记入野外记录本。调查完毕后进行归纳整理和分析研究,写出调查报告书,并附上调查线路图、地质平面图和地质剖面图。

（2）地质详查。

在初步调查的基础上,进一步用钻探和物探等方法作地质详查。在完成地形地质等的初步调查之后,一般可以大致判断隧道的初步走向,但对于隧道结构设计与施工,这些资料的完善程度是远远不够的,还需要做进一步的地质详查。详查的项目有岩性、地质构造、地下水状态以及地下资源等。

岩性调查包括岩石的种类和岩石特征,松散堆积物,岩石的物理、力学性质,风化以及变质情况等。地质构造包括地层、褶皱、断层与破碎带、节理及围岩结构完整状态。地下水状态包括地下水的发育程度、水质、含水层与隔水层的分布、水的补给来源等。地下资源包括矿物资源、天然气、温泉、地热等。对上述事项应逐个研究和说明,着重考虑对隧道的设计与施工的影响,而不必做理论上的详细讨论。详查一般按踏勘、物探、钻探等手段进行。为了克服主观性以增加客观性,可采取多种比较和综合的方法。调查在中线两侧各 200~500 m 和洞口外延长线上 100 m 范围内进行。通常使用 1/5000~1/1000 比例的地质图。

目前在我国,地质详查手段仍以传统的钻探方法为主。钻探的设备种类很多,其中以合金钻性能最好,可探测地层内部很大深度处的情况,并可取得较佳岩芯,岩芯回收率也较高,即使小孔也能取得岩芯。钻孔壁光滑平整,能钻探坚硬岩石,钻机本身也轻便和易于转移,成本也比较低。此外还有简易钻探法,如螺旋钻、冲击钻等。

在物理探测方面最常用的有电阻法与弹性波法,这两种方法均可用来探测土与石的分界,前者是根据各种物质中电阻的不同,而后者是根据波速(纵波)的不同,来判断物质的属性。它们是测定断层、软弱带及地质构造的好方法,但应与钻探配合与对照。此外,电阻法在土质隧道中可在一定范围内探明砂砾层(含水层),还可以在钻孔内对透水层的分布及地下各含水层情况给出明确的结果。

地下水可使岩质软化,使软岩山体松弛,并使其强度降低,促使围岩中软弱夹层泥化,减少层间阻力,导致岩体滑动。还可使某些岩类溶解和膨胀,使山体出现附加压力。因此,弄清楚地下水的发育状况对隧道工程至关重要。

3) 地质调查应提供的资料

①概述:,明确调查的场所、范围、内容、方法,并说明调查时间及参加人员。

②地形地质说明:阐述地形概况、区域地质概况、气象、环境、隧道走向等勘测的具体内容;着重说明围岩生成的地质时代、岩相、风化及变质情况、物理力学性质及对工程的影响;地层分布、成层状态、槽曲、断层、破碎带、层理、片理、节理等及其对工程的影响。

③应交付的图。

a.线路地形图(1:5000~1:2000),沿隧道全长绘制,标明线路走向及里程。

b.洞口附近地形图(1:500),在可能的洞口位置附近一定范围内绘制,沿线路中线每侧各 100 m 的范围进行,用以确定洞口位置。

c.地质平面图,用地质符号在地形平面图上反映地质的分布情况,可以结合地形图一起表示。

d.地质纵断面图(1:2000~1:500),沿隧道中线纵断面绘制,反映围岩种类、地质构造、岩性、产状、涌水等,标明隧道线路标高、里程等。

e.洞口附近地质纵断面图(1:200)以及洞口附近地质横断面图若干,用于进一步正确地选择洞口位置及反映洞口的工程情况。

④说明隧道选线、设计及施工时应注意的问题及对进一步调查的建议。

3. 环境调查

通过对施工场地、生态环境的调查,评价隧道修建和营运交通对周边环境的影响程度,提出必要的环境保护措施。

（1）自然环境调查。

调查动物、植物的生态状况，包括种类、密度、分布、季节性变化等。调查地表水、地下水状况。

（2）地物调查。

调查土地利用状况，包括土地的用途、面积等。调查文物古迹、风景区等。调查已有构建物，包括通信设施、民房、地下管网（主要指城市交通隧道）等。

（3）生活环境调查。

在工程中和完工后出现的废气、噪声、振动、地表下沉等，是对居住环境、自然资源和已有地物产生影响的主要问题。

4. 气象调查

在隧道选线时，应充分考虑当地的气象条件，因为气象条件会直接影响到隧道选线、结构设计、洞外场地布置、设施安排、进度计划与施工管理。例如洞口附近的崩塌、洪水、阵风、风吹雪、雪崩、路面冻结、挂冰、雾、洞外亮度、海岸或山顶的阵风等对汽车的安全行驶有一定的影响。

气象调查一般有下列内容。

（1）降雨：年降雨量、月平均降雨量、日最大降雨量、小时最大降雨量。

（2）降雪：最大降雪日、最大积雪量、积雪期、最大日降雪量、雪密度、雪温。

（3）气温、地温：年平均气温、绝对最高最低气温、日温差；冻结期、冻结深度、多年冻土深度、水温。

（4）风向、风速：频率分布（年间、月间、日间）。

（5）雾：发生日数（频度、滞留时间及其能见度）。

（6）雪崩、风吹雪：场所、规模、频度、时期、种类。

（7）洪水：洪水量、水位、时期。

6.1.2　隧道位置选择

在公路、铁路等道路工程中，隧道是重要的交通建筑物，隧道施工的特殊性使得它往往成为整条线路的控制工程。当一条新线方案确定以后，能否选择合理的隧道位置往往成为线路设计的关键。

影响隧道位置选择的因素较多，如地质条件、水文地质条件、地形和地貌条件、投资条件、工期要求，甚至当地环境控制要求等。在众多因素中，根本性的因素是地质条件和地形条件。

1. 按地形条件选择隧道位置

（1）隧道方案和其他方案的比较。

首先要明确的是，只有当线路处于一定的地形条件下时，才需要修建隧道。地形条件分类如下。①平原微丘：指微小起伏的地形。②重丘：起伏较多，但高差不太大的地形，相对高差一般小于 200 m。③山岭：相对高度大于 200 m 的地形。

原则上来说，这三种地形条件都将形成线路方向的高程障碍，只是程度不同而已，都可以修建隧道，这类隧道统称为"山岭隧道"。但是否隧道方案最为合理，还应与其他可行的方案进行比较，比较的内容主要为技术和造价。一般而言，要克服地形条件带来的高程障碍，有绕行方案、路堑方案和隧道方案。

隧道方案能使线路平缓顺直，病害少，维修养护简单，从而提供了良好的运营条件。它缩短线路、节省运输时间，使得出行更为快捷和便利，为现代社会中激烈的交通市场竞争创造了有利条件。它还能最大限度地减少道路修建对自然植被的破坏,产生积极的社会效益和自然效益。

当线路遇到地形高程障碍时,应该优先考虑隧道方案,只有在不具备修建隧道的条件下(主要是投资条件),才考虑采用其他方案。

就隧道方案而言,还有长隧道方案与短隧道群方案的比较,当需要修建两条平行隧道时,还有两座单线隧道方案和一座双线隧道方案的比较。

①长隧道与短隧道群方案的比较。

当线路顺着河谷傍山行走时,地形起伏不定,如果线路靠近河流一侧,则可以修若干座短隧道穿越,而当线路往山体内偏移,则成为一座长隧道。

短隧道比较容易施工,技术难度较低。与一座长隧道相比,短隧道群进出口的总数多,因而工作面多,施工进度快。此外,从运营来看,短隧道群可以采用自然通风,而不必设置机械通风设施,而长隧道一般需要机械通风。

但是,短隧道群所处的地质条件一般都比较复杂,施工过程中易塌方,而且由于多为绕山傍河,易形成地层对隧道结构的偏压,使结构处于不利的受力状态,导致留下灾害隐患。特别是洞口路堑多半形成高大边坡,在雨水冲刷下,经常发生落石、塌方等事故,危及运营。因此从安全运营的眼光来看,应该选择长隧道,尽量避免短隧道群。

②两座单线隧道方案和一座双线隧道方案的比较。

这主要是针对铁路复线隧道而言,因公路隧道是以车道的数目来决定隧道的断面,而车道数目又由交通流量来决定,一般按双车道设计,当多于双车道时,宜分设成两座平行隧道,以避免过大的断面跨度。

(2)地形条件对隧道位置的影响。

就地形条件而言,山岭隧道可分为越岭隧道和河谷傍山隧道两大类。当然也有既不属于越岭也不属于河谷傍山的交通隧道,如城市附近的交通隧道等,但那都是局部地区的道路系统,而对于铁路和公路这样的大交通系统而言,涉及选线的隧道主要是这两大类。

①越岭隧道。

当线路从一个水系进入另一个水系时,必须翻越其间的分水岭。为缩短线路里程,克服高度障碍,必须设置越岭隧道,这段线路就称为越岭线。从地形上考虑,隧道宜选在山体比较狭窄的鞍部(垭口)附近的底部通过,因为垭口处的山体相对较薄,从垭口穿越,隧道的长度较短,有利于降低工程投资。但从地质角度考虑,垭口地段的地质条件往往较差,遇到断层破碎带和软弱岩层的概率增大。

在选定了垭口位置后,就应确定隧道的高程。不同高程的隧道,有不同的纵坡、不同的隧道长度和不同的展线长度。将隧道选在较高的高程,可以缩短隧道长度,减少施工工期,降低投资,但会形成较大的纵坡和较长的展线,纵坡大会使车辆产生较多的废气,需要更有力的通风设施,展线长势必弯道多,不利于行车,降低了通过能力。降低隧道高程则正好相反。因此,隧道高程比选时,应综合工程造价和运营效率等要素给出最佳方案。

越岭线上,地形起伏陡峻,在展线时还可能需要修建专门的展线隧道,螺旋线隧道和套线隧道是展线上常用的隧道类型。

②河谷线隧道。

山区道路通常傍山沿河而行,称为河谷线。山区河流的特点是河床狭窄、弯曲,经过常年的河水侵蚀和风化作用,地势往往变得陡峻。为改善线形,提高车速、缩短里程,常需修建傍山隧道,又称为河谷线隧道。这种隧道一般埋深较浅,地质条件复杂,通过地段常有山体崩塌、滑坡、松散堆积等不良地质现象发生。施工开挖容易破坏山体平衡,造成各种病害。

2. 按地质条件选择隧道位置

在按地质条件选择隧道位置时,首先要弄清楚地质情况,对于隧道工程而言,需要了解的地质情况如下。①地质构造,包括岩层的构造特征、节理裂隙发育程度、结构面的性状、岩石的块状大小与完整状态;②岩体强度;③水文地质条件;④不良地质。

(1)地质构造影响。

地质构造对隧道的影响是多方面的,下面仅说明几种比较典型的影响。

①单斜构造。

单斜构造是指成层的岩层向一个方向倾斜的地质构造。在这样的地层中,地层各层间,有的是紧密黏结的,有的是出现裂缝又被一些细碎物质所充填,不管是哪一种情况,层间接触面均较为薄弱。当层间接触面是由软弱物质充填时,称之为软弱结构面。

因此,在单斜构造的地质条件下,必须事先把地层的构造和结构面的状态调查清楚。总的来说,视结构面倾角的大小,可分为三种情况。

a.较平缓的倾角。

层间下滑力小,但若上覆岩层很薄,施工时顶部也容易产生掉块现象。以不透水的坚硬岩层作顶板为最好。

b.陡倾角岩层。

层间下滑力大,如果隧道的位置恰好在层间软弱面(两种岩层的交界面),地层滑动将使隧道结构受到很大的剪力,以致损坏结构物,如图 6.1(a)中的 B 位置。而比较合理的应该是 A 位置,因为它已完全置身于稳定围岩之中。如果隧道有某一段位于软弱地段中,当地层产生顺层滑动时,可能压迫该段发生相对于隧道主体的错动,而与邻段断开,如图 6.1(b)所示。

c.垂直岩层。

当岩层垂直时,应该选择隧道的走向与岩面正交的方式穿过,切忌与岩层面平行,否则层间的垂直错动可能使隧道产生沿线路纵向的裂缝。

②褶曲构造。

在褶曲构造地区,地层一部分翘起成为背斜,另一部分下挠成为向斜。背斜的地层受弯而在上面出现开裂,切割岩体成为上大下小的楔块。这种楔块在重力作用下,容易发生掉块或塌方,对工程产生不利影响。所以隧道穿过褶曲构造时,选在背斜中比较有利。如果隧道不是在褶曲的中部,而是靠近褶曲的侧翼,则将受到偏压,隧道应按偏压结构予以加强。

③断层。

在断层构造地区,断层带中的岩体呈破碎状态,称为断层泥,它的强度很低,而且往往是地下水的通道,一旦打穿,就可能形成冒泥和涌水。遇到这种地质条件,施工是十分困难的。选择隧道位置时,应尽可能避开,或与断层带隔开足够的安全距离,切忌沿着(或平行)断层带修建隧道。

(2)不良地质影响。

不良地质是指滑坡、崩塌、岩堆、泥石流、岩溶、危岩、落石、瓦斯地区等。它们对隧道工程十分不利,

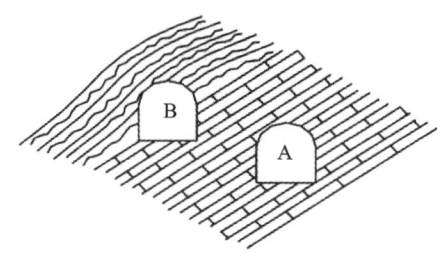

(a) 隧道位于软弱面合理位置选择

(b) 产生顺层滑动时隧道所在位置

图 6.1　隧道位置与结构面的关系

一旦遇到这样的地质,将给施工造成很大的困难,也将使投资方付出很高的代价。

①滑坡地区。

滑坡是由于地下水的活动,或是河流冲刷坡脚,以及人为削坡等原因,山坡土体在重力作用下,沿某一软弱面有整体下滑的趋势而形成的。隧道通过这种地段时,如果土体滑床(可能的滑动面)的摩阻力小于下滑临界力,就会受到突然的土体推力,结构物受到挤压,使得隧道可能发生纵向裂缝,甚至将一段隧道结构横向剪切断开。下滑土体有时还可能带动整座隧道建筑物下移,所以选择隧道位置时,应尽可能避开滑坡地段。

②岩堆、崩塌地区。

岩堆是指岩石经过风化作用,分解和剥离成为大小不一的块体,从山坡上方滚落,堆积在山坡较平缓处或坡脚处,形成无黏结力的堆积体。一旦受到外因(如暴雨、开挖放炮)刺激,岩堆就会丧失平衡而向下滑移。崩塌是指在山坡陡峻的地段,山体裂隙受风化而崩解,脱离母岩,成块地从斜坡翻滚坠落。

③泥石流地区。

山顶积聚的土壤和各种砾石、岩块受到水的浸融成为流体,顺山沟或峡谷流淌而下、来势凶猛,破坏力极大。在选择隧道位置时,务必避开泥石流泛滥区。如躲避不开,也应选在泥石流下切深度以下的基岩中。

④岩溶地区。

在石灰岩质地区,岩石受流水的化学作用,溶蚀而形成溶洞。洞穴中有的充满积水,有的虽被自然填充,但填充物一般为承载力很低的软弱物质,如黏土、淤泥等。选择隧道位置时,应力求避免穿越岩溶严重发育的巨大空洞区、网状洞穴区及有利于岩溶发育的构造带,尽量避免将洞身置于碳酸盐岩与非碳酸盐岩(可溶岩与非可溶岩)的接触带,否则将可能给施工造成很大的困难。

⑤瓦斯地区。

在含煤地层中,蕴藏着有害气体,如甲烷(CH_4)和二氧化碳(CO_2),隧道被挖开后,有害气体逸出,轻则致人窒息,重则引起爆炸,危害甚大。选择隧道位置时,最好避开瓦斯地区。不得已时,应切实加强通风系统,以强有力的通风来稀释有害气体。

(3) 不良水文地质的影响。

地下水多是由地表水的渗透或地下水源补给的,例如岩层裂隙中的裂隙水,或溶洞中储藏的溶洞水。它们有时是流动的,有时是静止的,有时还有压力水头。它们的存在,使岩石软化、强度降低,导致层间夹层软化或稀释,促成了层间的滑动。裂隙中的水在开挖时涌入坑道,给施工造成很大困难。

6.1.3　隧道洞口位置的选定

隧道的位置选定以后,就可以开始考虑洞口位置的选择。如何合理地确定洞口位置是设计中头等重要的问题,洞口位置定得合理将有益于施工进洞,特别是对于今后的运营有着极其重要的意义。隧道的长度由洞口的位置决定,以铁路隧道而言,隧道长度系指洞门外表面与内轨顶面的交点之间的长度。洞口位置的选择与工程造价有着密切的关系。

1. "早进晚出"的原则

一般情况下,隧道进洞以前有一段引线路堑,当路堑深度达到一定程度时开始进洞。因此,决定洞口位置实质上就是决定从引线路堑转为隧道最适宜的转换点。隧道洞口位置定得适当,隧道和路堑的安全稳定程度就高,总的造价也最合理。反之,选择得不合理,就会导致产生路堑边坡落石、坍塌,隧道上方的仰坡滚石掉块,危及行车安全。

对于合理确定隧道洞口位置总结出一个指导思想,叫作"早进晚出"。意思是在决定隧道洞口位置时,为了施工及运营的安全,宁可早一点进洞、晚一点出洞。这样做,虽然隧道稍稍长了一些,但却安全可靠得多。

2. 对地形和地质条件的考虑

"早进晚出"的原则在实践中已经得到了证明,在贯彻这一原则时应结合下列具体的地形和地质条件来进行。

(1) 洞口应尽可能地设在山体稳定、地质较好、地下水不太丰富的地方,尽量避开崩塌、滑坡、岩堆、岩溶、流砂、泥石流、盐岩、多年冻土、雪崩、冰川等对结构物会造成危害的地方。

(2) 洞口不宜设在垭口沟谷的中心或沟底低洼处,不要与水争路。此外,地面流水都汇集在沟底,再加上洞口路堑的开挖,破坏了山体原有的平衡,更容易引起塌方,甚至不能进洞。所以,洞口最好放在沟谷一侧,让出沟心,留出泄水的通路。

(3) 洞口应尽可能设在线路与地形等高线相垂直的地方,使洞门结构物不致受到偏压作用。

(4) 当隧道附近有河流、湖泊、溪水等水源时,洞口标高应在洪水位安全线以上,以防洪水倒灌到隧道中去。

(5) 为了保证洞口的稳定和安全,边坡及仰坡均不宜开挖过高,不使山体扰动得太厉害,也不使新开出的暴露面太大。

(6) 洞口位置确定以后,还要考虑施工场地的布置。隧道洞口多在山地沟谷之中,地势狭窄,而施工有许多工序是在洞外进行的,需要一定的场地。尤其是隧道不断深入,就不断地出碴,堆卸以后,洞外就更显得狭小。因此,在选定洞口位置时,要考虑到场地的布置,例如,运输便道的位置、弃碴的地点、材料堆放的位置、机械设备的保养、生产管理及生活用房等,都要预先估计到。

6.2 隧道线形设计与断面设计

6.2.1 隧道线形设计

应根据地质、地形、通风等因素确定平曲线。一般情况宜设计为直线;当因地形、地质等条件限制必须设为曲线时,不应采用设加宽或设超高的平曲线。隧道不设超高的最小圆曲线半径应符合表 6.1 的规定。当由于特殊条件限制隧道平面线形设计而需设超高的曲线时,其超高值不宜大于 4.0%,技术指标应符合《公路路线设计规范》(JTG D20—2017)的有关规定。隧道的停车视距或会车视距应符合表 6.2 的规定。

表 6.1 不设超高的圆曲线最小半径

设计速度/(km/h)		120	100	80	60	40	30	20
不设超高圆曲线 最小半径/m	路拱≤2.0%	5500	4000	2500	1500	600	350	150
	路拱>2.0%	7500	5250	3350	1900	800	450	200

表 6.2 公路停车视距、会车视距

设计速度/(km/h)	高速公路、一级公路				二、三、四级公路				
设计速度/(km/h)	120	100	80	60	80	60	40	30	20
停车视距/m	210	160	110	75	110	75	40	30	20
会车视距/m	—	—	—	—	220	150	80	60	40

高速公路、一级公路的隧道宜设计为上、下行分离的独立双洞。分离式独立双洞最小净距,按对两洞结构彼此不产生有害影响的原则,结合隧道平面线形、围岩地质条件、断面形状和尺寸、施工方法等因素确定,一般情况可按表 6.3 取值。一座分离式双洞的隧道,可按其围岩代表级别确定两洞最小净距。

在桥隧相连、隧道相连、地形条件限制等特殊地段,隧道净距不能满足表 6.3 的要求时,可采取小净距隧道或连拱隧道形式,但必须作出充分的技术论证和比较研究,并制订可靠的技术保障措施,确保工程质量。

表 6.3 上、下行分离式独立双洞间的最小净距

围岩级别	Ⅰ	Ⅱ	Ⅲ	Ⅳ	Ⅴ	Ⅵ
最小间距/m	2.0×B	2.5×B	3.0×B	3.5×B	4.0×B	5.0×B

注:B 为隧道开挖断面的宽度。

隧道内纵断面线形应考虑行车安全性、营运通风规模、施工作业效率和排水要求,隧道纵坡应不小于 0.3%,一般情况应不大于 3%;受地形等条件限制的中、短隧道可适当加大,但中隧道应不大于 4%,

短隧道应不大于 5%;短于 100 m 的隧道纵坡可与该公路隧道外路线的指标相同。当采用较大纵坡时,必须对行车安全性、通风设备和营运费用、施工效率的影响等做充分的技术经济综合论证。

隧道内的纵坡形式,一般宜采用单向坡;地下水发育的长隧道、特长隧道可采用双向坡。纵坡变更的凸形竖曲线和凹形竖曲线的最小半径和最小长度应符合表 6.4 的规定。隧道内纵坡的变换不宜过大、过于频繁,以保证行车安全视距和舒适性。

表 6.4　竖曲线最小半径和最小长度

设计速度/(km/h)		120	100	80	60	40	30	20
凸形竖曲线半径/m	一般值	17000	10000	4500	2000	700	400	200
	最小值	11000	6500	3000	1400	450	250	100
凹形竖曲线半径/m	一般值	6000	4500	3000	1500	700	400	200
	最小值	4000	3000	2000	1000	450	250	100
竖曲线最小长度/m		100	85	70	50	35	25	20

6.2.2　隧道横断面设计

在地层中修成的隧道,必须要有足够的净空以满足运营安全的要求。不同用途的隧道,净空大小也不一样。目前,隧道断面大小的划分采用国际隧道协会建议的标准,见表 6.5。

表 6.5　国际隧道协会建议的隧道断面划分标准

断面划分	净空断面面积/m²
超小断面	<3.0
小断面	3.0~10.0
中等断面	10.0~50.0
大断面	50.0~100.0
超大断面	>100.0

公路隧道净空包括公路隧道建筑限界、通风及其他所需的断面面积。断面形状和尺寸应根据围岩压力求得最经济值。公路隧道的建筑限界包括车道、路肩、路缘带、人行道等的宽度,以及车道、人行道的净高。公路隧道的净空除包括公路建筑限界以外,还包括通风管道、照明设备、防灾设备、监控设备、运行管理设备等附属设备所需要的空间以及富余量和施工允许误差等。《公路隧道设计规范 第一册 土建工程》(JTG 3370.1—2018)规定的建筑限界高度:高速公路、一级公路、二级公路取 5.0 m,三、四级公路取 4.5 m。各级公路隧道建筑限界基本宽度应按表 6.6 执行。

隧道行车限界指为了保证行车安全,在一定宽度、高度的空间范围内任何物件不得侵入的限界。隧道中的照明灯具、通风设备(如射流风机)、交通信号灯、运行管理专用设施(如电视摄像机)等都应安装在限界以外。

各级公路行车道的宽度,均按"限界"的规定设置,隧道内的车道宽度原则上应与前后道路一致,一般应避免产生"瓶颈",并在车道两侧设置足够富余量。隧道墙壁往往给驾驶员以危险感,唯恐与之冲

表 6.6 公路隧道建筑界限横断面组成最小宽度

（单位：m）

公路等级	设计速度/(km/h)	车道宽度 W	侧向宽度 L 左侧 L_L	侧向宽度 L 右侧 L_R	余宽 C	人行道 R	检修道 J 左侧	检修道 J 右侧	隧道建筑限界净宽 设检修道	隧道建筑限界净宽 设人行道	隧道建筑限界净宽 不设检修道、人行道
高速公路、一级公路	120	3.75×2	0.75	1.25	—	—	0.75	0.75	11.00	—	—
	100	3.75×2	0.50	1.00	—	—	0.75	0.75	10.50	—	—
	80	3.75×2	0.50	0.75	—	—	0.75	0.75	10.25	—	—
	60	3.50×2	0.50	0.75	—	—	0.75	0.75	9.75	—	—
二级公路	80	3.75×2	0.75	0.75	—	1.00	—	—	—	11.00	—
	60	3.50×2	0.50	0.50	—	1.00	—	—	—	10.00	—
三级公路	40	3.50×2	0.25	0.25	—	0.75	—	—	—	9.00	—
四级公路	30	3.25×2	0.25	0.25	0.25	—	—	—	—	—	7.50
	20	3.00×2	0.25	0.25	0.25	—	—	—	—	—	7.00

撞,行驶的车辆多向左侧偏离,无形中减少了车道的有效宽度,从而导致隧道中交通容量的降低,这种现象称为墙效应。因此,在道路隧道中,应在车道两侧留有足够的侧向净宽,以消除或减小墙效应的不良影响。

公路隧道中的基本组成部分是专供车辆通行使用的车行隧道。在每个车行隧道中,原则上规定采用对向交通的最小单位为 2 车道。如果交通量超过对向 2 车道的容量,则应设置两条各为单向交通的 2 车道,即合计 4 车道的隧道。从交通安全上考虑,不应设置对向交通的 3 车道隧道。大于 4 车道时,原则上隧道也应修成两条以上的 2 车道。隧道前后公路若为 6 车道,有修成三条 2 车道隧道的先例(如纽约的林肯隧道和汉堡的易北河隧道等),但这对交通有很大不便。这种情况下,如有可能,应修成两条单向 3 车道隧道。

单车道隧道,为保证错车和安全运输,长隧道应设错车道(最好能供汽车调头),短隧道在进口能观察到出口引道时可不设错车道,但应在洞口外两端设错车道。

超过 2 km 的长隧道,各国都在 150～750 m 的间隔上设加宽带,世界道路协会隧道技术委员会推荐设宽 2.5 m、长 25 m 以上的加宽带。超过 10 km 的特长隧道,还应设置可供大型车辆使用的 U 形回车场。交通量大的城市隧道,考虑到故障车的停车,路面宽度最小推荐为 8～8.5 m。

一般公路隧道,特别是 1 km 以下的隧道,都应考虑自行车和行人的通过。但是隧道附近有迂回路时,为安全起见,自行车和行人不应通过隧道。一个自行车道的宽度为 1.0 m,自行车道数应根据交通量确定。人行道的宽度为 0.75 m 或 1 m,大于 1 m 时按 0.5 的倍数增加。在城市道路隧道中,在行人和自行车非常多的情况下,因修很宽的人行道而加大隧道断面,需要的通风设备也相应增大,这时人和自行车与车辆分开,修建小断面的人行隧管。人行隧管与车行隧管分开,对安全也极有利,在火灾时可以用作避难、救护伤员,平时亦可兼作管理人员用的通道。需通行自行车时,应另设自行车道,自行车不应混杂在行人中穿行。在山岭地区修建长大隧道时,专为行人需要加大通风设施及其功率是不经济的,应另寻其他途径解决行人问题。人行道、自行车道或自行车人行道与车行道在同一隧道中时,为保证安全,应使其比车行道高出 25 cm。为了彻底解决安全问题,或者对汽车速度严加管制,或者把人行道等与车行道用护栏隔开,或者把设在路肩上的人行道等置于 1 m 以上的台阶上并加设护栏。

车行道的净高,通常由汽车载货限制高度和富余量决定。另外,由于隧道内的路面全部更换很困难,一般应估计到将来可能进行罩面,其厚度通常按 20 cm 预留。还应估计冬季积雪等可能减少净高。对不能满足净高要求的路段,应设标志牌,标明该处净高,并指明迂回道路。人行道、自行车道及自行车人行道的净高为 2.5 m。隧道的内轮廓线在施工中不可避免地要产生凸凹不平,一般还应考虑 5 cm 的误差。

隧道的净空断面受通风方式影响很大。自然通风的隧道,断面应适当大些。假如采用射流通风机进行纵向通风,应考虑射流通风机本身的直径、悬吊架的高度和富余量,总计高度约为 1.5 m。长大隧道的通风管道断面面积、通风区段的长度、通风竖井或斜井的长度和数量、设备费和长期运营费等应综合通盘考虑。重要的长大隧道,防灾设备(如火灾传感器、监视电视摄像机等)也要占空间。维修时往往是在不进行交通管制的条件下工作,还有管理人员的通道,其可能设置在隧道的一侧或两侧,都要根据实际隧道具体确定。

6.2.3　隧道纵断面设计

隧道内线路纵断面设计就是要选定隧道内线路的坡道形式、坡度大小、坡段长度和坡段间的衔接等。下文仅重点介绍坡道形式与坡度大小这两点。

1. 坡道形式

隧道处于岩层之中,除了地质有变化,线路走向不受任何限制,不必采用复杂多变的类型。一般可采用单面坡型或人字坡型。

单面坡多用于线路的紧坡地段或是展线的地区,因为单面坡可以争取高程,拔起或降落一定的高度。单面坡隧道两洞口的高程差较大,由此而产生的气压差和热位差也大,能促进洞内的自然通风。它的缺点是:在施工阶段,对下坡开挖,洞内的水自然地流向开挖工作面,使开挖工作受到干扰,需要随时抽水外排。此外,运碴时,空车下坡,重车上坡,运输效率低。

人字形坡道多用于长隧道,尤其是越岭隧道。因为越岭无须争取高程,而垭口两端都是沟谷地带,同是向下的人字形坡道,正好符合地形条件。人字坡的优点是:施工时水自然流向洞外,排水措施相应地简化,而且重车下坡,空车上坡,运输效率高。它的缺点是:列车通过时排出的有害气体聚集在两坡间的顶峰处,尽管用机械通风,有时也排除不干净,长时间积累,浓度渐渐增大,使司机以及洞内维修人员的健康受到影响。

两种不同的坡型适用于不同的隧道。对位于紧坡地段要争取高程的区段上的隧道、位于越岭隧道两端展线上的隧道、地下水不大的隧道或是可以单口掘进的短隧道,采用单面坡型。对于长大隧道、越岭隧道、地下水丰富而抽水设备不足的隧道,宜采用人字坡型。

2. 坡度大小

天然地形是起伏不定的,为了能适应天然地形的形状以减少工程数量,只好随着地形的变化设置与之相适应的线路坡度。但依据地形设计坡度时,注意应不超过限制坡度,如果在平面上有曲线,还需为克服曲线的阻力,再减去一个曲线的当量坡度,即式(6.1):

$$i_允 = i_限 - i_曲 \tag{6.1}$$

式中:$i_允$——设计中允许采用的最大坡度(‰);

$i_限$——按照线路等级规定的限制最大坡度(‰);

$i_曲$——曲线阻力折算的坡度当量(‰)。

公路隧道的纵坡坡度以不妨碍排水的缓坡为宜。在变坡点应放入足够的竖曲线。隧道纵坡过大,无论是对汽车的行驶还是对施工及养护管理都不利,公路隧道控制坡度的主要因素是通风问题,汽车排出的有害物质随着坡度的增大而急剧增多,一般把纵坡保持在2%以下比较好,超过2%时有害物质的排出量迅速增加;纵坡大于3%是不可取的。不存在通风问题的隧道,可以按普通公路设置纵坡。对于单向通行的隧道,设计成下坡的隧道,因为两端洞口高差是决定自然通风效果的重要因素之一,所以坡度和断面都应适当加大。

从施工中和竣工后的排水来考虑,在隧道内不应采用平坡。在施工时,为了使隧道涌水和施工用水能在坑道内的施工排水侧沟中流出,需要0.3%的坡度。如果预计涌水量相当大,则需采用0.5%的坡度。竣工后的排水,包括涌水、漏水、清洗隧道用水、消防用水等,如果能满足施工排水的需要,其最小坡度不宜小于0.2%。在高寒地区,为了减少冬季排水沟产生的冻害,应适当加大纵坡,使水流动能增加,以利于排水。采用人字坡从两个洞口开挖隧道时,施工涌水容易排出;采用单坡从两个洞口开挖隧道时,处于高位的洞口,涌水不能自然向外流出,设计时应综合考虑这些问题。陡坡隧道,且涌水量又大时,应考虑减缓坡度。

6.3　隧道防、排水设计

6.3.1　防排水原则

隧道的水害是由洞内、洞外的多种因素引起的,采用单一的办法难以很好地解决问题。根据多年来隧道治水的经验,防排水设计应遵循"防、排、截、堵结合,因地制宜,综合治理"的原则,采取切实可行的设计方案、施工措施,达到防水可靠、排水通畅、经济合理的目的。

（1）防。

"防"要求隧道衬砌、防水层具有防水能力,防止地下水透过防水层、衬砌结构渗入洞内,达到隧道衬砌、路面、设备箱洞等结构表面无湿润痕迹。

（2）排。

将已经渗入隧道区域的地下水及路面结构层下的积水排入洞内中心水沟或路侧边沟,减少或消除衬砌背后的水压力,防止积水或冻害的发生,创造良好的防水环境。排得越好,衬砌渗漏水的概率就越小,防水也就更容易;排出路面结构层下的积水,能防止路面冒水、翻浆、结构破坏。

（3）截。

对易于渗漏到隧道的地表水,应采用设置截(排)水沟、清除积水、填筑积水坑洼地、封闭渗漏点等措施。对于地下水,应采取导坑、泄水洞、井点降水等措施。

（4）堵。

"堵"就是以衬砌混凝土为基本防水层,以其他防水材料为辅助防水层,采用注浆或嵌填等方法对隧道围岩裂隙、隧道结构本身存在的渗漏水路径进行封堵,使水不能进入隧道。堵水措施可以较好地保护地下水环境。

隧道防排水工作应结合水文地质条件、施工技术水平、材料来源和成本等,因地制宜,选择适宜的方法,以保证使用期内结构和设备的正常使用和行车安全。

6.3.2　防水系统

1. 地表及洞口段防水

（1）地表及洞口防水。

天然沟谷或灌溉渠通过隧道顶部,如其渗流影响较大,可考虑改移位置或适当铺砌。

对洞顶坑洼、洞穴积水地段,应填平整理地表,防止积水下渗。

隧道洞顶及其附近若有井、泉、池塘、水库、水田等,要考虑因修建隧道而造成地表水和地下水位降低、流失、井泉干枯,影响居民生活和农田灌溉的可能,应采取相应措施来防止水土流失。

隧道要求重视防止地表水的下渗,其处理措施为填充、铺砌、勾补、抹面等。对洞坑穴、钻孔等均应采用防水材料充填密实,隧道进出口段一定范围地表采用注浆加固措施。

当洞顶有沟谷通过,且沟底岩石节理裂隙发育,确认地表水对隧道影响较大时,可采用浆砌片石铺砌沟底,铺砌厚度不小于30 cm。当沟底岩石破碎和隧道埋深浅时,应结合隧道支护设计采用注浆加固措施。

(2)明洞防水。

明洞外缘防水采用全断面铺设宽幅高分子柔性防水卷材。

洞顶回填土石表面一般应铺设黏土隔水层,且应与边坡搭接良好,以防地表水渗入。隔水层表面种草防护,可防雨水冲刷。

(3)洞门防水。

削竹式洞门应沿洞脸环向设置高度不小于30 cm厚的钢筋混凝土帽石,以防雨水漫流,影响美观。

对于带有翼墙的各类隧道洞门及明洞洞门,洞口仰坡坡脚至洞门墙背的水平距离应不小于150 cm,洞门翼墙与仰坡之间水沟的沟底至衬砌拱顶外缘的高度应不小于100 cm,洞门墙顶应高出仰坡坡脚0.5 m以上。

2. 洞内防水

(1)防水层。

隧道采用复合式衬砌时,在初期支护与二次衬砌之间应设置防水板及无纺布,并设系统盲管(沟)。防水板及无纺布应沿隧道全长边墙基础以上全断面铺设;无纺布密度不小于300 g/m²;防水板应采用宽幅易于焊接的高分子柔性防水卷材,厚度不小于1.0 mm,接缝搭接长度不小于100 mm。

隧道初期支护与二次衬砌间的防水层,应选用耐老化、耐细菌腐蚀、易操作且焊接时无毒气的高分子柔性防水卷材,防水层在拱部和边墙全断面铺设。

地下水非常丰富、水压较大地段及不适宜排水的隧道,应采用全封闭的防水衬砌结构。

铺设时基层宜平整、无尖锐物,基层平整度应符合$D/L \leqslant 1/6$的要求(D为初期支护基层相邻两凸面凹进去的深度;L为基层相邻两凸面间的距离)。

初期支护表面的各种突出物和二次衬砌中预埋的各种构件不能凿穿防水层,应采用"无钉铺设"工艺。

土工布在施工中能保护防水板,而且起到毛细渗水作用。

防水层必须符合《聚氯乙烯(PVC)防水卷材》(GB 12952—2011)中各项指标的要求。

防水层铺设固定工艺如下。

①钢筋等凸出部分,先切断后用锤铆平,抹砂浆素灰。

②锚杆有凸出部分时,螺头顶预留5 mm切断后用塑料帽处理。

③补喷混凝土使其表面平整圆顺,凹凸量不超过5 cm。

④支护表面先把土工布用热熔衬垫贴上,有排水板时同时贴,然后用射钉锚固,射钉长度大于50 mm,平均拱顶3~4点/m²,边墙2~3点/m²。

⑤铺设防水层时,采用手动专用熔结器热熔在衬垫上,两者黏结剥离强度不得小于防水层抗拉强度的100%。

⑥防水层之间采用双焊缝热熔黏结工艺,双焊缝结合部位宽度不小于15 mm。

(2)注浆防水。

对在隧道施工可能造成水土流失,影响当地居民生产生活环境的敏感地段,应在查明地下水流性质的基础上,采取针对性的注浆堵水设计,达到"以堵为主,限量排放"的目的,最大限度地保证当地居民生产生活用水不受影响。

在地下水丰富,且无排水条件或者排水造价太高,以及不允许排水的情况下,可采用注浆堵水。当隧道埋深在 50 m 以内时,可考虑采用地表预注浆;当隧道埋深在 50 m 以上时,应采用开挖掌子面预注浆。当隧道施工遇到有高压涌水危及施工安全时,应采用排水方法尽量降低地下水的压力,然后采用高压注浆进行封堵。有侵蚀性地下水时,应针对侵蚀类型,采用抗侵蚀混凝土,压注抗侵蚀浆液或铺设抗侵蚀防水层。

在围岩破碎、涌水易坍塌地段,宜向围岩内预注浆。向衬砌背后压浆时,应防止因压浆而堵塞衬砌背后的排水管道。

①围岩破碎地段、断层破碎带、裂隙较多且易发生涌水易坍塌地段,可压注水泥砂浆或单液水泥浆防止渗漏和加固围岩,但宜结合集排水设施进行,以达到预期效果。

②当局部水量较大时,可采用双液(水泥和水玻璃)或化学浆液,加快凝胶时间,防止浆液流散。对于粉砂、细砂地层,不宜采用水泥系浆液防水。

(3)防水混凝土。

公路隧道工程混凝土结构应符合《地下工程防水技术规范》(GB 50108—2008)中防水混凝土的有关规定。

隧道二次衬砌应满足抗渗要求。混凝土的抗渗等级,寒冷地区有冻害地段和最冷月份平均气温低于一15 ℃的地区不低于 S8,其余地区不宜低于 S6。

(4)接缝防水。

隧道二次衬砌的施工缝、沉降缝、伸缩缝,应采取可靠的防水措施。

对于地下水丰富、水压较大地段,隧道衬砌结构施工缝宜选用背贴式止水带与中埋式缓膨胀型橡胶止水条组合式防水构造,沉降缝宜选用背贴式止水带与中埋式橡胶止水带组合式防水构造。

对于地下水量小、水压不大地段,隧道衬砌结构施工缝可选用中埋式缓膨胀橡胶止水条防水构造,沉降缝宜选用中埋式橡胶止水带防水构造。

6.3.3　排水系统

隧道排水系统宜按地下水和营运清洗污水、消防污水分开排放的原则进行设计,设置完善的纵横向排水沟管,排水系统宜具有方便的维修疏通设施。可根据公路等级并结合路面横坡的变化情况,在隧道内行车道边缘设置双侧或单侧排水沟,路面结构下设置中心排水沟,水沟的侧面应留有足够的泄水孔,同时排水系统应具有方便的维修疏通设施。

隧道内排水沟管过水断面应根据水力计算确定。排水沟管应设置沉沙井、检查井,并铺设盖板,其位置、结构构造应考虑便于检查、维修和疏通。

寒冷和严寒地区的隧道,最冷月平均温度为一15～一10 ℃时,应采用双侧保温水沟;最冷月平均温度为一25～一15 ℃时,应采用中心深埋保温水沟;最冷月平均温度低于一25 ℃时,在主洞隧道以下应采用防寒泄水洞,其埋深以行车道边缘算起,大于隧址区的冻结深度为宜。隧道内应根据实际情况设置防寒环向、纵向盲沟,洞外应设暗沟、保温出水口等排水设施,使隧道内外形成一个通畅、便于维修的防寒排水系统。

隧道内纵向排水沟管坡度应与路线纵坡一致,一般排水坡度不小于0.5%,困难地段不小于0.3%。路面排水横坡应不小于1%,横向排水暗(盲)沟管坡度应不小于2%。

1. 洞口段排水系统

(1)洞口地表排水。

隧道洞口应根据地形、地质、气象等情况,结合环境保护,全面规划,综合治理,因地制宜地设置疏水、截水、引水设施。

洞顶天沟设于边仰坡坡顶以外应不小于5 m,黄土地区应不小于10 m。洞顶天沟一般沿等高线向路线一侧或两侧排水。洞顶天沟坡度根据地形设置,但应不小于0.5%,以免淤积。当纵坡过陡时,应设置急流槽或跌水连接。一般在地面自然坡度陡于1:1时,水沟应做成阶梯式,以减少冲刷。土质地段水沟纵坡大于20%或石质地段水沟纵坡大于40%时,应设置抗滑基座,以确保纵向稳定。洞顶天沟断面应根据流入截水沟的汇水区流量确定。水沟深度应高出计算水位20 cm,一般底宽和深度均不小于60 cm。水沟一般采用浆砌片石铺砌,厚度不小于30 cm,断面形式以梯形为主,石质地段可采用矩形。洞顶天沟长度应使边仰坡坡面不受冲刷为宜,下游应将水引至适当地点排泄,避免冲刷山体。流量较大时,不宜将水引入路基排水边沟排泄,应根据地形将水引至附近沟谷或涵洞排泄。

(2)明洞排水。

明洞应在井挖边坡以外设置天沟。路堑对称型、路堑偏压型应于洞顶设置纵向排水沟,其沟底坡度与路线一致且不小于5%,条件允许时,可在山坡较低一侧拉槽排水。洞顶排水沟一般采用梯形断面,浆砌片石厚度不小于30 cm,以防冲刷。明洞防水层外侧应间隔2~3 m环向设置干砌片石排水盲沟,盲沟用土工布包裹,直接将水引入墙脚外侧设置的纵向排水花管中。

2. 洞内排水系统

隧道洞内宜设置纵向排水系统,应能保证排水畅通,避免洞内积水。当隧道左右洞涌水量差异较大时,左右洞的排水设施宜统一进行设计。

对围岩裂隙水采用盲沟引排,排水盲沟有波纹塑料半圆管、软式透水管、各种新型排水管等,可因地制宜选用。一般3~5 m设一道,突出遵循"有水则设,无水则防"的动态设计原则。二次衬砌环向施工缝、沉降缝、变形缝处宜加设排水盲沟。

分离式隧道可沿全长在二次衬砌两侧边墙脚外侧设置PVC纵向排水半花管,上半断面眼孔直径6~8 mm,间距10 cm,并用PVC排水管横向连通至中心排水沟或排水边沟,PVC管径根据水力计算确定。

连拱隧道沿全长在中隔墙顶部两侧拱脚和边墙脚附近各设一道PVC纵向排水半花管,并用PVC排水管横向、竖向连通至中心排水沟或排水边沟。PVC管径根据水力计算确定。连拱隧道尽可能采用夹心式中隔墙形式,以便能有效地解决中隔墙的防排水问题。

隧道内宜根据公路等级在行车道边缘设置双侧或单侧排水边沟,用于排放清洗和消防用水,同时设置中心排水沟,用于排放地下水。边沟一般采用钢筋混凝土结构,中心排水沟通常采用上半断面打孔双壁波纹塑料管或钢筋混凝土管,水沟的侧面应留有足够的泄水孔。

隧道内路面基层可采用15~20 cm厚水泥处置碎石,以减少路面冒水和排泄地下水,其配合比按《公路水泥混凝土路面设计规范》(JTG D40—2011)确定;也可采用12~20 cm厚素混凝土,并在基层顶部或底部设置横向排水盲管。

为了便于对排水管定期采用管道疏通机及时疏通,设计上在二次衬砌墙脚纵向间隔 50～100 m 对称布设检查维修孔。排水管流出的水经检查孔由横向 PVC 排水管与中心排水沟管连通排出洞外。隧道内行车道边缘排水沟每 50 m 设一处铁箅子泄水检查孔,中心排水沟每 200～250 m 设一处沉沙检查井,并铺设钢筋混凝土盖板。这样排水系统就形成了一个便于维修、疏通、检查且"始终通畅无阻"的网络系统,确保隧道正常运营。

3. 洞内外排水衔接

洞外路基排水边沟至汇水坑以外不小于 2 m 范围内,除石质坚硬、不易风化者外,均应采用浆砌片石铺砌。

在寒冷或严寒地区设置保温水沟,出水口应采用保温出水口。洞口检查井与洞外暗沟连接时,其连接暗沟应采用内径不小于 40 cm 的预制钢筋混凝土圆管,为加大水流速度并防止水流冻结,暗沟坡度不小于 1‰,沟身应设置在当地冻结线以下。

当隧道洞口为反坡排水时,应结合实际地形等情况,采用可靠的截水措施,以免路面水流进入隧道和影响行车安全。

6.3.4　寒冷和严寒地区防排水

(1) 保温水沟。

保温水沟一般适用于寒冷地区,最冷月平均气温为 −15～−10 ℃,冻结深度为 1～1.5m,且冬季有水或可能有水的隧道。

保温水沟采用浅埋形式,也就是其覆盖层即为隧道内的最大冻结深度。在水沟内采取保温措施,达到冬季水流不冻结的目的。保温材料一般采用 PU 泡沫塑料、沥青玻璃棉等,并带有防水、防潮措施。常规做法是将保温材料四周用塑料薄膜或沥青玻璃布包裹封闭,其长度以方便经常维修为度。

保温水沟一般采用侧沟,其结构形式应结合隧道衬砌断面进行设计。水沟上部设双层盖板,在上下两层盖板之间填充保温材料,厚度不小于 35 cm,下部为排水沟。水沟断面尺寸要求不小于 30 cm×30 cm,沟底纵坡应与隧道纵坡一致。

保温水沟的设置长度应根据隧道的长度、地下水量的大小、水温、隧道所处地区寒冷季节的主导风向及水沟坡度等因素综合确定。隧道长度小于 1000 m 时,宜全洞设置保温水沟;隧道长度大于 1000 m 时,进出口地段 300～400 m 范围内均设置保温水沟。

保温水沟一般每隔 50 m 设置检查井,并在检查井内设置沉淀池,以方便检查和清淤。

(2) 中心深埋水沟。

中心深埋水沟是在洞内相应部位的冻结深度以下设置的水沟,通常埋置深度较深,以充分利用地温使水沟内的水流不冻结并顺利排除。中心深埋水沟适用于严寒地区,冻结深度为 1.5～2.5 m,且冬季有水的隧道。

中心深埋水沟断面形式的选择,应主要根据隧道地质条件确定;其断面尺寸,则应根据水力计算确定。一般情况下,可采用内径不小于 40 cm 的预制钢筋混凝土圆管。

中心深埋水沟的回填将直接影响水沟的使用功能。水沟一般采用素混凝土基座固定,施工中先回填厚 50 cm 左右的直径为 3～5 cm 的碎石,在路面面层底面以下均采用水泥处置碎石排水基层材料或素混凝土回填。

为了便于检查维修,中心深埋水沟应设置沉淀检查井,其间距为 200～250 m,断面形状一般为圆形,也可采用矩形。为防止水流冻结,检查井下应设双层盖板,在两层盖板之间填塞泡沫塑料或其他保温材料,厚度不得小于 100 cm。

(3)防寒泄水洞。

防寒泄水洞一般适用于严寒地区(最冷月平均气温低于 −25 ℃),当地黏性土的冻结深度大于 2.5 m,且冬季有水的隧道。这时采用深埋水沟的埋深较大,明挖施工可能影响边墙的稳定性。

防寒泄水洞一般设置于隧道中心线底部。衬砌结构尺寸应根据工程地质、水文地质条件、埋置深度和公路等级等,主要通过结构计算确定,工程类比仅作为参考。计算时可参照隧道的计算方法,尤应注意需考虑洞内活荷载和冻胀力等的作用。

防寒泄水洞的埋置深度指行车道边缘最低点至泄水洞顶面的高度,确定其值时应以使其沟内水流不冻结为目标。青海省高寒区大坂山隧道防寒泄水洞的成功实践表明,首先,防寒泄水洞的埋置深度应不小于隧址区当地围岩的最大冻结深度;其次,应满足暗挖施工时不致引起隧底坍塌;最后,应特别注意不能埋置太深,以免延长防寒泄水洞的长度和增加工程造价。

防寒泄水洞的断面尺寸应根据实际泄水量及施工条件等综合确定,一般不小于 1.8 m×1.8 m,防寒泄水洞的纵坡应与隧道纵坡一致。一般情况下应作模筑混凝土衬砌或混凝土预制块衬砌,Ⅰ～Ⅲ级围岩可采用锚喷混凝土作为永久衬砌。

防寒泄水洞衬砌上应设置数量足够的泄水孔或深度较深的泄水钻孔,以充分排除地下水。如果围岩中有细小颗粒可能流失,则衬砌背面应设置反滤层。一般泄水孔直径为 100 mm,环向间距 50～80 cm,梅花状布置。泄水孔的深度、角度、位置应根据地下水量的大小及围岩的具体情况确定。一般应沿隧道中心线纵向每隔 8～10 m 设 ϕ100 的钻孔,将隧道仰拱底部的排水盲沟与泄水洞连通。

一般情况下,隧道进出口各 300 m 范围内的防寒泄水洞应设置横导洞。横导洞纵向间距为 30～50 m,衬砌背面盲沟与横导洞以 ϕ100 的钻孔连通。

为了便于检查维修,防寒泄水洞应设置检查井,其间距为 150～200 m。断面形状一般为圆形,也可采用矩形。为防止水流冻结,检查井下应设双层盖板,并在两层盖板之间填塞泡沫塑料或其他保温材料,厚度不得小于 150 cm。

寒冷和严寒地区的隧道,其中心深埋水沟、防寒泄水洞和洞外暗沟均应设置保温出水口。出水口处地形较陡且地质条件较好时,出水口构造采用端墙式;地形平坦时,应采用圆端掩埋保温包头式。

第 7 章　BIM 技术在道路设计中的应用

7.1 BIM 的概念和特点

7.1.1 BIM 的概念

BIM 是建筑信息模型的简称,英文全称为"building information model"。它不是特定的软件的代名词,也不是一个具体的工具,而是建设领域中兴起的全新的概念或理念。BIM 是将不同工种部门之间的项目信息集中在一个三维数据模型中。这是工程项目整个生命周期内数据产生和管理的工作过程,即从项目方案策划、设计、施工、运营和维护直至最终拆除,是对建设工程项目相关信息的完整叙述和表达。

BIM 不是简单地将数字信息进行集成,它还是一种数字信息的应用,可以用于设计、建造、管理等领域,支持建筑工程的集成管理环境,通过参数模型整合各种项目的相关信息,在项目策划、运行和维护的全生命周期过程中进行共享和传递,使工程技术人员对各种建筑信息做出正确理解和高效应对,为设计团队以及包括建筑运营单位在内的各方建设主体提供协同工作的基础,在提高生产效率、节约成本和缩短工期方面发挥重要作用,可以使建筑工程在其整个进程中显著提高效率、大量减少风险。

基础设施建设具有与建筑工程共通的工程特性,其设计表现形式及方法方案完全可以借鉴建筑工程的 BIM 概念。

7.1.2 BIM 的特点

(1)可视性。

传统的二维施工图纸,只是将各种构造物的尺寸在图纸上采用线条来表示,但是其真正的构造形式无法真实和准确地表达出来。BIM 的可视化,就是让设计师利用计算机技术,在电脑中将建筑物先行虚拟建造,将以往以线条形式表达的构件形成三维的工程实体模型。这个三维模型不仅可以进行效果展示,更重要的是用来反映建造的过程、各种构件之间的相互关系、构件的内部结构等,使工程建设项目在设计、建造和运营维护的全生命周期过程中的沟通、讨论、决策都在可视化的状态下进行。

(2)协同性。

协同贯穿工程建设的设计、施工和运营维护整个过程。协同可分为设计阶段的"协同设计"以及工程建设全生命周期的"协同作业"。传统的设计流程,无法对各专业进行协调,二维图纸根本无法体现各种构件之间的空间关系,只有当施工到某一阶段时,才能反映出设计时的错漏,在结构施工时,各种钢筋打架、管道冲突等情况层出不穷,造成大量的损失与浪费。BIM 三维模型可在工程建设前期对各专业进行碰撞检查,生成协调数据,及时修改完善,减少浪费与工程返工。项目施工过程中,施工人员可以通过 BIM 的协调性清楚了解本专业的施工重点以及相关专业的施工注意事项。通过统一的 BIM 模型了解自身在施工中对于其他专业是否造成影响,提高施工质量。通过对不同的区段、工种、人员统一协调,对施工工序、工法等统一安排,制定科学的工作方法,提高施工质量,缩短施工工期。

(3)模拟性。

有了 BIM 三维信息模型,就能在工程项目建设前期进行验证,对项目的功能性、适应性进行分析,如建筑上的能耗分析、日照分析,交通上的流量分析、视线分析等。

在 3D 模型的技术上,加上时间进度信息,就能在计算机上对项目进行 4D 模拟,如施工进度模拟、全生命周期模拟等。

工程的造价也是项目建设的重要指标,4D 模型再引入成本造价信息,还可以进行 5D 模拟,实现项目的成本控制。

后期运营阶段可以对交通事故、地质灾害等特殊情况进行模拟,检测工程项目的可靠度及应对突发情况的处理能力。

(4) 优化性。

BIM 模型集成了工程建设项目的几何、物理、规则等信息,还体现了项目建成后的实际状况。实际工程项目由于涉及专业众多,信息繁杂,参与建设的设计、施工等相关人员能力有限,无法掌握全部信息。这时,BIM 就能对其提供极大的帮助。使用 BIM 模型和配套分析软件可以对复杂项目进行优化,提高设计和施工质量。

(5) 可出图性。

可出图性并非传统意义上的二维设计图纸,而是在三维信息模型成为主要交付手段后,需补充相关结构计算、工程造价、数据分析等报告,并且根据三维模型能自动化辅助生成二维图纸的特性,对三维模型中的细部构件、结构关系进行说明,通过模拟、协调、优化来进一步检查错误、改进设计方案。

7.2　BIM 技术在道路设计中的应用特点与应用价值

7.2.1　BIM 技术在道路设计中的应用特点

BIM 技术在道路工程设计阶段的应用将会为道路建设技术带来质的飞跃,其将在以下方面助力道路工程设计:

(1) 建立各专业 BIM 技术模型,构建标准模板库,提高了设计效率;

(2) 在设计阶段运用 BIM 技术进行碰撞、错漏检查并解决错误问题,减少了道路实施过程中的设计变更;

(3) 采用 BIM 技术随时随地掌握道路项目进度,进行可视化三维进度监控,实现按进度计划的虚拟建造;

(4) 应用 BIM 技术提取材料清单,通过 BIM 技术平台数据共享,使其与单位信息管理系统数据对接,可以精确统计工程量,优化资源配置和管理,减少浪费;

(5) BIM 技术下施工图预算更为精准,这为控制项目目标成本,创建基于 BIM 的实际成本数据库,做多维度项目成本分析提供了便利;

(6) BIM 技术更好地实现了后阶段施工专业工作平台的事先预判预留,利用移动终端设备采集施工现场质量、进度、安全等信息,可使管理人员随时了解项目现场质量、进度、安全资料,并可随时通过扫描二维码了解各类构件和材料生产、应用等信息;

(7) 通过 BIM 技术平台模拟道路施工,可确定最佳施工方案,合理调整进度、资源配置计划,做到进度和资源的统一;

(8) 可实现竣工模型信息检索,完善竣工模型,实现工程量、造价的快速统计;

（9）确定项目 BIM 技术标准和规范，整合多专业模型，快速确定变更范围，辅助决策，实现高效的施工综合管理应用及协同工作。

7.2.2　BIM 技术在道路设计中的应用价值

BIM 技术在道路工程设计中的应用可分为地质、地形勘察与测量，方案比选，三维可视化设计及建模，工程量及造价计算，自动化图纸输出，协同设计等阶段。每个阶段都有其不同的侧重点。总体来讲，将 BIM 技术应用于道路工程设计的过程中最重要、最难的点即是各专业模型库的建立，要提高 BIM 技术在设计阶段应用的便捷度就必须在设计准备阶段紧抓模型库的建立工作。

基于 BIM 技术软件和功能性道路工程的各专业模型库积累，根据区域特色建立区域内的标准、模块化的模型库，通过不同类型项目应用的模型积累，企业可不断扩充及完善各专业模型库。只要建立了完善的模型库，设计人员只需要通过调用库内不同组件模型就能组装成各类结构模型，有效提高了设计生产效率。区域标准化模型库将为道路设计的 BIM 技术应用提供强有力的保障。

在采用 BIM 技术进行的项目的设计准备阶段，由设计企业 BIM 技术主管部门，在相应 BIM 软件应用的基础上，制订出一套本企业道路工程标准化设计流程，采用统一的企业标准化设计方式，并确保各专业设计人员均能采用统一设计规则，这将大大提高设计团队不同专业间的配合效率，可最大限度地避免或减少设计错误，提高设计人员及设计团队整体的工作效率。

在道路工程设计阶段，设计师可利用 BIM 模型的历史数据进行限额设计控制，在限额设计的条件下可使设计工程具有更好的经济性和合理性。随着 BIM 技术在道路领域的成熟度提升，基于 BIM 技术历史数据确定的限额设计指标可由项目业主提出，限额设计的目的也会随着技术的成熟由控制工程造价转变为降低工程造价。统计数据显示，道路工程建设项目的设计费虽然仅占工程建安费用的 2%～4%，但是设计决定了 70% 以上的工程总造价，因此设计阶段是控制工程造价的关键。同时设定限额也可以使设计单位管理效率提高，在保证工程使用功能的前提下，可实现优化设计。

1. 基于 BIM 技术的道路工程建模

随着 BIM 技术应用于道路领域全寿命周期的各个阶段，地质勘察与测量专业也对 BIM 技术进行了较好的应用。测量领域在早期就有了采集三维地形地貌信息的思路，但是早期由于软件和硬件设施技术的落后，一直无法在三维方向取得突破，随着 BIM 技术在全行业的兴起，其成熟度愈加明显，现代测量学在各类工程项目中积极引进 BIM 技术以适应未来的地质勘察与测量技术发展趋势。

地质勘察三维模型在建筑行业得到大力发展及应用，但相较而言水利水电工程是目前三维模型地质勘察应用最好的领域。道路工程不同于建筑行业其他单体工程，其通常以带状分布，道路工程建设项目主体体量较大，一般从几十公里到几百公里不等，对于道路建设来说，主要受限于地理地质条件和自然环境的影响，其重要组成部分如桥梁涵洞工程、隧道工程、路基边坡工程等都受地理地质条件影响明显。任何地形地质条件的变化或测量失真均能引起桥位、桥型、线位和隧道施工工艺的重大调整，这将给道路工程带来不可预知的投资风险。

因此，与建筑行业 BIM 技术信息模型建立的侧重点不同，道路工程前期的地质勘察与测量模型的建立是非常重要的，其有效解决了长大线路选线和自然环境恶劣地区选线的工作难题，同时提高了道路工程选线设计的工作效率。在道路工程设计准备阶段对路线带状区域进行三维地质地形建模，结合道路、桥梁、隧道、防护等专业的不同需求，在同一信息平台上规避各专业不利影响因素，进一步实现协同工作。数字化三维地质地形信息模型能够采用 BIM 技术 3D 模拟手段直观地展示真实准确的地形地质环境,将地质构造和地形趋势直观立体地展示出来,这为设计师准确判断地形地质真实状况和处理方案的确定提供了良好的技术支撑。在 BIM 技术的保驾护航下,工程师更有条件选择科学合理的建设方案,更有可能做好设计与施工之间的顺利衔接,同时也将大大减小工程建设的风险。道路工程建模流程如下。

（1）道路三维建模流程。

①地形资料。

对采用倾斜摄影技术采集的地形数字表面模型数据进行建模前滤波操作,并在三维建模环境下精细检查编辑,获得道路工程区域的数字高程模型（digital elevation model,DEM）数据,裁剪出道路工程建模范围。

②项目基点确定。

项目基点的主要作用是为项目定位,其与实际测量点的意义相同,是设计过程采用的参考坐标原点,在 BIM 技术中通常利用项目基点与测量点之间的相对关系来说明设计与施工的联系。

③模板库准备。

在项目 BIM 技术设计阶段,道路专业成员需首先进行道路模板库的建立,成型的模板库中主要包含了沥青路面结构层、支挡防护结构、排水构造物、路缘石、交通标志构造物等。模板库建立完成后,BIM 技术设计人员只需根据项目需求在概念廊道中根据设计技术指标添加道路构造物模板。

④三维模型的创建与渲染。

根据设计需求,在道路模板库中选取各构件单体模型,并设置与设计相符的参数,创建道路三维模型。完成 BIM 道路设计模型的创建后,根据特定场景对主体模型进行相应的渲染,并添加外部渲染的景物,如设置季节、日照及云层等。

（2）地质三维建模流程。

道路工程领域地质三维建模软件主要以理正软件应用居多,其主要建模步骤如下:

①导入 DEM 数据生成地表模型;

②导入钻孔资料;

③导入工点平面布置图,并进行数据处理;

④导入道路纵断面图并进行处理;

⑤生成各层面;

⑥根据资料编辑层面;

⑦生成三维地质模型。

通过以上步骤设计师可得到道路工程全线及各重要工点的地质实况,利用 BIM 技术地质展示软件,设计师可对三维地质模型进行可视化解读和简单的力学参数计算;对于复杂工点的更高级需求,比如桥梁工程、隧道等的力学分析与设计则需要基于三维地质模型二次开发的高级软件进行深入处理。

2. 专业间模型衔接

BIM 技术强大的生命力表现在其革新了建筑行业传统的二维设计手段,使设计师能够在三维环境下更好地表达自己的设计理念和设计思路。BIM 技术让设计从单纯的几何图形表现方法转向各专业协同完成工程项目,从之前单一的设计成果交付转变为全寿命周期的工程增值管理。

(1) 碰撞检查。

给排水专业各种管线之间的碰撞问题,经常在实际施工时才发现,传统二维设计难以解决。以BIM模型代替原来的图纸,在施工前快速、准确、全面地检查出设计图纸中的问题,以此减少返工,节约成本,缩短工期。

BIM标准套件通过视点、红线功能可以提供碰撞检查功能,检查集成后的各专业模型的问题,将碰撞位置进行记录并作后续沟通。为了提升技术交底的效率和效果,在技术交底时可采用三维图像或者利用动画进行技术方案模拟,这便是BIM最直观的特点——三维可视化。

在BIM技术模型建立过程中,设计师可通过三维模型可视化进行不同专业间的碰撞分析,在设计过程就解决了不易发现的设计隐患;在技术交底过程中,三维可视化直观模拟可使技术复杂、工艺要求较高的工点工序施工过程一目了然,确保了设计交底的准确性。

(2) 各专业模型库及模型建立要求。

BIM技术建模规范指明了模型的几何位置,不同专业各自的建模精度、深度及属性条件,这是BIM技术得以成功应用的重要前提。同时为了确保各个专业建立的BIM模型可以正确集成并能用于后续各阶段,BIM技术建模规范适应项目需求就变得十分重要。

①建模依据。

建模依据主要包括:图纸、规划等设计文件;项目总进度计划;当地社会工程的规范和标准;业主提出的特殊要求;模型修改的依据条件;设计变更单、变更图纸等文件要求;等等。

②专业建模标准。

专业建模标准是指各专业需在通用规范前提下,分别制定专业内部的建模标准、建模规范。专业建模标准主要内容包括:各专业模型建模精度;各专业确定专业内工作划分及衔接;各专业模型分类及命名标准;各专业模型关键属性录入标准;各专业模型数据导出标准等。

3. 工程造价计算及管理

传统的工程造价,从估算到概算,从概算到预算,从预算到结算,工作量大且繁重,尤其因为相关变更会导致造价发生变化,使得建设方无法有效地评估项目。BIM技术的出现,实现了项目投资效益的最大化。其能精确地算量、更好地做出预算,造价过程的模拟便于事前控制,提高了造价数据的时效性,也能支撑不同维度计算的对比分析。

1) 计算优势

采用BIM技术进行工程造价的计算主要优势有三点:可视化、数字化、数量化。可视化使二维升级到三维,更加直观形象,便于与决策者沟通;数字化让造价更加精细化和全面化;数量化让造价决策更准确、更快捷。

(1) 可视化。

传统的二维设计因其自身特点,制约了设计成果的完善度,容易导致设计错误的出现。BIM的可视化能力,给人们提供三维立体实物图形,使人员沟通和理解起来快速准确,不容易产生误解,并可以将设计(方案、效果图等)、建造、运营等环节需要的沟通和决策以最佳的方式展现出来。

(2) 数字化。

利用BIM技术可以实现工程项目信息化,从而实现了项目管理过程中海量数据的有效存储、快速准确计算和分析。例如通过 BIM 快速精确地进行工程量计算、对量等。基于 BIM 高效的计算、准确的数据、科学的分析能力将彻底改变依靠经验、依靠个人能力的管理现状,逐步实现企业项目精细化和企业集约化的管控。强大的数字化能力使得 BIM 技术可视化、协调性、模拟性、优化性、可出图性等方面的优势得到极大发挥,运用 BIM 技术可以提高设计质量,有力地保证执行过程中造价的快速确定,控制设计变更,减少返工,降低成本,并能大大降低设计、招标与合同执行的风险。

（3）数量化。

BIM 技术使工程量更加容易算得准,算得清,实现了施工过程每个阶段的实际成本与计划成本的对比,同时更加准确地分析设计变更情况。

2）全过程造价管理

全过程造价管理主要是指对建设项目可行性研究与投资决策阶段、设计阶段、招标投标阶段、施工阶段、竣工验收阶段以及后评估阶段等整个工程建设全过程的成本控制和造价管理。全过程、全方位、多层次地运用技术、经济、法律等手段,对项目工程造价进行预测、优化、控制、分析、监督等,以获得资源的最优配置和项目最大的投资效益。建设工程全面造价管理的理论和方法包括全生命周期造价管理、全过程造价管理、全要素造价管理、全方位造价管理、全风险造价管理和全团队造价管理六个方面的内容。

采用 BIM 技术建立的模型进行工程量统计和最终的工程量清单提取,可快捷方便地实现工程项目工程量统计,为项目决策、实施过程的成本控制提供及时准确的量化支撑。经营性人员可直接在专业的工程量算量模型上开展工作,这就无须二次建模而直接利用设计过程得到的模型,提高其工作效率至少在 80% 以上,同时也使得工程量统计效率和精度得到大幅提升。在道路项目施工过程中更加及时、灵活、准确地获得工程量信息,可以更好地实现项目成本控制的目标,也可为项目决策及后续应用带来极大便利。

目前,BIM 技术市场上有大量的模型转化插件和二次开发的工程量计算软件,可快捷地实现 BIM 模型转换和工程量计算过程。下面就常用的 GFC 插件转换及算量过程进行简单介绍。采用 GFC 插件将 BIM 技术模型快速转换为工程量计算模型后,便可一键完成各专业工程量计算及汇总,然后将各专业工程量信息转入计价软件中便可生成造价数据和计价文件,从而极易实现全专业、全过程的工程量计算和工程量清单导出。

当然,只有保证 BIM 技术模型初始数据准确、完整,并且完整、正确地转换为工程量计算模型,才能得到精确的项目计价结果。因此,BIM 技术模型创建过程中设计人员必须严格遵守道路、桥梁、隧道、涵洞等专业设计建模与造价算量模型交互规范的规定,让所有 BIM 技术相关工作在统一标准下执行。

4. 图纸管理

在 BIM 技术平台自带的图纸资源管理库中,设计项目的各专业图纸的详细信息都会精确标注,使用者可以根据项目需求全套或部分出图。同时,BIM 技术平台图纸管理器通过图纸与模型的关联,能够对项目实施现场的图纸、方案等设计资料进行线上不同版本的同步管理,并为设计成果在项目应用中的便捷查询提供便利。

BIM 技术平台可为图纸使用者提供有据可循、有源可查的设计成果应用数据。再者,BIM 技术平台图纸资源库实现了图纸与模型构件的关联,使通过图纸快速查询指定构件或通过构件快速查询指定图纸成为可能,为各专业图纸信息查询提供了便捷途径。

但是目前来看,BIM 正向设计到施工图的二维出图是其发展的瓶颈问题。传统审图方式主要是以二维方式完成施工图审查工作,而 BIM 技术所设计的三维模型图纸很难作为指导施工的具体依据,因此,在三维道路设计工作完成后,设计人员需按规范标准和地方特色生成传统的二维设计图、表,方可满足施工图审查的需求。

5. 协同设计

现阶段道路工程设计,特别是市政道路的设计过程必定会包含多个设计部门同时或穿插工作,由于各专业有属于自己的专业属性,导致不同专业的设计人员对其他专业的设计内容并不是特别了解,这就特别需要一个跨专业共享的协同平台为所有专业的不同设计内容同时服务,为道路设计工作提供技术支撑。当然,传统的管理软件计算机辅助设计(management software-computer aided design,MS-CAD)绘图软件的协同性、局限性较大,信息共享很难在多专业间实现,这就容易造成各专业间信息传输不畅,增加了设计人员的工作负担。图 7.1 可以看出 BIM 道路设计中各专业间协同及流程情况。

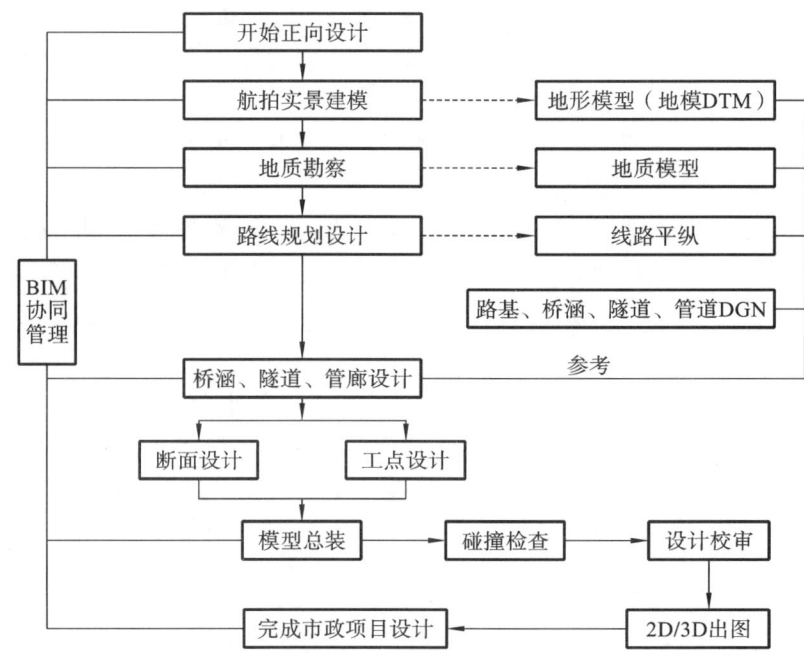

图 7.1 BIM 道路设计正向设计流程图

BIM 技术的问世带来了优势巨大的三维协同功能,道路工程设计过程的信息共享交换极易在此平台上实现。各专业设计工程师可在平台上按照一定的标准和原则进行设计,同步建模,同步修改,共享信息,协同设计。如出现设计误差或者设计修改,其他专业均可以及时获取信息,并进行处理,显著提高设计效率。

7.3　BIM 技术实践应用案例

7.3.1　项目背景与总体设计

1. 项目背景

1994 年 7 月,投资 7800 多万元的甘肃省秦麦高速公路竣工,修建历时 18 个月,全长 13.15 km,将天水市秦州区和麦积区连接为一体,结束了甘肃省没有高等级道路的历史,为天水市经济的发展做出了不可磨灭的贡献。

近年来,秦州和麦积两区的经济不断发展,区域融合不断加深。随着成纪新城南片区建设提上日程,秦麦高速单一的区对区的服务功能,以及相对封闭的道路性质已经无法满足城市发展、片区建设的需求,成为制约成纪新城南部片区发展的瓶颈,对其进行市政化改建迫在眉睫。于是,天水市政府实施了秦麦高速市政化改造项目,路线起点为与羲皇大道规划道路交叉口,向东下穿七里墩大桥,沿现有秦麦高速布线,下穿现状孙家坪大桥、在建罗家沟大桥后,路线向南偏移 300 m,下穿在建二十里铺大桥后沿现有道路向东,顺接至天河南路与渭河一号桥交叉口,共设平曲线 12 处,全长 13.79 km。

项目建设内容主要包括:道路工程、桥梁工程、综合管廊工程、涵洞工程、照明工程及交通附属设施工程。

2. 总体设计

秦麦高速市政化改造项目的总体设计以“安全、环保、节约、和谐”为设计原则和设计理念,在充分满足实际需求和业主提议,科学合理利用路线走廊带土地、材料等资源的前提下,综合研究分析,最终决定设计速度按 60 km/h、40 km/h 的指标分段执行。秦麦高速改造为城市主干道,K0+000～K0+420 段为 24 m,双向 4 车道,K0+420～K13+797.638 段为 50 m,双向 6 车道,K6+320～K7+580 段地下道路 28 m,地面 50 m,长 1.60 km。

主线采用双向四车道城市主干道标准,道路横断面设计宽度为 24.5 m,机动车道宽度为 2×3.75 m,设计的硬路肩宽度为 3 m,在道路外缘设置 0.75 m 宽土路肩。

秦麦高速市政化改造项目在改造过程中成立了项目级 BIM 中心,对各参建专业进行了任务分配及协同衔接安排。项目的 BIM 技术主要应用于道路专业、桥涵专业、交通专业、管线专业、照明专业等。道路改造项目各专业工作任务分工及整体建模流程参考图 7.2 执行。

7.3.2　道路建模及工程量统计

1. 道路建模

秦麦高速市政化改造项目 BIM 技术应用标准如下:《建筑信息模型应用统一标准》《中国市政设计行业 BIM 实施指南》《市政道路桥梁工程 BIM 技术》。

项目 BIM 技术团队首先对现状二维地形图中现状道路的路面标高进行加密处理,创建出能够反映现状道路信息的 3D 地形模型,根据“设计指导书”确定的段落完成各标段模板库建设,模板库中各构件的尺寸均按照 N3 精度控制。由于本道路为滨河景观道路,北侧现状耤河河堤堤顶标高决定了堤顶慢行道的标高,南侧地块竖向标高决定了道路中心线的设计标高,设计标高与堤顶慢行道的高差通过“绿

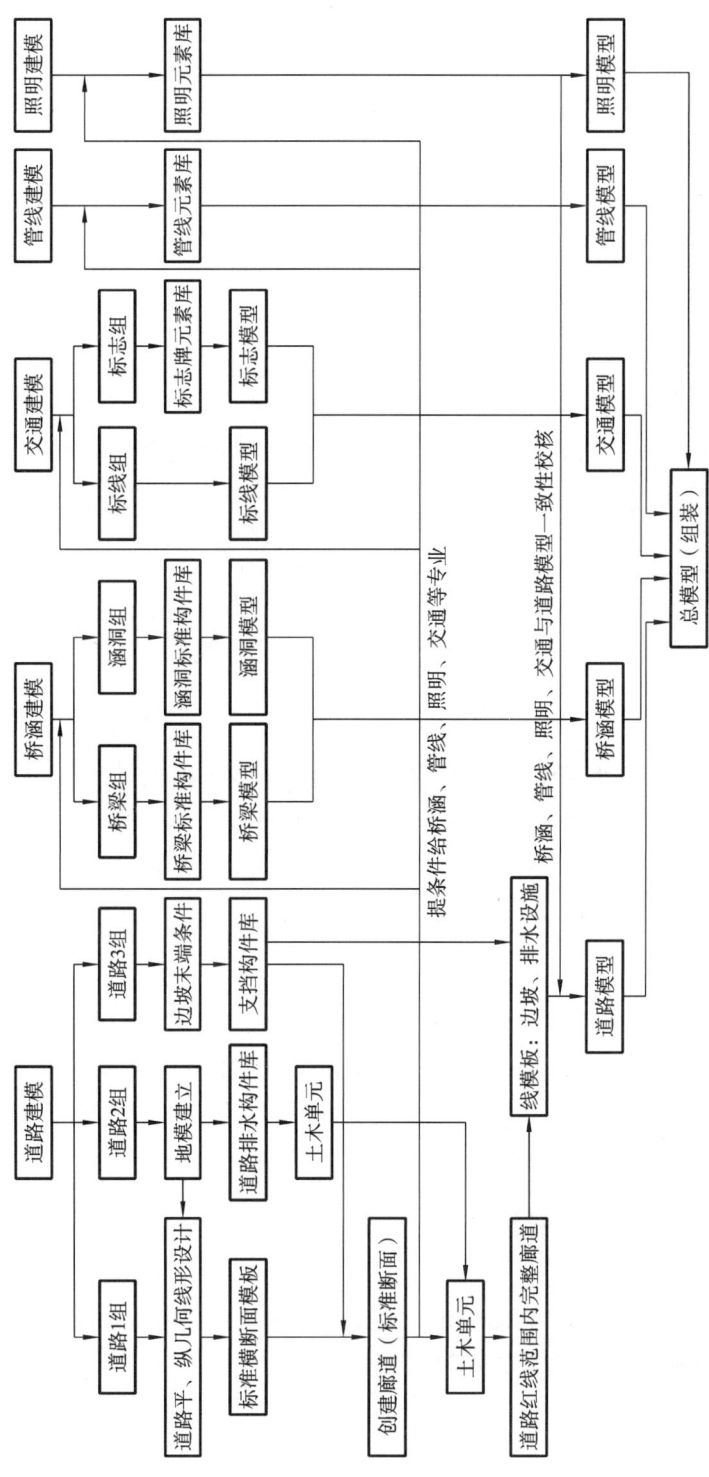

图 7.2 全过程建模流程图

化缓冲带"互相协调,同时景观效果更优。在已完成地形模型、模板库的基础上完成现状控制节点段落的桥涵、道路模型的建立。通过已完成控制节点模型的碰撞检查,对不满足规范要求的模型进行修改,使得改扩建后的桥下道路净空满足规范要求。本次道路专业总共完成 13.8 km 的模型建立,其中菱形立交 2 座,主线下穿地下道路 1.6 km(K6+320~K7+580)。

桥梁专业采用模型总装的理念,桥梁项目组根据指导书的要求首先完成桥梁标准构件库的建立,再根据每座桥梁的规模完成最终模型的建立。本次桥梁专业共完成 6 座桥梁模型建立,包括 3 座主线桥、3 座现状跨精河桥梁。

本道路前 5 km 曲线多、纵坡起伏大,因此采用纬地交通与安全工程 BIM 设计系统进行交通工程设计,完成运行速度验证及视距检验,进而指导道路线形设计,对不满足规范要求的路段进行优化调整。后 7 km 采用奔特力(Bentley)软件进行交通设计,通过同一项目不同路段使用不同的交通建模软件使得整体模型更合理,同时为后续类似项目提供指导。

为了使最终模型最大限度地实现规划愿景,各专业主体模型完成后进行主体及场地渲染,通过渲染模型可以得到任何段落、任何角度的效果图,直接用于后期设计及方案汇报。

2. 工程量统计

传统方式工程量计算占用了造价人员 50%~80% 的精力,项目变更造成重复工作量更大。工作烦琐,人员水平不一,错项、漏项时有发生。基于 BIM 技术的算量功能可以减少人为因素导致的错误,得到更加精确的数据。通过利用 BIM 技术模型,参建各方均可进行工程量自动计算、统计分析,形成相对准确的工程量清单,提高招投标工作的效率和准确性,并为后续的工程造价管理和控制提供基础数据。并且这么一来,利用 BIM 技术为造价咨询人员省下的算量精力,就可以让造价人员抽出更多时间来完善自己的专业知识或进行更具价值的预算工作。

基于 BIM 技术的工程量计算主要包含两层含义。

第一,实现了道路实体工程量的自动化,并且提高了准确度。BIM 技术模型是参数化的,模型中的每一个构件都与现实中的实际物体一一对应,其所包含的信息是可以直接用来计算的。因此,计算机可以在 BIM 技术模型中根据构件本身的属性进行快速识别分类,工程量统计的准确率和速度都得到很大的提高。BIM 技术使道路算量更加高效。道路工程造价管理中,工程量的计算是工程造价中最烦琐、最复杂的部分。造价工程师可以利用三维模型进行相关计算,构件规则与否都不影响最终计算结果,可以便捷地统计各不同专业的工程量。

第二,BIM 技术平台内置计算规则保证了工程量计算的合规性和准确性。这主要包括构件计算规则、扣减规则、清单及定额规则。构件计算涉及不同类型构件和地区性的计算规则,通过内置规则,系统自动计算构件的实体工程量。模型丰富的参数信息可以生成项目特征,根据特征属性自动套取清单项、自动套取地方定额、自动生成清单项目特征等,然后汇总生成各种类型的表格。同时,建筑构件的三维呈现也便于工程预算时工程量的对量和核算。

传统上,造价工程师通过二维图纸进行面积计算时容易忽略立面面积,或是重复计算某一面积,或是计算了不合理的投影长度等。这些人为偏差直接影响着项目造价的准确性。

BIM 技术通过模型中共享的数据,实现自动化算量。BIM 技术的诞生不仅能够减少造价人员手动算量的时间,而且计算出来的工程量结果也更加精确。BIM 技术算量软件只需选择计算规则,按照设置形式自动汇总计算,实现了设计成果的直接使用,结果更加直观。

在秦麦高速市政化改造项目中,项目组通过 BIM 技术平台实现了工程量自动计算过程。后期的工程量校核结果表明,BIM 技术模型条件下的工程量统计结果是可靠准确的。

7.3.3　道路细节建模

常见的 BIM 技术应用于道路设计时道路横断面采用廊道概念进行建模设计,本次秦麦高速市政化改造亦采用了这一概念。在项目 BIM 技术设计阶段,道路专业成员在道路模板库的建立上花了大力气,成型的模板库中主要包含了沥青路面结构层、支挡防护结构、排水构造物、路缘石、交通标志构造物等。模板库建立完成后,BIM 技术设计人员只需根据项目需求在概念廊道中根据设计技术指标添加道路构造物模板,同时 BIM 技术平台会结合三维地形模型与道路边坡坡率自动生成完整的接地边坡。

待添加了横断面数据的廊道线路建模完成后,道路专业 BIM 技术团队便可向其他附属专业 BIM 技术团队提供总体的路线数据文件,各专业可分别在基准总体模型上布置照明设施、交通设施、桥梁涵洞及排水构造物等。横断面廊道模型建立后,道路设计人员需要完善相交道路和立交节点的衔接设计,在道路交叉口和立交匝道设计时,大多数 BIM 技术平台会有"土木单元"组件的参数化设计和保存记忆功能,在后期相同形式交叉口设计和匝道设计中可在前期参数基础上直接使用或修改数据,大大减少了设计人员的工作量。

通常 BIM 技术通过开发的二次平台进行桥涵结构的建模及配筋计算和布置工作,在设计初期桥涵专业需要对桥梁和涵洞构件进行详细拆分,为每种尺寸构件仅进行一次建模工作。桥涵模板库建立完成后,需对桥梁进行总体拼装时,相同属性、尺寸、结构的桥梁构件可修改或直接使用,避免了重新建模,从而减少桥梁设计人员的工作量。在桥涵专业自身总体组装完成后,桥涵技术人员可参照总体道路专业提供的道路中线进行桥涵总装,完成桥涵专业的设计、交接任务。

和其他附属专业的工作流程一样,在总体道路专业向照明专业、管线专业和交通专业提供道路廊道三维模型设计数据后,照明专业可应用二次开发的相关软件进行照明路灯、路灯基础、箱变的模型建立;交通工程使用基于 BIM 平台开发的 Micro Station 软件对交通标志版面、标志基础及交通信号灯进行了建模,然后采用 Power Civil 软件进行各自专业的总体设计。最后运用相关软件进行各专业模型总装。

第 8 章　遥感技术在道路设计中的应用

8.1　遥感技术的概念和特点

8.1.1　遥感技术的概念

遥感技术就是不与物体发生直接接触便能掌握物体属性状况的技术。遥感指的是各种遥感器,不与对象发生直接接触,观测对象具体特征(通常通过电磁波发生辐射),然后通过电磁波传输、处理、提取重要信息的过程。遥感现象在自然界中存在十分广泛,该现象是在距离物体几公里到几百公里,甚至上千公里的飞船、飞机接收地面物体发射的电磁波信号,并且通过数字磁带或胶片进行记录,传送到地面接收站,再对数据进行加工处理,然后结合地面物体的光谱特点完成对它们的识别。

8.1.2　遥感技术的特点

遥感数据具有观测覆盖范围大、宏观性、全面性、客观性的特点,能够真实显示丰富的地物、地质信息,同时获取方便、时间性强、成本低,诸多优点使遥感技术在道路勘察设计、建设施工、运营维护等阶段的应用前景广阔。随着高分重大专项、空间基础设施项目的实施建设,我国陆续发射了气象、海洋、环境、资源、高分、空间等系列卫星,大大提高了卫星对地观测能力,特别是天绘一号、资源三号、高分七号等立体测绘卫星以合成孔径雷达(synthetic aperture radar,SAR)为公路工程建设提供了更多的应用场景服务。

遥感技术之所以在道路设计得到了广泛的应用,因为其具有以下优点。

(1)图像及相片具有影像真实、视野广阔、信息丰富等诸多特点,在图像分析处理中,利用遥感技术可以间接或直接地获取大量的被观测地点的地质构造、地貌、地物等信息,为施工提供有利的数据支持。

(2)采集资料过程中不会受气候与地形等因素的影响,资料收集便捷,而且在资料采集过程中能够动态地反映自然现象。现代遥感技术在应用中,通常由航天器、卫星等传感器发送或发射信号,并通过图像或者磁带的方式传送给接收站,在接收站应用光谱识别并进行利用。

(3)遥感信息的资料不仅探测范围大,并且在实际操作中成图速度快,效率高。

8.2　遥感技术在道路设计中的应用价值

公路勘察设计过程复杂、工作难度大,勘察工作也较辛苦,同时地貌、地形、气候条件等多个方面因素对公路选线至关重要。传统手段的水准测量、静态 GPS 测量、全站仪测图都有局限性。遥感卫星以其大面积、实时、快速、周期性重复观测的优点,实现了从点到面的多尺度观测,可全面支撑公路勘察设计的地形测图、地质解译、路线选线等。

8.2.1　矢量地形测图

新建公路工程大多存在基础空间数据时效性不高甚至缺失等问题。矢量地形图可采用高分辨率卫星遥感影像及立体像对内业处理生成,外业进行实测校验,其外业工作量更小,特别在一带一路海外项目及困难区域中的优势极为明显,同时可以提高地形图测绘的效率、缩短周期、节约成本。

遥感图像所独有的真实性、全面性是其他勘察技术无法比拟的,通过遥感图形可以为设计者提供可靠的地质构造和地物判别信息。在现代公路勘察中应用遥感技术,通常采用多传感器、多时相、多辐射和多分辨率的方法,在公路勘察中制作的遥感图像的比例通常为 1：50000,基础遥感图集的比例通常为 1：10000。通过遥感技术制作的图像能够直观清晰地显示公路的地质构造、地貌以及公路的走向,使公路设计者的思路和眼界都得到了开阔,为线路设计提供了直观的素材。目前,许多公司在公路方案的设计中都离不开遥感影像的支持,遥感技术的应用使业主、决策层以及设计人员对公路勘察设计都有了一个新的认识,并且对公路的路线设计有了更深的影响,这对设计单位和设计者的表达与论证都有着重要意义。

例如某山区地质构造和地貌都十分复杂,在施工过程中采用常规方法对公路进行规划与比选面临较大困难,因此只能通过较大区域卫星遥感图像才能看到大地的构造和地貌。通过 1：60000 和 1：100000 大区域卫星遥感图形处理,直观地得到公路的设计方案,提出具有较高价值的对比方案,提高了方案对比速度。此外,在该路段设计过程中,利用遥感技术,通过综合遥感信息解译分析,依据地区的具体情况提出新的方案,不仅合理避开了大型破碎带所带来的严重危害,提高了工程质量,并且在具体施工中没有增加工程量,具有较高的社会效益和经济效益。

8.2.2 工程地质遥感解译

遥感卫星地质解译已成为公路工程地质勘察中的必要手段,具有解译全面、质量高、速度快、效益显著的优势。通过遥感卫星数据可以提取地貌、地质构造和地物信息,同时可识别隐藏地质、不良地质、水文地质、特殊性岩土等信息。可利用高分辨率、高光谱、三维遥感等技术获取公路沿线断裂、滑坡、泥石流、崩塌等不良地质信息,以指导公路地质选线。

(1) 地质测绘。

传统工程的地质测绘主要依靠人力在野外长期工作来实现,不仅耗时长,而且准确率低,技术人员在野外工作,视野容易受到植被和地形的干扰,而且具有一定的危险,不仅如此,一些地质问题也很难查清。遥感图像信息十分丰富,将技术人员从繁重的野外工作中解脱出来,其为地质人员提供了直观的测绘依据,不仅提高了工作效率,也提高了工作的准确性。

例如,在复杂的山区公路设计中,对于山脉隧道工程地质情况的测绘具有明确的目的,一方面减少了野外工作的盲目性,降低了劳动强度(该山区高度相差近 1500 m,野外工作环境十分艰苦),另一方面使测绘质量得到了进一步提高,野外测绘工作的速度提升了 35%～75%,确保工程能按时竣工。

在遥感技术应用过程中,应适当地与 GPS 定位系统结合,这对在人烟稀少地区开展公路设计意义重大。在交通不畅、人烟稀少的地区,采取常规方法进行地质测绘不仅劳动量大,而且工作周期长,对于一些工期紧张的工程来说,很难按期、准确地完成测绘工作,图件的质量难以得到保证。在地质测绘中,应以遥感信息为主,通过对计算机技术的应用,加强对信息的提取,在实际操作中,结合重点验证的方法,来建立准确的工程地质解译标志,判断沙丘的流动方向。同时,在测绘过程中利用 GPS 观测点进行准确定位,对活动沙丘、半活动沙丘、固定沙丘区进行详细划分,可使测绘速度较常规方法提升 2～3 倍,对提升该路段的勘察设计质量起到了重要作用。

(2) 不良地质遥感解译预测。

公路建设中的一个主要的安全隐患就是不良地质,目前许多公路在建设中都会受到灾害问题的影响,应用遥感技术对各种不良地质情况进行调查,可以提高勘察设计水平和设计质量。

例如,如果对平原黄土覆盖区进行勘查,对遥感图像信息进行提取,可以发现许多常规方案无法发现的隐伏信息,并且为公路勘察设计提供可靠的数据支持。应用图像分析可以发现多条线性构造带,通过与区域物探资料对比,为正确选线提供了准确的依据。同时,通过航空遥感技术准确划分公路勘察路段,避免材料的重大浪费,并为桥位位置的选择提供了数据依据,提升勘察效率的同时,也提高了工作质量。

8.2.3　公路路线方案对比

现代公路的施工环境十分复杂,在公路修建过程中经常会涉及断层、泥石流、滑坡等地质灾害,这些地质灾害会对公路线路的选择造成一定的影响。公路施工中选择最佳的线路方案,不仅可以使公路的路径更加合理,为公路的修建节省数千万乃至上亿的资金,而且在景观、环保、安全上也有着重要意义。由此可见,在公路修建中,利用遥感技术对公路的路径进行选择意义重大。在公路修建中,利用遥感影像可以快速地查清指定区域的地质构造情况,同时将遥感图像与计算机信息处理软件结合在一起,能够快速地完成不同比例尺的遥感图和解译工程地质图,指导路线方案的比较,因此在公路方案选择中,遥感技术发挥着重要的作用。例如,在某公路勘查中,通过遥感工程可以对要修建的公路周围的煤矿采空塌陷区的分布情况和发展规律进行确定,准确的数据为公路修建路线的选择提供了依据。又如,在云南某高海拔隧道,原设计方案是采取短隧道方案,但是在初步设计过程中利用遥感技术对线路进观测,发现在修建的隧道的左侧 80 m 处存在断层,公路的线路与断层几乎是平行通过,公路因为与断层的距离相对较近,岩体出现了破碎情况,工程的地质条件过于复杂,增加了施工难度与施工成本,与工程修建最初的目的不符,因此针对公路的修建方案进行了合理调整,适当延长隧道的长度,通过长隧道方案远离断层,从而确保隧道结构的安全性。

8.3　遥感技术实践应用案例

8.3.1　项目背景

湛江大道建设工程项目位于湛江市区西北面,是连接霞山区、赤坎区和麻章区的南北向城市主干道之一,是湛江市对外联络的重要通道。

湛江大道主线起于霞山区新湖大道,向东北方向跨过百蓬路,延伸并避开现状霞山百蓬百儒片区的储运仓库、坡头粮仓至蓬莱村西侧,然后线路向西北方向延伸,并途经三岭山油库、管道输油站、沙坡村、黄西村、坛头坡上村和深田仔,至霞山工业园东侧用地,再向北侧经湛江机场西侧跨越志满公路,至西厅上村的东侧、过乐山西路立交和下穿源珠路,从洪屋下村西侧沿东北向跨瑞云路至黎湛铁路,终点与渝湛高速全互通立交连通。

本工程的路网规划设计是根据遥感技术拍摄到的地面照片,在预测城市发展和交通量的基础上,绘制出城市路网规划图,然后在规划图上进行城市道路方案设计。

8.3.2　路网规划与道路方案设计

1. 遥感技术在城市路网规划中的应用

绘制城市路网规划设计图的常规方法,是根据对城市发展趋势和交通需求量的预测结果,在测绘部门提供 Auto CAD 文件的地形图基础上,绘制出规划道路的中心线和道路红线范围,并设定道路的设计起点和设计终点。这种方法的缺点是绘制过程中所需的时间较长,图形文件的储存量较大,绘制过程中运行速度较慢,打印出来的图形也需要专业技术人员才能读懂。而基于遥感技术拍摄的图片,可以在图片上按比例画出规划道路的外形和走向,绘图速度较快,绘出的图形逼真、有立体感、直观、易懂,可真实反映出拟建道路范围的现状,征地拆迁范围及难度,为今后的方案设计、初步设计和施工图设计提供可靠依据。

根据湛江大道乐山立交规划图,可以比较直观地看出在湛江大道乐山立交中,南北走向的道路设置高架桥,东西走向的道路在地面。行车道和绿化带的位置用不同的颜色区分,最外层的边线为规划红线。

2. 遥感技术在城市道路方案设计的应用

(1) 挖方和填方量估算。

计算土方量前,首先应掌握道路里程中线的原地面标高,有两种方法实现:①沿着规划道路的中线,使用水准仪测量出原地面高程;②根据测绘部门提供的参考地形图高程,整理出里程中线的高程。然后在绘制道路纵断面图时,综合考虑道路平面曲线线形、横向坡度和原地面标高等因素后,设计出最优的道路设计高程。最后画出道路的纵断面图。根据道路纵断面图,可算出开挖和回填的土方面积,将其乘以道路宽度,就可以计算出土方工程量。由湛江大道部分路段的平面图和纵断面图可知,位于设计高程线以下的部分为回填土方,位于设计高程线以上的范围为开挖土方。但遥感技术的缺点是无法根据图片准确判断是否需要对某些部位进行软基处理,以及确认软基处理的范围,这就需要专业技术人员实地考察做出判断。

(2) 行车道面积统计。

由湛江大道部分路段的平面图和纵断面图可知,除立交以外,湛江大道大部分道路的行车道宽度都相同,则可以将里程长度乘以行车道宽度,粗略估算出整条道路立交以外行车道的面积。

立交范围内的面积计算则可以根据图片的比例,测量出立交位置行车道的面积,也可将道路边线提取出来,然后转换为 Auto CAD 文件,并将其连成面,在 Auto CAD 软件中使用查询面积命令得到行车道的面积。

此外,图片无法判断地下管线、涵洞的数量和位置,需要设计人员现场勘探或参考相关的工程资料,如原道路的竣工图纸、养护资料等。

(3) 桥梁设计依据。

当道路跨越湖泊、河涌,与道路相交时,则需要在这些位置设计跨涌桥或高架桥。首先按设计洪水量和桥位河段的特性进行计算,并对桥梁孔径大小、结构形式、墩台基础埋置深度、桥头引道进行综合比较,然后确定最优的桥梁设计方案。由湛江大道部分路段的平面图和纵断面图可知,乐山立交位置东西走向道路、跨越瑞云路的路段都需架设高架桥,过了南方路后,部分路段跨越赤坎水库,也需架设桥梁。

(4) 绿地面积统计。

根据使用遥感技术得到的图片计算出道路绿化带和交叉口处绿化面积,从而得到绿地率。绿地面积的计算方法有以下两种:①将绿化带的边线转换成图形文件,然后自编小程序进行分块计算并汇总;②将绿化带的边线转换为 Auto CAD 文件,然后将所有的边线连成一个面,使用查询面积命令计算出绿化带的面积。

绿地率的计算公式见式(10.1):

$$绿地率＝(各类绿地总面积÷道路总面积)×100\% \tag{10.1}$$

根据使用遥感技术得到的图片,还可以判断是否需要在道路两侧设置护坡,以及统计护坡的工程量。与在 Auto CAD 地形图上绘制道路的初步设计相比,这种图片更易于设计人员准确定位边坡的位置和长度,因为地形图若按平面模型来绘制,通过在图形上标数字的形式来表示地面标高,容易因为设计人员的主观判断错误而导致边坡设计位置的偏差。

(5)征地拆迁面积估算。

利用遥感技术得到的图片,可以比较直观地反映出规划道路红线范围内需要经过的农田、建筑物、构筑物(如灯杆、电线杆等)、现状道路、河涌、池塘等,从而为征地拆迁提供可靠的依据。与在地形图上绘图的方法相比,本方法的优点是可直接计算出需要征收的农田面积、统计构筑物的占地面积和数量,缺点是通过遥感技术得到的图片只能判断需要拆迁的建筑物数量及占地面积,不能确定层数,还需要借助地形图或技术人员实地勘察。

参 考 文 献

[1] 北京市市政工程设计研究总院有限公司.城市道路工程设计规范(2016年版):CJJ 37—2012[S].北京:中国建筑工业出版社,2012.

[2] 北京市园林绿化局.公园设计规范:GB 51192—2016[S].北京:中国建筑工业出版社,2017.

[3] 曹睿明.BIM技术在道路工程设计中的应用研究[D].南京:东南大学,2017.

[4] 付博文.道路桥梁设计的现状与改善措施[J].工程技术研究,2021,6(21):245-246.

[5] 付超.大数据时代公路勘测设计面临的机遇和挑战[D].西安:长安大学,2016.

[6] 韩皓.道路勘测设计[M].武汉:华中科技大学出版社,2012.

[7] 华杰工程咨询有限公司.公路项目安全性评价规范:JTG B05—2015[S].北京:人民交通出版社,2016.

[8] 交通部公路规划设计院.厂矿道路设计规范:GBJ 22—1987[S].北京:中国计划出版社,1987.

[9] 交通部公路规划设计院.公路自然区划标准:JTJ 003—1986[S].北京:中国标准出版社,1987.

[10] 交通部公路科学研究院.公路工程无机结合料稳定材料试验规程:JTG E51—2009[S].北京:人民交通出版社,2009.

[11] 交通运输部公路局,中交第一公路勘察设计研究院有限公司.公路工程技术标准:JTG B01—2014[S].北京:人民交通出版社,2014.

[12] 交通运输部公路科学研究院.公路工程沥青及沥青混合料试验规程:JTG E20—2011[S].北京:人民交通出版社,2011.

[13] 交通运输部公路科学研究院.公路路面基层施工技术细则:JTG/T F20—2015[S].北京:人民交通出版社,2015.

[14] 交通运输部公路科学研究院.公路土工试验规程:JTG 3430—2020[S].北京:人民交通出版社,2020.

[15] 李继业,蔺菊玲,张伟.城市道路工程绿化[M].北京:化学工业出版社,2016.

[16] 李丽明,冯浩雄,肖明.道路工程[M].北京:北京理工大学出版社,2017.

[17] 李宇峙,谢军.路基路面工程[M].重庆:重庆大学出版社,2017.

[18] 李自林.桥梁工程[M].武汉:华中科技大学出版社,2007.

[19] 梁波.隧道工程[M].重庆:重庆大学出版社,2014.

[20] 林雨,陶明霞.道路勘测设计[M].武汉:武汉大学出版社,2013.

[21] 刘海.公路设计阶段存在的问题以及对策探讨[J].工程建设与设计,2016,347(15):184-186.

[22] 刘顺华.道路设计发展现状及改进设计对策[J].低碳世界,2020,10(7):183-184.

[23] 刘智.分析遥感技术在公路勘察设计中的应用[J].公路交通科技(应用技术版),2017,13(2):84-85.

[24] 朴志海,赵龙海,郑慧君.道路交通与路基路面工程[M].重庆:重庆大学出版社,2020.

[25] 齐琪.市政道路设计发展现状及改进设计的措施[J].工程建设与设计,2020,427(5):49-51.

[26] 乔冠栋.BIM技术在城市道路设计中的优势与应用研究[J].工程建设与设计,2023,498(4):91-93.

[27] 任伟新.桥梁工程[M].武汉:武汉大学出版社,2016.

[28] 上海市住房和城乡建设管理委员会.室外排水设计标准:GB 50014—2021[S].北京:中国计划出版社,2021.

[29] 邵旭东.桥梁工程[M].武汉:武汉理工大学出版社,2002.

[30] 盛洪飞.桥梁墩台与基础工程[M].哈尔滨:哈尔滨工业大学出版社,2005.

[31] 宋高嵩,石振武.道路路基路面工程[M].北京:北京理工大学出版社,2017.

[32] 孙永明.桥梁工程[M].成都:电子科技大学出版社,2016.

[33] 谭绮娟,谭毅平.遥感技术在城市道路规划和方案设计中的应用[J].大众科技,2012,14(8):76-77.

[34] 王博.隧道工程[M].北京:中国水利水电出版社,2017.

[35] 王道远.隧道施工技术[M].2版.北京:中国水利水电出版社,2020.

[36] 王慧东.桥梁工程[M].重庆:重庆大学出版社,2014.

[37] 王靖涛,丁美英,李国成.桩基础设计与检测[M].武汉:华中科技大学出版社,2005.

[38] 王兴国,刘丽珍.桥梁工程[M].北京:化学工业出版社,2014.

[39] 徐蕾蕾.BIM技术在现阶段市政道路设计中的有效应用[J].工程建设与设计,2020,430(8):275-276.

[40] 许金良.道路勘测设计[M].重庆:重庆大学出版社,2013.

[41] 杨贯伟.卫星遥感技术在公路全生命周期建设中的应用[J].数字通信世界,2020,190(10):48-49+81.

[42] 姚波,王晓.道路工程[M].南京:东南大学出版社,2020.

[43] 于景超.桥梁工程[M]北京:化学工业出版社,2013.

[44] 张巍.BIM技术在道路工程项目设计和建造中的应用[D].兰州:兰州交通大学,2020.

[45] 招商局重庆交通科研设计院有限公司.公路隧道设计规范 第一册 土建工程:JTG 3370.1—2018[S].北京:人民交通出版社,2019.

[46] 中国城市规划设计研究院.城市道路绿化规划与设计规范:CJJ 75—1997[S].北京:中国建筑工业出版社,1998.

[47] 全国轻质与装饰装修建筑材料标准化技术委员会建筑防水材料分技术委员会.聚氯乙烯(PVC)防水卷材:GB 12952—2011[S].北京:中国标准出版社,2012.

[48] 全国汽车标准化技术委员会.汽车、挂车及汽车列车外廓尺寸、轴荷及质量限值:GB 1589—2016[S].北京:中国标准出版社,2016.

[49] 全国汽车标准化技术委员会.汽车、挂车及汽车列车的术语和定义 第1部分:类型:GB/T 3730.1—2022[S].北京:中国标准出版社,2022.

[50] 中华人民共和国住房和城乡建设部.城市排水工程规划规范:GB 50318—2017[S].北京:中国建筑工业出版社,2017.

[51] 中交第二公路勘察设计研究院有限公司.公路路基设计规范:JTG D30—2015[S].北京:人民交通出版社,2015.

[52] 中交第一公路勘察设计研究院有限公司.公路工程地质勘察规范:JTG C20—2011[S].北京:人民交通出版社,2011.

[53] 中交第一公路勘察设计研究院有限公司.公路路线设计规范:JTG D20—2017[S].北京:人民交通出版社,2017.

[54] 中交路桥技术有限公司.公路沥青路面设计规范:JTG D50—2017[S].北京:人民交通出版社,2017.

[55] 中交公路规划设计院.公路圬工桥涵设计规范:JTG D61—2005[S].北京:人民交通出版社,2005.

[56] 中交公路规划设计院有限公司.公路桥涵地基与基础设计规范:JTG 3363—2019[S].北京:人民交通出版社,2019.

[57] 中交公路规划设计院有限公司.公路桥涵设计通用规范:JTG D60—2015[S].北京:人民交通出版社,2015.

[58] 中交公路规划设计院有限公司.公路水泥混凝土路面设计规范:JTG D40—2011[S].北京:人民交通出版社,2011.

[59] 中交路桥技术有限公司.公路工程抗震规范:JTG B02—2013[S].北京:人民交通出版社,2014.

[60] 中交路桥技术有限公司.公路排水设计规范:JTG/T D33—2012[S].北京:人民交通出版社,2012.

[61] 周水兴.桥梁工程[M].2版.重庆:重庆大学出版社,2011.

[62] 周亦唐.道路勘测设计[M].5版.重庆:重庆大学出版社,2016.

[63] 总参工程兵科研三所.地下工程防水技术规范:GB 50108—2008[S].北京:中国计划出版社,2008.

后　记

　　自改革开放 40 多年来,我国公路建设突飞猛进。截至 2022 年底,我国公路通车里程 535 万公里,其中高速公路 17.7 万公里。实现具备条件的乡镇和建制村全部通硬化路、通客车。我国《公路"十四五"发展规划》提出,到 2025 年,安全、便捷、高效、绿色、经济的现代化公路交通运输体系建设取得重大进展,高质量发展迈出坚实步伐,设施供给更优质、运输服务更高效、路网运行更安全、转型发展更有力、行业治理更完善,有力支撑交通强国建设,高水平适应经济高质量发展要求,满足人民美好生活需要。

　　目前,我国城市道路交通发展也已进入新阶段,为了适应新阶段的发展,国家发布了与之相匹配的新标准《城市综合交通体系规划标准》(GB/T 51328—2018),针对城市综合交通体系各种方式的资源配置、用地控制和建设运行要求进行规定,对公共交通、交通枢纽,以及道路功能分级、道路规划指标、道路通行管理等做了一系列新的规定。其核心思想是:从增量转向存量发展、以人为本、更加注重绿色交通体系、保障步行与非机动车的慢行交通、注重交通管理在城市综合交通体系中的重要作用。

　　通过以上信息可知,随着我国社会的进步和经济的发展,道路交通在综合交通系统中发挥着越来越重要的作用。大规模的公路与城市道路工程建设正在祖国大地上蓬勃展开,并将长期进行下去。道路工程设计、施工、建设、管理及科研等一系列技术工作实践大大促进了我国道路设计理论的研究,以及技术标准、规范的制定。因此道路设计人员要加强自身专业素养,积极学习新理念、新技术,做好道路规划设计,以保证交通安全和通畅,适应社会经济的高速发展。